AF752930

Akzeptanz von Elektromobilität in Deutschland

# Strategisches Marketingmanagement

Herausgegeben von Roland Mattmüller

Band 37

*Zu Qualitätssicherung und Peer Review der vorliegenden Publikation*

Die Qualität der in dieser Reihe erscheinenden Arbeiten wird vor der Publikation durch den Herausgeber der Reihe geprüft.

*Notes on the quality assurance and peer review of this publication*

Prior to publication, the quality of the work published in this series is reviewed by the editor of the series.

Fabian Schmitz

# Akzeptanz von Elektromobilität in Deutschland

Eine Untersuchung der Einflussfaktoren auf die Akzeptanz der Elektromobilität und Entwicklung von marketingorientierten Lösungsansätzen

PETER LANG

**Bibliografische Information der Deutschen Nationalbibliothek**
Die Deutsche Nationalbibliothek verzeichnet diese Publikation in der Deutschen Nationalbibliografie; detaillierte bibliografische Daten sind im Internet über http://dnb.d-nb.de abrufbar.

Zugl.: EBS Universität für Wirtschaft und Recht, Diss., 2022

D 1540
ISBN 978-3-631-88028-9 (Print)
E-ISBN 978-3-631-88764-6 (E-PDF)
E-ISBN 978-3-631-89193-3 (EPUB)
DOI 10.3726/b20298

© Peter Lang GmbH
Internationaler Verlag der Wissenschaften
Berlin 2023
Alle Rechte vorbehalten.

Peter Lang – Berlin · Bruxelles · Lausanne · New York · Oxford

Das Werk einschließlich aller seiner Teile ist urheberrechtlich geschützt. Jede Verwertung außerhalb der engen Grenzen des Urheberrechtsgesetzes ist ohne Zustimmung des Verlages unzulässig und strafbar. Das gilt insbesondere für Vervielfältigungen, Übersetzungen, Mikroverfilmungen und die Einspeicherung und Verarbeitung in elektronischen Systemen.

Diese Publikation wurde begutachtet.

www.peterlang.com

*Meinen Eltern*

# Vorwort der Herausgeberreihe

Der dem Angelsächsischen entlehnte Begriff des Marketing steht in Theorie und Praxis synonym für die systematische und zielgerichtete Gestaltung von Transaktionsprozessen. Aus diesem Grund ist letzterer als zentraler Untersuchungsgegenstand der Marketingwissenschaft und Ziel ihrer praktischen Ausgestaltung zu bezeichnen.

Die Transaktion bzw. die Transaktionsprozesse können von verschiedenen Blickrichtungen und theoretischen Bezugsrahmen ausgehend analysiert werden. Einen Ansatzpunkt hierfür bietet die Neue Institutionenökonomik, die das Denken der Wirtschaftswissenschaftler in letzter Zeit auf vielen Feldern geprägt und verändert hat. So eignen sich beispielsweise das Verständnis von Verfügungsrechten (Property Rights) als eigentliche Tauschobjekte, die Annahme unvollkommener Information oder opportunistischen Handelns dazu, Anbieter-/Nachfragerbeziehungen auf der Grundlage eines theoretischen Fundaments praxisnah abzubilden. Maßgeblich begründet jedoch die Transaktionskostentheorie mit ihrer Zerlegung einer Transaktion in ihre einzelnen Phasen und mit der Zuordnung entsprechender Kosten und Erträge die konstitutiven Phasen eines Tauschprozesses. Darüber hinaus ergeben sich hier weitere Möglichkeiten zur Einbindung verschiedener theoretischer Ansätze, wie etwa der Verhaltenswissenschaften, Economic Behavior und anderer. Unter Berücksichtigung weiterer Bezugsgruppen einer Einzelwirtschaft (wie etwa der Wettbewerber, Mitarbeiter, Anteilseigner, etc.) ist damit ein wesentliches Fundament des Marketingverständnisses am Lehrstuhl für Strategisches Marketing an der EBS Business School der EBS Universität für Wirtschaft und Recht gelegt – der Integrativ-Prozessuale Marketingansatz (IPM).

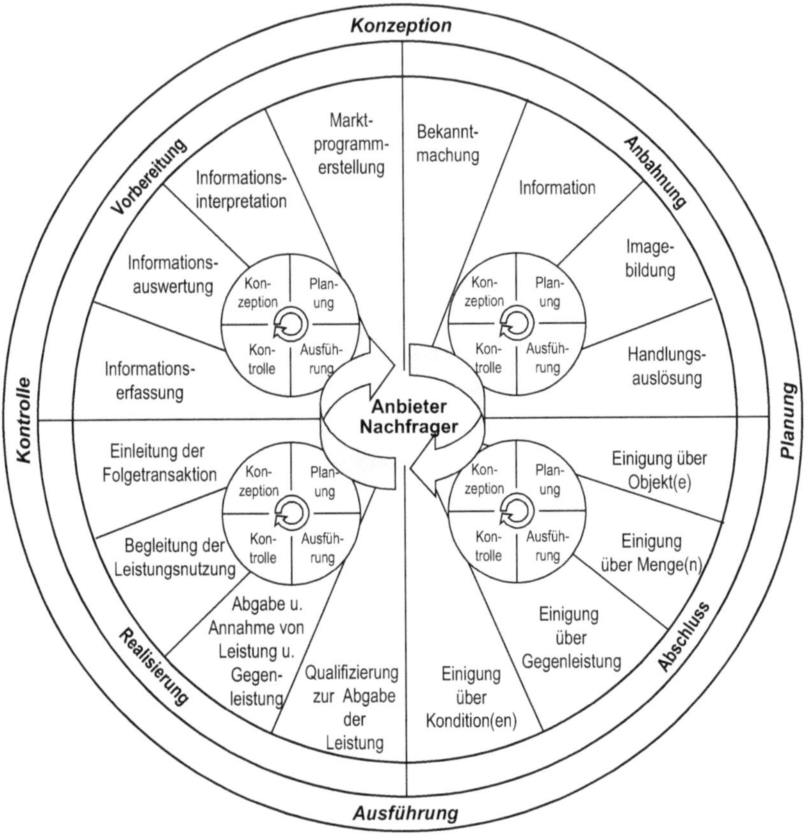


Darüber hinaus forciert der Prozessgedanke die konsequente Ausrichtung der betroffenen unternehmerischen Aktivitäten an einem durchgängigen Marketingprozess, um somit Schnittstellen, wie sie in der Praxis beispielsweise oftmals zwischen Marketing und Vertrieb bestehen, weitgehend zu vermeiden. In der Umsetzung führt dies auch zu einer Entscheidungsorientierung, die sich in einer Zerlegung der Marketingaufgaben in Konzeption, Planung, Ausführung und Kontrolle niederschlägt.

Aufgrund der weitreichenden und langfristigen Implikationen stellt insbesondere die Formulierung von Marketingstrategien eine wichtige und überaus anspruchsvolle Aufgabe für Entscheidungsträger in Unternehmen, also für das Management von Marketingprozessen, dar. Die vorliegende Herausgeberreihe „Strategisches Marketingmanagement" trägt daher praxisorientierte Arbeiten zusammen, die sich dieser Herausforderung stellen und somit einen wissenschaftlichen Beitrag zu einer entscheidungs- und marktorientierten Unternehmensführung leisten wollen. So sind als Zielgruppe dieser Herausgeberreihe gleichermaßen Wissenschaftler als auch Entscheidungsträger verschiedenster Marketingsysteme zu bezeichnen. Letztere erstrecken sich dabei von tradierten Systemen wie dem Hersteller-, dem Handels- oder dem Dienstleistungsmarketing bis hin zu verhältnismäßig jüngeren Marketingdisziplinen wie beispielsweise dem Marketing von Politikern und Parteien sowie dem Social Media- und Mobile Marketing.

Mein Dank geht an dieser Stelle vor allem auch an den Peter Lang Verlag GmbH, Europäischer Verlag der Wirtschaftswissenschaften, für die Betreuung dieser Herausgeberreihe.

Prof. Dr. Roland Mattmüller
Schloß Reichartshausen

# Vorwort des Herausgebers

Die Diskussion über Klimaveränderung, Nachhaltigkeit und Ressourcenschonung sowie konkret etwa über Reduktion des weltweiten CO 2 Ausstoßes bestimmt seit längerem das Verhalten der politischen Entscheidungsträger und die mediale Wahrnehmung – auch wenn sich die Gewichte der Aufmerksamkeit durch aktuelle Krisen zwangsläufig etwas verschoben haben. Gleichwohl steht die Frage nach der Ablösung klassischer Verbrennungsmotoren im PKW-Sektor nach wie vor im Mittelpunkt vieler entsprechender Maßnahmen, auch und gerade durch den Gesetzgeber auf nationaler wie etwa auch EU-weiter Ebene. Als „Königsweg" gilt dabei die Substitution durch Elektrofahrzeuge.

Genauer betrachtet (und den auf Basiseffekten beruhenden aktuellen Zuwachsraten der Elektromobilität in Deutschland zum Trotz) hinkt die Zahl der real zugelassenen Elektrofahrzeuge (hier: PKW) immer noch weit hinter den Vorgaben bzw. Zielvorstellungen der Politik hinterher. Neben der Frage nach der Zukunftsfähigkeit der hierbei vorliegenden technologischen Alternativen bei reinelektrischen Fahrzeugen – Batterieelektrofahrzeuge versus Brennstoffzellenfahrzeuge – spielen beim Käufer/Nutzer offensichtlich weitere Hürden und Bedenken eine entscheidende Rolle im konkreten Kaufverhalten. Eine umfassende und auf diese konkrete Entscheidungssituation der potenziellen Käufer von Elektrofahrzeugen bezogene Aufarbeitung und Analyse dieser hinterlegten Kaufhemmnisse liegt in der relevanten Literatur aber nur völlig unzureichend oder aber eben auf einer zu übergreifenden, eher abstrakten Ebene vor. Zudem finden sich zwar auf einzelne, ausgewählte Aspekte – etwa zur dabei oft im Vordergrund stehenden Diskussion über die Netzdichte an Ladesäulen für E-Fahrzeuge – bezogene deskriptive Darstellungen. Konkrete marketingrelevante Empfehlungen zur Steigerung der Akzeptanz von Elektromobilität in Deutschland lassen sich aus diesen vorhandenen Arbeiten also entweder gar nicht oder nur rudimentär ableiten bzw. beruhen auf einer oft eingeschränkten Betrachtung isolierter Aspekte, ohne dabei die gegenseitigen Interdependenzen der Einflussfaktoren in ihrer Summe zu berücksichtigen.

An diesem Defizit setzt Fabian Schmitz mit seiner vorgelegten Dissertation an. Er untersucht den Einfluss einer möglichst umfassenden Anzahl von Faktoren auf die kunden- bzw. nutzerseitige Akzeptanz von Elektromobilität auf Basis bestehender Forschungsergebnisse und anhand einer eigenen empirischen Studie. Gleichzeitig analysiert er mögliche Präferenzen hinsichtlich der beiden zentralen Ausprägungen der reinelektrischen Elektromobilität

(Batterie- versus Brennstoffzellenfahrzeuge). Im Ergebnis zeigt sich ein methodisch und inhaltlich erweitertes und auf die spezifischen Fragestellungen angepasstes Akzeptanzmodell. Auf dessen Basis leitet Schmitz dann mit Blick auf die einzelnen relevanten Einflussfaktoren jeweils marketingorientierte Handlungsempfehlungen für die Hersteller von Elektrofahrzeugen ab, um die Akzeptanz dieser Fahrzeuge zu steigern.

Konkret geht es Schmitz also insbesondere um die Beantwortung seiner folgenden forschungsleitenden Fragestellung:

> „Welche Einflussfaktoren müssen aufgearbeitet werden, um eine Steigerung der Akzeptanz von Elektrofahrzeugen in Deutschland zu erreichen?"

Für seine explikativen Untersuchungen widmet sich Schmitz ausführlich den Modellen der Technologieakzeptanz in Form des Technology Acceptance Model als dem hierfür unbestritten maßgeblich anerkannten Ansatz in der relevanten Forschung. Der Verfasser zeigt dabei auch die Entwicklungsströme dieses Modellansatzes in seiner geschichtlichen Abfolge auf und arbeitet so die einzelnen, jeweils sich einstellenden Erweiterungen und Verbesserungen (und manchmal auch die resultierenden Doppelungen und Redundanzen) heraus. So gelingt ihm eine prägnante Würdigung etwa auch der bereits mehrere Konstrukte umfassenden „Ausbaustufen" der Unified Theory of Acceptance and Use of Technology.

Auf dieser Basis nimmt Schmitz zunächst Änderungen und Erweiterungen im Vergleich zu den bestehenden Konstrukten vor, die insbesondere auch auf dem technologischen Fortschritt der E-Mobilität der letzten Jahre beruhen. Schmitz analysiert hierzu jeweils im Einzelnen den Stand der Forschung und begründet seine Auswahl bzw. die vorgenommenen Modifikationen an den relevanten Konstrukten. Dabei zeigen sich zentrale originäre Erweiterungen durch Schmitz. Es handelt sich dabei um

- das neue, zentrale Konstrukt Wahrgenommene Zukunftssicherheit
- differenziert nach unterschiedlichen Arten der Elektromobilität
- sowie um die bisher nicht untersuchten Konstruktbeziehungen Qualität der Leistung zu Wahrgenommener Einfachheit der Nutzung, Dauer Tankprozess zu Wahrgenommener Nützlichkeit sowie Infrastruktur zu Wahrgenommener Nützlichkeit (jeweils für beide Antriebsarten).

Schmitz widmet sich auch möglichen moderierenden und kontrollierenden Variablen für sein Modell. Als Moderatoren bezieht er „Erfahrung mit E-Mobilität", „Geschlecht" und „Wohnort" mit ein – als Kontrollvariablen finden „Alter" und „Einkommen" Verwendung.

Aufgrund des eher explorativen Charakters der Studie einerseits und des hoch-komplexen Modellaufbaus entschied sich Schmitz bei der empirischen Validierung seines Modells für ein varianzbasiertes Verfahren bzw. konkret für eine Partial Least Squares Strukturgleichungsmodellierung. Die Empirie bestand aus einer quantitativ orientierten Onlinebefragung. Insgesamt konnten 419 vollständig verwertbare Fragebögen verarbeitet werden. Die für die Repräsentativität erforderlichen und vorgegebenen Zielquoten wurden nahezu alle erfüllt. Damit liegt eine für die deutsche Bevölkerung repräsentative und hinsichtlich ihrer Ergebnisse generalisierbare Studie vor.

Hierbei zeigt sich als ein hier ausgewähltes Ergebnis etwa die signifikant höhere Bedeutung der Wahrgenommenen Zukunftssicherheit als Einflussfaktor bei Brennstoffzellenfahrzeugen im Vergleich zu Batterieelektrofahrzeugen. Interessant dabei ist etwa auch die Erkenntnis, dass Personen mit bereits vorliegender Erfahrung mit E-Mobilität die wahrgenommene Zukunftssicherheit der Batterieelektrofahrzeuge als eher kritisch bzw. negativ einschätzen.

Ein wesentlich neuer Kern des Modells von Schmitz besteht in der Differenzierung nach der Art der E-Mobilität. Die hierauf bezogenen Ergebnisse zeigen, dass die Verhaltensabsicht Brennstoffzellenfahrzeug bei einem Großteil der Befragten (über alle Teilzielgruppen hinweg) signifikant höher ist, als bei Batterieelektrofahrzeugen – eines der vielen interessanten Teilergebnisse der vorliegenden Studie.

Ausführlich widmet sich der Verfasser den einzelnen Konstruktbeziehungen bzw. den Wirkungen der abgebildeten Einflüsse auf die Wahrgenommene Einfachheit der Nutzung, auf die Wahrgenommene Nützlichkeit bzw. auf die Verhaltensabsichten. Dabei wird nochmals die Bedeutung der beiden, von Schmitz neu etablierten, Konstrukte der Wahrgenommenen Zukunftssicherheit Batterieelektrofahrzeug versus Brennstoffzellenfahrzeug belegt.

Schmitz betont in diesem Zusammenhang als eines der Kernergebnisse nochmals die signifikante Bevorzugung der Brennstoffzellenfahrzeuge durch die Nutzer/Käufer im Vergleich zu Batterieelektrofahrzeugen. Brennstoffzellenfahrzeuge ähneln in ihrer Nutzung offensichtlich dem gewohnten Verbrennungsmotor und erzielen dadurch Akzeptanzvorteile.

Schmitz bietet im Sinne seiner praktisch-normativen Ausrichtung der Arbeit zahlreiche Implikationen für die Praxis. Dabei strukturiert er ausgewählte, zentrale Erkenntnisse seiner Studie nach technologie- und fahrzeugbedingten Einflussfaktoren einerseits, nach nutzerbedingten Einflussfaktoren andererseits sowie nach Kombinationen aus diesen beiden Grundtypen. Damit bietet die Arbeit hier eine Fülle an konkreten Empfehlungen zur Akzeptanzsteigerung – wiederum nach den beiden Ausprägungen der E-Mobilität differenziert. Dies erlaubt es den Herstellern von Elektrofahrzeugen, unmittelbare Maßnahmen zu ergreifen, die beispielsweise in Kommunikations- bzw. Aufklärungskampagnen, technische Weiterentwicklung und Testmöglichkeiten/-fahrten unterschieden werden können. Nicht alle ableitbaren Maßnahmen können dabei von einzelnen Herstellern autonom umgesetzt werden. Vielmehr ist häufig eine Zusammenarbeit verschiedener, als Konkurrenten arbeitender, aber sich im Sinne einer „Coopetition" gemeinsam verhaltender Hersteller erforderlich.

Auf dieser Basis betrachtet Schmitz in der Folge die konkreten Umsetzungsmöglichkeiten für die Hersteller mit Blick auf autonome Maßnahmen bzw. auf notwendige Kooperationen mit dem Staat/Gesetzgeber bzw. auf intrasystemische Kooperationen einerseits und auf den Zeitbezug andererseits.

Im Ergebnis zeigen sich etwa konkrete Ansatzpunkte von

- autonomen kurzfristigen Maßnahmen (z.B. mit Zielrichtung Persönlicher Innovationsgrad),
- mittelfristigen, einer intrasystemischen Hersteller-Kooperation empfohlenen Aktionen (z.B. Verbesserung der Rahmenbedingungen Tankprozess) oder etwa
- von langfristigen und auf Kooperation mit dem Staat setzenden Empfehlungen (z.B. Verbesserung der Rahmenbedingungen Infrastruktur).

Fabian Schmitz geht in seiner vorliegenden Arbeit also mittels einer theoretisch-deduktiven Herleitung, Konzeptualisierung und Hypothesenbildung mit anschließender empirischer Überprüfung an die Beantwortung seiner forschungsleitenden Fragestellungen heran. Er belegt damit stringent und valide die grundlegenden Einflüsse auf die nutzer-/käuferseitige Akzeptanz von Elektrofahrzeugen im Allgemeinen sowie von Brennstoffzellen- und Batterieelektrofahrzeugen im Besonderen.

Die erzielte Weiterentwicklung bestehender Modelle bzw. Ansätze sowie deren Spezifizierung ist dabei einerseits in nachvollziehbarer Weise gelungen, wie andererseits auch die originäre Verbesserung und Anreicherung der relevanten Literatur um ein eigenständiges Modell. Letzteres erlaubt die Ableitung zahlreicher, fundierter und konkret umsetzbarer Handlungsempfehlungen für die Hersteller von Elektrofahrzeugen (und den Staat als rahmengebende Institution). Die Arbeit ist damit für (marketingorientierte) Entscheidungsträger in betroffenen Unternehmen genauso relevant und lesenswert wie für politisch Verantwortliche.

Prof. Dr. Roland Mattmüller
Schloß Reichartshausen

# Vorwort des Autors

Die Grundzüge der vorliegenden Arbeit sind während meiner Tätigkeit als Wissenschaftlicher Mitarbeiter am Lehrstuhl für Strategisches Marketing von Prof. Dr. Roland Mattmüller der EBS Business School, EBS Universität für Wirtschaft und Recht entstanden. Fertiggestellt habe ich die Arbeit im Anschluss an meine Zeit als Wissenschaftlicher Mitarbeiter.

Diese Gelegenheit möchte ich nutzen, um mich bei all denen zu bedanken, die mich bei der Anfertigung dieser Arbeit unterstützt und mich auf diesem Weg begleitet haben.

Zunächst möchte ich Herrn Prof. Dr. Roland Mattmüller danken. Nicht nur für die Möglichkeit an seinem Lehrstuhl zu promovieren, sondern auch für seine fortwährende Unterstützung meines Promotionsvorhabens durch seinen Rat sowie konstruktive Kritik und auch motivierenden Worte. Besonders möchte ich mich auch für die weitreichenden Einblicke und Erfahrungen, die ich während meiner Zeit am Lehrstuhl sammeln konnte, bedanken.

Ebenso möchte ich mich bei Prof. Dr. Sven Henkel für seine Bereitschaft zur Übernahme der Rolle des Zweitbetreuers als auch seine Unterstützung bedanken.

Mein Dank gilt besonders auch meinen Kollegen am Lehrstuhl für die außergewöhnliche Zeit, die wir zusammen verbracht haben. Nicht nur im Rahmen der Organisation von Vorträgen und Vorlesungen, sondern auch bei den zahlreichen Doktorandenseminaren und anderen Exkursionen. Außerdem möchte ich mich für die stets vorhandene gegenseitige Unterstützung und damit verbundene positive und stets humorvolle Arbeitsatmosphäre bei meinen Kollegen bedanken.

Besonders möchte ich mich bei Alexandra Fiedler, Julia Elspaß, Dr. Linda Rinke, Dr. Sebastian Grüner und Christian Segiet bedanken, die mich nicht nur durch fachliche Diskussionen und ihre eigenen Blickweisen unterstützt, sondern auch durch ihren Rückhalt stets motiviert haben. Bedanken möchte ich mich auch bei Dr. Anna Koenen, Dr. Anna Pleser und Dr. Philipp Hoog, die mir besonders in der frühen Phase meiner Promotion eine große Motivation waren.

Ein besonderer Dank gilt Beate Wenzl, die als Dreh- und Angelpunkt des Lehrstuhls immer ein offenes Ohr hatte und gerne mit Rat und Tat unterstützt hat.

Auch Patricia Christen möchte ich herzlich für ihre stetig motivierenden Worte und humorvolle Motivation danken!

Dank euch werde ich an meine Zeit am Lehrstuhl immer mit Freude zurückdenken!

Ein ganz besonderer Dank gilt meinem besten Freund René Shefer, der mir über die vielen Jahre unserer Freundschaft stets mit seinem ehrlichen Rat unterstützend zur Seite steht.

Mein größter Dank gebührt jedoch meinen Eltern, Elke und Dr. Thomas Schmitz sowie meinen Schwestern Patricia und Theresa. Vielen Dank nicht nur für eure Unterstützung meines Studiums und der Promotion, sondern auch für euer Vertrauen in mich. Vielen Dank, dass ihr mich bei allen meinen Vorhaben unterstützt, für mich da seid und ich weiß, dass ich mich stets auf euch verlassen kann.

Eure stetige Unterstützung und euer Vertrauen sind für mich immer eine wichtige Motivation.

Fabian Schmitz
Düsseldorf, August 2022

# Inhaltsverzeichnis

# Abkürzungsverzeichnis

| | |
|---|---|
| BEV | Battery Electric Vehicle |
| CB-SEM | Kovarianzbasierte Strukturgleichungsmodellierung |
| DVE | Durchschnittlich erfasste Varianz |
| FCV | Fuel Cell Vehicle |
| HTMT | Heterotrait-Monotrait-Verhältnis |
| PLS-SEM | Partial Least Squares Structural Equation Modeling, Partial Least Squares Strukturgleichungsmodellierung |
| PLS-MGA | PLS-Multigruppenanalyse |
| REEV | Range Extended Electric Vehicles |
| SEM | Strukturgleichungsmodelle |
| TAM | Technology Acceptance Model |
| TAM 2 | Technology Acceptance Model 2 |
| TAM 3 | Technology Acceptance Model 3 |
| TPB | Theory of Planned Behavior |
| TRA | Theory of Reasoned Action |
| UTAUT | Unified Theory of Acceptance and Use of Technology |
| UTAUT 2 | Unified Theory of Acceptance and Use of Technology 2 |
| VDA | Verband der Automobilindustrie |
| VIF | Varianzinflationsfaktor |

# Abbildungs- und Tabellenverzeichnis

# 1 Untersuchungsgrundlagen und Erläuterung der Problemstellung

Die Arbeit beginnt mit einer Vorstellung der Problemstellung, die Akzeptanz von Elektrofahrzeugen in Deutschland, sowie einer Erläuterung ihrer Relevanz. Anschließend werden die Zielsetzung dieser Arbeit im Detail vorgestellt und die Forschungsfragen hergeleitet. Abschließend wird der Aufbau der Arbeit sowie der Gang der Untersuchung erläutert.

## 1.1 Problemstellung und Relevanz des Forschungsgegenstandes

Das Ziel der Bundesregierung aus dem Jahr 2009 von einer Million Elektrofahrzeugen in Deutschland bis zum Jahr 2020 wurde nicht erreicht.[1] Trotz der bislang nicht erreichten Ziele hält die Bundesregierung an einer langfristigen Strategie zur Etablierung von Elektrofahrzeugen in Deutschland als Teil der Maßnahmen zur Reduktion des bundesweiten $CO_2$-Ausstoßes im Kampf gegen den Klimawandel fest.[2] Teil dieses Engagements sind unter anderem die zunehmende Verschärfung der Grenzwerte für den Schadstoffausstoß von Neuwagen sowie die Förderung von Elektrofahrzeugen. Diese Förderungen umfassen neben Subventionen für den Kauf von Elektrofahrzeugen auch Investitionen für die Errichtung der notwendigen Infrastruktur. Durch diese Maßnahmen sind die Zulassungszahlen von Elektrofahrzeugen in den vergangenen Jahren gestiegen, bleiben jedoch noch hinter den Erwartungen und dem Ziel von sieben bis zehn Millionen Elektrofahrzeugen bis zum Jahr 2030 zurück.[3] So zeigen sich die höheren Anschaffungspreise sowie die noch nicht flächendeckend verfügbare Infrastruktur und geringere Reichweite von Elektrofahrzeugen auch in einer fortgeschrittenen Phase ihrer Entwicklung noch als Hürden für viele

1 Zum Zeitpunkt der Erstellung dieser Arbeit ist die Anzahl der Neuzulassungen signifikant angestiegen und deutet darauf hin, dass das Ziel von einer Million Elektrofahrzeugen in Deutschland bald erreicht wird.

2 Vgl. Bundesministerium für Umwelt, Naturschutz und nukleare Sicherheit (2020): Elektroautos sind so sauber wie der Strom mit dem sie fahren; vgl. Die Bundesregierung (2020): Klimaschutz – Verkehr.

3 Vgl. Bundesministerium für Umwelt, Naturschutz und nukleare Sicherheit (2020): Förderung der Elektromobilität durch die Bundesregierung; vgl. Die Bundesregierung (2020): Klimaschutz – Verkehr.

potentielle Nutzer.[4] Ebenso trägt die Existenz von mehreren unterschiedlichen Arten von reinelektrischen Antriebssystemen, nämlich Batterieelektrofahrzeugen und Brennstoffzellenfahrzeugen, sowie die staatliche Förderung beider Systeme, mit dem Ziel Deutschland zu einem Vorreiter auf dem Feld der alternativen Antriebe zu machen, zu einer Unentschlossenheit seitens der Nutzer bei. So empfinden diese eine Unsicherheit über die Zukunftsträchtigkeit der beiden Arten der reinelektrischen Elektromobilität.[5]

Die langsam fortschreitende Entwicklung der Zulassungszahlen von Elektrofahrzeugen zeigt, dass eine Untersuchung der Einflussfaktoren auf die Akzeptanz von Elektromobilität wertvolle Einblicke zur erfolgreichen Verbreitung der Elektromobilität ermöglichen kann. Dabei wird die Akzeptanz von Elektromobilität im Rahmen dieser Arbeit als die Bereitschaft zur Nutzung eines Elektrofahrzeugs verstanden und stellt einen elementaren Schritt zur Wahrnehmung von Elektrofahrzeugen als vollwertige Alternative zu Fahrzeugen mit Verbrennungsmotor dar. Für die erfolgreiche Verbreitung von Elektrofahrzeugen und das Erreichen der Ziele der Bundesregierung für Elektromobilität im Jahr 2030 zeigt sich die Steigerung der Akzeptanz von Elektrofahrzeugen als eine der zentralen Herausforderungen.

## 1.2 Zielsetzung

Die steigende Relevanz von Elektrofahrzeugen für die Einhaltung der gesetzlichen Grenzwerte für den Schadstoffausstoß von Pkw zeigt, dass der Gesetzgeber die vermehrte Nutzung und den Verkauf von Elektrofahrzeugen unterstützt. Dennoch fallen die Verkaufszahlen von Elektrofahrzeugen weitaus geringer aus als die von Fahrzeugen mit Verbrennungsmotor. Dies führt in der Forschung zu einer vermehrten Untersuchung der unterschiedlichen Einflussfaktoren auf das Akzeptanzverhalten in Bezug zur Elektromobilität. Dabei nutzten bisherige Untersuchungen Teile von Modellen aus der Forschung der Technologieakzeptanz, um gezielt einzelne Einflussfaktoren zu untersuchen. Eine gesamtheitliche Untersuchung einer Mehrzahl potentieller Einflussfaktoren wurde lediglich in wenigen Fällen unternommen.

---

4 Vgl. Verband der TÜV e.V. (2020): Mobility Studie 2020, S. 69.

5 Vgl. Bundesministerium für Bildung und Forschung (2020): Nationale Wasserstoffstrategie; vgl. Bundesministerium für Wirtschaft und Energie (2020): Die nationale Wasserstoffstrategie, S. 7 f; vgl. Die Bundesregierung (2019): Wasserstoff und Energiewende, S. 3.

Ziel dieser Arbeit ist es, auf der bereits existierenden Forschung aufzubauen und so den möglichen Einfluss einer Mehrzahl von Faktoren auf die Akzeptanz der Elektromobilität zu untersuchen. Dazu werden die Relevanz bestehender Forschungsergebnisse durch eine erneute Untersuchung in der aktuellen Zeit und einem bereits fortgeschrittenen Stadium der Akzeptanz der Elektromobilität überprüft und neue Erweiterungen auf ihre Relevanz hin geprüft, um so einen umfangreichen Einblick in die Akzeptanzfaktoren der Elektromobilität zu ermöglichen. Darüber hinaus soll eine mögliche Präferenz zwischen den beiden zurzeit in Deutschland verfügbaren Arten der reinelektrischen Elektromobilität, Batterieelektro- und Brennstoffzellenfahrzeugen, untersucht werden. Aus den Ergebnissen können darauffolgend Implikationen und Handlungsempfehlungen für Automobilhersteller abgeleitet werden. Zusätzlich sollen weitere Implikationen für die Forschung erarbeitet werden.

Das **übergeordnete Erkenntnisziel** dieser Arbeit lässt sich beschreiben als die theoretische Abbildung und empirische Überprüfung der unterschiedlichen relevanten Faktoren, die einen Einfluss auf die kunden- und nutzerseitige Akzeptanz der beiden Formen der reinelektrischen Elektromobilität im Pkw-Bereich nehmen. Auf Basis der erarbeiteten Ergebnisse werden weiterführende Marketingstrategieansätze für Automobilhersteller für die Steigerung der Akzeptanz der Elektromobilität identifiziert. Aus diesem Erkenntnisziel lässt sich die übergeordnete Forschungsfrage folgendermaßen ableiten:

- *Welche Einflussfaktoren müssen aufgearbeitet werden, um eine Steigerung der Akzeptanz von Elektrofahrzeugen in Deutschland zu erreichen?*

Das **deskriptiv-abgrenzende Partialziel** liegt in der Herleitung und Definition der für diese Arbeit relevanten Formen der Elektromobilität, Batterieelektrofahrzeuge und Brennstoffzellenfahrzeuge. Durch die Definition der Gemeinsamkeiten und Unterschiede der beiden Konzepte sowie der verschiedenen Anforderungen an Nutzer als auch die Automobilhersteller und Infrastruktur, werden die beiden Arten der Elektromobilität als Untersuchungsgegenstand für die Akzeptanz etabliert. Zur Erarbeitung des Partialziels dienen vier leitende Forschungsfragen:

- *Was sind die Besonderheiten und Unterschiede von Batterieelektro- und Brennstoffzellenfahrzeugen?*
- *Welche Hürden für die Akzeptanz ergeben sich aus den Besonderheiten für Nutzer solcher Fahrzeuge?*
- *Welche weiteren möglichen Einflussfaktoren auf die Akzeptanz der Elektromobilität gibt es?*

- *Beruhen diese Faktoren auf technischen oder nutzerbedingten Gründen?*

Zunächst gilt es, die Besonderheiten von Batterieelektro- und Brennstoffzellenfahrzeugen darzulegen und diese mit herkömmlichen Verbrennungsfahrzeugen zu vergleichen, um eine Basis für die weitere Untersuchung zu bilden. Auf Basis dessen wird die zweite Forschungsfrage, welche sich mit der Identifikation von Hürden beschäftigt, die sich aus den Besonderheiten von Elektrofahrzeugen ergeben, bearbeitet. Mit der dritten Forschungsfrage werden weitere Einflussfaktoren auf die Akzeptanz von Elektrofahrzeugen erarbeitet, die nicht ausschließlich auf deren Besonderheiten zurückzuführen sind. Ziel der vierten Forschungsfrage ist es, alle gesammelten Einflussfaktoren in die beiden Kategorien „technisch bedingt" und „nutzerbedingt" einzuordnen und so eine Grundlage für die spätere Untersuchung zu bereiten.

Das **explikative Partialziel** besteht aus der theoretischen Konzeptualisierung sowie der empirischen Überprüfung eines Forschungsmodells, um die Verhaltensabsicht von Nutzern mit Hinblick auf die Akzeptanz der Elektromobilität und der Präferenz zwischen den beiden Arten der Elektromobilität zu ergründen. Dazu sollen die folgenden Forschungsfragen beantwortet werden:

- *Welche der erarbeiteten Faktoren nehmen einen Einfluss auf die Akzeptanz von Elektrofahrzeugen?*
- *Welche Art der Elektromobilität wird von den Umfrageteilnehmern bevorzugt?*

Die vorab gesammelten möglichen Einflussfaktoren werden zur Beantwortung der ersten Forschungsfrage in das Forschungsmodell integriert und so ihr Einfluss auf die Akzeptanz von Elektrofahrzeugen überprüft. Hierdurch ist es das Ziel, die relevanten Faktoren zu bestimmen und die Stärke ihres Einflusses auf das Akzeptanzverhalten festzustellen. Zur Beantwortung der zweiten Forschungsfrage werden die gesammelten Daten auf die Präferenz der Umfrageteilnehmer zu Batterieelektro- und Brennstoffzellenfahrzeugen untersucht. Diese Ergebnisse sollen später für die Entwicklung von Empfehlungen dienen.

Abschließend umfasst das **praktisch-normative Partialziel** die Ableitung von Handlungsempfehlungen für Automobilhersteller zur Steigerung der Akzeptanz der Elektromobilität sowie von Implikationen für die Forschung im Bereich der Technologieakzeptanz auf Basis der Ergebnisse dieser Arbeit. Die mit diesem Partialziel zusammenhängenden Forschungsfragen lauten:

- *Welche Handlungsempfehlungen lassen sich für Automobilhersteller ableiten?*
- *Welche Möglichkeiten für zukünftige Forschung ergeben sich?*

Mit der Beantwortung dieser Forschungsfragen ist es das Ziel, konkrete Handlungsempfehlungen im Zusammenhang mit den als relevant ermittelten Einflussfaktoren zu nennen, welche zu einer erfolgreichen Steigerung der Akzeptanz von Elektrofahrzeugen beitragen können. Des Weiteren werden Punkte für zukünftige Forschungsmöglichkeiten genannt, die sich aus den Resultaten dieser Arbeit ergeben.

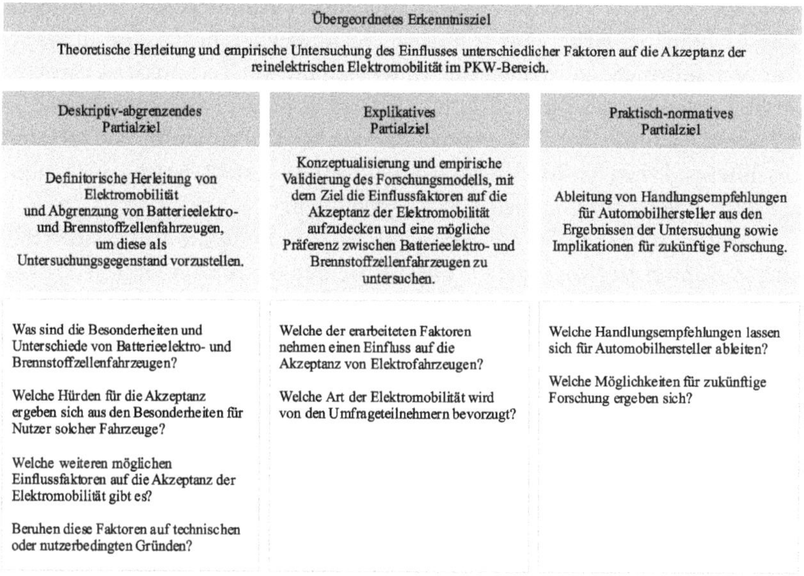


**Abbildung 1:** Darstellung der Erkenntnisziele und Forschungsfragen

## 1.3 Aufbau und Gang der Untersuchung

Zum Erreichen der für diese Arbeit gesetzten Erkenntnisziele werden zunächst in **Kapitel zwei** die Grundlagen der Elektromobilität im Pkw-Bereich vorgestellt. Dabei wird zwischen den unterschiedlichen Arten von Elektrofahrzeugen anhand des Grades der Elektrifizierung des Fahrzeugs unterschieden und das Angebot an Elektrofahrzeugen in Deutschland vorgestellt. Des Weiteren werden ein Überblick über die Entwicklung der Akzeptanz von Elektrofahrzeugen in Deutschland gegeben sowie die existierenden Hürden und Treiber der Akzeptanz von Elektromobilität in Deutschland erarbeitet. Abschließend folgen eine Zusammenfassung und Kategorisierung der identifizierten Einflussfaktoren, welche als Basis für die weitere Untersuchung dienen.

In **Kapitel drei** werden die theoretischen Grundlagen dieser Arbeit sowie eine Auswahl an relevanten Forschungsmodellen zur Untersuchung der Akzeptanz der Elektromobilität vorgestellt. Zunächst werden der Begriff der Innovation als auch die für eine erfolgreiche Einführung einer Innovation notwendigen Faktoren erläutert. Im Anschluss folgen ein Überblick über die Schritte der Innovationsdiffusion sowie die verschiedenen Kategorien der Adopter von Innovationen. Als Nächstes folgen die *Theory of Reasoned Action* sowie die *Theory of Planned Behavior*, welche als grundlegende Theorien zur Untersuchung der Akzeptanz von neuen Technologien dienen. Die auf diesen Theorien aufbauenden Modelle zur Untersuchung der Technologieakzeptanz, das *Technoloy Acceptance Model* und die *Unified Theory of Acceptance and Use of Technology* sowie ihre Weiterentwicklungen werden darauffolgend erläutert. Abschließend wird das Modell von Fazel (2013) vorgestellt, welches als Grundlage für das Forschungsmodell dieser Arbeit dient.

Die Herleitung und Konzeptualisierung des Forschungsmodells dieser Arbeit wird in **Kapitel vier** vorgestellt. Zunächst werden die für das vorliegende Forschungsvorhaben geeigneten Konstrukte aus dem in Kapitel drei ausgewählten Modell für die Untersuchung der Erkenntnisziele dieser Arbeit angepasst und die Hypothesen bezüglich der Wirkungsbeziehungen zwischen den einzelnen Konstrukten aufgestellt. Im Anschluss folgt die Erweiterung des bestehenden Modells um neue Konstrukte sowie die dazugehörigen Hypothesen, die zum Erreichen der Erkenntnisziele notwendig sind. Dabei handelt es sich um eine methodische sowie inhaltliche Erweiterung, die neben der Untersuchung der Akzeptanz von Elektrofahrzeugen auch auf die Untersuchung der Präferenz zwischen Batterieelektro- und Brennstoffzellenfahrzeugen abzielt. Das Kapitel schließt mit einer Zusammenfassung der aufgestellten Hypothesen sowie einer beispielhaften Darstellung des erarbeiteten Forschungsmodells.

In **Kapitel fünf** wird die empirische Vorgehensweise zur Überprüfung des aufgestellten Forschungsmodells vorgestellt. Zu Beginn werden die Grundlagen von Strukturgleichungsmodellen und den verschiedenen Anwendungsverfahren sowie die unterschiedlichen Arten der Messmodelle erläutert. Im Anschluss wird die Auswahl des für diese Arbeit verwendeten Verfahrens der Strukturgleichungsmodellierung vorgestellt und begründet. Die Operationalisierung der im vorangegangenen Kapitel vorgestellten Konstrukte ist ebenfalls Teil dieses Kapitels und wird im Detail erläutert. Dabei werden bestehende Konstrukte auf die Erkenntnisziele dieser Arbeit hin angepasst und der Prozess der Operationalisierung der neu entwickelten Konstrukte detailliert vorgestellt. Das Kapitel endet mit der Vorstellung der für die Stichprobe der Onlineumfrage angezielten Quoten, um eine Repräsentativität der Ergebnisse zu gewährleisten. Abschließend werden die Vorbereitung und Durchführung der Onlineumfrage detailliert erläutert.

In **Kapitel sechs** werden die Durchführung der empirischen Untersuchung sowie die Ergebnisse zur Überprüfung der aufgestellten Hypothesen vorgestellt. Dazu wird zunächst die Stichprobe auf eine ausreichende Repräsentativität sowie fehlende Werte und eine ausreichende Normalverteilung hin überprüft. Im Anschluss folgt ein Überblick über die in der SmartPLS Software verwendeten Einstellungen. Die Überprüfung der gesammelten Daten mittels des Strukturgleichungsverfahrens ist in die Evaluation des Messmodells und die Evaluation des Strukturmodells aufgeteilt. Als Teil der Evaluation des Messmodells werden die Konvergenzvalidität, Interne-Konsistenz-Reliabilität und die Diskriminanzvalidität überprüft, um eine Verzerrung der Daten auszuschließen. Die Evaluation des Strukturmodells hat das Ziel, die Überprüfung der aufgestellten Hypothesen zu ermöglichen. Dazu werden neben der Stärke und Signifikanz der Pfadkoeffizienten auch das Bestimmtheitsmaß und die Prognoserelevanz als auch die $f^2$- und $q^2$-Effektstärken ausgewertet. Im Anschluss folgen die Überprüfung von Moderationseffekten durch die festgelegten Moderatorvariablen und die Auswertung des Einflusses der Kontrollvariablen. Als abschließende Auswertung wird mittels des Wilcoxon-Vorzeichen-Rang-Tests die Präferenz der Umfrageteilnehmer zwischen Batterieelektro- und Brennstoffzellenfahrzeugen ermittelt. Das Kapitel endet mit einer Zusammenfassung der Ergebnisse, welche einen Überblick über die Bestätigung oder Ablehnung der aufgestellten Hypothesen sowie eine Abbildung des Forschungsmodells erweitert um die Ergebnisse der Auswertung umfasst.

**Kapitel sieben** umfasst eine abschließende Betrachtung der Arbeit. Dabei wird zunächst auf die Implikationen für weitere Forschung im Bereich der Akzeptanz der Elektromobilität sowie der Technologieakzeptanz generell eingegangen. Im Anschluss werden die Implikationen der Ergebnisse dieser Arbeit für die Praxis detailliert ausgearbeitet. Dazu werden zunächst die einzelnen relevanten Einflussfaktoren vorgestellt und Handlungsempfehlungen für Automobilhersteller zur Steigerung der Akzeptanz der Elektromobilität abgeleitet. Des Weiteren werden die einzelnen Einflussfaktoren in eine Matrix nach Kooperationsbedarf zur erfolgreichen Bearbeitung und dem notwendigen Zeithorizont kategorisiert. So werden konkrete Handlungsempfehlungen sowie eine Strategie zur Bearbeitung der einzelnen Einflussfaktoren mit dem Ziel der Akzeptanzsteigerung der Elektromobilität gegeben. Abschließend folgt eine Schlussbetrachtung der zu Beginn aufgestellten Erkenntnisziele der Arbeit.

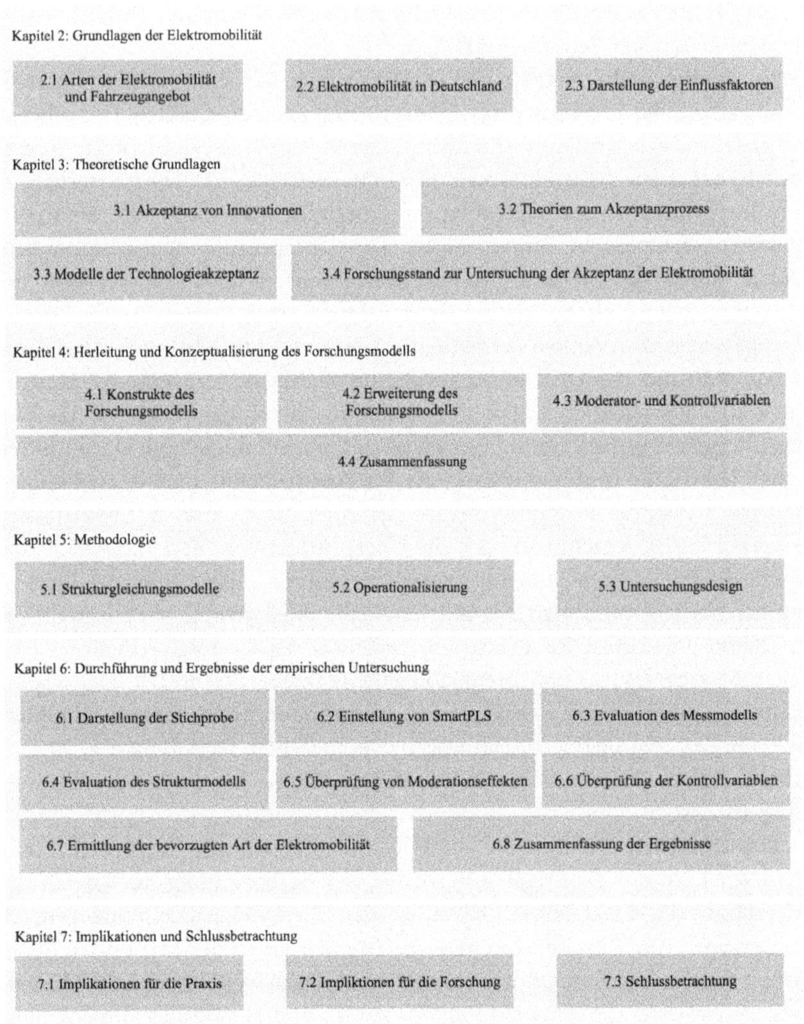


**Abbildung 2:** Überblick über den Gang und Aufbau der Arbeit

# 2 Grundlagen der Elektromobilität

Die drei Teile dieses Kapitels stellen zunächst die technischen Grundlagen und Unterschiede der verschiedenen Arten der Elektromobilität sowie die Entwicklung des Angebots von Elektrofahrzeugen vor. Das zweite Unterkapitel betrachtet die Elektromobilität in Deutschland genauer, dabei werden die Entwicklung der Akzeptanz sowie die verschiedenen Einflussfaktoren auf die Akzeptanz vorgestellt und erläutert. Zum Abschluss folgt die Kategorisierung der vorgestellten Einflussfaktoren für die weitergehende Verwendung im Laufe der Arbeit.

## 2.1 Arten der Elektromobilität und Fahrzeugangebot

In diesem Kapitel werden zunächst die Grundlagen der unterschiedlichen Arten von Elektrofahrzeugen vorgestellt und die Unterschiede der verschiedenen Konzepte erläutert. Im Anschluss folgt eine Erläuterung der Entwicklung des Angebots von Elektrofahrzeugen in Deutschland. Mit diesem Kapitel wird das grundlegende technische Wissen zum Thema Elektromobilität für den weiteren Verlauf der Arbeit vorgestellt.

### 2.1.1 Varianten der Elektromobilität im Pkw-Bereich

Elektromobilität im Pkw-Bereich lässt sich in die beiden Bereiche der teilelektrischen und vollelektrischen E-Mobilität unterteilen. Den Bereich der teilelektrischen E-Mobilität bilden die verschiedenen Arten von Hybridfahrzeugen („Hybrid electric vehicles“ (HEV)), welche Plug-in-Hybride (PHEV) und Fahrzeuge mit Range Extender[6] („range extended electric vehicles“ (REEV)) sowie Micro-Hybride und Mild-Hybride einschließt. Die verschiedenen Arten von Hybridfahrzeugen zeichnen sich dadurch aus, dass diese sowohl über ein Verbrennungsaggregat als auch einen Elektromotor verfügen und diese für den Antrieb des Fahrzeugs oder unterstützende Funktionen nutzen. So lassen sich die verschiedenen Arten von Hybriden anhand des Grades der Hybridisierung unterscheiden.

Während Micro-Hybride lediglich unterstützende Funktionen, wie eine Start-Stopp-Automatik und Bremsenergierückgewinnung zum Aufladen der

6 Zu Deutsch: Reichweitenvergrößerer

Starterbatterie erfüllen, unterstützen sie den Antrieb des Fahrzeugs jedoch kaum.[7] Zusätzlich zu den Funktionen eines Micro-Hybrid unterstützen Mild-Hybride den Antrieb des Fahrzeugs beim Anfahren und Beschleunigen in einem geringen Maße, sind jedoch nicht in der Lage, dies über größere Zeiträume und Entfernungen zu tun.[8]

Voll-Hybriden bauen auf dem Prinzip der Mild-Hybriden auf, sind jedoch durch ihren stärkeren Elektromotor und größere Batterie dazu in der Lage, kürzere Entfernungen reinelektrisch zurückzulegen.[9] Die Batterie wird entweder direkt durch den Verbrennungsmotor oder die Rückgewinnung von Bremsenergie geladen, so ist dieser Hybrid unabhängig vom externen Stromnetz.[10]

Mit dem Plug-in-Hybrid wird die Technologie des Hybriden weiterentwickelt und ein größerer Fokus auf die Leistungsfähigkeit des Elektroantriebs sowie die elektrische Reichweite gelegt.[11] So zeichnen sich Plug-in-Hybride durch eine größere reinelektrische Reichweite und stärkere Elektromotoren aus.[12] Die Verbrennungsmotoren werden oftmals kleiner dimensioniert und

---

7 Vgl. Karle, Anton (2017): Elektromobilität – Grundlagen und Praxis, S. 33; vgl. Reif, Konrad / Noreikat, Karl E. / Borgeest, Kai (2012): Kraftfahrzeug-Hybridantriebe, S. 67.

8 Vgl. Karle, Anton (2017): Elektromobilität – Grundlagen und Praxis, S. 33; vgl. Reif, Konrad / Noreikat, Karl E. / Borgeest, Kai (2012): Kraftfahrzeug-Hybridantriebe, S. 67; vgl. Bertram, Mathias / Bongard, Stefan (2014): Elektromobilität im motorisierten Individualverkehr – Grundlagen, Einflussfaktoren und Wirtschaftlichkeitsvergleich, S. 30.

9 Vgl. Bertram, Mathias / Bongard, Stefan (2014): Elektromobilität im motorisierten Individualverkehr – Grundlagen, Einflussfaktoren und Wirtschaftlichkeitsvergleich, S. 30 f; vgl. Karle, Anton (2017): Elektromobilität – Grundlagen und Praxis, S. 33; vgl. Reif, Konrad / Noreikat, Karl E. / Borgeest, Kai (2012): Kraftfahrzeug-Hybridantriebe, S. 67.

10 Vgl. Bertram, Mathias / Bongard, Stefan (2014): Elektromobilität im motorisierten Individualverkehr – Grundlagen, Einflussfaktoren und Wirtschaftlichkeitsvergleich, S. 31; vgl. Karle, Anton (2017): Elektromobilität – Grundlagen und Praxis, S. 33; vgl. Reif, Konrad / Noreikat, Karl E. / Borgeest, Kai (2012): Kraftfahrzeug-Hybridantriebe, S. 67.

11 Vgl. Bertram, Mathias / Bongard, Stefan (2014): Elektromobilität im motorisierten Individualverkehr – Grundlagen, Einflussfaktoren und Wirtschaftlichkeitsvergleich, S. 33; vgl. Reif, Konrad / Noreikat, Karl E. / Borgeest, Kai (2012): Kraftfahrzeug-Hybridantriebe, S. 67.

12 Vgl. Bertram, Mathias / Bongard, Stefan (2014): Elektromobilität im motorisierten Individualverkehr – Grundlagen, Einflussfaktoren und Wirtschaftlichkeitsvergleich, S. 32; vgl. Karle, Anton (2017): Elektromobilität – Grundlagen und Praxis, S. 33; vgl. Reif, Konrad / Noreikat, Karl E. / Borgeest, Kai (2012): Kraftfahrzeug-Hybridantriebe, S. 67.

unterstützen den Elektromotor in Situationen, in denen dessen Leistung nicht ausreicht oder die Batterieladung aufgebraucht ist. Ein Plug-in-Hybrid kann außerdem ähnlich wie batterieelektrische Fahrzeuge an Ladestationen aufgeladen werden.[13]

Fahrzeuge mit Range Extender erreichen ihren Antrieb durch einen im Vergleich zu Hybriden stärkeren Elektromotor, der seine Energie aus einer ebenfalls größeren Batterie bezieht.[14] Zusätzlich verfügen diese Fahrzeuge über einen kleinen und verbrauchsoptimierten Verbrennungsmotor, dessen Aufgabe es ist, die Batterie zu laden, wenn diese einen niedrigen Ladungsstatus erreicht.[15] Der Verbrennungsmotor treibt das Fahrzeug dementsprechend nicht direkt an. Durch das Zusammenspiel von Elektromotor und Verbrennungsmotor sind diese Fahrzeuge in der Lage, mittelgroße Entfernungen lokal emissionsfrei zurückzulegen und auch längere Strecken ohne lange Ladepausen zu absolvieren.[16]

Gegenstand dieser Arbeit ist der Bereich der vollelektrischen Fahrzeuge, hierunter fallen batterieelektrische Fahrzeuge („battery electric vehicle" (BEV)) sowie Brennstoffzellenfahrzeuge („fuel cell vehicle" (FCV)). Batterieelektrische Fahrzeuge zeichnen sich dadurch aus, dass ihr Elektromotor seine Energie ausschließlich aus einer Batterie bezieht, welche lediglich über das Stromnetz aufgeladen wird. Die Dauer des Ladeprozesses hängt bei BEVs vom Fahrzeugmodell[17] sowie der Auslastung und Art der Ladestation ab[18].

---

13 Eines der bekanntesten Modelle dieser Kategorie ist der Toyota Prius Plug-in-Hybrid.

14 Vgl. Bertram, Mathias / Bongard, Stefan (2014): Elektromobilität im motorisierten Individualverkehr – Grundlagen, Einflussfaktoren und Wirtschaftlichkeitsvergleich, S. 33 f; vgl. Reif, Konrad / Noreikat, Karl E. / Borgeest, Kai (2012): Kraftfahrzeug-Hybridantriebe, S. 69.

15 Vgl. Bertram, Mathias / Bongard, Stefan (2014): Elektromobilität im motorisierten Individualverkehr – Grundlagen, Einflussfaktoren und Wirtschaftlichkeitsvergleich, S. 33 f; vgl. Reif, Konrad / Noreikat, Karl E. / Borgeest, Kai (2012): Kraftfahrzeug-Hybridantriebe, S. 69.

16 Vgl. Bertram, Mathias / Bongard, Stefan (2014): Elektromobilität im motorisierten Individualverkehr – Grundlagen, Einflussfaktoren und Wirtschaftlichkeitsvergleich, S. 33 f; vgl. Reif, Konrad / Noreikat, Karl E. / Borgeest, Kai (2012): Kraftfahrzeug-Hybridantriebe, S. 69.

17 In diese Kategorie fallen zum Beispiel die Tesla Modelle S, X und 3 sowie VW e-Golf, Mercedes-Benz EQC und Porsche Taycan.

18 Die Ladedauer eines BEV kann sich so je nach Fahrzeugmodell und Leistungsfähigkeit des Stromanschlusses zwischen 30 Minuten bis zu mehreren Stunden bewegen (Vgl. ADAC (2020): Elektroautos auf der Langstrecke: Wie kann das funktionieren?).

Brennstoffzellenfahrzeuge stellen eine alternative Technologie der vollelektrischen Fahrzeuge dar. So unterscheiden sich Brennstoffzellenfahrzeuge von batterieelektrischen Fahrzeugen hauptsächlich durch die Art und Weise der Speicherung der Energie im Fahrzeug. Brennstoffzellenfahrzeuge erzeugen den Strom an Bord aus Wasserstoff durch den Prozess der Elektrolyse, zwischenspeichern diesen in einer kleinen Batterie und versorgen so den Elektroantrieb mit Energie.[19] Die Funktion und Auslegung der Batterie eines Brennstoffzellenfahrzeugs ähnelt der eines Mild-Hybrid, da die Batterie lediglich als kurzzeitiger Zwischenspeicher dient.[20] Brennstoffzellenfahrzeuge haben den Vorteil, dass ihr Tankprozess dem von herkömmlichen Verbrennungsfahrzeugen ähnelt. Somit haben Brennstoffzellenfahrzeuge eine kürzere Tankdauer und bieten je nach Modell auch größere Reichweiten als batterieelektrische Fahrzeuge.[21] Beide Antriebsarten haben jedoch gemeinsam, dass sie auf eine spezialisierte Infrastruktur zum Laden oder Tanken angewiesen sind.

### 2.1.2 Entwicklung des Angebots an Elektrofahrzeugen

Durch die stetig steigende Anzahl an verfügbaren vollelektrischen Fahrzeugen nimmt der Markt Form an und bietet interessierten Käufern eine breitere Auswahl, als es noch vor zehn Jahren der Fall war. Dabei ist Reichweite einer der für Käufer wichtigsten Punkte im Zusammenhang mit Elektromobilität. Jedoch beschränkt sich ein Großteil der Modelle mit größeren Reichweiten auf das Segment der Oberklasse sowie der gehobenen Mittelklasse. Dies ist dem stetigen Einstieg von Premiumherstellern wie Audi, Porsche, Mercedes-Benz und Jaguar in den Markt für Elektrofahrzeuge geschuldet. Im Kleinwagensegment sowie der Kompaktklasse nimmt das Angebot ebenfalls zu, hier machen Modelle von Herstellern wie Nissan, Renault, Peugeot, Smart und Volkswagen[22] einen Großteil der erhältlichen Modelle aus. Diese Fahrzeuge sind jedoch

---

19 Vgl. Bertram, Mathias / Bongard, Stefan (2014): Elektromobilität im motorisierten Individualverkehr – Grundlagen, Einflussfaktoren und Wirtschaftlichkeitsvergleich, S. 36 f.

20 Vgl. ebd., S. 36 f.

21 Brennstoffzellenfahrzeuge spielen im Markt zum Zeitpunkt der Erstellung dieser Arbeit noch eine untergeordnete Rolle. Im Markt erhältliche Modelle sind beispielsweise der Toyota Mirai sowie der Hyundai Nexo.

22 Im Jahr 2019 war der Renault ZOE das reinelektrische Fahrzeug mit den meisten Neuzulassungen in Deutschland, dicht gefolgt von BMW i3 und Tesla Model 3 (Vgl. Seibt, Thorsten (2020): Zoe schlägt sie alle – die Ruhe vor dem Sturm?).

aufgrund ihrer im Vergleich zu ähnlichen Verbrennern geringen Reichweite sowie höherem Preis oftmals für Käufer uninteressant.[23]

Speziell bei batterieelektrischen Fahrzeugen bietet ein Großteil der Hersteller zurzeit nur einzelne Modelle und keine breite Modellpalette an. So können diese Hersteller nicht alle Fahrzeugsegmente und Kundenbedürfnisse sowie Anforderungen mit Elektromodellen bedienen. Auch Tesla als eine Pioniermarke der Elektromobilität bietet zum Zeitpunkt der Erstellung dieser Arbeit lediglich vier Modelle an, diese umfassen jedoch verschiedene Fahrzeugsegmente sowie Preispunkte.

Für Brennstoffzellenfahrzeuge sieht die Marktsituation spärlicher aus. Solche Fahrzeuge werden bis dato lediglich von Toyota, Hyundai und Mercedes-Benz angeboten und befinden sich ebenfalls in der gehobenen Mittelklasse. Der hohe Preis für Fahrzeuge mit Brennstoffzelle ist unter anderem auf hohe Entwicklungs- und Produktionskosten sowie die geringe Anzahl an verkauften Fahrzeugen zurückzuführen.

Die Strategie zur Elektrifizierung der Modellpalette vieler Hersteller sieht vor, kurz- bis mittelfristig mehrere batterieelektrische Modelle in verschiedenen Segmenten anzubieten. So plant Mercedes-Benz unter anderem die Einführung eines reinelektrischen Minivans, Kompaktfahrzeugs und einer Oberklasselimousine neben dem bereits verfügbaren Mittelklasse-SUV. Diese sollen unter der eigens für Elektrofahrzeuge gegründeten Submarke EQ angeboten werden. Es ist zu erwarten, dass ein zunehmendes Angebot verschiedener Hersteller zu einem intensiven Wettbewerb in Punkten Technologie und Preis führt. Dies sollte eine zügig fortschreitende Entwicklung von alltagstauglichen und günstigen reinelektrischen Fahrzeugen ermöglichen und so die Adoption von Elektromobilität für eine breite Masse von Nutzern möglich machen. Damit wird besonders den Wünschen der Kunden nach reinelektrischen Fahrzeugen im Kleinwagensegment sowie der Kompakt- und Mittelklasse gefolgt.[24] Reinelektrische Fahrzeuge sind in diesen Segmenten zwar bereits verfügbar, stellen jedoch durch die hohen Batteriekosten besonders im Kleinwagensegment oftmals keine wirtschaftlich sinnvolle Alternative dar.

---

23 Vgl. Vogt, Matthias / Bongard, Stefan (2015): Treiber und Hemmnisse bei der Anschaffung von Elektroautos, S. 30 f; vgl. Peters, Anja / Dütschke, Elisabeth (2010): Zur Nutzerakzeptanz von Elektromobilität: Analyse aus Expertensicht, S. 13 f.

24 Vgl. Vogt, Matthias / Bongard, Stefan (2015): Treiber und Hemmnisse bei der Anschaffung von Elektroautos, S. 33 f.

Während das Angebot von batterieelektrischen Fahrzeugen stetig vielfältiger wird, ist jenes von Fahrzeugen mit Brennstoffzelle noch eingeschränkt. Im Bereich der Brennstoffzellenfahrzeuge zeigt sich besonders der Vorsprung der Hersteller Hyundai und Toyota, welche diese Fahrzeuge bereits seit einigen Jahren anbieten.[25] Auch die deutschen Hersteller BMW und Mercedes-Benz sind im Bereich der Forschung zu Brennstoffzellenfahrzeugen aktiv.[26] So plant BMW die Einführung des I-Hydrogen Next auf Basis des BMW X5 für 2022 zunächst in Kleinserie und ab 2025 in größeren Stückzahlen.[27] Mercedes-Benz bietet währenddessen bereits eine Brennstoffzellenversion ihres mittelgroßen SUV, den GLC F-Cell, für ausgewählte Kunden an. So ist auch hier, ähnlich wie bei batterieelektrischen Fahrzeugen, mit fortschreitender Reife der Technologie, mit einer größeren Auswahl an Fahrzeugmodellen und einem intensiveren Wettbewerb unter verschiedenen Herstellern zum Vorteil des technologischen Fortschritts und der Wirtschaftlichkeit von Brennstoffzellenfahrzeugen zu rechnen.

## 2.2 Elektromobilität in Deutschland

In diesem Kapitel wird die Entwicklung der Akzeptanz von Elektromobilität in Deutschland vorgestellt. Zunächst folgt eine Erläuterung der Entwicklung der Zulassungszahlen von Elektrofahrzeugen und die Übereinstimmung mit den Zielen der Bundesregierung. Im Anschluss werden die in der Literatur behandelten generellen Hürden der Akzeptanz vorgestellt und beispielhaft erläutert. Abschließend folgt die Erläuterung weiterer Einflussfaktoren, die relevant für

25 Hyundai begann bereits 2001 mit dem Verkauf von Brennstoffzellenfahrzeugen wie dem Santa Fe FCEV und Tucson/iX 35 FCEV in Kalifornien. Der Hyundai iX35 ist seit längerer Zeit ebenfalls in Europa verfügbar. 2018 erweiterte Hyundai sein Portfolio von Brennstoffzellenfahrzeugen mit einem zusätzlichen Modell, dem Nexo (Vgl. Hyundai (2014): Hyundai ix35 Fuel Cell). Der Verkauf des Toyota Mirai startete im Jahr 2015 und die zweite Generation des Mirai folgte im März 2021.

26 Die Forschung im Bereich der Brennstoffzellenfahrzeuge wird beispielsweise bei Mercedes-Benz mit Beginn des NECAR 1 Konzepts 1994 öffentlichkeitswirksam betrieben. So folgten bis 2000 NECAR 2, 3, 4 und 5 auf Basis verschiedener Fahrzeugkonstruktionen. 2002 folgte bereits ein erstes in Kleinserie gebautes Versuchsfahrzeug auf Basis der A-Klasse. Darauf folgte 2010 mit der B Klasse F-Cell ein alltagstaugliches und in Kleinserie gebautes Modell. (Vgl. Daimler (2019): 25 Jahre NECAR 1).

27 Vgl. Gulde, Dirk (2019): Wasserstoff-X5 kommt in drei Jahren.

den deutschen Markt und die Entwicklung der Akzeptanz der Elektromobilität in Deutschland sind.

### 2.2.1 Entwicklung der Akzeptanz von Elektromobilität in Deutschland

Das Ziel der Bundesregierung, bis zum Jahr 2020 eine Million zugelassene Elektrofahrzeuge in Deutschland zu haben, wurde nicht erreicht.[28] So sind nach aktuellen Zahlen zum 01. Januar 2021 lediglich 309.981 reinelektrische Fahrzeuge zugelassen worden.[29] Dennoch wird weiterhin am Ziel von sechs Millionen zugelassenen Elektrofahrzeugen bis zum Jahr 2030 festgehalten und dies durch ein Maßnahmenpaket[30] im Rahmen des „Regierungsprogramm Elektromobilität" unterstützt.[31] So ist die Zahl der Neuzulassungen von Batterieelektrofahrzeugen seit der Einführung des Maßnahmenpakets 2016 von 11.410 Neuzulassung in 2016 auf 63.281 in 2019 und 194.163 in 2020 angestiegen und hat damit eine deutliche Zunahme gezeigt.[32] Dies zeigt, dass das Maßnahmenpaket in Verbindung mit einem zunehmenden Angebot an verschiedenen elektrischen Fahrzeugmodellen von unterschiedlichen Herstellern einen positiven Einfluss auf die Neuzulassungen und damit auch die Akzeptanz von Elektrofahrzeugen hat. Der Großteil der Neuzulassungen im Jahr 2019 fällt mit 61,6 % auf gewerbliche Fahrzeughalter und lediglich mit 38,4 % auf private Halter.[33]

Seit der Einführung des Umweltbonus für Elektrofahrzeuge ist auch der Großteil der Anträge von Unternehmen gestellt worden, während Privatpersonen einen zunehmend wachsenden Anteil einnehmen.[34] So nutzen Unternehmen diese Gelegenheit, um ihre Fahrzeuge durch Elektrofahrzeuge zu ersetzen. Dies ist besonders bei Unternehmen wie der Deutschen Post, die ihre

28 Vgl. Bundesministerium für Umwelt, Naturschutz und nukleare Sicherheit (2020): Förderung der Elektromobilität.

29 Vgl. Kraftfahrtbundesamt (2021): Jahresbilanz.

30 Hierzu siehe Kapitel 2.2.3.

31 Vgl. Bundesministerium für Umwelt, Naturschutz und nukleare Sicherheit (2020): Förderung der Elektromobilität; vgl. Verband der Automobilindustrie (2021): Förderungen für E-Fahrzeuge in Deutschland.

32 Vgl. Statista (2021): Elektromobilität, S. 37; vgl. Kraftfahrtbundesamt (2021): Neuzulassungsbarometer.

33 Vgl. ebd., S. 46; vgl. Statista (2020): Antriebstechnologien für Pkw, S. 13.

34 Bis zum 31.01.2020 stellten 98.548 Unternehmen sowie 72.154 Privatpersonen einen Antrag für den Umweltbonus für Elektrofahrzeuge (Vgl. Statista (2020): Antriebstechnologien für Pkw, S. 95).

Lieferfahrzeuge zunehmend austauscht, im Straßenbild bemerkbar. Betrachtet man die Antriebstechnologie der Fahrzeuge, so entfällt mit circa 66 % der Großteil der Anträge auf Batterieelektrofahrzeuge, während Brennstoffzellenfahrzeuge nur 112 der insgesamt 173.841 Anträge ausmachen.[35] Die restlichen Anträge entfallen auf Plug-in-Hybride.[36]

Mit der zunehmenden Menge an batterieelektrischen Fahrzeugen ist auch die Anzahl der Ladestationen gestiegen, um die benötigte Infrastruktur zu schaffen. So sind zum Dezember 2020 21.622 Ladestationen für Elektrofahrzeuge in Deutschland verfügbar.[37] Damit hat sich die Anzahl der Ladestationen seit dem ersten Quartal 2018 von ursprünglichen 6.772 bis Dezember 2020 mehr als verdreifacht.[38] Eine große Anzahl der frei zugänglichen Ladestationen liegt entweder an Parkhäusern und Parkplätzen (25,3 %) oder an öffentlichen Straßen (13,7 %), während lediglich 2,4 % der Ladestationen an Autobahnen positioniert sind.[39] Vergleichsweise beträgt die Anzahl an Tankstellen 2019 in Deutschland 14.459, von denen 360 (2,48 %) Autobahntankstellen sind.[40] So ähnelt die Verteilung der Anzahl von Ladestationen auf Autobahnen der von Tankstellen. Da die Ladedauer von Batterieelektrofahrzeugen jedoch länger als ein Tankvorgang ist, werden mehr Ladestationen benötigt, um dieselbe Anzahl an Fahrzeugen in einem Zeitraum abfertigen zu können. Daher werden besonders an Autobahnen Schnellladestationen benötigt, um die Ladedauer zu verringern. Insgesamt sind in Deutschland lediglich 13,7 % aller Ladestation Schnellladestationen, der Großteil mit 65,5 % sind beschleunigte Ladestationen.[41] Lediglich Schnellladestation und beschleunigte Ladestationen eignen sich für eine Aufladung von Batterieelektrofahrzeugen in kürzerer Zeit. Die übrigen Ladestationen entfallen auf halb-beschleunigte (13 %) und normale Ladestationen (7,3 %), an denen die Aufladung mehrere Stunden in Anspruch nehmen kann.[42] Mit der stark gestiegenen Anzahl an Ladestationen ist auch eine große Menge an verschiedenen Anbietern mit sich teilweise stark unterscheidenden Konditionen verbunden. So kostet eine Kilowattstunde (kWh)

---

35 Vgl. Statista (2020): Antriebstechnologien für Pkw, S. 91.

36 Vgl. ebd., S. 91; vgl. Bundesamt für Wirtschaft und Ausfuhrkontrolle (2021): Elektromobilität (Umweltbonus), S. 26.

37 Vgl. Statista (2021): Elektromobilität, S. 49.

38 Vgl. ebd., S. 49; vgl. Chargemap (2021): Statistiken – Deutschland.

39 Vgl. Statista (2021): Elektromobilität, S. 50.

40 Vgl. Statista (2020): Antriebstechnologien für Pkw, S. 63.

41 Vgl. Statista (2021): Elektromobilität, S. 51.

42 Vgl. ebd., S. 51.

je nach Anbieter zwischen 31 und 53 Cent.[43] Auch wenn der Anstieg in der Anzahl der Ladestation die Situation für Fahrer von Batterieelektrofahrzeugen vereinfacht, macht die Menge an Anbietern und die sich stark unterscheidenden Preise die Marktsituation für Nutzer intransparent.

Die Infrastruktur für Brennstoffzellenfahrzeuge befindet sich in Deutschland noch in einer Anfangsphase, so stieg die Anzahl der Wasserstofftankstellen von 56 in 2017 auf 70 in 2019 und soll bis auf 400 Tankstellen in 2025 ausgebaut werden.[44] Damit liegt Deutschland hinter Japan, welches mit 96 Wasserstofftankstellen weltweit führend ist.[45] Die Infrastruktur für Brennstoffzellenfahrzeuge entwickelt sich zunehmend weiter und ermöglicht es Fahrern von Brennstoffzellenfahrzeugen bundesweit fahren und tanken zu können. Trotz der Fortschritte im Aufbau der notwendigen Infrastruktur für reinelektrische Fahrzeuge, sowie dem wachsenden Angebot an Fahrzeugen, würden nach einer Umfrage 67 % der Befragten ein Auto mit Benzin- oder Dieselmotor und lediglich 7 % ein reinelektrisches Fahrzeug kaufen.[46]

Die Entwicklung der Elektromobilität in Deutschland zeigt eine zunehmende Akzeptanz von reinelektrischen Fahrzeugen bei Nutzern und Käufern. Durch den stetigen Ausbau der nötigen Infrastruktur für Batterieelektrofahrzeuge sowie Brennstoffzellenfahrzeuge und die zunehmende Auswahl an Fahrzeugen ist bereits eine steigende Akzeptanz festzustellen. Für die Zukunft ist zu erwarten, dass sich dieser Trend aufgrund des steigenden reinelektrischen Fahrzeugangebots sowie der verbreiterten Infrastruktur weiterhin fortsetzt.[47]

### 2.2.2 Hürden der Elektromobilität

Während Forschungsinvestitionen und neue Fahrzeugmodelle der Automobilhersteller sowie staatliche Initiativen darauf abzielen, die Akzeptanz von Elektromobilität zu erhöhen, bleiben dennoch einige Hürden aus Sicht der (möglichen) Nutzer und Käufer erhalten. Dieses Kapitel zielt darauf ab, einen Überblick über die aktuellen Hürden der Akzeptanz von Elektromobilität zu geben.

---

43 Vgl. ebd., S. 56; vgl. LichtBlick (2020): Ladesäulencheck 2020.

44 Vgl. Statista (2020): Antriebstechnologien für Pkw, S. 78.

45 Vgl. ebd., S. 79.

46 Vgl. ebd., S. 97; vgl. Aral Aktiengesellschaft (2019): Trends beim Autokauf 2019, S. 15.

47 Vgl. Döring, Thomas / Aigner-Walder, Birgit (2017): Verkehrs-, umwelt- und raumbezogene Aspekte der Elektromobilität aus der Sicht des Nutzerverhaltens, S. 349 f.

Nach einer Umfrage unter Nichtbesitzern von Elektrofahrzeugen ist die Wirtschaftlichkeit der Anschaffung eines Elektrofahrzeugs mit 94 % der in vergangenen Jahren stärkste Grund, der die Befragten von einer Anschaffung abhält.[48] Dies umfasst unter anderem die höheren Anschaffungs- oder Leasingkosten eines Elektrofahrzeugs, verglichen mit einem ähnlichen Verbrennerfahrzeug[49.50] Die Kosten für die in Batterieelektofahrzeugen verbauten Batterien werden von Automobilherstellern als Grund für die Preisaufschläge zu ähnlichen Verbrennerfahrzeugen genannt.[51] Es wird prognostiziert, dass die Preise für Batterien bedingt durch Fortschritte in der Batterietechnologie, sowie die durch höhere Produktionsmengen eintretende Skaleneffekte im Laufe der Zeit sinken.[52] Fahrzeuge mit Brennstoffzelle sind ebenfalls mit höheren Anschaffungskosten verbunden, so kosten die in Deutschland frei erhältlichen Fahrzeuge Toyota Mirai II ab 63.900 € und Hyundai Nexo ab 69.000 €.[53] Dies ist unter anderem auf die hohen Entwicklungskosten sowie die geringe verkaufte Stückzahl an Fahrzeugen zurückzuführen.

Trotz geringerer Betriebskosten eines batterieelektrischen Fahrzeugs stellt dies für viele Nichtbesitzer (93 % der Befragten) keine ausreichende Ersparnis dar, um die höheren Anschaffungskosten auszugleichen.[54] So bleiben auch im Jahr 2020 für 49 % der Befragten die hohen Anschaffungskosten die größte

48 Vgl. Vogt, Matthias / Bongard, Stefan (2015): Treiber und Hemmnisse bei der Anschaffung von Elektroautos, S. 29 f.

49 Im Fall eines VW Golf MK VII beträgt der Einstiegspreis für den e-Golf 31.900 €, während ein Golf mit Verbrennungsmotor ab 24.505 € angeboten wird (Preisangaben wurden der Webseite des Herstellers entnommen).

50 Vgl. Vogt, Matthias / Bongard, Stefan (2015): Treiber und Hemmnisse bei der Anschaffung von Elektroautos, S. 29 f.

51 Vgl. ebd., S. 29 f.

52 Vgl. Plötz, Patrick, et al. (2013): Markthochlaufszenarien für Elektrofahrzeuge, S. 54 f; vgl. Graham-Rowe, Ella, et al. (2012): Mainstream consumers driving plug-in battery-electric and plug-in hybrid electric cars: A qualitative analysis of responses and evaluations, S. 150 f.

53 Zum Zeitpunkt der Erstellung dieser Arbeit sind dies die in Deutschland einzigen verfügbaren Pkw-Modelle mit Brennstoffzelle. Die Preisangaben wurden der Webseite der Hersteller entnommen. Der Mercedes-Benz GLC F-Cell wird an dieser Stelle nicht aufgeführt, da er nur für ausgewählte Kunden zum Leasing angeboten wird.

54 Vgl. Vogt, Matthias / Bongard, Stefan (2015): Treiber und Hemmnisse bei der Anschaffung von Elektroautos, S. 29 f; vgl. Bongard, Stefan (2015): ECAR2-Studie zur Akzeptanz der Elektromobilität, S. 5 f; vgl. Baum, Herbert / Dobberstein, Jan / Schuler, Bastian (2011): Nutzen-Kosten-Analyse der Elektromobilität, S. 162 f.

Barriere für den Kauf von Elektrofahrzeugen.[55] Die Betriebskosten für Brennstoffzellenfahrzeuge sind im Vergleich zu batterieelektrischen Fahrzeugen zum Zeitpunkt der Erstellung dieser Arbeit höher, da Wasserstoff als Treibstoff weniger verbreitet verfügbar ist und eine geringere Nachfrage besteht.[56] Verbunden mit den hohen Anschaffungskosten ist für viele Nichtbesitzer ebenfalls die Unsicherheit mit Hinblick auf den Wiederverkaufswert des Fahrzeugs ausschlaggebend, da 75 % der Befragten der Wertverlust entweder zu hoch oder vorab unkalkulierbar erscheint.[57] Einige der neuen Modelle sind aufgrund ihres hohen Anschaffungspreises tendenziell dem Oberklassesegment zuzuordnen, wie der Porsche Taycan oder der gehobenen Mittelklasse mit dem Mercedes-Benz EQC und dem Audi E-Tron.

So stellt ein Elektroauto für einen großen Teil der aktuellen Käufer von Neuwagen noch keine (wirtschaftlich) sinnvolle Alternative dar.[58] Auch der Gebrauchtwagenmarkt bietet hier für interessierte Käufer noch keine vergleichbare Alternative, da dieser im Vergleich zum Markt für gebrauchte Verbrenner nur ein eingeschränktes Angebot umfasst. So bleibt Käufern gebrauchter batterieelektrischer Fahrzeuge oftmals nur die Wahl zwischen älteren Oberklassemodellen[59] oder noch jüngeren Gebrauchtwagen, deren Preis erst wenig gesunken ist. Aufgrund der erst anlaufenden Markteinführung von Brennstoffzellenfahrzeugen hat sich ein Gebrauchtmarkt für diese zum Zeitpunkt der Erstellung dieser Arbeit noch nicht etabliert.

Ein weiterer Kritikpunkt von Elektrofahrzeugen ist die eingeschränkte Reichweite und damit auch geringere Alltagstauglichkeit im Vergleich zu Fahrzeugen mit Verbrennungsmotor, was oftmals als eine signifikante

55 Vgl. Verband der TÜV e.V. (2020): Mobility Studie 2020, S. 69.

56 So kostet ein Kilogramm Wasserstoff laut der Webseite von Shell 9,50 €. Ein Toyota Mirai 2 verbraucht beispielsweise 0,76 Kilogramm Wasserstoff pro 100 Kilometer und hat einen Tank mit 5,6 Kilogramm Fassungsvermögen (Herstellerangaben).

57 Vgl. Vogt, Matthias / Bongard, Stefan (2015): Treiber und Hemmnisse bei der Anschaffung von Elektroautos, S. 29 f.

58 Vgl. Biere, David / Dallinger, David / Wietschel, Martin (2009): Ökonomische Analyse der Erstnutzer von Elektrofahrzeugen, S. 180; vgl. Arnold, Hansjörg, et al. (2010): Elektromobilität – Herausforderungen für Industrie und öffentliche Hand, S. 11; vgl. Verband der TÜV e.V. (2020): Mobility Studie 2020, S. 69.

59 Dies sind unter anderem Tesla Model S der ersten Baureihen. Dieser Umstand ist der insgesamt geringen Modellauswahl zu Beginn der Markteinführung von BEVs geschuldet.

Einschränkung wahrgenommen wird.[60] Batterieelektrische Fahrzeuge mit größeren Reichweiten werden zwar zunehmend von Automobilherstellern angeboten, jedoch fallen diese aufgrund der benötigten Größe der Batterien in das Segment der Oberklasse und gehobenen Mittelklasse. Durch die hohen Anschaffungskosten sind diese Fahrzeuge somit keine Lösung für die breite Masse der Autofahrer, während sich günstigere Modelle mit größeren Reichweiten noch im Markt etablieren müssen[61]. Der Kritikpunkt der geringen Reichweite ist für Brennstoffzellenfahrzeuge weniger relevant, da diese ähnliche Reichweiten wie Fahrzeuge mit Verbrennungsmotor haben[62]. Verbunden mit den geringeren Reichweiten von batterieelektrischen Fahrzeugen sind somit auch regelmäßigere Ladestopps und Fahrtunterbrechungen, besonders bei Langstreckenfahrten, eine Einschränkung im Vergleich zu herkömmlichen Fahrzeugen. Dies wird oft als nicht alltagstauglich empfunden, wobei Untersuchungen bereits nachweisen konnten, dass sich Nutzer in kurzer Zeit an diese Umstände gewöhnen.[63] Dieser Punkt spielt bei Brennstoffzellenfahrzeugen keine Rolle, da diese in Reichweite und Tankdauer denen von herkömmlichen Verbrennern ähnlich sind.

Die Ladeinfrastruktur spielt ebenfalls eine große Rolle für die Einschätzung der Alltagstauglichkeit.[64] Zeigt es sich doch, dass der Großteil von Nutzern ein

---

60 Vgl. Bertram, Mathias / Bongard, Stefan (2014): Elektromobilität im motorisierten Individualverkehr – Grundlagen, Einflussfaktoren und Wirtschaftlichkeitsvergleich, S. 10 f; vgl. Vogt, Matthias / Bongard, Stefan (2015): Treiber und Hemmnisse bei der Anschaffung von Elektroautos, S. 30 f; vgl. Jarass, Julia / Frenzel, Ina / Trommer, Stefan (2014): Die Early Adopter der Elektromobilität in Deutschland – wer sie sind und wie sie fahren, S. 71 f; vgl. Franke, Thomas, et al. (2012): Experiencing Range in an Electric Vehicle: Understanding Psychological Barriers, S. 387; vgl. Franke, Thomas / Krems, Josef F. (2013): What drives range preferences in electric vehicle users?, S. 61.

61 Ein VW e-Golf hat eine Reichweite von 170 bis 230 Kilometer, während ein Tesla Model S eine Reichweite von 610 Kilometern hat (Herstellerangaben).

62 Der ADAC (2019) testete den Toyota Mirai und bestätigte eine Reichweite von 480 Kilometern und für den Hyundai Nexo eine Reichweite von 540 Kilometern (Vgl. ADAC (2020): Es gurgelt und summt: Testfahrt im neuen Toyota Mirai (Vgl. ADAC (2019): Test Hyundai Nexo: Elektro-SUV mit Brennstoffzelle).

63 Vgl. Heymann, Eric / Koppel, Oliver / Puls, Thomas (2011): Elektromobilität – Sinkende Kosten sind condition sine qua non, S. 20; vgl. Vogt, Matthias / Bongard, Stefan (2015): Treiber und Hemmnisse bei der Anschaffung von Elektroautos, S. 30 f; vgl. Schaefer, Petra K. / Schmidt, Kathrin / Knese, Dennis (2014): Acceptance of Electric Vehicles and New Mobility Behavior: The Example of Rhine-Main Region, S. 333 f.

64 Vgl. Verband der TÜV e.V. (2020): Mobility Studie 2020, S. 69.

batterieelektrisches Fahrzeug zu Hause nicht laden kann und auf öffentlich zugängliche Ladestationen angewiesen ist.[65] Jedoch herrscht bei festen Ladestationen oftmals Unklarheit über die verschiedenen Ladestandards sowie technischen Möglichkeiten bezüglich Ladedauer und Ladegeschwindigkeit.[66] Erschwerend kommt ein zwischen vielen lokalen Anbietern zersplitterter Markt mit intransparenten Kosten durch anbieterspezifische Abrechnungsmodelle und Preise hinzu.[67] Landesweite Anbieter und anbieterübergreifende Modelle werden bereits etabliert und tragen dazu bei, der Angebotsintransparenz entgegenzuwirken, jedoch erfordern Langstreckenfahrten mit batterieelektrischen Fahrzeugen je nach Region noch sorgfältige Vorausplanung.[68] Während der Ausbau einer Ladeinfrastruktur für batterieelektrische Fahrzeuge voranschreitet, befindet sich die Infrastruktur für Brennstoffzellenfahrzeuge noch im Aufbau.[69] Die Nutzung von Brennstoffzellenfahrzeugen ist somit vorerst nur in Ballungsräumen möglich und Langstreckenfahrten sollten nur mit vorheriger Routen- und Tankplanung durchgeführt werden. Bei vorhandenen Wasserstofftankstellen zeigt das Brennstoffzellenfahrzeug jedoch eine Alltagstauglichkeit, die mit der eines Fahrzeugs mit Verbrennungsmotor vergleichbar ist.

Des Weiteren spielt die Wahrnehmung der technischen Ausgereiftheit eine Rolle. So herrscht oftmals eine Unsicherheit bezüglich der Langlebigkeit der Batterien von batterieelektrischen Fahrzeugen, diese Unsicherheit zeigt auch

---

65 Vgl. Vogt, Matthias / Bongard, Stefan (2015): Treiber und Hemmnisse bei der Anschaffung von Elektroautos, S. 32 f; vgl. Frenzel, Ina, et al. (2015): Erstnutzer von Elektrofahrzeugen in Deutschland. Nutzerprofile, Anschaffung, Fahrzeugnutzung, S. 49 f; vgl. Verband der TÜV e.V. (2020): Mobility Studie 2020, S. 69.

66 Vgl. Hose, Christian, et al. (2015): Einführung von Elektromobilität in Deutschland – Eine Bestandsaufnahme von Barrieren und Lösungsansätzen, S. 20; vgl. Vogt, Matthias / Bongard, Stefan (2015): Treiber und Hemmnisse bei der Anschaffung von Elektroautos, S. 32 f.

67 Vgl. ADAC (2020): Ladestationen für Elektroautos: Das kostet der Strom; vgl. Paternoga, Stefan, et al. (2013): Akzeptanz von Elektrofahrzeugen – Aussichtsloses Unterfangen oder große Chance?, S. 12 f.

68 Vgl. Vogt, Matthias / Bongard, Stefan (2015): Treiber und Hemmnisse bei der Anschaffung von Elektroautos, S. 32 f; vgl. ADAC (2020): Ladestationen für Elektroautos: Das kostet der Strom.

69 So setzte das Bundesministerium für Verkehr und digitale Infrastruktur 2019 das Ziel für 2025, die Anzahl der Wasserstofftankstellen in Deutschland von 70 auf 400 zu erhöhen (Vgl. Bundesministerium für Verkehr und digitale Infrastruktur (2020): Förderungen von Wasserstofftankstellen). Nach ersten Schätzungen werden für eine flächendeckende Versorgung 1000 Wasserstofftankstellen benötigt.

einen Einfluss auf die Wahrnehmung der Alltagstauglichkeit sowie der Wirtschaftlichkeit dieser Fahrzeuge.[70] Diesen Bedenken wirken Automobilhersteller mit oftmals langen Garantiezeiträumen von fünf bis acht Jahren entgegen und bauen so stetig ein größeres Vertrauen in die Haltbarkeit der Technologie auf.[71] Jedoch besteht auch eine Unsicherheit über das Verhalten und Risiko von batterieelektrischen Fahrzeugen in Extrem- und Unfallsituationen[72]. Die Standhaftigkeit von batterieelektrischen Fahrzeugen ist bedingt durch ihre geringe Komplexität bereits auf einem vergleichbaren Niveau mit der von Fahrzeugen mit Verbrennungsmotor.[73] Für Fahrzeuge mit Brennstoffzelle gelten dieselben Bedenken mit Hinblick auf Sicherheit wie für batterieelektrische Fahrzeuge. Aufgrund der geringen Verbreitung von Brennstoffzellenfahrzeugen ist die technische Unsicherheit zu Beginn größer und wird, ähnlich wie bei batterieelektrischen Fahrzeugen geschehen, mit der Zeit abnehmen.[74]

So lässt sich eine zu Beginn eher skeptische Einstellung gegenüber reinelektrischen Fahrzeugen erkennen, die jedoch mit zunehmendem technischem Fortschritt bereits zu einer steigenden Akzeptanz gewandelt ist.

---

70 Vgl. Vogt, Matthias / Bongard, Stefan (2015): Treiber und Hemmnisse bei der Anschaffung von Elektroautos, S. 35 f; vgl. Peters, Anja, et al. (2011): Electric mobility – a survey of different consumer groups in Germany with regard to adoption, S. 992 f; vgl. Barth, Markus / Jugert, Philipp / Fritsche, Immo (2016): Still underdetected – Social norms and collective efficacy predict the acceptance of electric vehicles in Germany, S. 73 f; vgl. Ziefle, Martina, et al. (2014): Public Perception and Acceptance of Electric Vehicles: Exploring Users' Perceived Benefits and Drawbacks, S. 637.

71 Vgl. Vogt, Matthias / Bongard, Stefan (2015): Treiber und Hemmnisse bei der Anschaffung von Elektroautos, S. 36.

72 Medienträchtige Berichterstattung wie zum Beispiel über den Unfall von Richard Hammond in einem batterieelektrischen Rimac Concept One bei den Dreharbeiten von „The Grand Tour" tragen hier ebenso zu bei. Nach dem Unfall ging das Rimac Concept One bis zu fünf Tage nach dem Unfall regelmäßig wieder in Flammen auf.

73 Vgl. Vogt, Matthias / Bongard, Stefan (2015): Treiber und Hemmnisse bei der Anschaffung von Elektroautos, S. 36.

74 Vgl. Ernst, Christian-Simon, et al. (2011): Battery sizing for serial plug-in hybrid electric vehicles: A model-based economic analysis for Germany, S. 5877; vgl. Vogt, Matthias / Bongard, Stefan (2015): Treiber und Hemmnisse bei der Anschaffung von Elektroautos, S. 35 f.

### 2.2.3 Weitere Einflussfaktoren für Elektromobilität in Deutschland

Neben den im vorangegangenen Kapitel genannten Barrieren der Elektromobilität gibt es weitere Einflüsse, die einen Wechsel zu reinelektrischen Fahrzeugen für private Nutzer prägen.

So nehmen Umweltschutz und Emissionsreduktion einen zentralen Stellenwert in der Wahrnehmung vieler Personen und somit auch beim Wechsel zur Elektromobilität ein. Besonders die stetig schärferen Regulierungen des $CO_2$-Grenzwerts seitens der EU für neu zugelassene Fahrzeuge[75] zielen darauf ab, Automobilhersteller zu einer zunehmenden Elektrifizierung ihrer Modellpalette zu bewegen, um die geltenden Richtwerte einzuhalten.[76] Der zulässige Grenzwert wurde 2015 mit 130 Gramm $CO_2$ festgelegt und als Teil einer langfristigen Strategie für 2020 auf 95 Gramm $CO_2$ reduziert.[77] Das Ziel ist es, so die $CO_2$-Emissionen von neu zugelassenen Fahrzeugen bis 2030 um 30 % zu verringern.[78] Nach Aussage des Verband der Automobilindustrie (VDA) sind diese Grenzwerte ausschließlich mit einem Anstieg an verkauften Elektrofahrzeugen oder dem stärkeren Einsatz von Biokraftstoffen und Kraftstoffen auf Basis von Elektrizität einzuhalten.[79]

Ebenso spielt das steigende Umweltbewusstsein vieler Kunden eine Rolle beim Wechsel zur E-Mobilität. So spielt der Umweltschutz für viele Personen eine große Rolle in ihrem Alltag und soll ihrer Sicht nach auch ein wichtiger Bestandteil der Politik sein.[80] Diese Wertschätzung schlägt sich in einem

---

75 Für die Einhaltung dieses Grenzwerts gilt die durchschnittliche Emission an $CO_2$ aller neuzugelassenen Fahrzeuge eines Herstellers (Vgl. Verband der Automobilindustrie (2020): $CO_2$-Regulierung bei Pkw und leichten Nutzfahrzeugen; vgl. Umweltbundesamt (2020): Emissionsstandards).

76 Vgl. Umweltbundesamt (2020): Emissionsstandards; vgl. Verband der Automobilindustrie (2020): $CO_2$-Regulierung bei Pkw und leichten Nutzfahrzeugen.

77 Vgl. Umweltbundesamt (2020): Emissionsstandards; vgl. Verband der Automobilindustrie (2020): $CO_2$-Regulierung bei Pkw und leichten Nutzfahrzeugen.

78 Vgl. Verband der Automobilindustrie (2020): $CO_2$-Regulierung bei Pkw und leichten Nutzfahrzeugen.

79 Vgl. Bertram, Mathias / Bongard, Stefan (2014): Elektromobilität im motorisierten Individualverkehr – Grundlagen, Einflussfaktoren und Wirtschaftlichkeitsvergleich, S. 57; vgl. Verband der Automobilindustrie (2020): $CO_2$-Regulierung bei Pkw und leichten Nutzfahrzeugen.

80 Vgl. Diekmann, Andreas / Preisendörfer, Peter (2001): Umweltsoziologie, S. 96; vgl. Krapf, Hanna / Wehlau, Diana (2009): Klimawandel, Preisentwicklung und Konsum – Konsumenten zwischen steigendem Umweltbewusstsein und sinkenden ökonomischen Handlungsspielräumen, S. 7; vgl. Bundesministerium für Umwelt,

umweltbewussteren Konsumverhalten nieder.[81] Viele Deutsche sehen sich selbst dazu verpflichtet, ihr eigenes Konsumverhalten anzupassen und weitere Maßnahmen zu ergreifen, um ihren Einfluss auf das Klima zu reduzieren.[82] So sind viele dazu bereit, dem Umweltschutz eine Vorreiterrolle einzuräumen, auch wenn dies Einschränkungen für sie selbst, wie zum Beispiel höhere Preise bei der alltäglichen Mobilität, bedeutet.[83] Dies zeigt sich auch besonders in der jüngeren Generation, die durch Aktionen wie „Fridays for Future" besondere Aufmerksamkeit auf klimapolitische Themen bringen wollen. Ebenso setzen sich Vereine wie die Deutsche Umwelthilfe mit Nachdruck für die Einhaltung von gesetzlichen Grenzwerten für Schadstoffausstoße ein und bewegen somit auch zum Einrichten von Fahrverbotszonen für Fahrzeuge bestimmter Emissionsklassen. Umweltschutz wird von vielen auch als eine wichtige Grundlage zur Lösung zukünftiger und langfristiger Probleme gesehen.[84] Hier werden besonders Bund und Länder sowie die Automobilindustrie in der Lage gesehen, einen noch größeren Beitrag zum Umweltschutz leisten zu können.[85] So scheint sich ein sozialer Wandel hin zu mehr Umweltbewusstsein auch im Konsumverhalten durchzusetzen und spielt besonders im Bereich der Mobilität eine wichtige Rolle.[86]

---

Naturschutz und nukleare Sicherheit (2019): Umweltbewusstsein in Deutschland 2018, S. 56.

81 Vgl. Krapf, Hanna / Wehlau, Diana (2009): Klimawandel, Preisentwicklung und Konsum – Konsumenten zwischen steigendem Umweltbewusstsein und sinkenden ökonomischen Handlungsspielräumen, S. 9 f; vgl. Peters, Anja / Hoffmann, Jana (2011): Nutzerakzeptanz von Elektromobilität – Eine empirische Studie zu attraktiven Nutzungsvarianten, Fahrzeugkonzepten und Geschäftsmodellen aus Sicht potenzieller Nutzer, S. 11.

82 Vgl. Krapf, Hanna / Wehlau, Diana (2009): Klimawandel, Preisentwicklung und Konsum – Konsumenten zwischen steigendem Umweltbewusstsein und sinkenden ökonomischen Handlungsspielräumen, S. 9 f; vgl. Bundesministerium für Umwelt, Naturschutz und nukleare Sicherheit (2019): Umweltbewusstsein in Deutschland 2018, S. 61.

83 Vgl. Bundesministerium für Umwelt, Naturschutz und nukleare Sicherheit (2019): Umweltbewusstsein in Deutschland 2018, S. 61.

84 Vgl. ebd. S. 19 f; vgl. Dijk, Marc / Orsato, Renato J. / Kemp, René (2013): The emergence of an electric mobility trajectory, S. 142.

85 Vgl. Bundesministerium für Umwelt, Naturschutz und nukleare Sicherheit (2019): Umweltbewusstsein in Deutschland 2018, S. 61 f.

86 Vgl. Bertram, Mathias / Bongard, Stefan (2014): Elektromobilität im motorisierten Individualverkehr – Grundlagen, Einflussfaktoren und Wirtschaftlichkeitsvergleich, S. 51 f; vgl. Krapf, Hanna / Wehlau, Diana (2009): Klimawandel, Preisentwicklung

Des Weiteren existieren von staatlicher Seite eine Reihe von Subventionen und Anreizen, die Kunden den Wechsel zur Elektromobilität vereinfachen sollen. Die finanziellen Anreize bestehen beispielsweise aus Kaufprämien[87] sowie Vergünstigungen der Kraftfahrzeugsteuer[88]. Staatliche Zuschüsse gibt es auch für die Installation von privaten sowie öffentlich zugänglichen Ladepunkten.[89]

Zudem schaffte das Elektromobilitätsgesetz 2015 die Grundlage für weitere Nutzungsprivilegien für Fahrer von elektrischen Fahrzeugen. So dürfen Elektrofahrzeuge Sonderspuren wie beispielsweise Busspuren nutzen und sind von einzelnen Zufahrtsbeschränkungen ausgenommen.[90] Weitere Anreize für den Wechsel zur Elektromobilität umfassen vergünstigte Parkgebühren sowie Parkplätze speziell für Elektrofahrzeuge.[91]

Auch die stetigen staatlichen Investitionen in den Ausbau der notwendigen Ladeinfrastruktur schaffen ein Gefühl der Sicherheit, dass die Technologie zukunftssicher ist und die Anschaffung von Elektrofahrzeugen eine sinnvolle Investition für Neuwagenkäufer darstellt. Dies wird weiter auch durch eine Vielzahl staatlicher Förderungsprogramme in verschiedenen Forschungsbereichen der Elektromobilität unterstützt, mit dem Ziel der Bundesregierung, Deutschland als einen der Leitmärkte für Elektromobilität zu etablieren.[92]

Mit diesen Anreizen zielt der Gesetzgeber darauf ab, vorübergehende Nachteile der Elektromobilität, wie die noch nicht vollständig ausgebaute Infrastruktur, durch andere Annehmlichkeiten und Vorzüge auszugleichen.

---

und Konsum – Konsumenten zwischen steigendem Umweltbewusstsein und sinkenden ökonomischen Handlungsspielräumen, S. 9 f; vgl. Bundesministerium für Umwelt, Naturschutz und nukleare Sicherheit (2019): Umweltbewusstsein in Deutschland 2018; vgl. Augenstein, Karoline (2015): Analysing the potential for sustainable e-mobility – The case of Germany, S. 113.

87 Zum Zeitpunkt der Erstellung dieser Arbeit beträgt die Kaufprämie für reinelektrische Fahrzeuge 4000 € und für Plug-in-Hybride 3000 €. Diese Prämie wird zur Hälfte vom Autohersteller selbst getragen und zur anderen Hälfte durch einen Bundeszuschuss (Vgl. Bundesamt für Wirtschaft und Ausfuhrkontrolle (2020): Elektromobilität).

88 Reinelektrische Fahrzeuge sind für zehn Jahre von der Kraftfahrzeugsteuer befreit (Vgl. Verband der Automobilindustrie (2021): Förderungen für E-Fahrzeuge in Deutschland).

89 Vgl. Bundesministerium für Umwelt, Naturschutz und nukleare Sicherheit (2020): Förderung der Elektromobilität durch die Bundesregierung.

90 Vgl. ADAC (2019): Privilegien für Elektrofahrzeuge in Städten.

91 Vgl. ebd.

92 Vgl. Förderberatung des Bundes (2020): Elektromobilität.

Der Wechsel zu elektrischen Fahrzeugen soll so vereinfacht und eine langfristige Bindung an die Elektromobilität von staatlicher Seite vermittelt werden.

## 2.3 Darstellung der Einflussfaktoren

In diesem Kapitel werden die vorgestellten Einflussfaktoren gesammelt und der aktuelle Stand der Elektromobilität in Deutschland kurz zusammengefasst. Im Anschluss folgt die Kategorisierung der Einflussfaktoren in ein Framework, welches die Basis für die weitere Vorgehensweise bildet.

### 2.3.1 Zusammenfassung der Einflussfaktoren

Der Wechsel zur Elektromobilität nimmt in Deutschland stetig an Fahrt auf. So ist die Zahl der Neuzulassungen seit der Einführung des Umweltbonus signifikant angestiegen. Die Ladeinfrastruktur für Batterieelektrofahrzeuge ist ebenfalls stetig erweitert worden, sodass im Dezember 2020 insgesamt 21.622 Ladestationen verfügbar waren. Die Infrastruktur für Brennstoffzellenfahrzeuge wird ebenfalls ausgebaut, befindet sich jedoch noch in einem Anfangsstadium, mit 87 Tankstellen Ende 2020. Jedoch zeigt sich durch die geplanten Maßnahmen und Förderungen der Bundesregierung, dass Brennstoffzellenfahrzeuge als Teil der zukünftigen Elektromobilität wahrzunehmen sind.

Aufgrund des fortschreitenden Ausbaus der Infrastruktur und der steigenden Anzahl von Neuzulassungen lässt sich zusammenfassen, dass Batterieelektrofahrzeuge im Begriff sind, die Early-Adopter-Phase[93] zu verlassen und für den Mainstream durch eine stetige Weiterentwicklung und Verbesserung der Alltagstauglichkeit attraktiver und nutzbarer werden. Im Vergleich dazu steht die E-Mobilität mit Brennstoffzellenfahrzeugen am Anfang der Early-Adopter-Phase.

Zusammenfassend stellen besonders die hohen Anschaffungskosten bei Batterieelektrofahrzeugen sowie Brennstoffzellenfahrzeugen eine signifikante Hürde für Käufer dar. Jedoch führt die stetig wachsende Modellvielfalt dazu, dass Hersteller Batterieelektrofahrzeuge in einer wachsenden Anzahl von Fahrzeug- und Preissegmenten anbieten. Das Angebot von Brennstoffzellenfahrzeugen ist hingegen noch eingeschränkt und größtenteils im gehobenen Preissegment angesiedelt. Zusammen mit der sich etablierenden Infrastruktur für Batterieelektrofahrzeuge steigt die wahrgenommene Alltagstauglichkeit

93 Eine detaillierte Ausführung zu den unterschiedlichen Phasen der Innovationsadoption findet sich in Kapitel 3.1.3.

dieser Fahrzeuge stetig, jedoch müssen sich Nutzer im Vergleich zu Verbrennungsfahrzeugen auf einzelne Einschränkungen wie längere Ladezeiten einstellen. Die wahrgenommene Alltagstauglichkeit von Brennstoffzellenfahrzeugen wird von der noch nicht deutschlandweit flächendeckend ausgebauten Infrastruktur stark beeinflusst.

Mit Hinblick auf die verfügbaren Modelle sowie den Ausbau der Infrastruktur sind auch Bedenken der Nutzer bezüglich der Ausgereiftheit der Technologie vorhanden. Bei Batterieelektrofahrzeugen betrifft dies besonders die eingeschränkte Reichweite der verfügbaren Modelle sowie die Langlebigkeit der Fahrzeugbatterie. Für Brennstoffzellenfahrzeuge sowie Batterieelektrofahrzeuge erheben Nutzer ebenfalls Bedenken bezüglich der Sicherheit dieser Fahrzeuge bei hoher Belastung[94] oder auch in Extremsituationen wie einem Unfall.

Das Vorhandensein von zwei unterschiedlichen Antriebskonzepten der Elektromobilität erzeugt bei einigen Nutzern Unsicherheit über die Zukunftssicherheit der beiden Konzepte und auch darüber, ob sich eines der beiden Konzepte durchsetzt. So möchten Nutzer ungern – besonders bei hohen Anschaffungskosten und großem potenziellem Wertverlust – auf eine Fahrzeugtechnologie setzen, die möglicherweise in naher Zukunft überholt ist und im schlimmsten Fall ohne oder mit nur stark eingeschränkter Infrastruktur unterstützt wird[95,96]

Ebenso wichtig für den Wechsel zur Elektromobilität sind die unterstützenden Treiber, diese umfassen unter anderem ein stetig wachsendes Umweltbewusstsein der Bevölkerung sowie die zunehmende Rolle des Umweltschutzes in der Politik. Politische Maßnahmen, die einen Wechsel zur Elektromobilität unterstützen, umfassen neben finanziellen Subventionen für Käufer von Elektrofahrzeugen auch Nutzungsprivilegien für Fahrer von Elektrofahrzeugen. Diese schaffen neben den geringen Betriebskosten von Batterieelektrofahrzeugen

94 Wie zum Beispiel längeres Parken in der Sommersonne, Fahrten bei hoher Außentemperatur oder schwerer Beladung sowie längere Fahrten bei hoher Geschwindigkeit.

95 So dürften einige Nutzer und Kaufinteressenten die beiden Antriebskonzepte in einem Konkurrenzkampf sehen, der letztlich nur einen siegenden Standard hat. Vielen dürften sich dabei an den Videoformatkampf zwischen Blu-Ray und HD DVD erinnern, der schlussendlich zur Durchsetzung der Blu-Ray Disc und dem Untergang der HD DVD führte. (Vgl. engadget (2008): Two years of battle between HD DVD and Blu-ray: a retrospective).

96 Vgl. Peters, Anja / Dütschke, Elisabeth (2010): Zur Nutzerakzeptanz von Elektromobilität: Analyse aus Expertensicht, S. 15 f.

und Brennstoffzellenfahrzeugen, bedingt durch verringerte mechanische Komplexität und Wartungsaufwand, weitere Anreize. Maßnahmen, die auf die Hersteller gerichtet sind, umfassen indes die stetige Verschärfung von Abgasrichtlinien sowie Flottengrenzwerten für den Ausstoß von Schadstoffen und sollen Hersteller so zu einem stetig höheren Grad der Elektrifizierung ihrer Modellpalette bewegen.

### 2.3.2 Kategorisierung der Einflussfaktoren

Die in diesem Kapitel gesammelten Einflussfaktoren sind in Abbildung drei zusammengefasst und auf einer Skala von fahrzeug- und infrastrukturbedingt bis nutzerbedingt eingeordnet und dienen als Grundlage für die weitere Untersuchung der Akzeptanzfaktoren für Elektromobilität in dieser Arbeit.

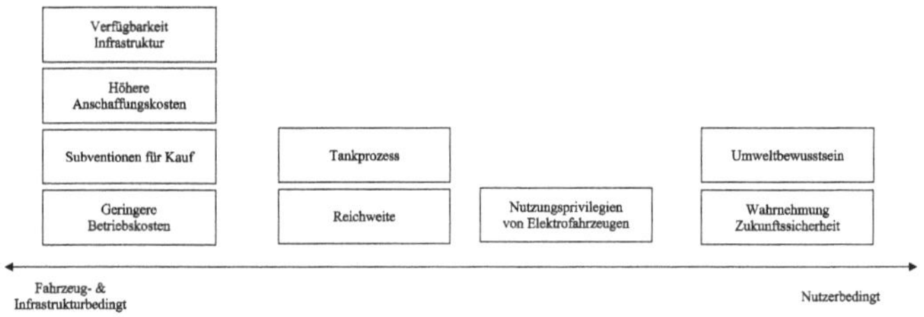


**Abbildung 3:** Darstellung der Einflussfaktoren

Die Einordnung der Einflussfaktoren erfolgt nach der Unterscheidung zwischen technischen und nutzerspezifischen Aspekten. Dabei umfassen die technischen Aspekte alle Einflussfaktoren, die fahrzeug- und infrastrukturbedingt sind, wie beispielsweise die Verfügbarkeit von ausreichender Infrastruktur. Nutzerspezifische Aspekte hingegen umfassen Einflussfaktoren, die von Person zu Person unterschiedlich sind und nicht ausschließlich durch die technologischen Fähigkeiten von Elektrofahrzeugen bestimmt werden. Ferner finden sich einzelne Einflussfaktoren, die bedingt durch ihre Natur und den vom individuellen Nutzer spezifischen Nutzungsszenarios des Elektrofahrzeugs nicht eindeutig einer der Kategorien zugeordnet werden können. Solche Faktoren werden im Bereich zwischen den beiden Kategorien eingeordnet und ihre Tendenzen zu einer Kategorie wird durch ihre Position um die Mitte dargestellt.

Der Kategorie der fahrzeug- und infrastrukturbedingten Einflussfaktoren wurden die Verfügbarkeit einer ausreichenden Infrastruktur, die höheren Anschaffungskosten von Elektrofahrzeugen, die Subventionen für den Kauf sowie die geringeren Betriebskosten von Elektrofahrzeugen zugeordnet. Diese Einflussfaktoren beziehen sich auf Aspekte, die durch die technischen Gegebenheiten entstehen und einen Einfluss auf die (wahrgenommene) Nutzbarkeit von Elektrofahrzeugen haben. Solche Faktoren lassen sich durch die Weiterentwicklung der Technologie verändern. Dem anderen Ende der Skala, den nutzerbedingten Einflussfaktoren, wurde das individuelle Umweltbewusstsein sowie die wahrgenommene Zukunftssicherheit von Elektrofahrzeugen zugeordnet. Diese Einflussfaktoren stellen subjektive Einstellungen von möglichen Nutzern und Käufern dar. Um solche Einflussfaktoren zu verändern, bedarf es neben technologischem Fortschritt auch weiterer Überzeugungsarbeit. Das Mittelfeld zwischen den beiden Kategorien enthält die Einflussfaktoren des Tankprozesses, der Fahrzeugreichweite und der Nutzungsprivilegien von Elektrofahrzeugen. Die Zuordnung in das Mittelfeld erfolgte, da das individuelle Nutzungsszenario von potentiellen Nutzern einen signifikanten Einfluss auf die Relevanz dieser Faktoren spielen kann. So sind die Faktoren des Tankprozesses und der Reichweite aufgrund ihrer technischen Natur mit einer Tendenz zur Kategorie der fahrzeug- und infrastrukturspezifischen Einflussfaktoren eingeordnet. Die Faktoren der Reichweite und des Tankprozesses nehmen dabei für eine Person, die mit ihrem Elektrofahrzeug fast ausschließlich kürzere Strecken in der Stadt zurücklegt, einen anderen Stellenwert ein, als für eine Person, die fast ausschließlich längere Strecken zurücklegt. Der Einflussfaktor der Nutzungsprivilegien ist mit einer Tendenz zur nutzerbedingten Natur eingeordnet, da die Nutzung dieser Vorteile ebenfalls vom individuellen Nutzungsszenario abhängt und als eine Maßnahme zur Überzeugung der Bevölkerung vom Konzept der Elektromobilität etabliert wurde.

Diese Kategorisierung der verschiedenen Einflussfaktoren ermöglicht eine Zuordnung der unterschiedlichen Aspekte, die die Akzeptanz von Elektrofahrzeugen beeinflussen. Überdies bietet es eine Grundlage für die Erarbeitung von Handlungsempfehlungen, welche die einzelnen Faktoren gezielt bearbeiten.

# 3 Theoretische Grundlagen

In diesem Kapitel werden die theoretischen Grundlagen für diese Forschungsarbeit vorgestellt. Zunächst werden der Prozess der Innovationsdiffusion als auch die dafür notwendigen Erfolgsfaktoren erläutert. Im Anschluss folgt die Vorstellung der beiden Theorien *Theory of Reasoned Action* sowie der *Theory of Planned Behavior* gefolgt vom *Technology Acceptance Model* und den darauf basierten und inspirierten Weiterentwicklungen. Das Kapitel schließt mit der Vorstellung des Modells von Fazel (2013), welches als Grundlage für das Forschungsmodell dieser Arbeit dient.

## 3.1 Akzeptanz von Innovationen

Diese Kapitel dient der kurzen Vorstellung der Erfolgsfaktoren der Adoption von Innovationen, dem Prozess der Innovationsdiffusion als auch der unterschiedlichen Kategorien von Adoptern einer Innovation.[97] Da die von Rogers erarbeiteten Ergebnisse einer großen Verbreitung unterliegen, werden sie an dieser Stelle der Vollständigkeit halber lediglich in ihren Grundzügen skizziert.

### 3.1.1 Erfolgsfaktoren für die Adoption von Innovationen

Der Erfolg als auch die Dauer der Adoption neuer Innovationen hängt nach Rogers (2003) hauptsächlich von den fünf Charakteristika einer Innovation ab, die potentielle Nutzer am stärksten wahrnehmen.[98] Die von Rogers (2003) für den Erfolg einer Innovation als entscheidend genannten Charakteristika sind der *relative Vorteil*, die *Kompatibilität, Komplexität, Testbarkeit* und *Observierbarkeit* der Innovation.[99] Innovationen, die einen hohen relativen Vorteil, Kompatibilität, Testbarkeit und Observierbarkeit sowie eine geringe Komplexität bieten, besitzen nach Rogers (2003) die Grundvoraussetzung für eine zügige Adoption.[100]

---

97 Für einen ausführlicheren Einblick in die Thematik empfiehlt sich die Arbeit von Rogers (2003).

98 Vgl. Rogers, Everett M. (2003): Diffusion of Innovations, S. 15.

99 Vgl. ebd., S. 15.

100 Vgl. Landau, Ralph / Rosenberg, Nathan (1986): The Positive Sum Strategy: Harnessing Technology for Economic Growth, S. 284; vgl. Rogers, Everett M. (2003): Diffusion of Innovations, S. 16.

Mit dem *relativen Vorteil* werden die Vorteile und Verbesserungen der Innovation im Vergleich mit der vorhandenen Technologie beschrieben, welche die Innovation zu ersetzen versucht.[101] Hierbei spielen für potentielle Nutzer oftmals nicht ausschließlich die objektiven Vorteile einer Innovation die entscheidende Rolle bei der Entscheidung über die Adoption der Innovation, sondern die Wahrnehmung der Innovation als vorteilhaft für den potentiellen Nutzer.[102] Die Wahrnehmung einer Innovation als vorteilhaft beruht dabei auf dem Sozialprestige, dass die Innovation mit sich bringt sowie der Zufriedenheit mit der Innovation als auch der Einfachheit der Nutzung.[103] Dabei verbindet Rogers (2003) mit zunehmendem relativem Vorteil eine steigende Adoptionsgeschwindigkeit der Innovation.

Bei der *Kompatibilität* handelt es sich um die Übereinstimmung einer Innovation mit den Werten, Erfahrungen sowie Anforderungen potentieller Nutzer an die Innovation.[104] Der Grad der Kompatibilität beeinflusst die Adoptionsgeschwindigkeit insofern, als kompatible Innovationen schneller angenommen werden als inkompatible.[105] Dabei ist für die erfolgreiche Adoption einer inkompatiblen Innovation die Etablierung eines neuen Wertesystems oder Anpassung des bestehenden Wertesystems erforderlich.[106]

Mit der *Komplexität* wird die Schwierigkeit des Verstehens und Nutzens einer Innovation dargestellt.[107] Dabei werden Innovationen schneller adoptiert, wenn potentielle Nutzer für ihre Nutzung keine neuen Fertigkeiten erlernen oder sich zusätzliches Wissen aneignen müssen.[108]

---

101 Vgl. Rogers, Everett M. (2003): Diffusion of Innovations, S. 15; vgl. Dillon, Andrew / Morris, Michael G. (1996): User Acceptance of Information Technology: Theories and Models, S. 6.

102 Vgl. Rogers, Everett M. (2003): Diffusion of Innovations, S. 15.

103 Vgl. Vagnani, Gianluca / Volpe, Loredana (2017): Innovation attributes and managers' decisions about the adoption of innovations in organizations: A meta-analytical review, S. 177 f; vgl. Rogers, Everett M. (2003): Diffusion of Innovations, S. 15.

104 Vgl. Oturakci, Murat / Yuregir, Oya H. (2018): New approach to Rogers' innovation characteristics and comparative implementation study, S. 53 f; vgl. Rogers, Everett M. (2003): Diffusion of Innovations, S. 15.

105 Vgl. Oturakci, Murat / Yuregir, Oya H. (2018): New approach to Rogers' innovation characteristics and comparative implementation study, S. 53 f.

106 Vgl. Rogers, Everett M. (2003): Diffusion of Innovations, S. 15.

107 Vgl. ebd., S. 15.

108 Vgl. Vagnani, Gianluca / Volpe, Loredana (2017): Innovation attributes and managers' decisions about the adoption of innovations in organizations: A meta-analytical review, S. 178 f; vgl. Oturakci, Murat / Yuregir, Oya H. (2018): New approach to Rogers' innovation characteristics and comparative implementation study, S. 53 f.

Bei der *Testbarkeit* handelt es sich um die Möglichkeit für potentielle Nutzer, eine Innovation auszuprobieren, bevor sie ihre Entscheidung für oder gegen die Innovation treffen.[109] Dies ermöglicht potentiellen Nutzern, ihre Bedenken und Unsicherheit bezüglich der Innovation gezielt zu adressieren und kann so einen positiven Einfluss auf die Bereitschaft zur Anschaffung der Innovation haben.[110]

Die *Observierbarkeit* beschreibt, inwieweit die Nutzung einer Innovation für Dritte wahrnehmbar ist.[111] Potentielle Nutzer sind eher dazu bereit, eine Innovation selbst anzuschaffen, wenn sie die erfolgreiche Nutzung der Innovation bei Mitmenschen aus ihrem Umkreis wahrnehmen können.[112] Dies führt ebenfalls zu einem aktiven Austausch über die Innovation zwischen tatsächlichen und potentiellen Nutzern und stellt damit einen weiteren Einflussfaktor dar.[113]

Für die erfolgreiche Adoption einer Innovation ist eine Kombination der fünf Charakteristika notwendig, da einzelne Faktoren potentiellen Nutzern oftmals nicht ausreichen, um auf eine neue Innovation umzusteigen.

### 3.1.2 Innovationsdiffusion

Die Verdrängung oder Ersetzung einer bestehenden Technologie durch eine neue Innovation ist unter dem Begriff Diffusion bekannt.[114] Für die erfolgreiche Diffusion ist die Bekanntmachung der Innovation und damit die Erstellung der Kenntnisse über die Innovation bei potentiellen Nutzern notwendig. Die notwendigen Charakteristika einer erfolgreichen Diffusion sind die *Innovation*, der *Kommunikationskanal*, die *Zeit* sowie das *Sozialsystem*.[115] Eine *Innovation* beschreibt dabei die Nutzung einer neuen oder bestehenden Technologie im Rahmen eines Produktes oder einer Dienstleistung, die von potentiellen

109 Vgl. Dillon, Andrew / Morris, Michael G. (1996): User Acceptance of Information Technology: Theories and Models, S. 6; vgl. Rogers, Everett M. (2003): Diffusion of Innovations, S. 15.

110 Vgl. Dillon, Andrew / Morris, Michael G. (1996): User Acceptance of Information Technology: Theories and Models, S. 6.

111 Vgl. Rogers, Everett M. (2003): Diffusion of Innovations S. 15; vgl. Oturakci, Murat / Yuregir, Oya H. (2018): New approach to Rogers' innovation characteristics and comparative implementation study, S. 54.

112 Vgl. Rogers, Everett M. (2003): Diffusion of Innovations, S. 15.

113 Vgl. ebd., S. 15.

114 Vgl. ebd., S. 15; vgl. Königstorfer, Jörg (2008): Akzeptanz von technologischen Innovationen S. 10.

115 Vgl. Rogers, Everett M. (2003): Diffusion of Innovations, S. 10 f.

Kunden als neu wahrgenommen wird.[116] Mit dem *Kommunikationskanal* wird auf die verschiedenen Möglichkeiten der Kommunikation zur Bekanntmachung der Innovation Bezug genommen.[117] Diese Kanäle umfassen neben persönlichen Austauschen zwischen Personen auch Massenmedien und simple Beobachtung der Innovation durch potentielle Nutzer.[118] Mit dem Faktor der *Zeit* wird die Dauer des Prozesses der Entscheidung zur Adoption einer Innovation festgehalten, als auch die Gruppen der Nutzer nach dem Zeitpunkt ihrer Adoption der Innovation eingeteilt und die relative Adoptionsgeschwindigkeit berechnet.[119] Mit einem *Sozialsystem* beschreibt Rogers (2003) eine Gruppe von Personen, die voneinander abhängen, zusammen ein gemeinsames Ziel erreichen wollen und dazu in Abstimmung miteinander die Hindernisse und Probleme zum Erreichen des Ziels abschaffen.[120]

### 3.1.3 Kategorien der Adopter von Innovationen

Im Folgenden wird die Verteilung der unterschiedlichen Kategorien von Adoptern vorgestellt, welche sich durch die unterschiedlichen Zeitpunkte der Innovationsadoption auszeichnen. Rogers (2003) fasst die unterschiedlichen Arten von Adoptern in fünf Kategorien zusammen, nämlich *Innovators, Early Adopters, Early Majority, Late Majority* und *Laggards*.[121] Dabei sieht Rogers (2003) die Kategorien als ideale Beispiele einzelner Typen von Adoptern mit fließenden Übergängen zwischen ihnen.[122]

---

116 Vgl. ebd., S. 11.

117 Vgl. Sahin, Ismail (2006): Detailed review of Rogers' diffusion of innovations theory and educational technology-related studies based on Rogers' theory, S. 14 f; vgl. Rogers, Everett M. (2003): Diffusion of Innovations, S. 17.

118 Vgl. Mahajan, Vijay / Muller, Eitan / Bass, Frank M. (1990): New Product Diffusion Models in Marketing: A Review and Directions for Research, S. 1 f; vgl. Rogers, Everett M. (2003): Diffusion of Innovations, S. 17 f.

119 Vgl. Sahin, Ismail (2006): Detailed review of Rogers' diffusion of innovations theory and educational technology-related studies based on Rogers' theory, S. 15; vgl. Rogers, Everett M. (2003): Diffusion of Innovations, S. 20.

120 Vgl. Rogers, Everett M. (2003): Diffusion of Innovations, S. 24.

121 Vgl. ebd., S. 246 f.

122 Vgl. Sahin, Ismail (2006): Detailed review of Rogers' diffusion of innovations theory and educational technology-related studies based on Rogers' theory, S. 17; vgl. Rogers, Everett M. (2003): Diffusion of Innovations, S. 246 f.

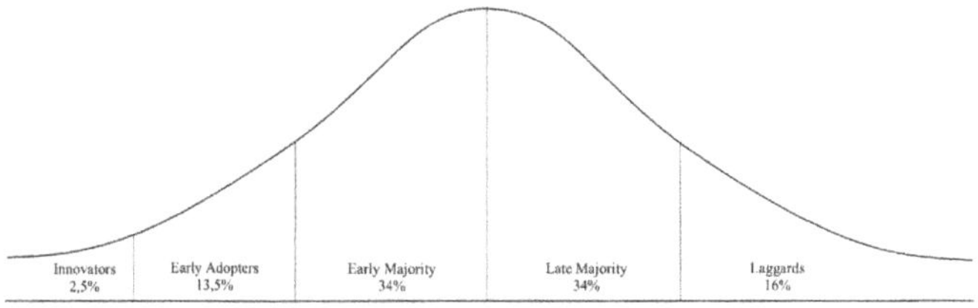


**Abbildung 4:** Adopterkategorien nach Innovationsbereitschaft.[123]

Die Kategorie der *Innovators* zeichnet sich dadurch aus, dass sie aufgrund ihres Drangs zum Ausprobieren neuer Innovationen die Ersten sind, die Innovationen annehmen und diese Entscheidung ohne Einflüsse durch ihr soziales Umfeld treffen.[124] Des Weiteren nehmen Innovatoren die frühzeitige Nutzung von Innovationen als eine Möglichkeit wahr, sich und ihre technische Versiertheit zu präsentieren.[125] Ferner zeichnen sich Innovatoren durch eine hohe Risikobereitschaft, Abenteuerlust und Gewagtheit aus und sind in Bezug auf Informationen zu neuen Innovationen bestens vernetzt.[126] Ebenso verfügen sie über einen hohen Bildungsstand, erhebliche finanzielle Mittel und nehmen das mögliche Scheitern der Innovation in Kauf.[127] Durch ihre Vorreiterrolle bei der Adoption von Innovationen spielen Innovatoren eine zentrale Rolle bei der Diffusion von Innovationen, da sie ihr Umfeld mit neuen Innovationen konfrontieren.[128]

*Early Adopter* übernehmen ebenfalls eine zentrale Rolle in der Diffusion, da sie die Meinungsführerschaft innerhalb ihres sozialen Umfeldes tragen und somit potentiellen Adoptern als Informationsquelle dienen.[129] Durch ihre

123 Vgl. Rogers, Everett M. (2003): Diffusion of Innovations, S. 247.

124 Vgl. Goldenberg, Jacob / Libai, Barak / Muller, Eitan (2010): The chilling effects of network externalities, S. 5; vgl. Rogers, Everett M. (2003): Diffusion of Innovations, S. 248.

125 Vgl. Rogers, Everett M. (2003): Diffusion of Innovations, S. 248.

126 Vgl. ebd., S. 248.

127 Vgl. Sahin, Ismail (2006): Detailed review of Rogers' diffusion of innovations theory and educational technology-related studies based on Rogers' theory, S. 19; vgl. Rogers, Everett M. (2003): Diffusion of Innovations, S. 248.

128 Vgl. Rogers, Everett M. (2003): Diffusion of Innovations, S. 248 f.

129 Vgl. Dattée, Brice / Weil, Henry Birdseye (2007): Dynamics of social factors in technological substitutions, S. 595 f; vgl. Rogers, Everett M. (2003): Diffusion of Innovations, S. 249.

erfolgreiche und dennoch diskrete Verwendung von Innovationen werden Early Adopter für ihre subjektive Beurteilung der Innovation von ihrem Umfeld geschätzt und von Unternehmen als zentrale Anhaltspunkte zur Beschleunigung der Diffusion von Innovationen angesehen.[130]

Die *Early Majority* ist bedingt durch ihre Skepsis gegenüber Innovationen etwas langsamer in der Akzeptanz von Innovationen, nimmt diese jedoch noch vor dem Durchschnitt an.[131] Durch den längeren Adoptionsprozess der Early Majority, welchen sie nutzen, um die Innovationen ausgiebig zu evaluieren, übernehmen sie keine Meinungsführerschaft, stellen jedoch durch ihre gute Vernetzung in ihrer Gemeinschaft ein wichtiges Bindeglied zwischen den Früh- und Spätadoptern dar.[132]

Die Kategorie der *Late Majority* zeigt eine vorsichtigere Vorgehensweise, wenn es zur Adoption von Innovationen kommt und adoptieren diese erst nach dem Durchschnitt.[133] Die Adoption wird bei dieser Kategorie mehr durch finanzielle Notwendigkeit oder sozialen Druck motiviert als durch ein Interesse an Innovationen.[134] Dies liegt an den eingeschränkten finanziellen Mitteln, die dieser Kategorie zur Verfügung stehen und die Bedenken der Late Majority in eine möglicherweise scheiternde Innovation zu investieren.[135]

Die Kategorie der *Laggards* adoptiert neue Innovationen als letzte, bedingt durch ihre stark eingeschränkten finanziellen Mittel sehen sie Innovationen noch skeptischer entgegen als die Late Majority.[136] Dies macht sie bei der Akzeptanz von Innovationen sehr vorsichtig, um ein möglichst geringes Risiko auf sich zu nehmen. Die Laggards orientieren sich stark an der Vergangenheit und basieren ihre Entscheidungen für die Zukunft stark auf Erfahrungswerten.[137] Ferner bewegen sie sich in einem sozialen Kreis von Personen, die fast ausschließlich dieselbe Denkweise verfolgen.[138] Aufgrund dessen benötigen

130 Vgl. Rogers, Everett M. (2003): Diffusion of Innovations, S. 249.
131 Vgl. Rogers, Everett M. (2003): Diffusion of Innovations, S. 249.
132 Vgl. Sahin, Ismail (2006): Detailed review of Rogers' diffusion of innovations theory and educational technology-related studies based on Rogers' theory, S. 19; vgl. Rogers, Everett M. (2003): Diffusion of Innovations, S. 249.
133 Vgl. Rogers, Everett M. (2003): Diffusion of Innovations, S. 249 f.
134 Vgl. ebd., S.249 f.
135 Vgl. ebd., S. 250; vgl. Dattée, Brice / Weil, Henry Birdseye (2007): Dynamics of social factors in technological substitutions, S. 596.
136 Vgl. Rogers, Everett M. (2003): Diffusion of Innovations, S. 250.
137 Vgl. ebd., S. 250.
138 Vgl. ebd., S. 250.

Personen dieser Kategorie länger, um von neuen Innovationen zu erfahren und ihr längerer Adoptionsprozess von Innovationen bedeutet, dass sie Innovationen erst weit nach dem Durchschnitt akzeptieren.[139] Aufgrund des langen Adoptionsprozesses ist es möglich, dass eine neuere Innovation bereits von Innovatoren verwendet wird, bevor Laggards die ursprüngliche Innovation vollständig akzeptiert haben.[140]

## 3.2 Theorien zum Akzeptanzprozess

Im Folgenden werden die *Theory of Reasoned Action* als auch die *Theory of Planned Behavior* als weithin akzeptierte Grundlage der Forschung zur Technologieakzeptanz und der Entwicklung des *Technology Acceptance Model* vorgestellt.

### 3.2.1 Theory of Reasoned Action

Die Theory of Reasoned Action[141] (TRA) entstand im Bereich der Sozialpsychologie und wurde 1980 von Ajzen und Fishbein vorgestellt.[142] Der Wert der TRA liegt darin, die Einstellung einer Person basierend auf ihrer Meinung vorhersagen zu können. Dem liegt die Annahme zugrunde, dass die Einstellung einer Person auf ihrer Meinung basiert und durch diese direkt beeinflusst wird.[143] Die Meinungen einer Person ergeben sich dabei direkt aus den Konsequenzen des von der Person gewählten Verhaltens.[144] Die letztendliche Verhaltensabsicht wird durch die Einstellungen einer Person sowie die subjektive Norm – hiermit bezeichnen Ajzen und Fishbein (1980) die Wahrnehmung von sozialem Druck durch eine Person – direkt beeinflusst.[145] So nimmt die TRA an, dass

---

139 Vgl. Sahin, Ismail (2006): Detailed review of Rogers' diffusion of innovations theory and educational technology-related studies based on Rogers' theory, S. 20; vgl. Rogers, Everett M. (2003): Diffusion of Innovations, S. 250.

140 Vgl. Rogers, Everett M. (2003): Diffusion of Innovations, S. 250.

141 Oder auch als „Theorie des überlegten Handelns" bekannt.

142 Vgl. Ajzen, Icek / Fishbein, Martin (1980): Understanding Attitudes and Predicting Social Behavior, S. 68.

143 Vgl. Taherdoost, Hamed (2018): A review of technology acceptance and adoption models and theories, S. 961; vgl. Ajzen, Icek / Fishbein, Martin (1980): Understanding Attitudes and Predicting Social Behavior, S. 67.

144 Vgl. Ajzen, Icek / Fishbein, Martin (1980): Understanding Attitudes and Predicting Social Behavior, S. 67.

145 Vgl. ebd., S. 67 f.

die Ergebnisse des Handelns durch einen von Rationalität geleiteten Entscheidungsprozess erreicht und somit Handlungen mit einer spezifischen Erwartung an ihren Ausgang getroffen werden.[146]

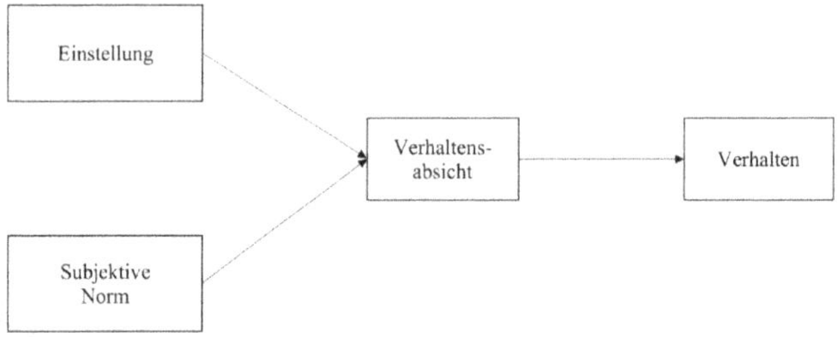


**Abbildung 5:** Theory of Reasoned Action.[147]

Insgesamt besteht die TRA aus den vier Konstrukten *Einstellung gegenüber einer Handlung (Attitude towards Act or Behavior)*, *Subjektive Norm (Subjective Norm)*, *Verhaltensabsicht (Behavioral Intention)* und *letztendliches Verhalten (Behavior)*.[148]

Die *Einstellung gegenüber einer Handlung* einer Person wird zunächst durch für sie spezifische Erfahrungen und Gefühle sowie Überzeugungen gegenüber der Handlung bestimmt, hiermit findet eine Abwägung von positiven und negativen Resultaten einer bestimmten Handlung statt.[149] Mit der *Subjektiven Norm* beschreiben Ajzen und Fishbein (1980) den Druck, welchen eine Person aus dem sozialen Umfeld als Resultat einer (Nicht-) Handlung empfindet.[150] Somit

146 Vgl. Ajzen, Icek / Fishbein, Martin (1975): Belief, Attitude, Intention and Behavior: An Introduction to Theory and Research, S. 15.

147 Vgl. Ozaki, Ritsuko / Dodgson, Mark (2010): Adopting and consuming innovations, S. 318.

148 Vgl. ebd., S. 15 f; vgl. Fazel, Ludwig (2013): Akzeptanz von Elektromobilität – Entwicklung und Validierung eines Modells unter Berücksichtigung der Nutzungsform des Carsharing, S. 104.

149 Vgl. Ajzen, Icek / Fishbein, Martin (1975): Belief, Attitude, Intention and Behavior: An Introduction to Theory and Research, S. 15 f; vgl. Luarn, Pin / Lin, Hsin-Hui (2005): Toward an understanding of the behavioral intention to use mobile banking, S. 876.

150 Vgl. Ajzen, Icek / Fishbein, Martin (1975): Belief, Attitude, Intention and Behavior: An Introduction to Theory and Research, S. 15 f; vgl. Ajzen, Icek (1991): The Theory of Planned Behavior, S. 88.

stellt die *Subjektive Norm* die von einer Person wahrgenommenen Erwartungen aus dem Umfeld an sie selbst dar.[151]

Nach der TRA bildet eine Person zunächst basierend auf ihrer *Einstellung* sowie der *Subjektiven Norm* eine *Verhaltensabsicht.* Diese *Verhaltensabsicht* gilt als direkte Determinante für das *letztendliche Verhalten* der Person.[152] Das *letztendliche Verhalten* wird somit indirekt durch die *Einstellung* einer Person sowie die *Subjektive Norm* beeinflusst.

Die TRA ist bereits in einer Vielzahl von Bereichen angewandt worden, unter anderem in der Konsumentenverhaltensforschung als Mittel zur Vorhersage und Steuerung von Konsumentenverhalten. Ferner diente sie als konzeptionelle Grundlage für eine Reihe von Modellen, die unter anderem zur Untersuchung der Technologieakzeptanz verwendet werden.

### 3.2.2 Theory of Planned Behavior

Mit der Theory of Planned Behavior (TPB) erweiterte Ajzen 1991 die TRA um einen weiteren, auf die Verhaltensabsicht einwirkenden Faktor.[153] Das Konstrukt der *Wahrgenommenen Verhaltenskontrolle (Perceived Behavioral Control)* fügte Ajzen (1991) als einen dritten Faktor ein, der neben der *Einstellung* und der *Subjektiven Norm* einen direkten Einfluss auf die *Verhaltensabsicht* nimmt.[154] Dieses Konstrukt stellt die Meinung einer Person dar, ob sich ein vorab geplantes Verhalten einfach oder schwierig umsetzen lässt und inwiefern die Person in der Lage ist, das geplante Verhalten letztlich umzusetzen.[155] Hier

---

151 Vgl. Ajzen, Icek / Fishbein, Martin (1975): Belief, Attitude, Intention and Behavior: An Introduction to Theory and Research, S. 301 ff.

152 Vgl. Nysveen, Herbjørn / Pedersen, Per E. / Thorbjørnsen, Helge (2005): Explaining intention to use mobile chat services: moderating effects of gender, S. 249; vgl. Ajzen, Icek / Fishbein, Martin (1975): Belief, Attitude, Intention and Behavior: An Introduction to Theory and Research, S. 332 f.

153 Vgl. Ajzen, Icek (1991): The Theory of Planned Behavior, S. 181; vgl. Dillon, Andrew / Morris, Michael G. (1996): User Acceptance of Information Technology: Theories and Models, S. 13.

154 Vgl. Fazel, Ludwig (2013): Akzeptanz von Elektromobilität – Entwicklung und Validierung eines Modells unter Berücksichtigung der Nutzungsform des Carsharing, S. 107; vgl. Hilkenmeister, Frederic / van Treeck, Joost (2007): Determinanten des Verhaltens – Verhaltensprädikation durch eine Weiterentwicklung der Theory of Planned Behavior, S. 6.

155 Vgl. Ajzen, Icek (1991): The Theory of Planned Behavior, S. 182; vgl. Fazel, Ludwig (2013): Akzeptanz von Elektromobilität – Entwicklung und Validierung eines Modells unter Berücksichtigung der Nutzungsform des Carsharing, S. 107; vgl.

wird jedoch lediglich die wahrgenommene Schwierigkeit der Ausführung und nicht die tatsächliche Schwierigkeit berücksichtigt, da die *Verhaltensabsicht* sowie das *letztendliche Verhalten* nur durch die individuelle Wahrnehmung der Schwierigkeit der Ausführung beeinflusst werden.[156]

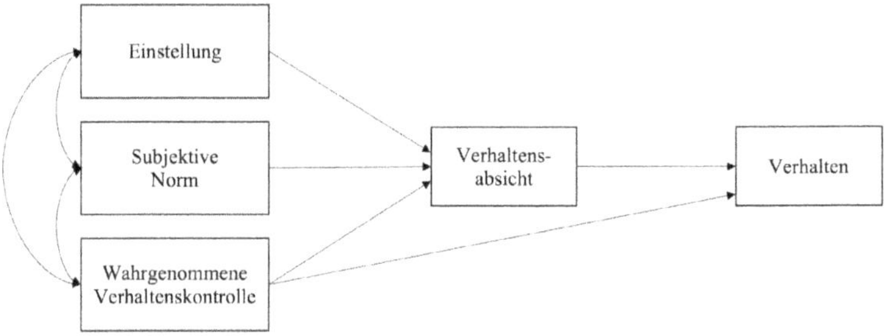


**Abbildung 6:** Theory of Planned Behavior.[157]

Mit dieser Erweiterung ist es das Ziel von Ajzen (1991), die TRA so zu erweitern, dass sie auch in Situationen, in denen Personen nur eingeschränkte Kontrolle über ihre Handlungen haben, eine verlässliche Erklärungskraft erhält.[158]

Für die Prognose von menschlichem Verhalten in Situationen ohne signifikante Hindernisse[159], die die Handlung der jeweiligen Person beeinflussen, liefern sowohl TRA als auch TPB übereinstimmende Ergebnisse.[160] In Situationen, in denen jedoch solche Hindernisse zur Ausführung der Handlung existieren, liefern die Ergebnisse der TPB tiefere Einblicke und erlauben eine tiefgehende Erläuterung und Vorhersage.[161]

---

Hilkenmeister, Frederic / van Treeck, Joost (2007): Determinanten des Verhaltens – Verhaltensprädikation durch eine Weiterentwicklung der Theory of Planned Behavior, S. 6.

156 Vgl. Ajzen, Icek (1991): The Theory of Planned Behavior, S. 183.

157 Vgl. ebd., S. 182.

158 Vgl. ebd., S. 183 f.

159 Solche Hindernisse können z. B. die Kenntnis über spezielle Fähigkeiten oder Vorgehensweisen sein.

160 Vgl. Ajzen, Icek / Fishbein, Martin (1975): Belief, Attitude, Intention and Behavior: An Introduction to Theory and Research, S. 21 ff.

161 Vgl. Fazel, Ludwig (2013): Akzeptanz von Elektromobilität – Entwicklung und Validierung eines Modells unter Berücksichtigung der Nutzungsform des Carsharing, S. 109.

Die Effektivität der TPB wurde bereits mehrfach getestet und sowohl für die *Verhaltensabsicht* als auch das *letztendliche Verhalten* bestätigt.[162] Auch außerhalb der ursprünglichen Verwendung hat die Theorie bereits Anwendung gefunden. Solche Verwendungen umfassen unter anderem Szenarien, in denen es Alternativen zur Erreichung des Ziels gibt, und auch hier hat die TPB verlässliche Ergebnisse geliefert.[163]

Die TPB zeigt sich als eine Theorie, die in Relevanz nicht eingebüßt hat, trotz des Aufkommens einer Vielzahl weiterer Modelle zur Untersuchung von Verhaltensabsicht. So haben auch Ansätze wie von Sniehotta, Presseau & Araújo-Soares (2014) zum Ablösen der TPB durch andere, breiter aufgestellte Ansätze keinen Erfolg gehabt.[164]

## 3.3 Modelle der Technologieakzeptanz

Im Folgenden wird das *Technologie Acceptance Model* sowie seine einzelnen Weiterentwicklungen im Detail vorgestellt und erläutert.

### 3.3.1 Technology Acceptance Model

Das *Technology Acceptance Model*[165] (TAM) gilt im Bereich der Erklärung von Akzeptanz von neuen Technologien und Innovationen als eines der bekanntesten und meistgenutzten Modelle.[166] Für die Entwicklung des TAM dienten Fred D. Davis (1989) die TRA und TPB als Grundlage. Da die TRA und TPB Modelle sind, die sich auf das generelle menschliche Verhalten und seiner Erklärung konzentrieren, passte Davis sein Modell zur Erklärung der Akzeptanz von

162 Vgl. Sheppard, Blair H. / Hartwick, Jon / Warshaw, Paul R. (1988): The Theory of Reasoned Action: A Meta-Analysis of Past Research with Recommendations for Modifications and Future Research, S. 325 f.

163 Vgl. Duddenhöffer, Kathrin (2013): Akzeptanz von Elektroautos in Deutschland und China, S. 52; vgl. Sheppard, Blair H. / Hartwick, Jon / Warshaw, Paul R. (1988): The Theory of Reasoned Action: A Meta-Analysis of Past Research with Recommendations for Modifications and Future Research, S. 341.

164 Vgl. Sniehotta, Falko F. / Presseau, Justin / Araújo-Soares, Vera (2014): Time to retire the theory of planned behaviour, S. 1 f; vgl. Ajzen, Icek (2014): The Theory of Planned Behaviour is Alive and Well, and not Ready to Retire: A Commentary on Sniehotta, Presseau, and Araújo-Soares, S. 5 f.

165 Im Deutschen auch als Technologieakzeptanzmodell bekannt.

166 Vgl. Königstorfer, Jörg (2008): Akzeptanz von technologischen Innovationen, S. 24.

Informationstechnologien an.[167] Davis (1989) verfolgte mit dem TAM das Ziel, Determinanten zu identifizieren, die für die Nutzung – oder auch die Nichtnutzung – einer neuen Technologie oder technischen Innovation von Bedeutung sind.[168]

Im Vergleich zur TRA hat sich Davis (1989) dazu entschieden, das Konstrukt der *Einstellung gegenüber einer Handlung (Attitude towards Act or Behavior)* durch die beiden Konstrukte der *Wahrgenommene Nützlichkeit (Perceived Usefulness)* und *Wahrgenommene Einfachheit der Nutzung (Perceived Ease of Use)* zu ersetzen.[169] Nach Davis (1989) sind diese beiden Konstrukte ausschlaggebend für den Eindruck, den potentielle Nutzer von einer neuen Technologie haben, und beeinflussen so die mögliche Adoption dieser neuen Technologie sowie die Bereitschaft der Nutzer, sich mit dieser auseinanderzusetzen.[170] So schafft Davis (1989) mit diesen Konstrukten einen näheren Bezug zur Untersuchung der Akzeptanz von neuen Technologien und Innovationen.

Die zugrunde liegende Annahme des TAM ist es, dass die beiden Konstrukte *Wahrgenommene Nützlichkeit* und *Wahrgenommene Einfachheit der Nutzung* einen entscheidenden Einfluss auf die Verhaltensabsicht haben.

---

167 Vgl. Davis, F. D. (1989): Perceived Usefulness, Perceived Ease of Use, and User Acceptance of Information Technology, S. 319 ff; vgl. Venkatesh, V. / Davis, F. D. / Morris, M. G. (2007): Dead or Alive? The Development, Trajectory And Future of Technology Adoption Research, S. 272; vgl. Alomary, A. / Woollard, J. (2015): How is Technology Accepted by Users? A Review of Technology Acceptance Models and Theories, S. 2.

168 Vgl. Davis, F. D. (1989): Perceived Usefulness, Perceived Ease of Use, and User Acceptance of Information Technology, S. 320 f; vgl. Fazel, Ludwig (2013): Akzeptanz von Elektromobilität – Entwicklung und Validierung eines Modells unter Berücksichtigung der Nutzungsform des Carsharing, S. 110.

169 Vgl. ebd., S. 110; vgl. Bradley, J. (2009): The Technology Acceptance Model and Other User Acceptance Theories, S. 279 f.

170 Vgl. Davis, F. D. (1989): Perceived Usefulness, Perceived Ease of Use, and User Acceptance of Information Technology, S. 320.

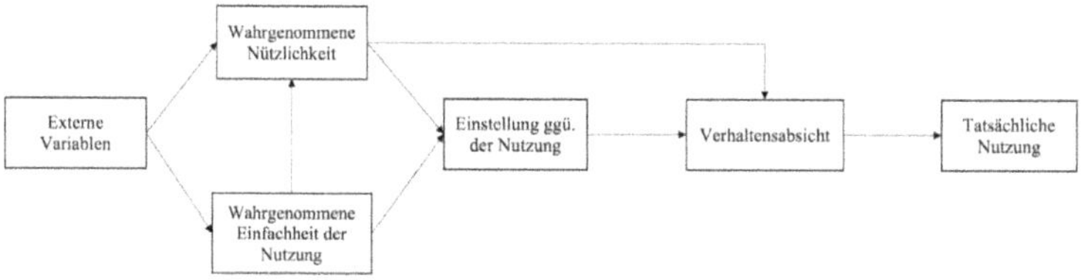


**Abbildung 7:** Technology Acceptance Model mit Einstellung gegenüber der Nutzung.[171]

Das Konstrukt der *Wahrgenommenen Nützlichkeit* ist hierbei definiert als die von einem potentiellen Nutzer wahrgenommene Wahrscheinlichkeit, dass die Nutzung einer neuen Technologie oder Innovation die eigene Leistungsmöglichkeit erhöht.[172] Mit der *Wahrgenommenen Einfachheit der Nutzung* beschreibt Davis (1989) den von einem potentiellen Nutzer erwarteten zusätzlichen Aufwand, der zur Nutzung der Technologie notwendig ist.[173] Zusammen ermöglichen die *Wahrgenommene Nützlichkeit* und die *Wahrgenommene Einfachheit der Nutzung* die Bildung einer *Einstellung gegenüber der Nutzung (Attitude towards Use)* beim potentiellen Nutzer, welche wiederum im Verlaufe des Modells einen ausschlaggebenden Einfluss auf die weitere Verhaltensabsicht ausübt.[174] Ähnlich der TRA bezieht sich auch das TAM darauf, dass die soeben gebildete *Einstellung gegenüber der Nutzung* einen direkten Einfluss auf die *Verhaltensabsicht (Behavioral Intention to Use)* hat, welche dann selbst direkt die *tatsächliche Nutzung (Actual System Use)* bildet.[175] Außerdem konnte

171 Vgl. Davis, Fred D. / Bagozzi, Richard P. / Warshaw, Paul R. (1989): User Acceptance of Computer Technology: A Comparison of Two Theoretical Models, S. 985.

172 Vgl. Davis, F. D. (1989): Perceived Usefulness, Perceived Ease of Use, and User Acceptance of Information Technology, S. 320; vgl. Davis, Fred D. / Bagozzi, Richard P. / Warshaw, Paul R. (1989): User Acceptance of Computer Technology: A Comparison of Two Theoretical Models, S. 985.

173 Vgl. Davis, Fred D. / Bagozzi, Richard P. / Warshaw, Paul R. (1989): User Acceptance of Computer Technology: A Comparison of Two Theoretical Models, S. 985.; vgl. Davis, F. D. (1989): Perceived Usefulness, Perceived Ease of Use, and User Acceptance of Information Technology, S. 320.

174 Vgl. Davis, Fred D. / Bagozzi, Richard P. / Warshaw, Paul R. (1989): User Acceptance of Computer Technology: A Comparison of Two Theoretical Models, S. 985.; vgl. Fazel, Ludwig (2013): Akzeptanz von Elektromobilität – Entwicklung und Validierung eines Modells unter Berücksichtigung der Nutzungsform des Carsharing, S. 111.

175 Vgl. Davis, F. D. (1989): Perceived Usefulness, Perceived Ease of Use, and User Acceptance of Information Technology, S. 331; vgl. Venkatesh, Viswanath

Davis (1989) nachweisen, dass die *Wahrgenommene Nützlichkeit* ebenfalls einen direkten Einfluss auf die *Verhaltensabsicht* hat und diese somit auch das Zwischenkonstrukt der *Einstellung gegenüber der Nutzung* beeinflusst.[176]

In einer weiteren Untersuchung stellten Davis, Bagozzi und Warshaw (1989) fest, dass nicht nur die *Wahrgenommene Nützlichkeit*, sondern auch die *Wahrgenommene Einfachheit der Nutzung* einen direkten Einfluss auf die *Verhaltensabsicht* haben.[177] Somit besteht keine Notwendigkeit für das bisherige Zwischenkonstrukt der *Einstellung gegenüber der Nutzung* und es wurde aus dem TAM entfernt.[178] Im Zuge dieser Untersuchung waren Davis et al. (1989) auch in der Lage, die von Davis berichtete starke Korrelation zwischen der *Verhaltensabsicht* und der *Tatsächlichen Nutzung* zu bestätigen.[179]

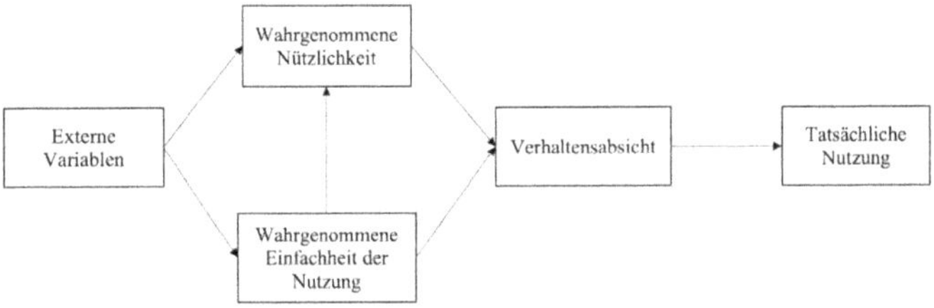


**Abbildung 8:** Technology Acceptance Model ohne Einstellung gegenüber der Nutzung. [180]

(2000): Determinants of Perceived Ease of Use: Integrating Control, Intrinsic Motivation, and Emotion into the Technology Acceptance Model, S. 344.

176 Vgl. Davis, F. D. (1989): Perceived Usefulness, Perceived Ease of Use, and User Acceptance of Information Technology, S. 331; vgl. Davis, Fred D. / Bagozzi, Richard P. / Warshaw, Paul R. (1989): User Acceptance of Computer Technology: A Comparison of Two Theoretical Models, S. 986.

177 Vgl. Davis, Fred D. / Bagozzi, Richard P. / Warshaw, Paul R. (1989): User Acceptance of Computer Technology: A Comparison of Two Theoretical Models, S. 992 f.

178 Vgl. ebd., S. 994 f.

179 Vgl. ebd., S. 994 f; vgl. Fazel, Ludwig (2013): Akzeptanz von Elektromobilität – Entwicklung und Validierung eines Modells unter Berücksichtigung der Nutzungsform des Carsharing, S. 112.

180 Vgl. Davis, F. D. (1986): A Technology Acceptance Model for Empirically Testing New End-User Information Systems: Theory and Result, S. 24.

Lediglich das Konstrukt der *Subjektiven Norm (Subjective Norm)* hat Davis (1989) aus der TRA nicht übernommen, da er für dieses keinen signifikanten Einfluss vermutete.[181] Dies konnten Davis et al. (1989) ebenfalls bestätigen, da sie lediglich eine geringe Korrelation zwischen der *Subjektiven Norm* und der *Verhaltensabsicht* für das TAM sowie der TRA nachweisen konnten.[182]

Ferner zeigt sich das TAM als ein Modell, welches sich in einer Vielzahl von Forschungsszenarien anwenden lässt und verlässliche Ergebnisse und Einblicke in die verschiedenen nutzerbasierten Faktoren der Technologieakzeptanz ermöglicht.[183] So hat das TAM bereits in einer Vielzahl von Forschungsszenarien Anwendung gefunden, die weit über die ursprüngliche Anwendung hinausgehen, und dabei verlässliche Ergebnisse geliefert.[184] Diese Flexibilität führt oftmals auch zu einer Bevorzugung des TAM gegenüber der TRA und TPB.[185]

Im Laufe der Anwendungen des TAM in einer Vielzahl von Forschungsszenarien wurde besonders der Einfluss auf die *Wahrgenommene Nützlichkeit* sowie die *Wahrgenommene Einfachheit der Nutzung* mit einer großen Menge an Variablen untersucht. So hat Davis (1986) ursprünglich die externen Variablen, die diese beiden Konstrukte beeinflussen, nicht näher definiert und damit eine große Anzahl an nachfolgenden Untersuchungen inspiriert, welche je nach Forschungsszenario eine umfassende Menge an Variablen mit signifikantem Einfluss bestätigen konnten.[186] Dies stellt auch die Grundlage für die Weiterentwicklung des TAM zum TAM 2 und TAM 3 als auch die Entstehung weiterer Modelle zur Untersuchung der Technologieakzeptanz dar.

Dabei zeigte sich, dass die Anwendung des TAM in Bereichen außerhalb des Arbeitsumfelds, für welches es ursprünglich gedacht war, ebenfalls signifikante und belastbare Ergebnisse liefert. Darüber hinaus waren einige Untersuchungen dazu in der Lage, Konstrukte wie beispielsweise die *Intrinsische Motivation*

---

181 Vgl. Davis, Fred D. / Bagozzi, Richard P. / Warshaw, Paul R. (1989): User Acceptance of Computer Technology: A Comparison of Two Theoretical Models, S. 986.

182 Vgl. ebd., S. 993.

183 Vgl. Lai, P. C. (2017): The Literature Review of Technology Adoption Models and Theories for the Novelty Technology, S. 31.

184 Vgl. King, William R. / He, Jun (2006): A meta-analysis of the technology acceptance model, S. 751.

185 Vgl. Lai, P. C. / Zainal, A. A. (2015): Perceived Risk As An Extension To TAM Model: Consumers' Intention To Use A Single Platform E-Payment, S. 324 f.

186 Vgl. Hornbæk, Kasper / Hertzum, Morten (2017): Technology Acceptance and User Experience: A Review of the Experiential Component in HCI, S. 33:4 f; vgl. Yousafzai, Shumaila Y. / Foxall, Gordon R. / Pallister, John G. (2007): Technology acceptance: a meta-analysis of the TAM: Part 1, S. 269.

erfolgreich in das TAM zu integrieren und damit Teile der Untersuchung des Nutzererlebnisses zu ermöglichen.[187]

### 3.3.2 Technology Acceptance Model 2

Mit dem *Technology Acceptance Model 2 (TAM 2)* stellten Venkatesh und Davis (2000) eine Weiterentwicklung des TAM vor. Dabei nehmen Venkatesh und Davis (2000) speziell auf zwei verschiedene Gruppen von Konstrukten Bezug, zum einen die *sozialbeeinflussenden Konstrukte (Social Influence Processes)* und zum anderen die *kognitiven Instrumentalkonstrukte (Cognitive Instrument Process).*[188] Die einzelnen Konstrukte, mit denen das TAM zum TAM 2 erweitert wird, sind diesen beiden Gruppen folgendermaßen zugewiesen: In die Gruppe der *sozialbeeinflussenden Konstrukte* fällt *Subjektive Norm, Freiwilligkeit* sowie *Image.*[189] In die Gruppe der *Instrumentalkonstrukte* fallen *Relevanz für Arbeit, Ergebnisqualität, Sichtbarkeit der Ergebnisse* und die *Wahrgenommene Einfachheit der Nutzung.*[190] Das Konstrukt der *Subjektiven Norm* wurde aufgenommen, obwohl es nicht Teil des ursprünglichen TAM war, da Venkatesh & Davis (2000) einen Zusammenhang zwischen dem Einfluss der *Subjektiven Norm* und der *Freiwilligkeit* der Nutzung einer Innovation als Moderator vermuteten.[191] Diese Vermutung bewahrheitete sich bei der Auswertung der Ergebnisse und wurde ebenfalls von Shih & Fang (2004) bestätigt, welche einen ähnlichen Zusammenhang mithilfe der TPB untersuchten.[192]

---

187 Vgl. Hornbæk, Kasper / Hertzum, Morten (2017): Technology Acceptance and User Experience: A Review of the Experiential Component in HCI, S. 33:5.

188 Vgl. Venkatesh, V. / Davis, F. D. (2000): A Theoretical Extension of the Technology Acceptance Model: Four Longitudinal Field Studies, S. 186.

189 Vgl. ebd., S. 187 f.

190 Vgl. ebd., S. 190 f; vgl. Fazel, Ludwig (2013): Akzeptanz von Elektromobilität – Entwicklung und Validierung eines Modells unter Berücksichtigung der Nutzungsform des Carsharing, S. 134; vgl. Dulloo, Rinku / Mokashi, Jyotti / Puri, M. M. (2015): Exploring Technology Acceptance and Models – A Comparative Analysis, S. 314.

191 Vgl. Venkatesh, V. / Davis, F. D. (2000): A Theoretical Extension of the Technology Acceptance Model: Four Longitudinal Field Studies, S. 186.

192 Vgl. Shih, Ya-Yueh / Fang, Kwoting (2004): The use of a Decomposed Theory of Planned Behavior to study Internet banking in Taiwan, S. 220 f.

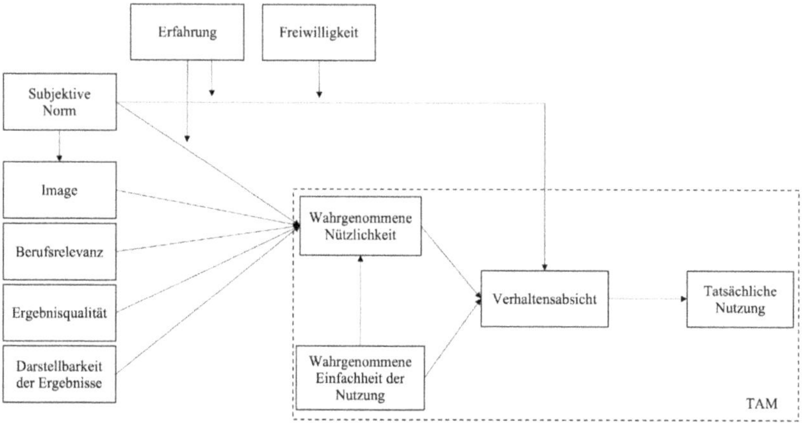


**Abbildung 9:** Technology Acceptance Model 2.[193]

Das Konstrukt der *Subjektiven Norm* wurde von Venkatesh und Davis (2000) aus der Theory of Reasoned Action[194] übernommen und bezeichnet den Druck, welchen eine Person aus dem sozialen Umfeld als Resultat einer (Nicht-) Handlung empfindet.[195]

Mit dem Konstrukt des *Images* wird der von einem potentiellen Nutzer empfundene mögliche Einfluss auf seine soziale Stellung im Rahmen des Arbeitsumfelds[196] durch die Nutzung einer Innovation erfasst.[197]

Die *Relevanz für Arbeit (Job Relevance)* bezieht sich auf die Wahrnehmung eines potentiellen Nutzers, inwiefern die Innovation für die Bearbeitung seiner Aufgaben relevant ist und diese zielführend unterstützt.[198]

---

193 Vgl. Venkatesh, V. / Davis, F. D. (2000): A Theoretical Extension of the Technology Acceptance Model: Four Longitudinal Field Studies, S. 188.

194 Hierzu siehe auch Kapitel 3.2.1.

195 Vgl. Ajzen, Icek (1991): The Theory of Planned Behavior S. 88; vgl. Venkatesh, V. / Davis, F. D. (2000): A Theoretical Extension of the Technology Acceptance Model: Four Longitudinal Field Studies, S. 187.

196 Das TAM wurde ursprünglich für Untersuchungen im Kontext des Arbeitsumfelds entwickelt, daher bezieht sich das Konstrukt des Image im Rahmen des TAM 2 ebenfalls auf das Arbeitsumfeld.

197 Vgl. Venkatesh, V. / Davis, F. D. (2000): A Theoretical Extension of the Technology Acceptance Model: Four Longitudinal Field Studies, S. 188 f.

198 Vgl. ebd., S. 191.

Mit der *Ergebnisqualität (Output Quality)* wird der Grad dargestellt, zu dem potentielle Nutzer darauf vertrauen, dass die Innovation die ihr übertragenen Aufgaben mit zufriedenstellendem Ergebnis erledigt.[199]

Die *Sichtbarkeit der Ergebnisse (Result Demonstrability)* stellt die Greifbarkeit und auch Verständlichkeit der Ergebnisse, die aus der Nutzung der Innovation hervorgehen, dar.[200]

Die *Wahrgenommene Einfachheit der Nutzung (Perceived Ease of Use)* übernehmen Venkatesh und Davis (2000) aus dem TAM[201] und beschreiben damit den von einem potentiellen Nutzer erwarteten zusätzlichen Aufwand, der zur Nutzung der Technologie notwendig ist.[202]

Außerdem haben Venkatesh und Davis (2000) die beiden Konstrukte *Erfahrung (Experience)* und *Freiwilligkeit (Voluntariness)* als Moderatoren in das TAM 2 aufgenommen. Das Konstrukt der *Freiwilligkeit* hält fest, inwieweit potentielle Nutzer die Nutzung der Innovation als verpflichtend empfinden, während die *Erfahrung* die von potentiellen Nutzern bereits gemachte Bekanntschaft mit der Innovation und ihrer Nutzung erfasst.[203]

Mit der Entwicklung des TAM 2 konzentrierten sich Venkatesh und Davis (2000) auf die Ergründung der Einflüsse, die auf die *Wahrgenommene Nützlichkeit* als auch die *Verhaltensabsicht* einwirken. Damit erweitern sie das TAM um eine Reihe von Variablen, die so einen tiefgreifenden Einblick in die Einflüsse, die auf die Technologieakzeptanz einwirken, ermöglichen und so die gute Aussagekraft des ursprünglichen TAM weiter steigern. Jedoch bleiben die auf die *Wahrgenommene Einfachheit der Nutzung* wirkenden Einflüsse weiter unklar und bietet so die Möglichkeit für zusätzliche Erweiterungen im Rahmen des TAM 3.

---

199 Vgl. ebd., S. 191 f.

200 Vgl. ebd., S. 192; vgl. Fazel, Ludwig (2013): Akzeptanz von Elektromobilität – Entwicklung und Validierung eines Modells unter Berücksichtigung der Nutzungsform des Carsharing, S. 136; vgl. Dulloo, Rinku / Mokashi, Jyotti / Puri, M. M. (2015): Exploring Technology Acceptance and Models – A Comparative Analysis, S. 314.

201 Hierzu siehe auch Kapitel 3.3.1.

202 Vgl. Davis, F. D. (1989): Perceived Usefulness, Perceived Ease of Use, and User Acceptance of Information Technology, S. 320; vgl. Davis, Fred D. / Bagozzi, Richard P. / Warshaw, Paul R. (1989): User Acceptance of Computer Technology: A Comparison of Two Theoretical Models, S. 985; vgl. Venkatesh, V. / Davis, F. D. (2000): A Theoretical Extension of the Technology Acceptance Model: Four Longitudinal Field Studies, S. 192.

203 Vgl. Venkatesh, V. / Davis, F. D. (2000): A Theoretical Extension of the Technology Acceptance Model: Four Longitudinal Field Studies, S. 187 f.

### 3.3.3 Unified Theory of Acceptance and Use of Technology

Die *Unified Theory of Acceptance and Use of Technology (UTAUT)* wurde von Venkatesh, Morris, Davis und Davis (2003) als zusammenfassendes Modell und Ergebnis einer Metaanalyse zur Erklärung der Technologieakzeptanz aus acht in der Forschung bekannten Modellen entwickelt.[204] Die Konstrukte des UTAUT sind demnach ebenfalls aus den acht verschiedenen Modellen entliehen oder orientieren sich an ihnen.

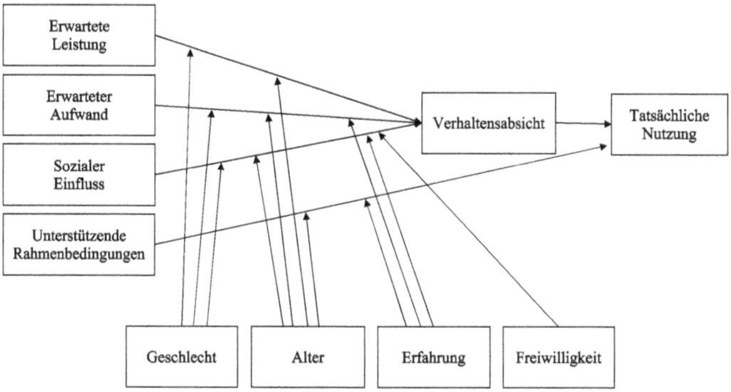


**Abbildung 10:** Unified Theory of Acceptance and Use of Technology.[205]

Somit integrierten Venkatesh et al. (2003) neue Konstrukte wie die *erwartete Leistung (Performance Expectancy)*, der *erwartete Aufwand (Effort Expectancy)*, der *Soziale Einfluss (Social Influence)* und die *Unterstützenden Rahmenbedingungen (Facilitation Conditions).* Diese Konstrukte leiten Venkatesh et al. (2003) aus dem TAM sowie der Innovationsdiffusionstheorie und dem Motivational Model ab.[206] Für das Konstrukt der unterstützenden Rahmenbedingung greifen Venkatesh et al. (2003) zusätzlich auch auf Einflüsse des Modells für PC-Nutzung sowie der TPB zurück.[207]

Die Moderatoren umfassen neben *Alter* und *Geschlecht* auch die aus dem TAM 2 übernommene *Freiwilligkeit* sowie *Erfahrung.*

204 Vgl. Venkatesh, V., et al. (2003): User Acceptance of Information Technology: Toward a Unified View, S. 426 f.

205 Vgl. ebd., S. 447.

206 Vgl. ebd., S. 425 f.

207 Vgl. ebd., S. 425 f.

In einem Modellvergleich mit den für das UTAUT zugrunde liegenden Modellen hat sich gezeigt, dass das UTAUT eine Varianz von circa 70 % der Daten erläutern kann.[208]

Somit erhält das UTAUT eine deutlich höhere Aussagekraft im Vergleich zu den anderen Modellen im Modellvergleich, die lediglich einen Varianzanteil von 17 % bis zu 53 % aufweisen.[209] Die hohe Aussagekraft des UTAUT wurde unabhängig davon ebenfalls von Bandyopadhyay und Fraccastoro (2007) bestätigt.[210]

Die Bestätigung der Aussagekraft zeigt, dass es Venkatesh et al. (2003) gelungen ist, eine Vielzahl von Elementen aus unterschiedlichen Modellen zusammenzuführen und zu vereinen. Im Vergleich mit dem TAM 2 und dem späteren TAM 3 verfügt das UTAUT jedoch noch über eine verhältnismäßig geringe Anzahl von Einflussfaktoren, die auf die Technologieakzeptanz einwirken. Venkatesh et al. (2003) konzentrierten sich auf die Zusammenführung der relevantesten Kernelemente der verschiedenen Modelle, um so eine Grundlage für zukünftige Erweiterungen mit für die Technologieakzeptanz wichtigen Einflüssen zu schaffen. Einige dieser möglichen Erweiterungen werden später im UTAUT 2 aufgegriffen.

### 3.3.4 Technology Acceptance Model 3

Mit dem *Technology Acceptance Model 3 (TAM 3)* stellen Venkatesh und Bala (2008) eine erneute Weiterentwicklung des TAM und TAM 2 sowie Zusammenfassung des aktuellen Stands der TAM-Forschung vor.[211] Hierzu haben Venkatesh und Bala (2008) das TAM 2 mit dem Modell von Venkatesh (2000) zur Determinante der *Wahrgenommenen Einfachheit der Nutzung* erweitert und so das TAM 3 geschaffen.[212]

---

208 Vgl. ebd. S. 425.

209 Vgl. ebd. S. 425.

210 Vgl. Bandyopadhyay, Kakoli / Fraccastoro, Katherine A. (2007): The Effect of Culture on User Acceptance of Information Technology, S. 538.

211 Vgl. Venkatesh, V. / Bala, H (2008): Technology Acceptance Model 3 and a Research Agenda on Interventions, S. 273.

212 Vgl. Venkatesh, V. / Davis, F. D. (2000): A Theoretical Extension of the Technology Acceptance Model: Four Longitudinal Field Studies, S. 186 f; vgl. Venkatesh, Viswanath (2000): Determinants of Perceived Ease of Use: Integrating Control, Intrinsic Motivation, and Emotion into the Technology Acceptance Model, S. 342 f; vgl. Fazel, Ludwig (2013): Akzeptanz von Elektromobilität – Entwicklung und Validierung eines Modells unter Berücksichtigung der Nutzungsform des Carsharing, S. 142.

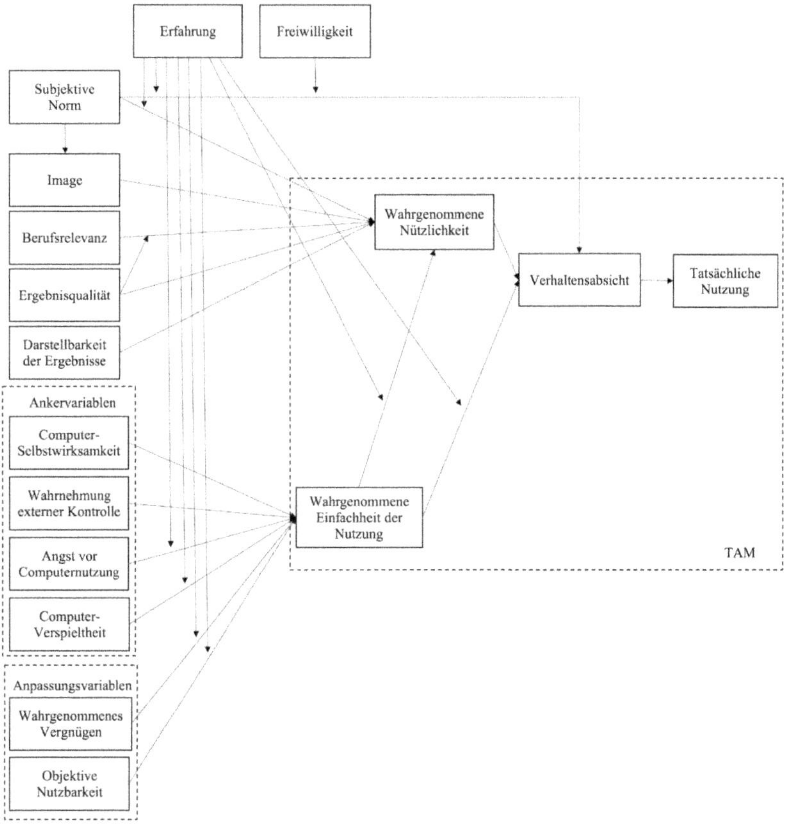


**Abbildung 11:** Technology Acceptance Model 3.[213]

Die Determinanten der *Wahrgenommenen Einfachheit der Nutzung*, die in das TAM 3 eingefügt werden, umfassen die vier Ankervariablen *Computer Selbstwirksamkeit (Computer Self-Efficacy)*, *Wahrgenommene externe Kontrolle (Perception of External Control)*, *Angst vor Computernutzung (Computer Anxiety)* und *Computer-Verspieltheit (Computer Playfulness)*.[214] Außerdem

213 Vgl. Venkatesh, V. / Bala, H (2008): Technology Acceptance Model 3 and a Research Agenda on Interventions, S. 280.

214 Vgl. ebd., S. 279.

umfasst es die beiden Anpassungsvariablen *Wahrgenommenes Vergnügen (Perceived Enjoyment)* und *Objektive Nutzbarkeit (Objective Usability)*.[215]

Die *Computerbezogene Selbstwirksamkeit* beschreibt den Grad, zu dem eine Person sich die Ausübung einer Aufgabe mit einem Computer zutraut.[216]

Das Konstrukt der *Wahrgenommenen Externen Kontrolle* beschreibt, in welchem Ausmaß organisatorische und technische Ressourcen zur Unterstützung der Nutzung des Systems zur Verfügung stehen.[217]

Die *Angst vor Computernutzung* stellt das Unbehagen oder auch die Angst, die eine Person empfindet, bevor sie Computer nutzt, dar.[218]

Das Konstrukt der *Computer-Verspieltheit* beschreibt die kognitive Spontanität bei Interaktionen mit Computern.[219]

Das *Wahrgenommene Vergnügen* hält den Grad fest, ein System wegen der Freude der Nutzung zu benutzen, unabhängig von potentiellen Leistungsverbesserungen, die durch die Nutzung des Systems entstehen.[220]

Die *Objektive Nutzbarkeit* beschreibt einen objektiven Vergleich von Systemen auf Basis des zur erfolgreichen Ausführung und Bewältigung einer Aufgabe notwendigen Aufwands, ohne dass dies durch subjektive Wahrnehmungen verzerrt wird.[221]

Um diese Konstrukte erweitert, erreichte die Erklärungskraft des TAM 3 35 % für das *Verhalten* sowie 53 % für die *Verhaltensintention*.[222]

Mit der Erweiterung des TAM 2 um die Einflüsse, die auf die *Wahrgenommene Einfachheit der Nutzung* einwirken, haben Venkatesh und Bala (2008) einen der Kritikpunkte des ursprünglichen TAM – das Nichtvorhandensein

215 Vgl. ebd., S. 279 f.

216 Vgl. ebd. S. 279 f; vgl. Compeau, D. R. / Higgins, C. A. (1995): Application of social cognitive theory to training for computer skills, S. 132 f.

217 Vgl. Venkatesh, V. / Bala, H (2008): Technology Acceptance Model 3 and a Research Agenda on Interventions, S. 279.

218 Vgl. ebd., S. 279; vgl. Venkatesh, Viswanath (2000): Determinants of Perceived Ease of Use: Integrating Control, Intrinsic Motivation, and Emotion into the Technology Acceptance Model, S. 349

219 Vgl. Venkatesh, V. / Bala, H (2008): Technology Acceptance Model 3 and a Research Agenda on Interventions, S. 279.

220 Vgl. ebd. S. 279; vgl. Venkatesh, Viswanath (2000): Determinants of Perceived Ease of Use: Integrating Control, Intrinsic Motivation, and Emotion into the Technology Acceptance Model, S. 351.

221 Vgl. Venkatesh, V. / Bala, H (2008): Technology Acceptance Model 3 and a Research Agenda on Interventions, S. 350.

222 Vgl. ebd., S. 290 f.

von Einflussfaktoren auf die *Wahrgenommene Nützlichkeit* sowie die *Wahrgenommene Einfachheit der Nutzung* – angesprochen. Mit den Erweiterungen des TAM 2 sowie des TAM 3 wurde eine Reihe von unterschiedlichen Einflussfaktoren in das Modell integriert, die eine Vielzahl von Einflüssen abbilden. Aus dem ursprünglichen, kompakten Modell wurde durch diese Erweiterungen ein für die Untersuchung der Technologieakzeptanz stetig verfeinertes Modell, welches eine gute Erklärungskraft aufweist. Damit ermöglicht das TAM 3 einen umfassenden Einblick in die Variablen, die auf die Technologieakzeptanz einwirken, und stellt eine konsequente Weiterentwicklung des TAM als auch TAM 2 dar.

### 3.3.5 Unified Theory of Acceptance and Use of Technology 2

Mit der *Unified Theory of Acceptance and Use of Technology 2 (UTAUT 2)* verfolgen Venkatesh, Thong & Xu (2012) das Ziel, die Akzeptanz von Technologien im Konsumentenbereich zu untersuchen. Des Weiteren fassen Venkatesh et al. (2012) den aktuellen Stand der TAM-Forschung zusammen und erweitern das UTAUT um weitere Konstrukte.[223]

Das UTAUT wird so um die drei Konstrukte *Hedonische Motivation (Hedonic Motivation)*, *Preis-Leistungs-Verhältnis (Price Value)* und *Gewohnheit (Habit)* erweitert.[224] Diese Erweiterung zum UTAUT 2 soll außerdem eine Ausdehnung auf den Konsumentenbereich ermöglichen.[225]

---

223 Vgl. Venkatesh, V. / Thong, J. Y. L. / Xu, X. (2012): Consumer Acceptance and Use of Information Technology: Extending the Unified Theory of Acceptance and Use of Technology, S. 157.

224 Vgl. ebd., S. 161.

225 Vgl. ebd., S. 157 f.

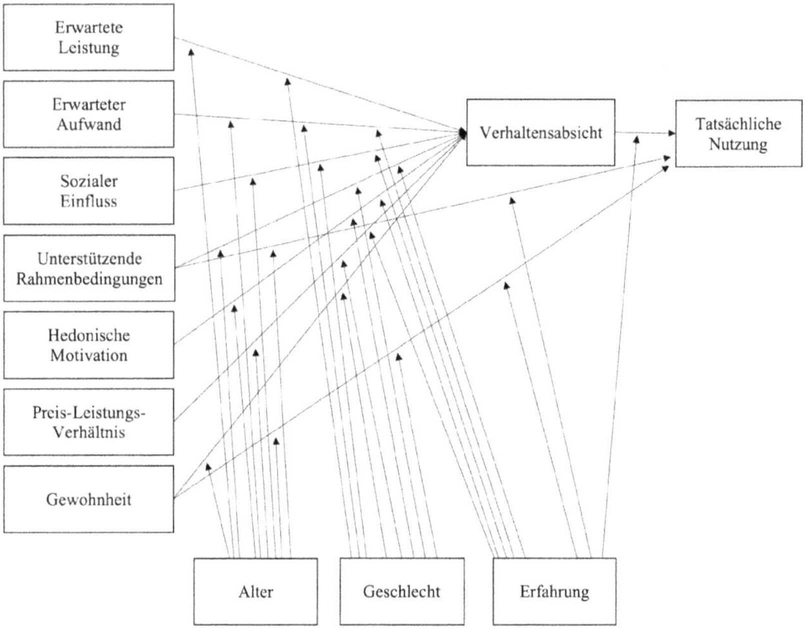


**Abbildung 12:** Unified Theory of Acceptance and Use of Technology 2.[226]

Das Konstrukt der *Hedonischen Motivation* beschreibt die Freude, die bei der Nutzung einer Technologie empfunden wird.[227] Somit ähnelt es stark dem Konstrukt des *Wahrgenommenen Vergnügens*, welches Teil des TAM 3 ist.

Das *Preis-Leistungs-Verhältnis* beschreibt die Bewertung des Nutzers der durch die Nutzung der Technologie gewonnenen Vorteile mit den damit verbundenen Kosten.[228] Das Konstrukt der *Gewohnheit* beschreibt die automatische Ausführung von Verhaltensweisen, die Personen auf Basis ihres vergangenen Verhaltens erlernt haben.[229]

Durch die Erweiterung des UTAUT ist auch die Erklärungskraft verbessert worden. Die erklärte Varianz der *Verhaltensabsicht* beträgt 74 % und der *Tatsächlichen Nutzung* 52 %.[230]

---

226 Vgl. Venkatesh, V. / Thong, J. Y. L. / Xu, X. (2012): Consumer Acceptance and Use of Information Technology: Extending the Unified Theory of Acceptance and Use of Technology, S. 160.

227 Vgl. ebd., S. 161.

228 Vgl. ebd., S. 161 f.

229 Vgl. ebd., S. 161.

230 Vgl. ebd., S. 172 f.

Besonders die Integration des Konstrukts des *Preis-Leistungs-Verhältnisses* trägt dazu bei, das UTAUT auch im Konsumentenbereich einsetzbar zu machen, da der Faktor Preis hier oftmals eine bedeutende Rolle spielt.

Durch die Erweiterung des UTAUT um eine Reihe von neuen Variablen und Einflussfaktoren der Technologieakzeptanz zeigt sich das UTAUT 2 als ein komplexeres Modell. Das UTAUT 2 erhält durch die verschiedenen Einflussfaktoren eine hohe Robustheit, die eine Anwendung in einer Vielzahl von Forschungsbereichen erlaubt und gleichzeitig eine gute Erklärungskraft ermöglicht. Damit zeigt sich das UTAUT 2 als eine konsequente Weiterentwicklung des ursprünglichen Modells.

## 3.4 Das Modell von Fazel (2013) als Grundlage für das Forschungsmodell der Arbeit

Mit seinem aufgestellten Forschungsmodell zielte Fazel (2013) darauf ab, eine Reihe von Faktoren der Akzeptanz von Elektromobilität abzubilden und ihren Einfluss im Rahmen der Validierung zu überprüfen.[231] Überdies zielte Fazel (2013) darauf ab, die beiden Nutzungsformen Kauf und Carsharing vor dem Hintergrund der Akzeptanzfaktoren zu vergleichen.[232] Dazu passte Fazel (2013) das TAM auf den Forschungsrahmen der Elektromobilität an und erweiterte es um einzelne Konstrukte aus den im vorangegangenen Kapitel vorgestellten Weiterentwicklungen des TAM als auch UTAUT, um eine möglichst umfängliche Reihe an möglichen Einflüssen auf das Akzeptanzverhalten der Elektromobilität abzubilden. Die Erweiterungen des TAM umfassen unter anderem die *Rahmenbedingungen*, welche die Ladedauer als auch Verfügbarkeit der Ladeinfrastruktur abbilden sowie die *Ökologische Einstellung, Persönlicher Innovationsgrad, Angst vor Fahrzeugnutzung, Wahrgenommenes technologisches Risiko, Wahrgenommenes technologisches Wissen, Intrinsische Motivation* als auch die *Wahrgenommenen Kosten* und bilden damit unterschiedliche Einflussfaktoren ab.[233] Die empirische Überprüfung des Modells bestätigte den von Fazel vermuteten Einfluss fast aller Konstrukte auf das Akzeptanzverhalten der Elektromobilität. Ferner zeigt das Modell eine hohe Robustheit und bestätigte somit die mögliche Anwendung des TAM für den Forschungsrahmen der Elektromobilität.

---

231 Vgl. Fazel, Ludwig (2013): Akzeptanz von Elektromobilität – Entwicklung und Validierung eines Modells unter Berücksichtigung der Nutzungsform des Carsharing, S. 3.

232 Vgl. ebd., S. 3.

233 Eine detaillierte Erläuterung der einzelnen Konstrukte des Forschungsmodells von Fazel sind im folgenden Kapitel aufgeführt.

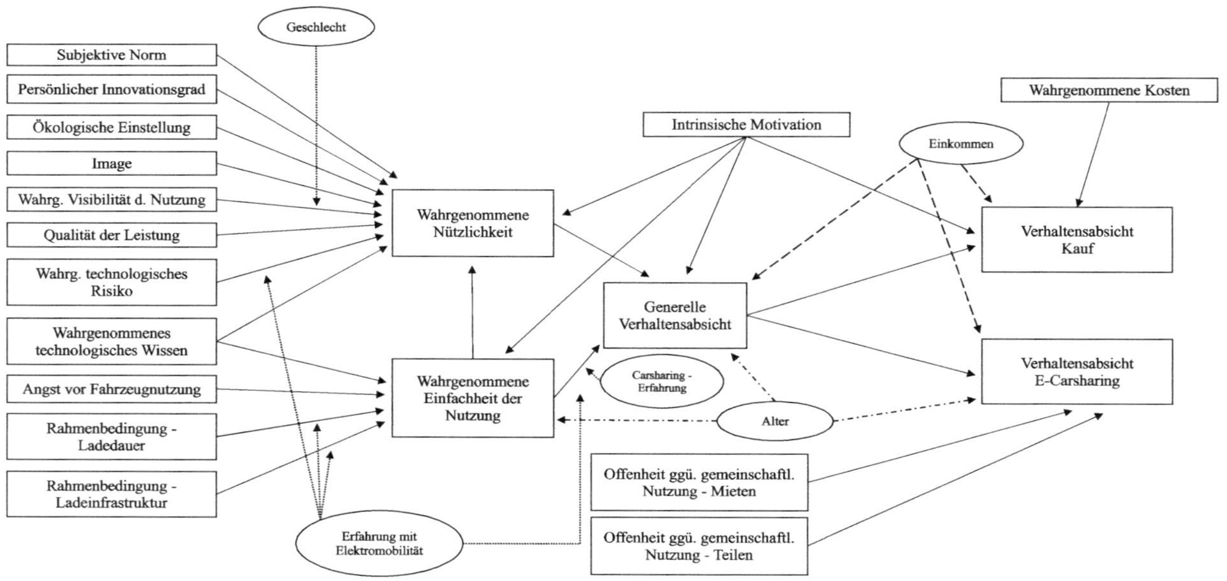


**Abbildung 13:** Forschungsmodell Fazel.[234]

234 Vgl. Fazel, Ludwig (2013): Akzeptanz von Elektromobilität – Entwicklung und Validierung eines Modells unter Berücksichtigung der Nutzungsform des Carsharing, S. 178.

Durch die große Anzahl der im Modell bereits validierten Einflussfaktoren stellt es eine gute Ausgangsbasis für das Forschungsvorhaben dieser Arbeit dar. Die Untersuchung und der Vergleich der Akzeptanz der beiden unterschiedlichen Arten der Elektromobilität sind mit diesem Modell ebenfalls nach einzelnen Anpassungen möglich. Darüber hinaus ist die Erweiterung des Modells um für diese Forschungsarbeit relevante Konstrukte aus den erarbeiteten Einflussbereichen[235] möglich und trägt zu einer Weiterentwicklung der TAM-Forschung speziell im Bereich der Elektromobilität bei.

235 Für die Zusammenstellung der Einflussfaktoren aus der Literatur siehe Kapitel 2.3.2.

# 4 Herleitung und Konzeptualisierung des Forschungsmodells

Dieses Kapitel dient der Vorstellung des für diese Arbeit verwendeten Forschungsmodells. Das Modell basiert auf dem von Fazel (2013) erarbeitetem und validiertem Modell. Die Grundzüge des Modells entstammen dem TAM und seinen verschiedenen Weiterentwicklungen sowie der UTAUT. Zur Anpassung an den Forschungsrahmen der Elektromobilität erfolgen einzelne Erweiterungen um bestehende sowie neu erstellte Konstrukte. Zunächst werden die für diese Arbeit aus dem Modell von Fazel (2013) übernommenen Konstrukte vorgestellt und die Änderungen und Erweiterung der bestehenden Konstrukte zur Anpassung an den Forschungsrahmen erläutert. Im Anschluss folgt die Vorstellung der neu hinzugefügten Konstrukte als Erweiterungen des bestehenden Modells. Die Moderatorvariablen sowie Kontrollvariablen sind darauffolgend erläutert. Die Forschungshypothesen der einzelnen Konstrukte werden mit ihnen vorgestellt und zum Abschluss des Kapitels in einer grafischen Darstellung des Forschungsmodells zusammengefasst.

## 4.1 Konstrukte des Forschungsmodells

Im Folgenden werden die einzelnen Konstrukte des Forschungsmodells vorgestellt, welche auf dem Modell von Fazel (2013) basieren. Zur Anpassung an den Forschungsrahmen dieser Arbeit sowie den technologischen Fortschritt im Bereich der Elektromobilität wurden einzelne Anpassungen und Erweiterungen vorgenommen.

### 4.1.1 Wahrgenommene Einfachheit der Nutzung, Wahrgenommene Nützlichkeit und Verhaltensabsicht

Die Konstrukte der *Wahrgenommenen Einfachheit der Nutzung, Wahrgenommenen Nützlichkeit* und *Verhaltensabsicht* stellen die Kernkonstrukte des TAM dar. Ihre inhaltliche Gültigkeit sowie Beziehungen wurden durch eine Anzahl von Arbeiten bestätigt und sind auch in den erweiterten TAM-Modellen unverändert. Die *Wahrgenommene Einfachheit der Nutzung* stellt dabei die Anstrengungen dar, die von einer Person aufgebracht werden müssen, um eine Technologie zu nutzen. Die *Wahrgenommene Nützlichkeit* stellt die Überzeugung eines Nutzers dar, dass die Nutzung der Technologie in der Lage ist, zusätzlichen Nutzen zu stiften. Die *Verhaltensabsicht* bildet sich aus den Einflüssen der *Wahrgenommenen Einfachheit der Nutzung* und der *Wahrgenommenen Nützlichkeit* und stellt die Einstellung einer Person zur Nutzung einer Technologie dar. Des Weiteren hat die *Wahrgenommene Einfachheit der Nutzung* einen positiven Einfluss auf die *Wahrgenommene Nützlichkeit.*

Im Rahmen der Elektromobilität stellen die *Wahrgenommene Nützlichkeit* als auch die *Wahrgenommene Einfachheit der Nutzung* elementare Einflussfaktoren zur Ermittlung des Akzeptanzverhaltens dar. So haben die Unterschiede von Elektrofahrzeugen und Verbrennungsfahrzeugen einen signifikanten Einfluss auf die *Wahrgenommene Nützlichkeit* und die *Wahrgenommene Einfachheit der Nutzung* und beeinflussen so das Akzeptanzverhalten, das durch die *Generelle Verhaltensabsicht* zur Nutzung von Elektrofahrzeugen dargestellt wird.

H1: Mit zunehmender *Wahrgenommener Einfachheit der Nutzung* steigt die *Generelle Verhaltensabsicht zur Nutzung* von Elektrofahrzeugen.
H2: Mit zunehmender *Wahrgenommener Nützlichkeit* steigt die *Generelle Verhaltensabsicht zur Nutzung* von Elektrofahrzeugen.
H3: Mit zunehmender *Wahrgenommener Einfachheit der Nutzung* steigt die *Wahrgenommene Nützlichkeit* von Elektrofahrzeugen.

### 4.1.2 Subjektive Norm

Die *Subjektive Norm* beschreibt den von einer Person empfundenen Druck, der auf Basis der möglichen Ausführung oder Nichtausführung einer Handlung durch das soziale Umfeld der Person entsteht.[236] Die *Subjektive Norm* war nicht Teil des ursprünglichen TAM, obwohl sie bereits in der TRA und TPB ihren Ursprung fand. Dennoch wurde die *Subjektive Norm* in das TAM 2, TAM 3 als auch die UTAUT und UTAUT 2 mit aufgenommen und es konnte so ein signifikanter Einfluss des sozialen Umfelds auf die Verhaltensweise im Umgang mit neuen Innovationen nachgewiesen werden. Im Forschungsrahmen der Akzeptanz der Elektromobilität wurde die Relevanz der *Subjektiven Norm* bereits von Peters et al. (2011) als auch Fazel (2013) bestätigt.[237] Darüber hinaus

236 Vgl. Fazel, Ludwig (2013): Akzeptanz von Elektromobilität – Entwicklung und Validierung eines Modells unter Berücksichtigung der Nutzungsform des Carsharing, S. 154.

237 Vgl. Fazel, Ludwig (2013): Akzeptanz von Elektromobilität – Entwicklung und Validierung eines Modells unter Berücksichtigung der Nutzungsform des Carsharing, S. 283; vgl. Peters, Anja, et al. (2011): Electric mobility – a survey of different consumer groups in Germany with regard to adoption, S. 986 ff.

bestätigen auch Schepers und Wetzel (2007) die Signifikanz des Einflusses der *Subjektiven Norm* auf die *Wahrgenommene Nützlichkeit* als Teil der Ergebnisse ihrer Metaanalyse.[238] So lassen diese Ergebnisse den Schluss zu, dass durch ein bestimmtes Verhalten von Organisationen oder gar einzelnen Personen, deren Einfluss von einem größeren Publikum geschätzt wird, es möglich ist, ein bestimmtes Verhalten in diesem Publikum herbeizuführen. Dies gilt auch für spezielle Verhalten, die nicht zwangsweise im direkten Sinne des Publikums sein müssen. So begründete Fazel (2013) die Inklusion der *Subjektiven Norm* mit dem möglichen Einfluss einer steigenden Akzeptanz von Elektromobilität auf die Verlangsamung des Klimawandels.[239] Dieses Argument ist auch zum Zeitpunkt der Erstellung dieser Arbeit noch gültig, besonders mit Hinblick auf die zunehmende politische Initiative zur Steigerung der Akzeptanz von Elektromobilität. Auch die Untersuchungen von Globisch, Dütschke und Schleich (2018) sowie Herrenkind et al. (2019) untersuchten diese Wirkbeziehung. Ihre Ergebnisse zeigen einen signifikanten Einfluss der *Subjektiven Norm* auf die *Wahrgenommene Nützlichkeit* im Rahmen der Untersuchung der Akzeptanz von elektrischen Fahrzeugen.[240] Ferner konnten auch Xu et al. (2019) den Einfluss der *Subjektiven Norm* auf die Verhaltensintention nachweisen.[241] Somit ist der Einfluss der *Subjektiven Norm* auf die Akzeptanz der Elektromobilität weiterhin relevant und Teil des Forschungsmodells dieser Arbeit.

H4: Die *Subjektive Norm* hat einen positiven Einfluss auf die *Wahrgenommene Nützlichkeit* von Elektrofahrzeugen.

---

238 Vgl. Schepers, Jeroen / Wetzels, Martin (2007): A meta-analysis of the technology acceptance model: Investigating subjective norm and moderation effects, S. 96; vgl. Fazel, Ludwig (2013): Akzeptanz von Elektromobilität – Entwicklung und Validierung eines Modells unter Berücksichtigung der Nutzungsform des Carsharing, S. 154.

239 Vgl. Fazel, Ludwig (2013): Akzeptanz von Elektromobilität – Entwicklung und Validierung eines Modells unter Berücksichtigung der Nutzungsform des Carsharing, S. 154.

240 Vgl. Globisch, Joachim / Dütschke, Elisabeth / Schleich, Joachim (2018): Acceptance of electric passenger cars in commercial fleets, S. 126 f; vgl. Herrenkind, Bernd, et al. (2019): Investigating end-user acceptance of autonomous electric buses to accelerate diffusion, S. 267 f.

241 Vgl. Xu, Yueling, et al. (2019): A SEM–Neural Network Approach to Predict Customers' Intention to Purchase Battery Electric Vehicles in China's Zhejiang Province, S. 11; vgl. Huang, Xiangqian / Ge, Jianping (2019): Electric vehicle development in Beijing: An analysis of consumer purchase intention, S. 367.

### 4.1.3 Image

Das Konstrukt des *Images* zeigt auf, wie der Status einer Person durch die mögliche Nutzung einer Innovation, im Falle dieser Arbeit der Nutzung eines Elektrofahrzeugs, beeinflusst werden kann.[242] Auf Basis der Arbeit von Tornatzky und Klein (1982) sowie Moore und Benbassat (1991) wurde das *Image* als ein signifikanter Einfluss bestätigt und in das TAM 2 und TAM 3 aufgenommen.[243] Die Ergebnisse von Fazel (2013) stellen es ebenfalls für den Forschungsrahmen der Akzeptanz der Elektromobilität als signifikant dar. Die Untersuchung von Herrenkind et al. (2019) bestätigt ebenfalls den Einfluss des *Images* auf die *Wahrgenommene Nützlichkeit* für diesen Forschungsrahmen.[244] Ferner hat sich diese Konstruktbeziehung im Rahmen der Untersuchung von Yuen et al. (2020) ebenfalls für den Forschungsbereich der Akzeptanz von autonomen Fahrzeugen als relevant bestätigt.[245]

Somit wird die Konsumentscheidung für Produkte nicht ausschließlich auf Basis des Funktionsumfangs getroffen, sondern auch der mögliche Einfluss auf den persönlichen Status spielt eine zu berücksichtigende Rolle. Besonders im Rahmen der Automobilindustrie nimmt der Einfluss des Images eine Funktion ein, als dass hochpreisige oder auffällige Fahrzeuge oftmals als Statussymbole gelten. Im Rahmen dieser Forschungsarbeit gilt es zu untersuchen, ob das *Image* auch einen positiven Einfluss auf die Akzeptanz von Elektromobilität, mit Hinblick auf die beiden untersuchten Arten der Elektromobilität hat.

H5: Das *Image* hat einen positiven Einfluss auf die *Wahrgenommene Nützlichkeit* von Elektrofahrzeugen.

---

242 Vgl. Fazel, Ludwig (2013): Akzeptanz von Elektromobilität – Entwicklung und Validierung eines Modells unter Berücksichtigung der Nutzungsform des Carsharing, S. 158.

243 Vgl. ebd., S. 158; vgl. Moore, Gary C. / Benbasat, Izak (1991): Development of an Instrument to Measure the Perceptions of Adopting an Information Technology Innovations, S. 195 f; vgl. Tornatzky, Louis G. / Klein, Katherine J. (1982): Innovation Characteristics and Innovation Adoption-Implementation: A Meta-Analysis of Findings, S. 28 f; vgl. Fazel, Ludwig (2013): Akzeptanz von Elektromobilität – Entwicklung und Validierung eines Modells unter Berücksichtigung der Nutzungsform des Carsharing, S. 158.

244 Vgl. Herrenkind, Bernd, et al. (2019): Investigating end-user acceptance of autonomous electric buses to accelerate diffusion, S. 260.

245 Vgl. Yuen, Kum Fai, et al. (2020): Factors influencing autonomous vehicle adoption: an application of the technology acceptance model and innovation diffusion theory, S. 10.

### 4.1.4 Wahrgenommene Visibilität der Nutzung

Die *Wahrgenommene Visibilität der Nutzung* bezieht sich auf den Einfluss, den die Kommunikation der Nutzung einer Innovation auf das Umfeld einer Person nimmt.[246] So konnte der Einfluss der Demonstrierbarkeit sowie Sichtbarkeit von Innovationen auf ihre Akzeptanz bereits von Dillon und Morris (1996) als auch Venkatesh et al. (2003) bestätigt werden.[247] Für die Untersuchung der Akzeptanz von Elektrofahrzeugen baute Fazel (2013) auf den Ergebnissen von Ozaki und Dodgson (2010) auf, welche im Forschungsrahmen der Hybridfahrzeuge bereits einen signifikanten Einfluss der *Wahrgenommenen Visibilität der Nutzung* auf die Kaufentscheidung von Hybridfahrzeugen nachweisen konnten.[248] Fazel (2013) konnte einen Einfluss der *Wahrgenommenen Visibilität der Nutzung* auf das Nutzungsverhalten für den Rahmen der Akzeptanz von Elektrofahrzeugen nicht nachweisen. Fett et al. (2018) haben in ihrer Untersuchung jedoch einen signifikanten Einfluss für diese Konstruktbeziehung im Forschungsrahmen der Akzeptanz von drahtlosem Laden für Elektrofahrzeuge aufzeigen können.[249]

Aufgrund der signifikanten Unterschiede der beiden Arten der Elektromobilität sowie dem unterschiedlichen Forschungsziel dieser Arbeit als auch der bestätigten Signifikanz der Konstruktbeziehung in anderen Untersuchungen wird die *Wahrgenommene Visibilität der Nutzung* mit in das Forschungsmodell aufgenommen.

H6: Die *Wahrgenommene Visibilität der Nutzung* hat einen positiven Einfluss auf die *Wahrgenommene Nützlichkeit* von Elektrofahrzeugen.

---

246 Vgl. Fazel, Ludwig (2013): Akzeptanz von Elektromobilität – Entwicklung und Validierung eines Modells unter Berücksichtigung der Nutzungsform des Carsharing, S. 159.

247 Vgl. ebd., S. 159; vgl. Venkatesh, V., et al. (2003): User Acceptance of Information Technology: Toward a Unified View, S. 435; vgl. Dillon, Andrew / Morris, Michael G. (1996): User Acceptance of Information Technology: Theories and Models, S. 4.

248 Vgl. Ozaki, Ritsuko / Dodgson, Mark (2010): Adopting and consuming innovations, S. 320; vgl. Fazel, Ludwig (2013): Akzeptanz von Elektromobilität – Entwicklung und Validierung eines Modells unter Berücksichtigung der Nutzungsform des Carsharing, S. 159.

249 Vgl. Fett, Daniel, et al. (2018): A Survey on User Acceptance of Wireless Electric Vehicle Charging, S. 6.

### 4.1.5 Qualität der Leistung

Die *Qualität der Leistung* beschreibt das Vertrauen, das in ein Produkt gesetzt wird, die geforderte Aufgabe nach den Erwartungen des Nutzers zu erfüllen. Dies sagt auch, dass das Vertrauen in ein Produkt steigt, je größer die Zufriedenheit mit der Leistung ist. Im TAM 2 und TAM 3 wurde das ähnliche Konstrukt der *Ergebnisqualität* genutzt und von Fazel (2013) für den Rahmen der Elektromobilität angepasst.[250] So bezieht sich die *Qualität der Leistung* im Rahmen von Elektrofahrzeugen auf die eingeschränkte Reichweite der Fahrzeuge. Demnach stünde die *Qualität der Leistung* von Elektrofahrzeugen denen von Verbrennungsfahrzeugen nach. Den Einfluss der *Qualität der Leistung* auf die *Wahrgenommene Nützlichkeit* konnte Fazel (2013) als signifikant bestätigen.[251] Diesen Einfluss der *Qualität der Leistung* konnten die Untersuchungen von Globisch et al. (2018) sowie Fett et al. (2018) für ihre Forschungsrahmen ebenfalls als signifikant bestätigen.[252]

Auch für den Forschungsrahmen dieser Arbeit gilt es zu untersuchen, ob mit zunehmender *Qualität der Leistung* eine höhere *Wahrgenommene Nützlichkeit* von Elektrofahrzeugen festgestellt werden kann. Ferner kann eine steigende *Qualität der Leistung* auch einen positiven Einfluss auf die *Wahrgenommene Einfachheit der Nutzung* haben, da mit geringeren Reichweiteneinbußen im Vergleich mit Verbrennungsfahrzeugen auch der Planungsaufwand für längere Fahrten verringert wird. Diese Hypothese wird dem Modell neu hinzugefügt und ist somit explorativer Natur.

H7: Mit steigender *Qualität der Leistung* steigt die *Wahrgenommene Nützlichkeit* von Elektrofahrzeugen.

H8: Mit steigender *Qualität der Leistung* steigt die *Wahrgenommene Einfachheit der Nutzung* von Elektrofahrzeugen.

### 4.1.6 Persönlicher Innovationsgrad

Die Bereitschaft einzelner Personen zur Adoption von Innovationen wird durch die Inklusion des *Persönlichen Innovationsgrads* ins Forschungsmodell

---

250 Vgl. Fazel, Ludwig (2013): Akzeptanz von Elektromobilität – Entwicklung und Validierung eines Modells unter Berücksichtigung der Nutzungsform des Carsharing, S. 159 f.

251 Vgl. ebd., S. 283 ff.

252 Vgl. Globisch, Joachim / Dütschke, Elisabeth / Schleich, Joachim (2018): Acceptance of electric passenger cars in commercial fleets, S. 9 ; vgl. Fett, Daniel, et al. (2018): A Survey on User Acceptance of Wireless Electric Vehicle Charging, S. 9.

eingebracht.[253] Dabei beschreibt dieses Konstrukt die Anziehungskraft, die eine neue Technologie auf verschiedene Personengruppen auswirkt.[254] Rogers (2003) berücksichtigte diesen Aspekt ebenfalls in seiner Theorie der Innovationsdiffusion[255] unter dem Begriff der *Innovationsfreude* und der damit verbundenen Neugier, Innovationen zu erproben.[256] So ist es möglich, dass die *Wahrgenommene Nützlichkeit* einer Innovation von dem *Persönlichen Innovationsgrad* einer Person abhängig ist und sich somit von Person zu Person unterscheidet, dabei kann mit steigendem Innovationsgrad die Nützlichkeit von Innovationen zunehmen.

Der Einfluss des *Persönlichen Innovationsgrads* auf die *Wahrgenommene Nützlichkeit* wurde bereits von Kuo und Yen (2009) im Forschungsrahmen von Mobilfunkdiensten nachgewiesen.[257] Damit zeigten Kuo und Yen (2009), dass das Akzeptanzverhalten von Innovationen durch den *Persönlichen Innovationsgrad* beeinflusst wird.[258] Für den Forschungsrahmen der Elektromobilität konnte Janson (2011) einen Einfluss der Innovationsbereitschaft auf das Kaufverhalten von Fahrzeugen mit alternativen Antrieben nachweisen.[259] Fazel (2013) integrierte das Konstrukt des *Persönlichen Innovationsgrads* ebenfalls in sein Modell, konnte jedoch keinen signifikanten Einfluss auf die *Wahrgenommene Nützlichkeit* nachweisen.[260]

Trotz eines nicht vorliegenden signifikanten Einflusses des Konstrukts im Forschungsmodell von Fazel (2013) sowie der Untersuchung von Herrenkind

---

253 Vgl. ebd., S. 155.

254 Vgl. Ozaki, Ritsuko / Dodgson, Mark (2010): Adopting and consuming innovations, S. 313; vgl. Fazel, Ludwig (2013): Akzeptanz von Elektromobilität – Entwicklung und Validierung eines Modells unter Berücksichtigung der Nutzungsform des Carsharing, S. 155.

255 Siehe Kapitel 3.1.2.

256 Vgl. Rogers, Everett M. (2003): Diffusion of Innovations, S. 250.

257 Vgl. Kuo, Ying-Feng / Yen, Shieh-Neng (2009): Towards an understanding of the behavioral intention to use 3G mobile value-added services, S. 103; vgl. Fazel, Ludwig (2013): Akzeptanz von Elektromobilität – Entwicklung und Validierung eines Modells unter Berücksichtigung der Nutzungsform des Carsharing, S. 59.

258 Vgl. Kuo, Ying-Feng / Yen, Shieh-Neng (2009): Towards an understanding of the behavioral intention to use 3G mobile value-added services, S. 103 f.

259 Vgl. Jansson, Johan (2011): Consumer Eco-Innovation Adoption: Assessing Attitudinal Factors and Perceived Product Characteristics, S. 195.

260 Vgl. Fazel, Ludwig (2013): Akzeptanz von Elektromobilität – Entwicklung und Validierung eines Modells unter Berücksichtigung der Nutzungsform des Carsharing, S. 283 ff.

et al. (2019) wird es als Teil des Modells dieser Arbeit eingebracht.[261] Somit findet eine weitere Überprüfung der Signifikanz des *Persönlichen Innovationsgrads* im Rahmen der Akzeptanz der Elektromobilität statt. Grund dafür sind ebenfalls die Ergebnisse von Kuo und Yean (2009) als auch Janson (2011), welche einen signifikanten Einfluss des Konstrukts vermuten lassen, als auch der Forschungsrahmen dieser Untersuchung von unterschiedlichen Antriebsarten.

H9: Mit einem höheren *Persönlichem Innovationsgrad* steigt die *Wahrgenommene Nützlichkeit* von Elektrofahrzeugen.

### 4.1.7 Ökologische Einstellung

Die *Ökologische Einstellung* stellt einen möglichen Einflussfaktor auf das Akzeptanzverhalten von Elektromobilität dar und beschreibt die Bereitschaft zu einer Verhaltensweise, die ökologische Einflüsse in Betracht zieht und berücksichtigt.[262] Ziel solch einer Verhaltensweise ist die Reduktion oder wenn möglich auch Vermeidung von Verhalten, welches negative Einwirkung auf die Umwelt zur Konsequenz hat. Der Einfluss von solch einer Denkweise auf das Verhalten von Personen im Rahmen der Elektromobilität konnte bereits in der Arbeit von Ozaki und Dodgson (2010) als auch Jansson (2011) bestätigt werden.[263] Auch in der aktuelleren Forschung von Wolff und Madlener (2019) sowie Schlüter und Weyer (2019) wurde dieser Einfluss als relevant befunden.[264] Weitere Untersuchungen bestätigten ebenfalls die Relevanz ökologischer Faktoren

---

261 Vgl. ebd., S. 283 f; vgl. Herrenkind, Bernd, et al. (2019): Investigating end-user acceptance of autonomous electric buses to accelerate diffusion, S. 260.

262 Vgl. Roberts, James A. (1995): Profiling Levels of Socially Responsible Consumer Behavior: A Cluster Analytic Approach and Its Implications for Marketing, S. 98; vgl. Fazel, Ludwig (2013): Akzeptanz von Elektromobilität – Entwicklung und Validierung eines Modells unter Berücksichtigung der Nutzungsform des Carsharing, S. 156 f.

263 Vgl. Ozaki, Ritsuko / Dodgson, Mark (2010): Adopting and consuming innovations, S. 320 f; vgl. Jansson, Johan (2011): Consumer Eco-Innovation Adoption: Assessing Attitudinal Factors and Perceived Product Characteristics, S. 205; vgl. Fazel, Ludwig (2013): Akzeptanz von Elektromobilität – Entwicklung und Validierung eines Modells unter Berücksichtigung der Nutzungsform des Carsharing, S. 157.

264 Vgl. Wolff, Stefanie / Madlener, Reinhard (2019): Driven by change: Commercial drivers' acceptance and efficiency perceptions of light-duty electric vehicle usage in Germany, S. 277; vgl. Schlüter, Jan / Weyer, Johannes (2019): Car sharing as a means to raise acceptance of electric vehicles: An empirical study on regime change in automobility, S. 197.

im Rahmen der Akzeptanz der Elektromobilität.[265] Fazel (2013) integriert die *Ökologische Einstellung* ebenfalls in sein Forschungsmodell, konnte jedoch keinen signifikanten Einfluss auf die *Wahrgenommene Nützlichkeit* feststellen.[266] Aufgrund der bereits genannten Arbeiten sowie der Ergebnisse von Peters et al. (2011), die persönliche Werte als einen Treiber der Akzeptanz von Elektromobilität herausstellen, wird die *Ökologische Einstellung* im Forschungsmodell dieser Arbeit verwendet.[267] Ebenso ist die Reduktion von umweltschädlichen Einflüssen durch persönliche Mobilität einer der tragenden Gründe für einen Wechsel zur Elektromobilität. Somit stellt die *Ökologische Einstellung* einen vielversprechenden Einflussfaktor dar.

H10: Mit einer höheren *Ökologischen Einstellung* steigt die *Wahrgenommene Nützlichkeit* von Elektrofahrzeugen.

### 4.1.8 Wahrgenommenes technologisches Risiko

Das *Wahrgenommene technologische Risiko* beschreibt, inwiefern Personen Bedenken und Ängste bezüglich der Sicherheit der Nutzung von Elektrofahrzeugen haben. Mit diesem Konstrukt wird der mögliche Einfluss solcher Bedenken auf das Akzeptanzverhalten untersucht. Entwickelt wurde das Konstrukt des *Wahrgenommenen Risikos* von Bauer (1960) und wurde später von Cunningham (1967) erweitert.[268] Lu et al. (2005) teilten das Konstrukt des Risikos in kleinere Kategorien auf, welche von Fazel (2013) als Teile zur Erstellung

---

265 Vgl. Schmalfuß, Franziska / Mühl, Kristin / Krems, Josef F. (2017): Direct experience with battery electric vehicles (BEVs) matters when evaluating vehicle attributes, attitude and purchase intention, S. 56; vgl. Biresselioglu, Mehmet Efe / Demirbag Kaplan, Melike / Yilmaz, Barbara Katharina (2018): Electric mobility in Europe: A comprehensive review of motivators and barriers in decision making processes, S. 8; vgl. Xu, Yueling, et al. (2019): A SEM–Neural Network Approach to Predict Customers' Intention to Purchase Battery Electric Vehicles in China's Zhejiang Province, S. 11; vgl. Degirmenci, Kenan / Breitner, Michael H. (2017): Consumer purchase intentions for electric vehicles: Is green more important than price and range?, S. 254.

266 Vgl. Fazel, Ludwig (2013): Akzeptanz von Elektromobilität – Entwicklung und Validierung eines Modells unter Berücksichtigung der Nutzungsform des Carsharing, S. 283 ff.

267 Vgl. Peters, Anja, et al. (2011): Electric mobility – a survey of different consumer groups in Germany with regard to adoption, S. 991.

268 Vgl. Bauer, R. A. (1960): Consumer behavior as risk taking, S. 289; vgl. Cunningham, S. M. (1967): The major dimensions of perceived risk, S. 82; vgl. Fazel, Ludwig

des *Wahrgenommenen technologischen Risikos* genutzt wurden.[269] So zeigte das Konstrukt bereits bei Fazel (2013) einen signifikanten negativen Einfluss auf die *Wahrgenommene Nützlichkeit*.[270] Dies konnte auch im Rahmen der Untersuchung von Fett et al. (2018) bestätigt werden, hier zeigte das *Wahrgenommene Risiko* einen signifikanten Einfluss für diese Konstruktbeziehung bei der Akzeptanz von drahtlosem Laden für Elektrofahrzeuge.[271] Daher wird für dieses Forschungsmodell ebenfalls mit einem negativen Einfluss auf die *Wahrgenommene Nützlichkeit* gerechnet.

H11: Mit zunehmendem *Wahrgenommenem technologischem Risiko* sinkt die *Wahrgenommene Nützlichkeit* von Elektrofahrzeugen.

### 4.1.9 Wahrgenommenes technologisches Wissen

Mit dem *Wahrgenommenen technologischen Wissen* wird der Wissensstand einer Person zum Thema Elektromobilität und den damit verbundenen Besonderheiten erfasst. Fazel (2013) konnte bereits den positiven Einfluss des *Wahrgenommenen technologischen Wissens* auf die *Wahrgenommene Nützlichkeit* und *Wahrgenommene Einfachheit der Nutzung* bestätigen und als einen relevanten Akzeptanzfaktor identifizieren.[272] Vorherige Arbeiten von Achterberg et al. (2010) sowie Huijts et al. (2012) konnten ebenfalls einen positiven Einfluss des *Wahrgenommenen technologischen Wissens* auf die *Wahrgenommene Nützlichkeit* nachweisen.[273] Die Natur dieses Konstrukts setzt voraus, dass Personen mit

---

(2013): Akzeptanz von Elektromobilität – Entwicklung und Validierung eines Modells unter Berücksichtigung der Nutzungsform des Carsharing, S. 161.

269 Vgl. Lu, Hsi-Peng / Hsu, Chin-Lung / Hsu, Hsiu-Ying (2005): An empirical study of the effect of perceived risk upon intention to use online applications, S. 109; vgl. Fazel, Ludwig (2013): Akzeptanz von Elektromobilität – Entwicklung und Validierung eines Modells unter Berücksichtigung der Nutzungsform des Carsharing, S. 161.

270 Vgl. Fazel, Ludwig (2013): Akzeptanz von Elektromobilität – Entwicklung und Validierung eines Modells unter Berücksichtigung der Nutzungsform des Carsharing, S. 283 ff.

271 Vgl. Fett, Daniel, et al. (2018): A Survey on User Acceptance of Wireless Electric Vehicle Charging, S. 4 f.

272 Vgl. Fazel, Ludwig (2013): Akzeptanz von Elektromobilität – Entwicklung und Validierung eines Modells unter Berücksichtigung der Nutzungsform des Carsharing, S. 283 ff.

273 Vgl. Achterberg, Peter, et al. (2010): Unknowing but supportive? Predispositions, knowledge, and support for hydrogen technology in the Netherlands, S. 6075; vgl.

hohem Wissen zum Thema Elektromobilität ebenfalls mit möglichen Vorzügen und Nachteilen der Technologie vertraut sind und sich demnach ein Urteil zu einer möglichen Einfachheit der Nutzung machen können.[274] Dies nahm Fazel (2013) als Grundlage zur Untersuchung des Einflusses des *Wahrgenommenen technologischen Wissens* auf die *Wahrgenommene Einfachheit der Nutzung*. Diese Konstruktbeziehung sowie ein Einfluss auf die *Wahrgenommene Nützlichkeit* wurde ebenfalls von Fett et al. (2018) für den Forschungsrahmen der Akzeptanz von drahtlosem Laden für Elektrofahrzeuge untersucht. Dabei zeigte sich ein signifikanter Einfluss auf die *Wahrgenommene Nützlichkeit*, jedoch nicht auf die *Wahrgenommene Einfachheit der Nutzung*.[275] Eine Reihe weiterer Untersuchungen bestätigte den Einfluss von wahrgenommenem Wissen auf die Akzeptanz von Elektrofahrzeugen.[276]

Für den Forschungsrahmen dieser Arbeit werden diese Konstruktbeziehungen ebenfalls untersucht, dabei wird ein positiver Einfluss des *Wahrgenommenen technologischen Wissens* auf die *Wahrgenommene Nützlichkeit* als auch die *Wahrgenommene Einfachheit der Nutzung* erwartet.

H12: Mit zunehmendem *Wahrgenommenem technologischem Wissen* zur Elektromobilität steigt die *Wahrgenommene Nützlichkeit* von Elektrofahrzeugen.

H13: Mit zunehmendem *Wahrgenommenem technologischem Wissen* zur Elektromobilität steigt die *Wahrgenommene Einfachheit der Nutzung* von Elektrofahrzeugen.

---

Huijts, Nicole M. A. / Molin, Eric J. E. / Steg, Linda (2012): Psychological factors influencing sustainable energy technology acceptance: A review-based comprehensive framework, S. 529; vgl. Fazel, Ludwig (2013): Akzeptanz von Elektromobilität – Entwicklung und Validierung eines Modells unter Berücksichtigung der Nutzungsform des Carsharing, S. 161 f.

274 Vgl. Fazel, Ludwig (2013): Akzeptanz von Elektromobilität – Entwicklung und Validierung eines Modells unter Berücksichtigung der Nutzungsform des Carsharing, S. 162.

275 Vgl. Fett, Daniel, et al. (2018): A Survey on User Acceptance of Wireless Electric Vehicle Charging, S. 4 f.

276 Vgl. Huang, Xiangqian / Ge, Jianping (2019): Electric vehicle development in Beijing: An analysis of consumer purchase intention, S. 367; vgl. Huang, Xiangqian, et al. (2021): The influence of knowledge management on adoption intention of electric vehicles: perspective on technological knowledge, S. 1490 f; vgl. Müller, Julian M. (2019): Comparing Technology Acceptance for Autonomous Vehicles, Battery Electric Vehicles, and Car Sharing—A Study across Europe, China, and North America, S. 9; vgl. Wang, Shanyong, et al. (2018): Policy implications for promoting the adoption of electric vehicles: Do consumer's knowledge, perceived risk and financial incentive policy matter?, S. 65 f.

### 4.1.10 Rahmenbedingung Tankprozess und Rahmenbedingung Infrastruktur

Die Konstrukte der Rahmenbedingung zielen darauf ab, den Einfluss der Dauer des Tankprozesses als auch der Verfügbarkeit einer Infrastruktur zur Betankung auf das Akzeptanzverhalten abzubilden. Der Einfluss von externen Faktoren auf die Akzeptanz von Innovationen wurde bereits als Teil der Theory of Planned Behavior berücksichtigt und auch von Thompson et al. (1991) mit dem Konstrukt der *Facilitating Conditions* Rechnung getragen.[277] So wurde auch im TAM 3 durch das Konstrukt der *Perceptions of External Control* ein signifikanter Einfluss von Rahmenbedingungen auf die *Wahrgenommene Einfachheit der Nutzung* nachgewiesen.

Dies nahm Fazel (2013) in seinem Forschungsmodell auf und untersuchte den Einfluss der Ladedauer als auch der Verfügbarkeit von Infrastruktur für Elektrofahrzeuge auf die *Wahrgenommene Einfachheit der Nutzung*.[278] Zugrunde lag die Annahme, dass eine lange Ladedauer sowie eine nicht ausreichend verfügbare Infrastruktur von potenziellen Nutzern als ein Hindernis zur Nutzung von Elektrofahrzeugen wahrgenommen wird.[279] Die Ergebnisse von Fazel (2013) bestätigen den Einfluss der Rahmenbedingungen auf die *Wahrgenommene Einfachheit der Nutzung*.[280] Die Ergebnisse von Fett et al. (2018) zeigten lediglich einen signifikanten Einfluss der Infrastruktur auf die *Wahrgenommene Einfachheit der Nutzung*, jedoch nicht der Ladedauer.[281]

Im Rahmen dieser Forschungsarbeit wird der Einfluss der Rahmenbedingungen auf die *Wahrgenommene Einfachheit der Nutzung* für die beiden Arten der Elektromobilität separat untersucht, mit dem Ziel mögliche Unterschiede aufzudecken. Der Aspekt der *Ladedauer* wurde in *Tankprozess* umbenannt, um beide Arten der Elektromobilität mit einem Begriff zu erfassen. Somit wird der

---

277 Vgl. Ajzen, Icek (1991): The Theory of Planned Behavior, S. 179; vgl. Fazel, Ludwig (2013): Akzeptanz von Elektromobilität – Entwicklung und Validierung eines Modells unter Berücksichtigung der Nutzungsform des Carsharing, S. 164 f; vgl. Thompson, Ronald / Higgins, Christopher / Howell, J. M. (1991): Personal Computing – Toward a Conceptual-Model of Utilization, S. 125 ff.

278 Vgl. Fazel, Ludwig (2013): Akzeptanz von Elektromobilität – Entwicklung und Validierung eines Modells unter Berücksichtigung der Nutzungsform des Carsharing, S. 164 f.

279 Vgl. ebd., S. 164 f.

280 Vgl. ebd., S. 283 ff.

281 Vgl. Fett, Daniel, et al. (2018): A Survey on User Acceptance of Wireless Electric Vehicle Charging, S. 9.

Einfluss des *Tankprozesses* als auch der *Infrastruktur* auf die *Wahrgenommene Einfachheit der Nutzung* für beide Arten der Elektromobilität mit folgenden Hypothesen überprüft:

H14: Je kürzer die Dauer des *Tankprozesses eines Batterieelektrofahrzeuges*, desto höher ist die *Wahrgenommene Einfachheit der Nutzung* von Elektrofahrzeugen.

H15: Je kürzer die Dauer des *Tankprozesses eines Brennstoffzellenfahrzeuges*, desto höher ist die *Wahrgenommene Einfachheit der Nutzung* von Elektrofahrzeugen.

H16: Mit zunehmender *Infrastruktur für Batterieelektrofahrzeuge* steigt die *Wahrgenommene Einfachheit der Nutzung* von Elektrofahrzeugen.

H17: Mit zunehmender *Infrastruktur für Brennstoffzellenfahrzeuge* steigt die *Wahrgenommene Einfachheit der Nutzung* von Elektrofahrzeugen.

Darüber hinaus wird in dieser Arbeit ebenfalls der Einfluss der beiden Rahmenbedingungen auf die *Wahrgenommene Nützlichkeit* untersucht. So ist davon auszugehen, dass eine Verbesserung der Dauer des *Tankprozesses* als auch der Verfügbarkeit von notwendiger *Infrastruktur* zu einer Steigerung des durch Elektrofahrzeuge gestifteten Nutzens in den Augen von potentiellen Nutzern beitragen. Khazaei und Khazaei (2016) vermuteten bereits den direkten Einfluss der Rahmenbedingungen auf die Absicht zur Nutzung von Elektrofahrzeugen. [282] Daher wird in dieser Arbeit ein möglicher Einfluss der Rahmenbedingungen auf die *Wahrgenommene Nützlichkeit* ebenfalls untersucht. Diese Beziehung wurde soweit bekannt zum Erstellungszeitpunkt dieser Arbeit noch nicht in diesem Forschungsrahmen untersucht und ist damit explorativer Natur.

H18: Je kürzer die Dauer des *Tankprozesses eines Batterieelektrofahrzeuges*, desto höher ist die *Wahrgenommene Nützlichkeit* von Elektrofahrzeugen.

H19: Je kürzer die Dauer des *Tankprozesses eines Brennstoffzellenfahrzeuges*, desto höher ist die *Wahrgenommene Nützlichkeit* von Elektrofahrzeugen.

H20: Mit zunehmender *Infrastruktur für Batterieelektrofahrzeuge* steigt die *Wahrgenommene Nützlichkeit* von Elektrofahrzeugen.

H21: Mit zunehmender *Infrastruktur für Brennstoffzellenfahrzeuge* steigt die *Wahrgenommene Nützlichkeit* von Elektrofahrzeugen.

282 Vgl. Khazaei, Hamed / Khazaei, Ali (2016): Electric Vehicles and Factors That Influencing Their Adoption Moderating Effects of Driving Experience and Voluntariness of Use (Conceptual Framework), S. 63 f.

### 4.1.11 Wahrgenommene Kosten

Das Konstrukt der *Wahrgenommenen Kosten* soll die für Elektrofahrzeuge höheren Anschaffungskosten im Vergleich mit Verbrennungsfahrzeugen als einen Einflussfaktor auf das Akzeptanzverhalten einbringen. In der Literatur konnte bereits ein negativer Einfluss von Kosten auf das Akzeptanzverhalten von Innovationen festgestellt werden und auch Fazel (2013) bestätigte diesen Effekt für den Forschungsrahmen der Elektromobilität.[283] Im Rahmen dieser Arbeit ist es jedoch auch das Ziel, Privilegien von Elektrofahrzeugen, die zu Kosten- oder Zeitersparnissen führen, über inhaltliche Erweiterungen ebenfalls mit diesem Konstrukt abzudecken. Hierzu zeigten Herrenkind et al. (2019) sowie Bobeth & Kastner (2020) in ihren Untersuchungen, dass eine Abwägung aus Kosten und Vorteilen der Fahrzeuge einen signifikanten Einfluss auf die Verhaltensabsicht nimmt.[284] Der Einfluss der *Wahrgenommenen Kosten* auf das Kaufverhalten wird dabei für jede der beiden Arten der Elektromobilität separat untersucht.

H22: Mit höheren *Wahrgenommenen Kosten* sinkt die *Verhaltensabsicht zum Kauf eines Batterieelektrofahrzeugs.*

H23: Mit höheren *Wahrgenommenen Kosten* sinkt die *Verhaltensabsicht zum Kauf eines Brennstoffzellenfahrzeugs.*

### 4.1.12 Angst vor Fahrzeugnutzung

Die *Angst vor Fahrzeugnutzung* drückt die von einer Person empfundene Angst vor der Nutzung eines Fahrzeugs aus. Die *Angst vor Fahrzeugnutzung* wurde von Fazel (2013) aus der *Angst vor Computernutzung* des TAM 3 für den

283 Vgl. Fazel, Ludwig (2013): Akzeptanz von Elektromobilität – Entwicklung und Validierung eines Modells unter Berücksichtigung der Nutzungsform des Carsharing, S. 283 ff; vgl. Kuo, Ying-Feng / Yen, Shieh-Neng (2009): Towards an understanding of the behavioral intention to use 3G mobile value-added services, S. 103; vgl. Luarn, Pin / Lin, Hsin-Hui (2005): Toward an understanding of the behavioral intention to use mobile banking, S. 873; vgl. Wu, Jen-Her / Wang, Shu-Ching (2005): What drives mobile commerce? An empirical evaluation of the revised technology acceptance model, S. 719.

284 Vgl. Herrenkind, Bernd, et al. (2019): Investigating end-user acceptance of autonomous electric buses to accelerate diffusion, S. 260; vgl. Bobeth, Sebastian / Kastner, Ingo (2020): Buying an electric car: A rational choice or a norm-directed behavior?, S. 249.

Forschungsrahmen der Elektromobilität angepasst.[285] Der signifikante negative Einfluss der *Angst vor Computernutzung* auf die *Wahrgenommene Einfachheit der Nutzung* wurde von McFarland und Hamilton (2006) sowie Van Raaij und Schepers (2008) bestätigt.[286] Dieser Wirkungszusammenhang konnte von Fazel (2013) ebenfalls für den Forschungsrahmen der Akzeptanz von Elektromobilität bestätigt werden.[287] Ferner vermuten Khazaei und Khazaei (2016) einen direkten Einfluss der *Angst vor Fahrzeugnutzung* auf die Verhaltensabsicht.[288] Hierzu haben auch Schmalfuß, Mühl & Krems (2017) das Sicherheitsempfinden als einen relevanten Einfluss bestätigt.[289] Daher wird dieser Wirkungszusammenhang auch für dieses Forschungsmodell mit eingeschlossen. Mit dem Ziel der Untersuchung der beiden Arten der Elektromobilität soll in dieser Arbeit der Einfluss der *Angst vor Fahrzeugnutzung* auf die *Verhaltensabsicht Batterieelektrofahrzeug* und *Verhaltensabsicht Brennstoffzellenfahrzeug* untersucht werden. Ziel ist es, so festzustellen, ob dies für potentielle Nutzer eine Rolle bei der Entscheidung zwischen den Arten der Elektromobilität spielt.

H24: Mit zunehmender *Angst vor Fahrzeugnutzung* sinkt die *Wahrgenommene Einfachheit der Nutzung* von Elektrofahrzeugen.

H25: Mit zunehmender *Angst vor Fahrzeugnutzung* sinkt die *Verhaltensabsicht zum Kauf eines Batterieelektrofahrzeugs.*

H26: Mit zunehmender *Angst vor Fahrzeugnutzung* sinkt die *Verhaltensabsicht zum Kauf eines Brennstoffzellenfahrzeugs.*

---

285 Vgl. Fazel, Ludwig (2013): Akzeptanz von Elektromobilität – Entwicklung und Validierung eines Modells unter Berücksichtigung der Nutzungsform des Carsharing, S. 163.

286 Vgl. ebd., S. 163; vgl. Van Raaij, Erik M. / Schepers, Jeroen (2008): The acceptance and use of a virtual learning environment in China, S. 847; vgl. McFarland, Daniel J. / Hamilton, Diane (2006): Adding contextual specificity to the technology acceptance model, S. 439.

287 Vgl. Fazel, Ludwig (2013): Akzeptanz von Elektromobilität – Entwicklung und Validierung eines Modells unter Berücksichtigung der Nutzungsform des Carsharing, S. 283 ff.

288 Vgl. Khazaei, Hamed / Khazaei, Ali (2016): Electric Vehicles and Factors That Influencing Their Adoption Moderating Effects of Driving Experience and Voluntariness of Use (Conceptual Framework), S. 62.

289 Vgl. Schmalfuß, Franziska / Mühl, Kristin / Krems, Josef F. (2017): Direct experience with battery electric vehicles (BEVs) matters when evaluating vehicle attributes, attitude and purchase intention, S. 56.

### 4.1.13 Intrinsische Motivation

Mit der *Intrinsischen Motivation* wird das Interesse an der Nutzung einer Technologie abgebildet, dabei ist die Nutzung kein Mittel zum Erreichen eines höheren Zieles, sondern aus eigenem Interesse bedingt.[290] Ein signifikanter Einfluss der *Intrinsischen Motivation* auf das Akzeptanzverhalten konnte bereits von Davis et al. (1992) als auch von Venkatesh und Bala (2008) mit dem TAM 3 nachgewiesen werden.[291] Auch Venkatesh (2000) bestätigte als Ergebnis einer Metaanalyse, dass die *Intrinsische Motivation* einen signifikanten Faktor für die Akzeptanz von Innovationen darstellt.[292] Fazel (2013) konnte den vermuteten Einfluss der *Intrinsischen Motivation* auf die *Wahrgenommene Nützlichkeit*, die *Wahrgenommene Einfachheit der Nutzung*, die *Generelle Verhaltensabsicht* sowie die *Verhaltensabsicht zum Kauf eines Elektrofahrzeugs* bestätigen.[293] Diese Einflussbeziehungen werden somit auch für den Forschungsrahmen dieser Arbeit übernommen und untersucht. Überdies wird der Einfluss auf die Verhaltensabsicht zum Kauf für beide Arten der Elektromobilität separat untersucht.

H27: Mit zunehmender *Intrinsischer Motivation* steigt die *Wahrgenommene Nützlichkeit* von Elektrofahrzeugen.

H28: Mit zunehmender *Intrinsischer Motivation* steigt die *Wahrgenommene Einfachheit der Nutzung* von Elektrofahrzeugen.

H29: Mit zunehmender *Intrinsischer Motivation* steigt die *Generelle Verhaltensabsicht* zur Nutzung von Elektrofahrzeugen.

H30: Mit zunehmender *Intrinsischer Motivation* steigt die *Verhaltensabsicht zum Kauf eines Batterieelektrofahrzeugs.*

---

290 Vgl. Davis, Fred. D. / Bagozzi, Richard P. / Warshaw, Paul R. (1992): Extrinsic and Intrinsic Motivation to Use Computers in the Workplace, S. 1112.

291 Vgl. ebd. S. 1124; vgl. Venkatesh, V. / Bala, H (2008): Technology Acceptance Model 3 and a Research Agenda on Interventions, S. 291; vgl. Fazel, Ludwig (2013): Akzeptanz von Elektromobilität – Entwicklung und Validierung eines Modells unter Berücksichtigung der Nutzungsform des Carsharing, S. 165 f.

292 Vgl. Venkatesh, Viswanath (2000): Determinants of Perceived Ease of Use: Integrating Control, Intrinsic Motivation, and Emotion into the Technology Acceptance Model, S. 348 f; vgl. Fazel, Ludwig (2013): Akzeptanz von Elektromobilität – Entwicklung und Validierung eines Modells unter Berücksichtigung der Nutzungsform des Carsharing, S. 166.

293 Vgl. Fazel, Ludwig (2013): Akzeptanz von Elektromobilität – Entwicklung und Validierung eines Modells unter Berücksichtigung der Nutzungsform des Carsharing, S. 283 ff.

H31: Mit zunehmender *Intrinsischer Motivation* steigt die *Verhaltensabsicht zum Kauf eines Brennstoffzellenfahrzeugs.*

## 4.2 Erweiterung des bestehenden Modells

Das Forschungsziel dieser Arbeit erfordert die Erweiterung des Modells von Fazel (2013). Im Folgenden werden die jeweiligen Erweiterungen des Forschungsmodells sowie die dazugehörigen Hypothesen vorgestellt.

### 4.2.1 Wahrgenommene Zukunftssicherheit

Das Ziel der *Wahrgenommenen Zukunftssicherheit* ist es, die Zuversichtlichkeit potentieller Nutzer in die beiden Arten der Elektromobilität abzubilden. Die Existenz von zwei unterschiedlichen Arten der Elektromobilität könnte dazu führen, dass einige Nutzer diese in einem Konkurrenzkampf sehen.[294] Solch eine Wahrnehmung kann zu einer Unsicherheit in Bezug auf die Zukunftsträchtigkeit der Arten der Elektromobilität führen, besonders mit Blick auf die Kosten, die mit der Anschaffung eines neuen Pkw verbunden sind. Daher wird in dieser Arbeit die Annahme zugrunde gelegt, dass potentielle Nutzer dazu bereit sind, lediglich die Art der Elektromobilität zu nutzen, die sie als zukunftssicher wahrnehmen. Für die Untersuchung der *Wahrgenommenen Zukunftssicherheit* wird ein Zeitrahmen angesetzt, der mit neun Jahren dem durchschnittlichen Alter eines Pkw in Deutschland entspricht.[295] Nach ausgiebiger Literaturrecherche konnte kein zum Forschungsziel und Forschungsrahmen dieser Arbeit passendes Konstrukt gefunden werden. Deswegen wurde das Konstrukt der *Wahrgenommenen Zukunftssicherheit* neu aufgestellt. Das Konstrukt orientiert sich jedoch an den Ergebnissen der Untersuchungen von Thilina & Gunawardane (2019) sowie Wang et al. (2018), welche einige der Aspekte bereits untersuchten und als signifikant befanden.[296] Dazu wird die Einstellung

294 Ein ähnliches Szenario stellte der Konkurrenzkampf der HD DVD und Blu-Ray als Folgeformate der DVD dar. Dies führte dazu, dass Kunden, die sich für den Kauf eines HD DVD Spieler entschieden haben, nach einiger Zeit keine Filme mehr in diesem Format kaufen konnten und gezwungen waren, auf Blu-Ray umzusteigen.

295 Vgl. Kraftfahrtbundesamt (2021): Bestandsbarometer.

296 Vgl. Thilina, Dk. / Gunawardane, Nisal (2019): The effect of perceived risk on the purchase intention of electric vehicles: an extension to the technology acceptance model, S. 80 f; vgl. Wang, Shanyong, et al. (2018): Policy implications for promoting the adoption of electric vehicles: Do consumer's knowledge, perceived risk and financial incentive policy matter?, S. 65 f.

der Umfrageteilnehmer erfasst, ob eine ausreichende Infrastruktur vorhanden und die Technologie als ausgereift und zukunftsträchtig wahrgenommen wird. Die *Wahrgenommene Zukunftssicherheit* und ihr Einfluss auf die *Verhaltensabsicht zum Kauf* wird dazu für jede der beiden Arten der Elektromobilität separat erfasst. Für beide Arten der Elektromobilität wird ein positiver Einfluss auf die *Verhaltensabsicht zum Kauf* erwartet.

H32: Mit zunehmender *Wahrgenommener Zukunftssicherheit von Batterieelektrofahrzeugen* steigt die *Verhaltensabsicht zum Kauf eines Batterieelektrofahrzeugs.*
H33: Mit zunehmender *Wahrgenommener Zukunftssicherheit von Brennstoffzellenfahrzeugen* steigt die *Verhaltensabsicht zum Kauf eines Brennstoffzellenfahrzeugs.*

Zur Überprüfung der Annahme, dass Nutzer die beiden Arten der Elektromobilität in einem Konkurrenzkampf sehen, wird der Einfluss der *Wahrgenommenen Zukunftssicherheit* einer Art auf die *Verhaltensabsicht zum Kauf* eines Fahrzeugs der anderen Art untersucht. Für den Fall, dass die Umfrageteilnehmer die beiden Arten in einem Konkurrenzkampf sehen, wird ein negativer Einfluss auf die *Verhaltensabsicht zum Kauf* erwartet.

H34: Mit zunehmender *Wahrgenommener Zukunftssicherheit von Batterieelektrofahrzeugen* sinkt die *Verhaltensabsicht zum Kauf eines Brennstoffzellenfahrzeugs.*
H35: Mit zunehmender *Wahrgenommener Zukunftssicherheit von Brennstoffzellenfahrzeugen* sinkt die *Verhaltensabsicht zum Kauf eines Batterieelektrofahrzeugs.*

### 4.2.2 Untersuchung nach unterschiedlichen Arten der Elektromobilität

Während sich das TAM auf die Untersuchung der *Verhaltensabsicht* für die Nutzung einer Technologie beschränkt, ist in der Literatur ebenfalls die Abhängigkeit des *tatsächlichen Verhaltens* von der *Verhaltensabsicht* untersucht worden. Ähnlich zu dem von Fazel (2013) entwickelten Forschungsmodell ist es das Ziel dieser Arbeit festzustellen, ob die *Generelle Verhaltensabsicht zur Nutzung von Elektrofahrzeugen* der Umfrageteilnehmer zu einer konkreten Kaufabsicht unter Berücksichtigung der beiden Arten der Elektromobilität führen kann. Dies ermöglicht einen tieferen Einblick in die mögliche Bevorzugung einer der beiden Arten der Elektromobilität und lässt Schlüsse auf die zukünftige Entwicklung der Akzeptanz der unterschiedlichen Konzepte zu. Dabei nimmt dieser Schritt der Untersuchung Rücksicht auf die persönliche Präferenz potentieller Nutzer hinsichtlich aller Aspekte der unterschiedlichen Arten der Elektromobilität sowie der letztendlichen Wahl zwischen den beiden Konzepten. Mit Hinblick auf das wachsende Fahrzeugangebot beider Arten sowie der entstehenden Infrastruktur können damit Einblicke in das Konsumentenverhalten gewonnen und daraus für die fortschreitende Einführung der Elektromobilität relevante Handlungsempfehlungen erarbeitet werden. Dazu wird der Einfluss der *Generellen Verhaltensabsicht* auf die *Verhaltensabsicht zum Kauf eines Batterieelektrofahrzeugs* und die *Verhaltensabsicht zum Kauf eines Brennstoffzellenfahrzeugs* untersucht.

H36: Mit steigender *Genereller Verhaltensabsicht zur Nutzung von Elektrofahrzeugen* steigt die *Verhaltensabsicht zum Kauf eines Batterieelektrofahrzeugs.*

H37: Mit steigender *Genereller Verhaltensabsicht zur Nutzung von Elektrofahrzeugen* steigt die *Verhaltensabsicht zum Kauf eines Brennstoffzellenfahrzeugs.*

Darüber hinaus findet auch ein Vergleich der Verhaltensabsicht zwischen den beiden Arten der Elektromobilität statt. Ziel ist es so festzustellen, welche Art der Elektromobilität von potentiellen Nutzern, die sich zur Nutzung von Elektromobilität bereit erklären, bevorzugt wird. Aufgrund der Ähnlichkeit im täglichen Umgang sowie der Tankprozedur von Brennstoffzellenfahrzeugen zu Fahrzeugen mit Verbrennungsmotor wird davon ausgegangen, dass Brennstoffzellenfahrzeuge bevorzugt werden.

H38: Die *Verhaltensabsicht zum Kauf eines Brennstoffzellenfahrzeugs* ist größer als die *Verhaltensabsicht zum Kauf eines Batterieelektrofahrzeugs.*

### 4.2.3 Zusammenfassung der Konstruktbeziehungen

Die bisher vorgestellten Konstruktbeziehungen sind für eine bessere Übersicht in Abbildung 14 zusammengefasst und repräsentieren den Kern des Forschungsmodells. Die Vorstellung der Moderator- sowie der Kontrollvariablen erfolgt im nächsten Kapitel.

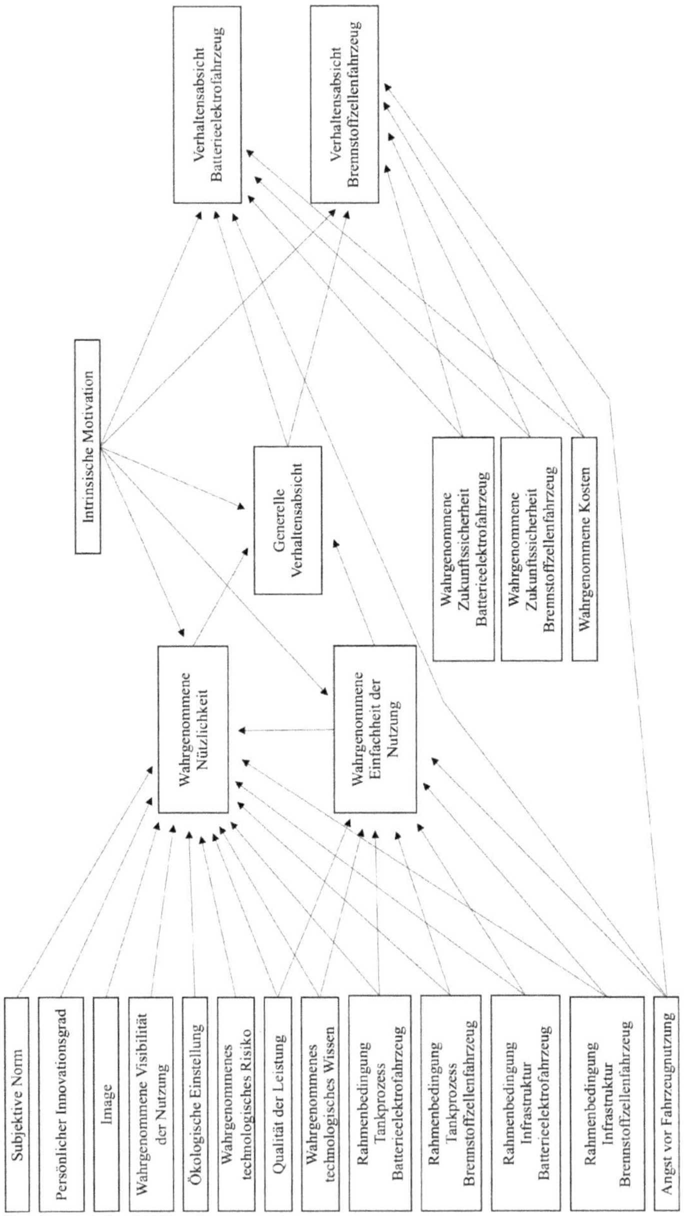


**Abbildung 14:** Beziehungen der Konstrukte des Forschungsmodells

## 4.3 Moderatorvariablen und Kontrollvariablen

Für dieses Forschungsmodell werden ebenfalls die Einflüsse von mehreren Moderatoren und Kontrollvariablen betrachtet. Die Moderatorvariablen umfassen dabei die *Erfahrung mit Elektromobilität*, das *Geschlecht* und den *Wohnort* der Umfrageteilnehmer. Das *Alter* sowie das *Einkommen* stellen die für diese Arbeit verwendeten Kontrollvariablen dar.

### 4.3.1 Erfahrung mit Elektromobilität

Der Einfluss der *Erfahrung* auf die Beziehung der *Wahrgenommenen Einfachheit der Nutzung* zur *Verhaltensabsicht* konnte bereits von Davis et al. (1989) als signifikant bestätigt werden.[297] Weitere Untersuchungen konnten ebenfalls einen signifikanten Einfluss der *Erfahrung* auf das Akzeptanzverhalten feststellen und bestätigen diese Ergebnisse.[298] Ferner konnten Franke et al. (2012) sowie Bühler et al. (2014) für den Forschungsrahmen der Elektromobilität nachweisen, dass bei Personen mit *Erfahrung mit Elektromobilität* eine positivere Einstellung zu Elektrofahrzeugen vorliegt als bei Personen ohne *Erfahrung*.[299] Fazel (2013) konnte in seiner Arbeit den Einfluss der *Erfahrung mit Elektromobilität* auf einige der von Davis et al. (1989) als signifikant befundenen

---

297 Vgl. Davis, Fred D. / Bagozzi, Richard P. / Warshaw, Paul R. (1989): User Acceptance of Computer Technology: A Comparison of Two Theoretical Models S. 982.

298 Vgl. Karahanna, Elena / Straub, Detmar W. / Chervany, Norman L. (1999): Information Technology Adoption Across Time: A Cross- Sectional Comparison of Pre-Adoption and Post-Adoption Beliefs S. 183; vgl. Taylor, Shirley / Todd, Peter (1995): Assessing IT Usage: The Role of Prior Experience S. 561; vgl. Jensen, Anders Fjendbo / Cherchi, Elisabetta / Mabit, Stefan Lindhard (2013): On the stability of preferences and attitudes before and after experiencing an electric vehicle, S. 31; vgl. Rauh, Nadine / Franke, Thomas / Krems, J. F. (2015): Understanding the Impact of Electric Vehicle Driving Experience on Range Anxiety, S. 184 f; vgl. Bobeth, Sebastian / Matthies, Ellen (2016): Elektroautos: Top in Norwegen, Flop in Deutschland? Empfehlungen aus Sicht der Umweltpsychologie, S. 42; vgl. Gebauer, Fabian, et al. (2016): Changing attitudes towards e-mobility by actively elaborating fast-charging technology, S. 34 f; vgl. Schneider, Uta / Dütschke, Elisabeth / Peters, Anja (2014): How Does the Actual Usage of Electric Vehicles Influence Consumer Acceptance?, S. 16 f.

299 Vgl. Franke, Thomas, et al. (2012): Enhancing sustainability of electric vehicles: A field study approach to understanding user acceptance and behavior S. 9; vgl. Bühler, Franziska, et al. (2014): Is EV experience related to EV acceptance? Results from a German field study, S. 48.

Konstruktbeziehungen auch für den Forschungsrahmen der Elektromobilität bestätigen. Darunter fällt der Einfluss auf die Beziehung zwischen den beiden Konstrukten der *Rahmenbedingungen* und der *Wahrgenommenen Einfachheit der Nutzung* als auch des *Wahrgenommenen technologischen Risikos* und der *Wahrgenommenen Nützlichkeit.*[300] Diese Hypothesen werden im Forschungsrahmen dieser Arbeit für die beiden Arten der Elektromobilität getrennt auf einen signifikanten Unterschied zwischen Personen mit und ohne *Erfahrung mit Elektromobilität* überprüft. Darüber hinaus wird der Einfluss der *Erfahrung* auf die Beziehung der *Generellen Verhaltensabsicht* und der *Verhaltensabsicht zum Kauf eines Batterieelektrofahrzeugs* sowie *Verhaltensabsicht zum Kauf eines Brennstoffzellenfahrzeugs* explorativ überprüft. Die aufgestellten Hypothesen sind im Folgenden aufgeführt.

H39: Zwischen Personen mit und ohne *Erfahrung mit Elektromobilität* besteht ein signifikanter Unterschied des Einflusses der *Generellen Verhaltensabsicht* auf die *Verhaltensabsicht zum Kauf eines Batterieelektrofahrzeugs.*

H40: Zwischen Personen mit und ohne *Erfahrung mit Elektromobilität* besteht ein signifikanter Unterschied des Einflusses der *Generellen Verhaltensabsicht* auf die *Verhaltensabsicht zum Kauf eines Brennstoffzellenfahrzeugs.*

H41: Zwischen Personen mit und ohne *Erfahrung mit Elektromobilität* besteht ein signifikanter Unterschied des Einflusses der *Rahmenbedingung Infrastruktur Batterieelektrofahrzeug* auf die *Wahrgenommene Einfachheit der Nutzung.*

H42: Zwischen Personen mit und ohne *Erfahrung mit Elektromobilität* besteht ein signifikanter Unterschied des Einflusses der *Rahmenbedingung Infrastruktur Brennstoffzellenfahrzeug* auf die *Wahrgenommene Einfachheit der Nutzung.*

H43: Zwischen Personen mit und ohne *Erfahrung mit Elektromobilität* besteht ein signifikanter Unterschied des Einflusses der *Rahmenbedingung Tankprozess Batterieelektrofahrzeug* auf die *Wahrgenommene Einfachheit der Nutzung.*

H44: Zwischen Personen mit und ohne *Erfahrung mit Elektromobilität* besteht ein signifikanter Unterschied des Einflusses der *Rahmenbedingung Tankprozess Brennstoffzellenfahrzeug* auf die *Wahrgenommene Einfachheit der Nutzung.*

H45: Zwischen Personen mit und ohne *Erfahrung mit Elektromobilität* besteht ein signifikanter Unterschied des Einflusses der *Wahrgenommenen Einfachheit der Nutzung* auf die *Generelle Verhaltensabsicht.*

H46: Zwischen Personen mit und ohne *Erfahrung mit Elektromobilität* besteht ein signifikanter Unterschied des Einflusses des *Wahrgenommenen technologischen Risikos* auf die *Wahrgenommene Nützlichkeit.*

---

300 Vgl. Fazel, Ludwig (2013): Akzeptanz von Elektromobilität – Entwicklung und Validierung eines Modells unter Berücksichtigung der Nutzungsform des Carsharing S. 275 f.

### 4.3.2 Wohnort

Im Rahmen dieser Arbeit wird der *Wohnort* der Umfrageteilnehmer ebenfalls als eine Moderatorvariable aufgenommen. Dies liegt darin begründet, dass der Wohnort einer Person einen signifikanten Einfluss auf die Nutzungsart eines Pkw hat. So legt beispielsweise eine auf dem Land lebende Person längere Wege mit dem Fahrzeug zurück und kann auf dem Land auf eine weniger dicht ausgebaute Infrastruktur von Ladesäulen oder Wasserstofftankstellen zurückgreifen. Da sich die Verfügbarkeit der Infrastruktur von städtischen Gebieten zu Vorstädten und ländlichen Gegenden verändert, stellt dies einen für potentielle Nutzer einflussreichen Faktor bei der Kaufentscheidung eines Elektrofahrzeugs dar. Daher wird mit dieser Arbeit der Einfluss des *Wohnorts* auf eine Vielzahl an Konstruktbeziehungen untersucht und für die beiden Arten der Elektromobilität überprüft. Zu den Beziehungen gehört der Einfluss der *Generellen Verhaltensabsicht* auf die *Verhaltensabsicht zum Kauf eines Batterieelektrofahrzeugs* sowie die *Verhaltensabsicht zum Kauf eines Brennstoffzellenfahrzeugs.* Außerdem wird der Einfluss der *Rahmenbedingung Tankprozess* sowie der *Rahmenbedingung Infrastruktur* auf die *Wahrgenommene Einfachheit der Nutzung* für beide Arten der Elektromobilität auf eine Moderation durch den Wohnort überprüft. Abschließend wird eine mögliche Moderation durch den Wohnort auch für den Einfluss der *Wahrgenommenen Zukunftssicherheit Batterieelektrofahrzeug* und der *Wahrgenommenen Zukunftssicherheit Brennstoffzellenfahrzeug* auf die *Verhaltensabsicht zum Kauf eines Batterieelektrofahrzeugs* und die *Verhaltensabsicht zum Kauf eines Brennstoffzellenfahrzeugs* überprüft. Soweit dem Autor bekannt, wurde solch eine Überprüfung in diesem Rahmen bisher nicht durchgeführt und ist somit explorativer Natur.

H47: Zwischen Personen mit unterschiedlichen *Wohnorten* besteht ein signifikanter Unterschied des Einflusses der *Generellen Verhaltensabsicht* auf die *Verhaltensabsicht zum Kauf eines Batterieelektrofahrzeugs.*

H48: Zwischen Personen mit unterschiedlichen *Wohnorten* besteht ein signifikanter Unterschied des Einflusses der *Generellen Verhaltensabsicht* auf die *Verhaltensabsicht zum Kauf eines Brennstoffzellenfahrzeugs.*

H49: Zwischen Personen mit unterschiedlichen *Wohnorten* besteht ein signifikanter Unterschied des Einflusses der *Rahmenbedingung Infrastruktur Batterieelektrofahrzeug* auf die *Wahrgenommene Einfachheit der Nutzung.*

H50: Zwischen Personen mit unterschiedlichen *Wohnorten* besteht ein signifikanter Unterschied des Einflusses der *Rahmenbedingung Infrastruktur Brennstoffzellenfahrzeug* auf die *Wahrgenommene Einfachheit der Nutzung.*

H51: Zwischen Personen mit unterschiedlichen *Wohnorten* besteht ein signifikanter Unterschied des Einflusses der *Rahmenbedingung Tankprozess Batterieelektrofahrzeug* auf die *Wahrgenommene Einfachheit der Nutzung.*

H52: Zwischen Personen mit unterschiedlichen *Wohnorten* besteht ein signifikanter Unterschied des Einflusses der *Rahmenbedingung Tankprozess Brennstoffzellenfahrzeug* auf die *Wahrgenommene Einfachheit der Nutzung.*

H53: Zwischen Personen mit unterschiedlichen *Wohnorten* besteht ein signifikanter Unterschied des Einflusses der *Wahrgenommenen Zukunftssicherheit Batterieelektrofahrzeug* auf die *Verhaltensabsicht zum Kauf eines Batterieelektrofahrzeugs.*

H54: Zwischen Personen mit unterschiedlichen *Wohnorten* besteht ein signifikanter Unterschied des Einflusses der *Wahrgenommenen Zukunftssicherheit Batterieelektrofahrzeug* auf die *Verhaltensabsicht zum Kauf eines Brennstoffzellenfahrzeugs.*

H55: Zwischen Personen mit unterschiedlichen *Wohnorten* besteht ein signifikanter Unterschied des Einflusses der *Wahrgenommenen Zukunftssicherheit Brennstoffzellenfahrzeug* auf die *Verhaltensabsicht zum Kauf eines Batterieelektrofahrzeugs.*

H56: Zwischen Personen mit unterschiedlichen *Wohnorten* besteht ein signifikanter Unterschied des Einflusses der *Wahrgenommenen Zukunftssicherheit Brennstoffzellenfahrzeug* auf die *Verhaltensabsicht zum Kauf eines Brennstoffzellenfahrzeugs.*

### 4.3.3 Geschlecht

Im Rahmen der Akzeptanz von neuen Technologien haben eine Mehrzahl von Untersuchungen bereits Unterschiede zwischen Männern und Frauen nachweisen können. So waren die Beziehungen der *Wahrgenommenen Nützlichkeit,* der *Wahrgenommenen Einfachheit der Nutzung* und der *Generellen Verhaltensabsicht* der Schwerpunkt des Großteils der Untersuchungen nach Unterschieden zwischen den Geschlechtern. Ferner beschäftigten sich unter anderem Venkatesh und Morris (2000) mit dem Einfluss der *Subjektiven Norm* und der durch das Geschlecht der Umfrageteilnehmer beeinflussten Effektstärke.[301] Lu et al. (2006) konnten bei Frauen einen höheren Einfluss des *Persönlichen Innovationsgrades* auf die *Verhaltensabsicht* nachweisen.[302] Dies zeigt, dass sich persönliche

301 Vgl. Venkatesh, V. / Morris, M. G. (2000): Why Don't Men Ever Stop to Ask for Directions? Gender, Social Influence, and Their Role in Technology Acceptance and Usage Behavior S. 127; vgl. Fazel, Ludwig (2013): Akzeptanz von Elektromobilität – Entwicklung und Validierung eines Modells unter Berücksichtigung der Nutzungsform des Carsharing, S. 172.

302 Vgl. Lu, June / Yu, Chun-Sheng / Liu, Chang (2006): Gender and Age Differences in Individual Decisions about Wireless Mobile Data Services: A Report from China S. 9; vgl. Fazel, Ludwig (2013): Akzeptanz von Elektromobilität – Entwicklung und

Motivation und Einstellung zwischen den Geschlechtern unterscheiden. Soweit bekannt, ist eine Untersuchung des Einflusses des *Geschlechts* auf die *Intrinsischen Motivation* im Forschungsrahmen der Akzeptanz von Elektromobilität bisher nicht durchgeführt worden.

Ein Ziel dieser Arbeit ist es zu überprüfen, ob im Rahmen der Elektromobilität ein signifikanter Unterschied zwischen Männern und Frauen bezüglich des Einflusses der *Intrinsischen Motivation* auf die *Generelle Verhaltensabsicht* sowie die *Verhaltensabsicht zum Kauf eines Batterieelektrofahrzeugs* und die *Verhaltensabsicht zum Kauf eines Brennstoffzellenfahrzeugs* nachweisbar ist.

H57: Es besteht ein signifikanter Unterschied des Einflusses der *Intrinsischen Motivation* auf die *Generelle Verhaltensabsicht* zwischen Männern und Frauen.

H58: Es besteht ein signifikanter Unterschied des Einflusses der *Intrinsischen Motivation* auf die *Verhaltensabsicht zum Kauf eines Batterieelektrofahrzeugs* zwischen Männern und Frauen.

H59: Es besteht ein signifikanter Unterschied des Einflusses der *Intrinsischen Motivation* auf die *Verhaltensabsicht zum Kauf eines Brennstoffzellenfahrzeugs* zwischen Männern und Frauen.

### 4.3.4 Alter

In der Literatur finden sich eine Mehrzahl an Ergebnissen, die einen negativen Einfluss von steigendem Alter auf die Technologieakzeptanz nachweisen.[303] Auch Fazel (2013) untersuchte den Einfluss des *Alters* auf die *Generelle Verhaltensabsicht* sowie die *Wahrgenommene Einfachheit der Nutzung von Elektrofahrzeugen* und konnte mit zunehmendem Alter einen negativen Einfluss feststellen.[304] Die fortschreitende Entwicklung von Elektrofahrzeugen und der dazugehörigen Infrastruktur hat Elektrofahrzeuge besser zugänglich gemacht und die Nutzerfreundlichkeit erhöht. Bedingt durch diese Entwicklungen wird in dieser Arbeit der Einfluss des *Alters* auf die *Generelle Verhaltensabsicht* von

---

Validierung eines Modells unter Berücksichtigung der Nutzungsform des Carsharing, S. 173.

303 Vgl. Venkatesh, V., et al. (2003): User Acceptance of Information Technology: Toward a Unified View S. 462 f; vgl. Lu, June / Yu, Chun-Sheng / Liu, Chang (2006): Gender and Age Differences in Individual Decisions about Wireless Mobile Data Services: A Report from China S. 8; vgl. Hidrue, Michael K., et al. (2011): Willingness to pay for electric vehicles and their attributes, S. 704.

304 Vgl. Fazel, Ludwig (2013): Akzeptanz von Elektromobilität – Entwicklung und Validierung eines Modells unter Berücksichtigung der Nutzungsform des Carsharing, S. 277.

Elektrofahrzeugen und die *Wahrgenommene Einfachheit der Nutzung* untersucht. Dabei wird der von Fazel (2013) bestätigte negative Einfluss auf die *Generelle Verhaltensabsicht* und ein positiver Einfluss auf die *Wahrgenommene Einfachheit der Nutzung* ebenfalls für dieses Forschungsmodell erwartet.[305] Zusätzlich wird der mögliche negative Einfluss des Alters auf die *Verhaltensabsicht zum Kauf eines Batterieelektrofahrzeugs* sowie der *Verhaltensabsicht zum Kauf eines Brennstoffzellenfahrzeugs* betrachtet.

H60: Mit zunehmendem *Alter* sinkt die *Generelle Verhaltensabsicht zur Nutzung eines Elektrofahrzeugs.*

H61: Mit zunehmendem *Alter* steigt die *Wahrgenommene Einfachheit der Nutzung* von Elektrofahrzeugen.

H62: Mit zunehmendem *Alter* sinkt die *Verhaltensabsicht zum Kauf eines Batterieelektrofahrzeugs.*

H63: Mit zunehmendem *Alter* sinkt die *Verhaltensabsicht zum Kauf eines Brennstoffzellenfahrzeugs.*

### 4.3.5 Einkommen

Von Fazel (2013) wurde bereits ein Einfluss des Einkommens auf die *Generelle Verhaltensabsicht* sowie die *Verhaltensabsicht zum Kauf eines Elektrofahrzeugs* untersucht.[306] Dabei bestätigte Fazel (2013) die Annahme, dass mit höherem *Einkommen* die *Verhaltensabsicht* steigt. Begründet liegt die Annahme darin, dass aufgrund des höheren Kaufpreises von Elektrofahrzeugen das Einkommen eine signifikante Rolle im Entscheidungsprozess für potentielle Nutzer und Käufer spielt. In den vergangenen Jahren hat sich der Markt für Elektrofahrzeuge weiterentwickelt und es werden mittlerweile auch günstigere Elektrofahrzeuge angeboten, jedoch sind diese teurer als vergleichbare Fahrzeuge mit Verbrennungsmotor. Aufgrund dieser Veränderungen im Fahrzeugangebot werden die Hypothesen von Fazel (2013) in dieser Arbeit verwendet, um sie anhand der aktuellen Marktsituation erneut zu überprüfen. Überdies wird die *Verhaltensabsicht zum Kauf* für beide Arten der Elektromobilität separat erfasst.

H64: Mit zunehmendem *Einkommen* steigt die *Generelle Verhaltensabsicht* zur Nutzung von Elektrofahrzeugen.

H65: Mit zunehmendem *Einkommen* steigt die *Verhaltensabsicht zum Kauf eines Batterieelektrofahrzeugs.*

---

305 Vgl. ebd., S. 278.

306 Vgl. ebd., S. 278.

H66: Mit zunehmendem *Einkommen* steigt die *Verhaltensabsicht zum Kauf eines Brennstoffzellenfahrzeugs.*

## 4.4 Zusammenfassung der Hypothesen und Vorstellung des Forschungsmodells

Das Forschungsmodell inklusive aller zu untersuchenden Beziehungen und Zusammenhänge ist in der folgenden Abbildung dargestellt. Des Weiteren sind die in diesem Kapitel aufgestellten Forschungshypothesen in den Tabellen eins bis sieben aufgeführt.

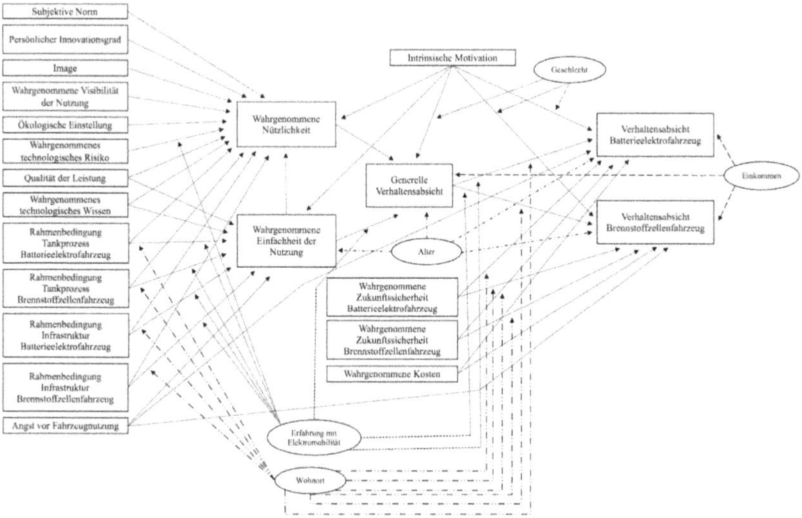


**Abbildung 15:** Das Forschungsmodell

**Tabelle 1:** Hypothesen der Pfadverbindungen

| **Hypothese** | **Pfadverbindung Ausgangskonstrukt** | **Erwartete Einwirkung** | **Zielkonstrukt** |
|---|---|---|---|
| H1 | Wahrgenommene Einfachheit der Nutzung | positiv | Generelle Verhaltensabsicht |
| H2 | Wahrgenommene Nützlichkeit | positiv | Generelle Verhaltensabsicht |
| H3 | Wahrgenommene Einfachheit der Nutzung | positiv | Wahrgenommene Nützlichkeit |
| H4 | Subjektive Norm | positiv | Wahrgenommene Nützlichkeit |
| H5 | Image | positiv | Wahrgenommene Nützlichkeit |
| H6 | Wahrgenommene Visibilität der Nutzung | positiv | Wahrgenommene Nützlichkeit |
| H7 | Qualität der Leistung | positiv | Wahrgenommene Nützlichkeit |
| H8 | Qualität der Leistung | positiv | Wahrgenommene Einfachheit der Nutzung |
| H9 | Persönlicher Innovationsgrad | positiv | Wahrgenommene Nützlichkeit |
| H10 | Ökologische Einstellung | positiv | Wahrgenommene Nützlichkeit |
| H11 | Wahrgenommenes technologisches Risiko | negativ | Wahrgenommene Nützlichkeit |
| H12 | Wahrgenommenes technologisches Wissen | positiv | Wahrgenommene Nützlichkeit |
| H13 | Wahrgenommenes technologisches Wissen | positiv | Wahrgenommene Einfachheit der Nutzung |
| H14 | Rahmenbedingung Tankprozess Batterieelektrofahrzeug | positiv | Wahrgenommene Einfachheit der Nutzung |
| H15 | Rahmenbedingung Tankprozess Brennstoffzellenfahrzeug | positiv | Wahrgenommene Einfachheit der Nutzung |
| H16 | Rahmenbedingung Infras-trukturBatterieelektrofahr-zeug | positiv | Wahrgenommene Einfachheit der Nutzung |
| H17 | Rahmenbedingung Infrastruktur Brennstoffzellenfahrzeug | positiv | Wahrgenommene Einfachheit der Nutzung |
| H18 | Rahmenbedingung Tankprozess Batterieelektrofahrzeug | positiv | Wahrgenommene Nützlichkeit |

**Tabelle 1:** Fortsetzung

| Hypothese | Pfadverbindung Ausgangskonstrukt | Erwartete Einwirkung | Zielkonstrukt |
|---|---|---|---|
| H19 | Rahmenbedingung Tankprozess Brennstoffzellenfahrzeug | positiv | Wahrgenommene Nützlichkeit |
| H20 | Rahmenbedingung Infrastruktur Batterieelektrofahrzeug | positiv | Wahrgenommene Nützlichkeit |
| H21 | Rahmenbedingung Infrastruktur Brennstoffzellenfahrzeug | positiv | Wahrgenommene Nützlichkeit |
| H22 | Wahrgenommene Kosten | negativ | Verhaltensabsicht Batterieelektrofahrzeug |
| H23 | Wahrgenommene Kosten | negativ | Verhaltensabsicht Brennstoffzellenfahrzeug |
| H24 | Angst vor Fahrzeugnutzung | negativ | Wahrgenommene Einfachheit der Nutzung |
| H25 | Angst vor Fahrzeugnutzung | negativ | Verhaltensabsicht Batterieelektrofahrzeug |
| H26 | Angst vor Fahrzeugnutzung | negativ | Verhaltensabsicht Brennstoffzellenfahrzeug |
| H27 | Intrinsische Motivation | positiv | Wahrgenommene Nützlichkeit |
| H28 | Intrinsische Motivation | positiv | Wahrgenommene Einfachheit der Nutzung |
| H29 | Intrinsische Motivation | positiv | Generelle Verhaltensabsicht |
| H30 | Intrinsische Motivation | positiv | Verhaltensabsicht Batterieelektrofahrzeug |
| H31 | Intrinsische Motivation | positiv | Verhaltensabsicht Brennstoffzellenfahrzeug |
| H32 | Wahrg. Zukunftssicherheit Batterieelektrofahrzeug | positiv | Verhaltensabsicht Batterieelektrofahrzeug |
| H33 | Wahrg. Zukunftssicherheit Brennstoffzellenfahrzeug | positiv | Verhaltensabsicht Brennstoffzellenfahrzeug |
| H34 | Wahrg. Zukunftssicherheit Batterieelektrofahrzeug | negativ | Verhaltensabsicht Brennstoffzellenfahrzeug |
| H35 | Wahrg. Zukunftssicherheit Brennstoffzellenfahrzeug | negativ | Verhaltensabsicht Batterieelektrofahrzeug |
| H36 | Generelle Verhaltensabsicht | positiv | Verhaltensabsicht Batterieelektrofahrzeug |
| H37 | Generelle Verhaltensabsicht | positiv | Verhaltensabsicht Brennstoffzellenfahrzeug |

**Tabelle 2:** Hypothese zur bevorzugten Art der Elektromobilität

| Hypothese | Konstrukt E-Mobilität Art 1 | Konstrukt E-Mobilität Art 2 | Erwartetes Ergebnis |
|---|---|---|---|
| H38 | Verhaltensabsicht Brennstoffzellenfahrzeug | Verhaltensabsicht Batterieelektrofahrzeug | Brennstoffzelle wird bevorzugt |

**Tabelle 3:** Hypothesen der Moderation durch Erfahrung mit Elektromobilität

| Moderation durch Erfahrung mit Elektromobilität | | | |
|---|---|---|---|
| **Hypothese** | **Ausgangskonstrukt** | **Zielkonstrukt** | **Erwarteter Moderationseffekt** |
| H39 | Generelle Verhaltensabsicht | Verhaltensabsicht Batterieelektrofahrzeug | Signifikanter Unterschied |
| H40 | Generelle Verhaltensabsicht | Verhaltensabsicht Brennstoffzellenfahrzeug | Signifikanter Unterschied |
| H41 | Rahmenbedingung Infrastruktur Batterieelektrofahrzeug | Wahrgenommene Einfachheit der Nutzung | Signifikanter Unterschied |
| H42 | Rahmenbedingung Infrastruktur Brennstoffzellenfahrzeug | Wahrgenommene Einfachheit der Nutzung | Signifikanter Unterschied |
| H43 | Rahmenbedingung Tankprozess Batterieelektrofahrzeug | Wahrgenommene Einfachheit der Nutzung | Signifikanter Unterschied |
| H44 | Rahmenbedingung Tankprozess Brennstoffzellenfahrzeug | Wahrgenommene Einfachheit der Nutzung | Signifikanter Unterschied |
| H45 | Wahrgenommene Einfachheit der Nutzung | Generelle Verhaltensabsicht | Signifikanter Unterschied |
| H46 | Wahrgenommenes technologisches Risiko | Wahrgenommene Nützlichkeit | Signifikanter Unterschied |

**Tabelle 4:** Hypothesen der Moderation durch den Wohnort

| **Moderation durch Wohnort** | | | |
|---|---|---|---|
| **Hypothese** | **Ausgangskonstrukt** | **Zielkonstrukt** | **Erwarteter Moderationseffekt** |
| H47 | Generelle Verhaltensabsicht | Verhaltensabsicht Batterieelektrofahrzeug | Signifikanter Unterschied |
| H48 | Generelle Verhaltensabsicht | Verhaltensabsicht Brennstoffzellenfahrzeug | Signifikanter Unterschied |
| H49 | Rahmenbedingung Infrastruktur Batterieelektrofahrzeug | Wahrgenommene Einfachheit der Nutzung | Signifikanter Unterschied |
| H50 | Rahmenbedingung Infrastruktur Brennstoffzellenfahrzeug | Wahrgenommene Einfachheit der Nutzung | Signifikanter Unterschied |
| H51 | Rahmenbedingung Tankprozess Batterieelektrofahrzeug | Wahrgenommene Einfachheit der Nutzung | Signifikanter Unterschied |
| H52 | Rahmenbedingung Tankprozess Brennstoffzellenfahrzeug | Wahrgenommene Einfachheit der Nutzung | Signifikanter Unterschied |
| H53 | Wahrgenommene Zukunftssicherheit Batterieelektrofahrzeug | Verhaltensabsicht Batterieelektrofahrzeug | Signifikanter Unterschied |
| H54 | Wahrgenommene Zukunftssicherheit Batterieelektrofahrzeug | Verhaltensabsicht Brennstoffzellenfahrzeug | Signifikanter Unterschied |
| H55 | Wahrgenommene Zukunftssicherheit Brennstoffzellenfahrzeug | Verhaltensabsicht Batterieelektrofahrzeug | Signifikanter Unterschied |
| H56 | Wahrgenommene Zukunftssicherheit Brennstoffzellenfahrzeug | Verhaltensabsicht Brennstoffzellenfahrzeug | Signifikanter Unterschied |

**Tabelle 5:** Hypothesen der Moderation durch das Geschlecht

| Moderation durch Geschlecht | | | |
|---|---|---|---|
| **Hypothese** | **Ausgangskonstrukt** | **Zielkonstrukt** | **Erwarteter Moderationseffekt** |
| H57 | Intrinsische Motivation | Generelle Verhaltensabsicht | Signifikanter Unterschied |
| H58 | Intrinsische Motivation | Verhaltensabsicht Batterieelektrofahrzeug | Signifikanter Unterschied |
| H59 | Intrinsische Motivation | Verhaltensabsicht Brennstoffzellenfahrzeug | Signifikanter Unterschied |

**Tabelle 6:** Hypothesen der Kontrollvariable Alter

| **Hypothese** | **Kontrollvariable** | **Zielkonstrukt** | **Erwartete Einwirkung** |
|---|---|---|---|
| H60 | Alter | Generelle Verhaltensabsicht | negativ |
| H61 | Alter | Wahrgenommene Einfachheit der Nutzung | positiv |
| H62 | Alter | Verhaltensabsicht Batterieelektrofahrzeug | negativ |
| H63 | Alter | Verhaltensabsicht Brennstoffzellenfahrzeug | negativ |

**Tabelle 7:** Hypothesen der Kontrollvariable Einkommen

| **Hypothese** | **Kontrollvariable** | **Zielkonstrukt** | **Erwartete Einwirkung** |
|---|---|---|---|
| H64 | Einkommen | Generelle Verhaltensabsicht | positiv |
| H65 | Einkommen | Verhaltensabsicht Batterieelektrofahrzeug | positiv |
| H66 | Einkommen | Verhaltensabsicht Brennstoffzellenfahrzeug | positiv |

# 5 Methodologie

Dieses Kapitel beschreibt die dieser Forschungsarbeit zugrundeliegende Methodologie. Dabei werden zunächst auf Strukturgleichungsmodelle generell sowie die Auswahl des für diese Forschungsarbeit verwendete Art der Strukturgleichungsmodellierung eingegangen. Im Anschluss folgt ein Überblick über den Prozess der Operationalisierung des Modells. Abschließend wird die Datenerhebung beschrieben.

## 5.1 Strukturgleichungsmodelle

Dieser Teil zielt darauf ab, Strukturgleichungsmodelle (SEM) und ihre Einsatzszenarien vorzustellen[307]. Anschließend wird die Auswahl des in dieser Forschungsarbeit genutzten Strukturgleichungssystems vorgestellt und begründet.

### 5.1.1 Grundlagen und Arten der Strukturgleichungsmodelle

Die Untersuchung der aufgestellten Forschungshypothesen und des sich daraus ergebenden Forschungsmodells bedarf einer ausgiebigen Überprüfung. Hierzu ist es notwendig, dass die gewählte Forschungsmethode dazu in der Lage ist, die Zusammenhänge zwischen den verschiedenen Variablen mithilfe von gesammelten empirischen Daten zu überprüfen und die Ablehnung oder Annahme der Hypothesen zu ermöglichen.[308] Die Methode muss in der Lage sein, mehrere Variablen gleichzeitig zu analysieren. Diese Anforderungen erfüllt die Strukturgleichungsmodellierung und ist daher zur Untersuchung des aufgestellten Modells ausgewählt worden. Die Strukturgleichungsmodellierung ist Teil der Multivariaten Analysen der zweiten Generation und macht es möglich, Variablen in Forschungsmodelle zu integrieren, die nicht direkt

---

307 Die Darstellung und Erläuterung der SEM erfolgt in dieser Arbeit mit dem Ziel, dem Leser die Nachvollziehbarkeit der Methodologie, Analyse und Ergebnisdarstellung zu ermöglichen. Für einen detaillierten Einblick in SEM und ihre Funktionsweise empfehlen sich die Arbeiten von Hair, Joseph F., et al. (2017), Henseler, Jörg (2005) und Krafft, Manfred / Götz, Oliver / Liehr-Gobbers, Kerstin (2005).

308 Vgl. Chin, Wynne W. (1998): The Partial Least Squares Approach to Structural Equation Modeling, S. 297 f; vgl. Hair, Joseph F., et al. (2017): Partial Least Squares Strukturgleichungsmodellierung (PLS-SEM) – Eine anwendungsorientierte Einführung, S. 3 f.

messbar sind.[309] Solche latenten Variablen werden über eine Anzahl von Indikatorvariablen gemessen, die indirekt die gewünschte Beobachtung ermöglichen.[310] Darüber hinaus ermöglicht die SEM die Untersuchung von komplexen Modellen mit einer großen Anzahl an Variablen und Indikatoren.

Strukturgleichungsmodellierungen sind in zwei unterschiedliche Arten unterteilt, kovarianzbasierte SEM (CB-SEM)[311] und Partial Least Squares SEM (PLS-SEM). Der Unterschied zwischen den beiden Arten liegt im Verwendungsziel der Strukturgleichungsmodellierung. So ist der Verwendungszweck der CB-SEM vorwiegend konfirmatorischer Natur, anwendbar für die Überprüfung von aufgestellten Modellen mittels empirischer Daten.[312] Der Einsatzzweck der PLS-SEM ist hingegen explorativer Natur und zielt auf die Neu- und Weiterentwicklung von Theorien ab.[313] Oftmals liegen die Ziele von Forschungen jedoch nicht ausschließlich in einer Kategorie, sondern bestehen aus einer Kombination von konfirmatorischem und explorativem Vorgehen. In diesem Fall sollte die Art der SEM gewählt werden, deren Anwendungsziel vorwiegend mit dem Forschungsziel übereinstimmt.

### 5.1.2 Aufbau eines Strukturgleichungsmodells

Die Entwicklung eines Forschungsmodells, bestehend aus Konstrukten und der die Beziehungen zwischen den Konstrukten darstellenden Pfadverbindungen, geht der Analyse voraus. Die grafische Darstellung wird oftmals auch als Pfadmodell benannt und besteht aus zwei grundlegenden Teilen. Ein Beispiel für ein Pfadmodell ist in Abbildung 16 dargestellt. Das Messmodell (auch äußeres Modell genannt) umfasst dabei die Konstrukte sowie die dazugehörigen Indikatoren, während das Strukturmodell (auch inneres Modell genannt) die

---

309 Vgl. Hair, Joseph F., et al. (2017): Partial Least Squares Strukturgleichungsmodellierung (PLS-SEM) – Eine anwendungsorientierte Einführung, S. 3 f; vgl. Chin, Wynne W. (1998): The Partial Least Squares Approach to Structural Equation Modeling, S. 296 f.

310 Vgl. Hair, Joseph F., et al. (2017): Partial Least Squares Strukturgleichungsmodellierung (PLS-SEM) – Eine anwendungsorientierte Einführung, S. 5 f; vgl. Weiber, Rolf / Mühlhaus, Daniel (2014): Strukturgleichungsmodellierung – Eine anwendungsorientierte Einführung in die Kausalanalyse mit Hilfe von AMOS SmartPLS und SPSS, S. 95 f.

311 Im Englischen als Covariance-Based-SEM bekannt.

312 Vgl. Hair, Joseph F., et al. (2017): Partial Least Squares Strukturgleichungsmodellierung (PLS-SEM) – Eine anwendungsorientierte Einführung, S. 3 f.

313 Vgl. ebd., S. 4 f.

Beziehungen zwischen den Konstrukten selbst umfasst. Das Messmodell dient dazu, die Zusammenhänge zwischen den Indikatoren (x1 bis x10), die zur Messung der Variablen benötigt werden, und den diese darstellenden Konstrukten (Y1 bis Y4) zu visualisieren. Diese Beziehung zwischen Indikatoren und Konstrukten als auch die Beziehungen zwischen Konstrukten selbst werden mithilfe von Pfeilen dargestellt.[314] Überdies existieren zwei Typen von Messmodellen, eines für exogene latente Variablen und eines für endogene latente Variablen.[315] Das Messmodell der exogenen latenten Variablen umfasst lediglich die Treiberkonstrukte, die zur Erläuterung der Zielkonstrukte genutzt werden, während das Messmodell der endogenen latenten Variablen die zu erklärenden Zielkonstrukte des Forschungsmodells umfasst.[316] Das Strukturmodell gibt die Beziehungen zwischen den latenten Variablen wieder, dabei werden die vorab aufgestellten Pfadverbindungen dargestellt. Der sich aus der Analyse ergebende Einfluss der unabhängigen Variable auf die abhängige Variable wird mittels eines Pfadkoeffizienten erfasst.

Neben den Konstrukten und Indikatoren umfassen Messmodell und Strukturmodell auch Fehlerterme, welche die nicht erklärte Varianz eines Modells ausdrücken.[317] So sind im Messmodell die Fehlerterme (e7 bis e9) für reflektiv gemessene Konstrukte relevant, da formative Indikatoren keine Fehlerterme besitzen. Das Strukturmodell umfasst ebenfalls Fehlerterme (z3 und z4), jedoch ausschließlich für latente Variablen, die nicht nur zur Erläuterung anderer latenter Variablen dienen.[318]

---

314 Vgl. Hair, Joseph F., et al. (2017): Partial Least Squares Strukturgleichungsmodellierung (PLS-SEM) – Eine anwendungsorientierte Einführung, S. 11.

315 Vgl. Henseler, Jörg / Ringle, Christian M. / Sinkovics, Rudolf R. (2009): The use of partial least squares path modeling in international marketing, S. 284 f.

316 Vgl. Hair, Joseph F., et al. (2017): Partial Least Squares Strukturgleichungsmodellierung (PLS-SEM) – Eine anwendungsorientierte Einführung, S. 10 f; vgl. Henseler, Jörg / Ringle, Christian M. / Sinkovics, Rudolf R. (2009): The use of partial least squares path modeling in international marketing, S. 285 f.

317 Vgl. Hair, Joseph F., et al. (2017): Partial Least Squares Strukturgleichungsmodellierung (PLS-SEM) – Eine anwendungsorientierte Einführung, S. 11.

318 Vgl. ebd., S. 11; vgl. Henseler, Jörg / Ringle, Christian M. / Sinkovics, Rudolf R. (2009): The use of partial least squares path modeling in international marketing, S. 290 f.

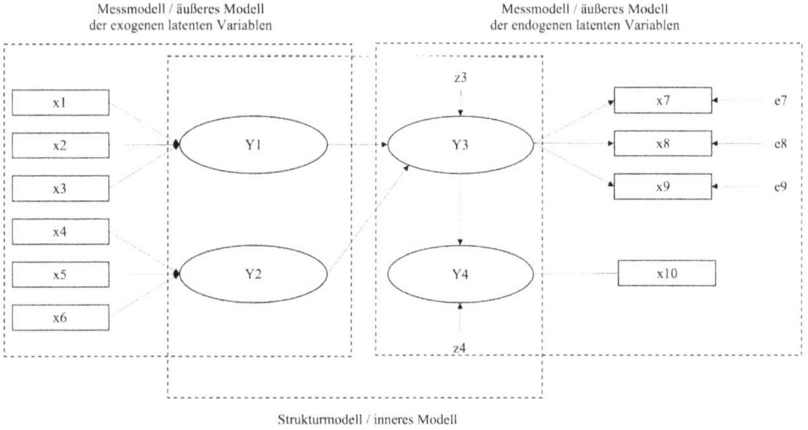


**Abbildung 16:** Beispiel für ein Pfadmodell.[319]

### 5.1.3 Formative und reflektive Messmodelle

Für die Messung von latenten Variablen gilt es zwischen den beiden Formen der reflektiven und der formativen Messung zu unterscheiden. In Abbildung 17 sind beispielhafte Darstellungen für beide Arten von Messmodellen aufgeführt. Im Falle von reflektiven Messmodellen verursachen die Konstrukte die Messung der einzelnen Indikatorvariablen. Die Konstrukte sind somit kausal für die Ausprägung der mit ihnen bezogenen Indikatorvariablen verantwortlich und jegliche Änderung der latenten Variable hat einen Einfluss auf alle der mit dem Konstrukt verbundenen Indikatorvariablen.[320] Die Indikatoren eines reflektiven Messmodells sollten untereinander eine starke Korrelation aufweisen und austauschbar sein.[321] Darüber hinaus ist es möglich, einzelne Indikatoren

319 Vgl. Hair, Joseph F., et al. (2017): Partial Least Squares Strukturgleichungsmodellierung (PLS-SEM) – Eine anwendungsorientierte Einführung, S. 11.

320 Vgl. Henseler, Jörg / Ringle, Christian M. / Sinkovics, Rudolf R. (2009): The use of partial least squares path modeling in international marketing, S. 289 f; vgl. Hair, Joseph F., et al. (2017): Partial Least Squares Strukturgleichungsmodellierung (PLS-SEM) – Eine anwendungsorientierte Einführung, S. 40 f.

321 Vgl. Hair, Joseph F., et al. (2017): Partial Least Squares Strukturgleichungsmodellierung (PLS-SEM) – Eine anwendungsorientierte Einführung, S. 40; vgl. Henseler, Jörg / Ringle, Christian M. / Sinkovics, Rudolf R. (2009): The use of partial least squares path modeling in international marketing, S. 289 f.

aus dem Messmodel zu entfernen, ohne die Inhaltsvalidität in einem starken Maße zu beeinflussen, solange das Konstrukt eine ausreichende Reliabilität besitzt.[322]

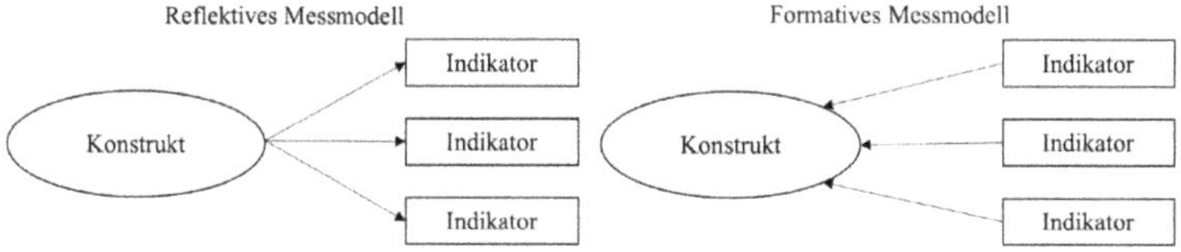


**Abbildung 17:** Beispiele für ein reflektives und ein formatives Messmodell.[323]

Die formativen Messmodelle funktionieren auf einer entgegengesetzten Annahme zu den reflektiven Messmodellen, hier bilden die Ausprägungen der einzelnen Indikatoren die latente Variable. Die Indikatoren erfassen jeweils einen spezifischen Teil der Definition des ihnen zugeteilten Konstrukts, sind daher nicht austauschbar und müssen auch keine hohe Korrelation untereinander aufweisen.[324] Die Summe der Indikatoren ist so in der Lage die Ausprägung des Konstrukts zu bestimmen, die Wahl der Indikatoren hat somit einen starken Einfluss auf die Erfassung des Inhalts eines Konstrukts.[325] Im Vergleich zu einem reflektiven Messmodel hat eine Veränderung oder Entfernung von einzelnen Indikatoren einen signifikanten Einfluss auf das Konstrukt selbst.

---

322 Vgl. Hair, Joseph F., et al. (2017): Partial Least Squares Strukturgleichungsmodellierung (PLS-SEM) – Eine anwendungsorientierte Einführung, S. 40.

323 Vgl. ebd., S. 43; vgl. Henseler, Jörg / Ringle, Christian M. / Sinkovics, Rudolf R. (2009): The use of partial least squares path modeling in international marketing, S. 290 f.

324 Vgl. Henseler, Jörg / Ringle, Christian M. / Sinkovics, Rudolf R. (2009): The use of partial least squares path modeling in international marketing, S. 290; vgl. Hair, Joseph F., et al. (2017): Partial Least Squares Strukturgleichungsmodellierung (PLS-SEM) – Eine anwendungsorientierte Einführung S. 40.

325 Vgl. Diamantopoulos, Adamantios / Siguaw, Judy A. (2006): Formative Versus Reflective Indicators in Organizational Measure Development: A Comparison and Empirical Illustration, S. 274 f; vgl. Hair, Joseph F., et al. (2017): Partial Least Squares Strukturgleichungsmodellierung (PLS-SEM) – Eine anwendungsorientierte Einführung, S. 40 f.

### 5.1.4 Mediation und Moderation in Strukturgleichungsmodellen

Über die direkten Pfadverbindungen hinaus ist es möglich, mithilfe der SEM Analyse auch mediierende und moderierende Effekte zu untersuchen. Die Analyse des aufgestellten Forschungsmodells setzt sich ebenfalls zum Ziel, die Einflüsse mehrerer Moderatorvariablen zu untersuchen, daher werden an dieser Stelle kurz die Grundlagen der Mediation und Moderation vorgestellt und in Abbildung 18 beispielhaft dargestellt.

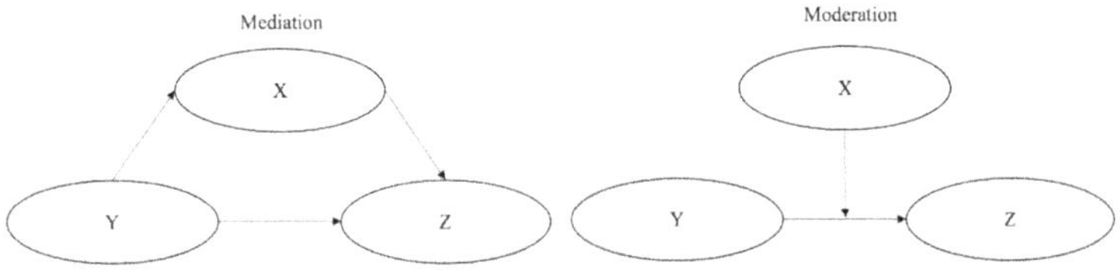


**Abbildung 18:** Darstellung von Mediator- und Moderationseffekt.[326]

Ein Mediationseffekt entsteht, sobald die direkte Verbindung zwischen zwei Konstrukten durch das Einfügen eines dritten, vermittelnden Konstrukts erweitert wird.[327] In Abbildung 18 ist X somit ein potentieller Mediator der Verbindung zwischen Y und Z. Der so entstehende indirekte Effekt von Y über X auf Z wird auch als Mediatoreffekt bezeichnet.[328]

Eine Moderation liegt vor, wenn die Pfadverbindung zwischen zwei Variablen von dem Einfluss einer dritten Variablen beeinflusst wird. Dieser Einfluss auf die bestehende Pfadverbindung macht die dritte Variable zu einer Moderatorvariable.[329] So kann eine Moderatorvariable die Stärke der Pfadverbindung beeinflussen oder diese sogar auch umkehren.[330]

326 Vgl. Hair, Joseph F., et al. (2017): Partial Least Squares Strukturgleichungsmodellierung (PLS-SEM) – Eine anwendungsorientierte Einführung, S. 195 & S. 207.

327 Vgl. ebd., S. 195.

328 Vgl. ebd., S. 195 f; vgl. Hopwood, Christopher J. (2007): Moderation and Mediation in Structural Equation Modeling: Applications for Early Intervention Research, S. 265 f.

329 Vgl. Hair, Joseph F., et al. (2017): Partial Least Squares Strukturgleichungsmodellierung (PLS-SEM) – Eine anwendungsorientierte Einführung, S. 206.

330 Vgl. Hair, Joseph F., et al. (2017): Partial Least Squares Strukturgleichungsmodellierung (PLS-SEM) – Eine anwendungsorientierte Einführung, S. 206; vgl. Hopwood, Christopher J. (2007): Moderation and Mediation in Structural Equation Modeling: Applications for Early Intervention Research, S. 263 ff.

### 5.1.5 Auswahl des Strukturgleichungsverfahrens

Für die Auswahl der Art des Strukturgleichungsverfahrens gilt es, eine Reihe von Faktoren zu berücksichtigen. So spielen der Fokus der Forschungsarbeit, die Komplexität des zu untersuchenden Forschungsmodells als auch die Art der Messung der latenten Variablen eine zentrale Rolle. Überdies ist auch die weiterführende Untersuchung von Moderationseffekten ein zu berücksichtigender Aspekt.

Aufgrund der explorativen Natur der Forschungsarbeit sowie der Komplexität des Forschungsmodells, begründet durch die hohe Anzahl von Konstrukten, entschied sich Fazel (2013) für die Anwendung des PLS-SEM Verfahrens.[331] Dies ist bedingt durch den für das TAM noch neuen Forschungsrahmen der Akzeptanz der Elektromobilität als auch der Inklusion einer großen Menge von latenten Variablen, die teils noch bestätigt werden müssen.

So treffen diese Argumente auch für das Forschungsvorhaben dieser Arbeit zu. Während Fazel (2013) gezeigt hat, dass das TAM auch im Bereich der Elektromobilität mit einem Fokus auf Carsharing verlässliche Ergebnisse liefert, richtet sich diese Arbeit auf die Untersuchung der Akzeptanz von verschiedenen Arten der Elektromobilität und enthält darüber hinaus neue und bisher unerprobte sowie auch angepasste Konstrukte. Daraus lässt sich dieser Arbeit ebenfalls ein vorwiegend explorativer Fokus zuschreiben, was eine Voraussetzung für die Verwendung des PLS-SEM Verfahrens darstellt. Die Komplexität des Forschungsmodells ist mit 22 Konstrukten und 118 Indikatoren sowie drei zu untersuchenden Moderatorvariablen als hoch einzustufen und nach Hair et al. (2017) und Henseler et al. (2009) hierfür die Verwendung einer varianzbasierten Methode empfohlen.[332] Für die Auswertung nimmt die Erfassung von Eindrücken und Meinungen bei mehreren Konstrukten eine zentrale Rolle ein und ist nach Chin (2010) vorzugsweise mit einer varianzbasierten Methode durchzuführen.[333] Die Moderationseffekte der im Forschungsmodell enthaltenen Moderatorvariablen können mit einem varianzbasierten Verfahren

331 Vgl. Fazel, Ludwig (2013): Akzeptanz von Elektromobilität – Entwicklung und Validierung eines Modells unter Berücksichtigung der Nutzungsform des Carsharing, S. 193 f.

332 Vgl. Hair, Joseph F., et al. (2017): Partial Least Squares Strukturgleichungsmodellierung (PLS-SEM) – Eine anwendungsorientierte Einführung, S. 10 f; vgl. Henseler, Jörg / Ringle, Christian M. / Sinkovics, Rudolf R. (2009): The use of partial least squares path modeling in international marketing, S. 288 f.

333 Vgl. Chin, Wynne W. (2010): How to write up and report PLS analyses, S. 661 f.

ohne spezielle Anforderungen an die Datenverteilung untersucht werden, dies spricht im Falle dieser Forschungsarbeit ebenfalls für die Verwendung des PLS-SEM Verfahrens.[334]

Für den letzten Schritt der Untersuchung der Unterschiede in der Akzeptanz der beiden Arten der Elektromobilität mithilfe des Wilcoxon-Vorzeichen-Rang-Tests ist ebenfalls ein varianzbasiertes Verfahren empfehlenswert, da diese es ermöglichen, die Faktorwerte der einzelnen Konstrukte des Modells aus der Analyse für weiterführende Untersuchungen zu verwenden. Im Fall von kovarianzbasierten Verfahren sind diese Werte nicht im Zuge der eigentlichen Analyse eingebunden und besitzen daher eine geringere Aussagekraft.[335]

Nach Betrachtung des speziellen Forschungsrahmens der Arbeit als auch der Unterschiede der beiden Arten von SEM Verfahren wird für die weitere Untersuchung des Forschungsmodells das PLS-SEM Verfahren angewandt. Damit folgt diese Arbeit ebenfalls der Entscheidung von Fazel (2013) für PLS-SEM und ermöglicht somit eine bessere Vergleichbarkeit der Ergebnisse und Evaluierung einer möglichen Verbesserung der Aussagekraft als Resultat der Erweiterungen oder des Hinzufügen von einzelnen Konstrukten.

## 5.2 Operationalisierung der Konstrukte

Dieses Kapitel stellt die einzelnen Faktoren, die bei der Operationalisierung der Konstrukte für die Umfrage berücksichtigt wurden, vor. Dabei wird auf die gewählte Antwortskala sowie die Anzahl der Indikatoren pro Konstrukt, Poolung der Indikatoren, als auch die Änderungen zu bestehenden Konstrukten und den Aufbau der neuen Konstrukte eingegangen.

### 5.2.1 Vorgehensweise der Operationalisierung

Für die Operationalisierung der einzelnen Konstrukte des Forschungsmodells wird auf die von Fazel (2013) vorgenommen Änderungen an mehreren Konstrukten des TAM zur Anpassung an den Forschungsrahmen der Elektromobilität zurückgegriffen. Aufgrund des Forschungsziels dieser Arbeit zur Untersuchung der Akzeptanz von zwei unterschiedlichen Arten der Elektromobilität sind weitere Anpassungen einzelner Konstrukte notwendig. Überdies

334 Vgl. ebd., S. 660.

335 Vgl. Herrmann, Andreas / Huber, Frank / Kressmann, Frank (2006): Varianz- und kovarianz- basierte Strukturgleichungsmodelle – Ein Leitfaden zu deren Spezifikation, Schätzung und Beurteilung, S. 42 f.

sind die Erstellung und Entwicklung von einzelnen neuen Konstrukten erforderlich, da in der Literatur keine passenden Konstrukte gefunden wurden. Vor der Anpassung bestehender und Entwicklung neuer Konstrukte wurde eine Literaturrecherche durchgeführt, um nach Möglichkeit bereits bestehende und validierte Konstrukte für die Operationalisierung des Forschungsmodells zu nutzen. Damit orientiert sich die Vorgehensweise der Operationalisierung an der von Homburg und Giering (1996), welche die Verwendung von bereits validierten Konstrukten empfehlen.[336] Hierzu wurde das *Marketing Scales Handbook* nach für das Forschungsmodell geeigneten und validierten Konstrukten durchsucht. Die so identifizierten Indikatoren für die einzelnen Konstrukte des Forschungsmodells wurden gesammelt und auf Inhaltsrelevanz hin geprüft. Relevante Indikatoren wurden anschließend in das Modell integriert, nicht relevante Indikatoren ausgeschlossen. Aufgrund der ausschließlich reflektiv gemessenen Konstrukte des Modells von Fazel (2013) werden die neuentwickelten Konstrukte des Modells ebenfalls reflektiv gemessen.

Bei seiner Operationalisierung des Modells wählte Fazel (2013) eine siebenstufige Likert-Skala für die Messung der Konstrukte.[337] Da es sich bei dem Forschungsmodell dieser Arbeit um eine Erweiterung und Anpassung auf ein ähnliches Forschungsgebiet handelt, wird die Likert-Skala beibehalten und ebenfalls für die angepassten und neu entwickelten Konstrukte verwendet. Dies ermöglicht eine bessere Vergleichbarkeit der Ergebnisse sowie eine Observierung der Weiterentwicklungen und Erweiterungen des Modells. Likert-Skalen zählen zu den Intervallskalen[338] und eignen sich daher für die Verwendung mit der SEM Methode.[339] Aufgrund der hauptsächlichen Erfassung von Meinungen

---

336 Vgl. Homburg, Christian / Giering, Annette (1996): Konzeptualisierung und Operationalisierung komplexer Konstrukte: Ein Leitfaden für die Marketingforschung S. 19 f; vgl. Fuchs, Christoph / Diamantopoulos, Adamantios (2009): Using single-item measures for construct measurement in management research: Conceptual issues and application guidelines S. 196.

337 Vgl. Fazel, Ludwig (2013): Akzeptanz von Elektromobilität – Entwicklung und Validierung eines Modells unter Berücksichtigung der Nutzungsform des Carsharing, S. 209 f.

338 Auf eine Erläuterung der Unterschiede der vier verschiedenen Skalenniveaus (Nominalskala, Ordinalskala, Intervallskala und Ratioskala) wird an dieser Stelle verzichtet. Hierfür empfiehlt sich jedoch unter anderem Hair, F. et al. (2017): Partial Least Squares Strukturgleichungsmodellierung (PLS-SEM) – Eine anwendungsorientierte Einführung.

339 Vgl. Homburg, Christian (2017): Marketingmanagement: Strategie – Instrumente – Umsetzung – Unternehmensführung, S. 309.

und Wahrnehmungen der Umfrageteilnehmer zu Aspekten zum Thema der Elektromobilität eignet sich die Verwendung der Likert-Skala, da diese es ermöglicht, die positive oder negative Wahrnehmung in mehreren Stufen zu erfassen.

Nach Abschluss der Operationalisierung des Modells wurde die Umfrage an zehn Personen für einen Pretest verteilt. Die Zielsetzung des Pretests bestand in der Überprüfung der Verständlichkeit der Frage- und Antwortmöglichkeiten als auch in der Aufdeckung von potentiellen inhaltlichen Erweiterungen.

### 5.2.2 Messung der Konstrukte

Für die Operationalisierung der Konstrukte ist die Wahl der Anzahl der Items zur Messung der Konstrukte ein signifikanter Faktor. Hierbei besteht die Wahl zwischen der Single-Item oder Multi-Item-Messung. Während bei einer Single-Item-Messung lediglich ein einzelnes Item zur Messung eines Konstrukts verwendet wird, erlaubt die Multi-Item-Messung die Verwendung mehrerer Items.[340] Die Messung mit einzelnen Items pro Konstrukt zeichnet sich somit durch eine kurze und einfache Anwendung im Rahmen von Umfragen aus und vermeidet es, die Umfrageteilnehmer mit möglicherweise umfangreichen Antwortmöglichkeiten zu konfrontieren.[341] Jedoch liegen die Nachteile von Single-Item-Messungen darin, dass es nicht möglich ist, Messfehler zu reduzieren oder fehlende Werte zu ersetzen.[342] Im Falle von Multi-Item-Messungen ist es möglich, durch die höhere Anzahl der Items fehlende Werte oder auch Messfehler

---

340 Vgl. Hair, Joseph F., et al. (2017): Partial Least Squares Strukturgleichungsmodellierung (PLS-SEM) – Eine anwendungsorientierte Einführung, S. 45 f.

341 Vgl. Fuchs, Christoph / Diamantopoulos, Adamantios (2009): Using single-item measures for construct measurement in management research: Conceptual issues and application guidelines, S. 207; vgl. Sarstedt, Marko / Wilczynski, Petra (2009): More for Less? A Comparison of Single-item and Multi-item Measures, S. 223 f; vgl. Fuchs, Christoph / Diamantopoulos, Adamantios (2009): Using single-item measures for construct measurement in management research: Conceptual issues and application guidelines, S. 206 f.

342 Vgl. Diamantopoulos, Adamantios, et al. (2012): Guidelines for choosing between multi-item and single-item scales for construct measurement: a predictive validity perspective, S. 446 f; vgl. Hair, Joseph F., et al. (2017): Partial Least Squares Strukturgleichungsmodellierung (PLS-SEM) – Eine anwendungsorientierte Einführung, S. 45 f.

zu behandeln. Überdies eignet sich die Messung mit mehreren Items besonders im Falle von Konstrukten, die Einstellungen und Meinung erfassen sollen.[343]

Zur Erleichterung der Entscheidung zwischen einer Single- und Multi-Item-Messung wurde von Diamantopoulos et al. (2012) eine Richtlinie zur Entscheidung für Single-Item-Messungen erarbeitet. So empfehlen Diamantopoulos et al. (2012) die Verwendung von Single-Items nur für Forschungsvorhaben, bei denen eine Fallzahl von 50 oder weniger vorliegt; nur schwache Effekte zwischen den Konstrukten mit Pfadkoeffizienten von 0,3 oder weniger erwartet werden, die Items eines bisher als Multi-Item gemessenen Konstrukts für dieses einen Cronbachs Alpha von 0,9 oder höher aufweisen und die Items selbst als semantisch redundant eingestuft werden können.[344] Sollten diese Kriterien nicht erfüllt werden, raten Diamantopoulos et al. (2012) von der Verwendung von Single-Item-Messungen ab.[345]

Im Falle der vorliegenden Forschungsarbeit liegt ein Schwerpunkt auf der Erfassung von Wahrnehmungen und Meinungen der Umfrageteilnehmer zu Themen rund um die Elektromobilität, welche mit Multi-Item-Messungen verlässlich durchgeführt werden kann. Des Weiteren werden die von Diamantopoulos et al. (2012) vorgestellten Anforderungen nicht erfüllt.[346] Daher werden die Konstrukte des Forschungsmodells mit einer Multi-Item-Messung versehen. Lediglich für die Kontrollvariablen und Moderatorvariablen werden Single-Item-Messungen verwendet.

---

343 Vgl. Diamantopoulos, Adamantios, et al. (2012): Guidelines for choosing between multi-item and single-item scales for construct measurement: a predictive validity perspective, S. 445 f; vgl. Fuchs, Christoph / Diamantopoulos, Adamantios (2009): Using single-item measures for construct measurement in management research: Conceptual issues and application guidelines, S. 206 f.

344 Vgl. Diamantopoulos, Adamantios, et al. (2012): Guidelines for choosing between multi-item and single-item scales for construct measurement: a predictive validity perspective, S. 444 f; vgl. Kamakura, Wagner A. (2015): Measure twice and cut once: the carpenter's rule still applies, S. 239 ff.

345 Vgl. Diamantopoulos, Adamantios, et al. (2012): Guidelines for choosing between multi-item and single-item scales for construct measurement: a predictive validity perspective, S. 446; vgl. Hair, Joseph F., et al. (2017): Partial Least Squares Strukturgleichungsmodellierung (PLS-SEM) – Eine anwendungsorientierte Einführung, S. 45 f.

346 Vgl. Diamantopoulos, Adamantios, et al. (2012): Guidelines for choosing between multi-item and single-item scales for construct measurement: a predictive validity perspective, S. 446 f.

Die Konstrukte aus dem Modell vom Fazel (2013) sind bereits mit einer Multi-Item-Messung operationalisiert und wurden so übernommen. Die angepassten oder neu entwickelten Konstrukte wurden ebenfalls mit einer Multi-Item-Messung operationalisiert.

### 5.2.3 Bestehende Konstrukte des Forschungsmodells

Zunächst werden die bereits von Fazel (2013) operationalisierten Konstrukte vorgestellt, für die keine Änderung oder Anpassung zur Verwendung in dieser Arbeit notwendig sind. In den nachfolgenden Kapiteln werden die angepassten sowie die neu entwickelten Konstrukte mit der dazugehörigen Operationalisierung vorgestellt. Die Konstrukte *Subjektive Norm, Image, Ökologische Einstellung, Wahrgenommenes technologisches Wissen, Angst vor Fahrzeugnutzung, Persönlicher Innovationsgrad, Wahrgenommene Nützlichkeit, Wahrgenommene Einfachheit der Nutzung, Generelle Verhaltensabsicht, Wahrgenommene Visibilität der Nutzung* und *Intrinsische Motivation* wurden von Fazel (2013) zur Untersuchung der Akzeptanz von Elektromobilität angepasst und mit einer siebenstufigen Likert-Skala operationalisiert. Diese Konstrukte können daher ohne Änderungen der Operationalisierung für diese Arbeit genutzt werden.

**Tabelle 8:** Operationalisierte Konstrukte aus dem Forschungsmodell von Fazel (2013)

| Konstrukt | Item | Beschreibung | Quellen |
|---|---|---|---|
| Subjektive Norm (SN) | SN_01 | Menschen, die mein Verhalten beeinflussen, würden es begrüßen, wenn ich ein Elektrofahrzeug fahren würde. | Fazel (2013); Ajzen & Fishbein (1975); Mathieson (1991); Fisher & Price (1992); Taylor & Todd (1995); Venkatesh & Davis (2000); Venkatesh et al. (2003) |
| | SN_02 | Menschen, die mir wichtig sind, würden es begrüßen, wenn ich ein Elektrofahrzeug fahren würde. | |
| | SN_03 | Medienberichten zufolge sind Elektrofahrzeuge positiv zu bewerten. | |
| | SN_04 | Expertenmeinungen zufolge sind Elektrofahrzeuge positiv zu bewerten. | |
| Image (IMG) | IMG_01 | Die Nutzung eines Elektrofahrzeugs würde mein Ansehen in meinem Umfeld positiv beeinflussen. | Fazel (2013); Tornatzky Klein (1982); Moore & Benbasat (1991); Venkatesh & Davis (2000); Venkatesh & Bala (2008) |
| | IMG_02 | Menschen, die ein Elektrofahrzeug benutzen, genießen ein höheres Ansehen. | |
| | IMG_03 | Durch die Nutzung eines Elektrofahrzeugs würde ich mich von anderen Autofahrern positiv abheben. | |
| | IMG_04 | Durch die Nutzung eines Elektrofahrzeugs würde ich Aufmerksamkeit erregen. | |
| | IMG_05 | Durch die Nutzung eines Elektrofahrzeugs würde ich von meinem Umfeld als verantwortungsbewusster Mitmensch wahrgenommen. | |
| | IMG_06 | Durch die Nutzung eines Elektrofahrzeugs würde ich meinem Umfeld signalisieren, dass mir Umweltschutz wichtig ist. | |
| | IMG_07 | Ein Elektrofahrzeug ist als Statussymbol anzusehen. | |
| Ökologische Einstellung (OE) | OE_01 | Ich habe in der Vergangenheit bereits deswegen Produkte gekauft, weil sie weniger Emissionen bzw. Schadstoffe verursachen. | Fazel (2013); Roberts (1995); Kahn (2006); Jansson (2011) |
| | OE_02 | Ich versuche, Produkte zu konsumieren, die aus wiederverwertbaren Materialien hergestellt wurden (z. B. Recyclingpapier). | |
| | OE_03 | Wenn ich die Wahl zwischen zwei identischen Produkten habe, entscheide ich mich für das umweltfreundlichere von beiden. | |
| | OE_04 | Wenn es möglich ist, kaufe ich Produkte in wiederverwendbaren Verpackungen. | |
| | OE_05 | Wenn ich Produkte kaufe, versuche ich, mir der Auswirkungen auf die Umwelt und meine Mitmenschen bewusst zu werden. | |
| | OE_06 | Wenn ich mir der negativen Auswirkungen mancher Produkte auf die Umwelt bewusst bin, versuche ich, diese Produkte nicht zu kaufen. | |
| | OE_07 | Ich nehme teilweise einen höheren Kaufpreis auf mich, um umweltschonende Produkte zu kaufen. | |
| | OE_08 | Ich nehme teilweise einen weiteren Anfahrtsweg auf mich, um umweltschonende Produkte zu kaufen. | |
| | OE_09 | Ich habe Teile meines Freundes- und Verwandtenkreises davon überzeugt, den Kauf umweltschädlicher Produkte zu meiden. | |
| Wahrgenommenes technologisches Wissen (WTW) | WTW_01 | Ich weiß viel über Elektromobilität. | Fazel (2013); Srinivasan & Ratchford (1991); Peters & Hoffmann (2011); Huijts et al. (2012); Achterberg et al. (2010) |
| | WTW_02 | Ich würde mich auf dem Gebiet der Elektromobilität als Experte bezeichnen. | |
| | WTW_03 | Ich weiß mehr über Elektromobilität als mein Freundes- und Bekanntenkreis. | |
| | WTW_04 | Ich verfolge Neuigkeiten im Bereich der Elektromobilität aufmerksam. | |
| Angst vor Fahrzeugnutzung (AVF) | AVF_01 | Autofahren macht mir in keinerlei Hinsicht Angst. | Fazel (2013); Venkatesh (2000); Venkatesh & Bala (2008) |
| | AVF_02 | Autofahren macht mich nervös. | |
| | AVF_03 | Ich fühle mich im Umgang mit Autos unbehaglich. | |
| | AVF_04 | Ich bekomme ein komisches Gefühl, wenn ich über das Autofahren nachdenke. | |
| | AVF_05 | Wenn über Autos geredet wird, nehme ich aktiv an der Diskussion teil. | |
| | AVF_06 | Ich fühle mich beim Autofahren unwohl. | |
| | AVF_07 | Autos machen mich unruhig. | |
| Persönlicher Innovationsgrad (PI) | PI_01 | Ich halte regelmäßig Ausschau nach neuen Produkten. | Fazel (2013); Parasuraman (2000); Prasad & Agarwal (1997); Kwon et al. (2007); Kuo & Yen (2009); Jansson (2011) |
| | PI_02 | Ich suche oft nach Informationen zu neuen Produkten, die mich interessieren könnten. | |
| | PI_03 | Ich mag Zeitschriften, in denen neue Produkte vorgestellt werden. | |
| | PI_04 | Ich mag es, Orte aufzusuchen, an denen ich Informationen zu neuen Produkten erhalte (z. B. Geschäfte, Messen). | |
| | PI_05 | Wenn ich von einem neuen Produkt hören würde, das mich interessiert, würde ich sofort versuchen, dieses auszuprobieren und gegebenenfalls zu kaufen | |
| | PI_06 | Ich bin meistens der Erste in meinem Freundes- und Bekanntenkreis, der neue Produkte ausprobiert. | |
| | PI_07 | Ich bin meistens derjenige, der andere über neue Produkte informiert. | |
| | PI_08 | Ich finde es interessant, neue Produkte auszuprobieren. | |
| | PI_09 | Ich bin neuen Produkten gegenüber aufgeschlossen. | |
| | PI_10 | Ich versuche, neue Produkte zu meiden. | |
| Wahrgenommene Nützlichkeit (WN) | WN_01 | Ich würde ein Elektrofahrzeug als nützlich empfinden. | Fazel (2013); Ajzen & Fishbein (1975); Ajzen (1991); Davis (1989); Mathieson (1991); Taylor & Todd (1995); Venkatesh & Davis (2000); Venkatesh et al. (2003) |
| | WN_02 | Ich würde ein Elektrofahrzeug als sinnvoll empfinden. | |
| | WN_03 | Elektrofahrzeuge sind eine gute Idee | |
| Wahrgenommene Einfachheit der Nutzung (WEN) | WEN_01 | Es wäre einfach für mich, den Umgang mit einem Elektrofahrzeug zu erlernen. | Fazel (2013); Davis (1989); Venkatesh et al. (2003); Davis et al. (1992) |
| | WEN_02 | Die Bedienung eines Elektrofahrzeugs ist für mich nicht anders als die eines konventionellen Fahrzeugs. | |
| | WEN_03 | Es wäre einfach für mich, schnell Fortschritte im Umgang mit Elektrofahrzeugen zu machen. | |
| | WEN_04 | Ich sehe keine großen Schwierigkeiten darin, ein Elektrofahrzeug zu bedienen. | |
| | WEN_05 | Es ist schwierig, ein Elektrofahrzeug zu benutzen. | |
| Generelle Verhaltensabsicht (GVA) | GVA_01 | Ich kann mir vorstellen, ein Elektrofahrzeug für kurze Strecken (unter 25 km) zu nutzen. | Fazel (2013); Davis et al. (1989); Davis et al (1992); Venkatesh (2000); Venkatesh et al. (2003) |
| | GVA_02 | Ich kann mir vorstellen, ein Elektrofahrzeug für mittlere Strecken (zwischen 25 und 50 km) zu nutzen. | |
| | GVA_03 | Ich kann mir vorstellen, ein Elektrofahrzeug für lange Strecken (zwischen 50 und 100 km) zu nutzen. | |
| | GVA_04 | Ich kann mir vorstellen, ein Elektrofahrzeug für sehr lange Strecken (über 100 km) zu nutzen. | |
| | GVA_05 | Ich kann mir vorstellen, ein Elektrofahrzeug mit dem/den in meinem/unserem Haushalt bereits vorhandenen Fahrzeug/en zu kombinieren. | |
| | GVA_06 | Falls ich neben meinem/n bzw. unserem/n herkömmlichen Fahrzeug ein Elektrofahrzeug zur Verfügung hätte, könnte ich mir vorstellen, dieses regelmäßig zu nutzen. | |
| | GVA_07 | Ich kann mir vorstellen, ein Elektrofahrzeug spontan zu nutzen (z. B. für eine kurze Wegstrecke in der Innenstadt). | |
| Wahrgenommene Visibilität der Nutzung (WVN) | WVN_01 | Mir ist es wichtig, dass für meine Mitmenschen direkt erkennbar ist, dass ich ein spezielles Produkt mit einer neuen Technologie benutze. | Fazel (2013); Moore & Benbassat (1991); Fisher & Price (1992); Peters & Hoffmann (2011) |
| | WVN_02 | Mir ist es wichtig, dass sich Elektrofahrzeuge äußerlich von herkömmlich betriebenen Fahrzeugen unterscheiden (z. B. durch Design, Farbe, Schriftzug). | |
| | WVN_03 | Elektrofahrzeuge, die auf bereits existierenden Fahrzeugmodellen basieren, sollten sich durch Farbe und/oder Schriftzug von den herkömmlichen Modellen unterscheiden. | |
| | WVN_04 | Am besten wäre es, wenn Elektromobilität in komplett neuen Fahrzeugmodellen zum Einsatz kommt, so dass dies sofort von außen sichtbar ist. | |
| | WVN_05 | Ich lege Wert darauf, wie das Fahrzeug aussieht, in dem Elektromobilität zum Einsatz kommt. | |
| Intrinsische Motivation (IMO) | IMO_01 | Ich genieße es, ein Elektrofahrzeug zu nutzen. | Fazel (2013); Davis et al. (1992); Nysveen et al. (2005); Rogers (2003) |
| | IMO_02 | Es ist schön, ein Elektrofahrzeug zu fahren. | |
| | IMO_03 | Es ist aufregend, ein Elektrofahrzeug zu fahren. | |
| | IMO_04 | Ich habe Spaß dabei, ein Elektrofahrzeug zu nutzen. | |

### 5.2.4 Anpassung bestehender Konstrukte

Ein Großteil der Konstrukte des TAM wurde bereits von Fazel (2013) für die Untersuchung der Akzeptanz von Elektromobilität angepasst. Für das Forschungsvorhaben dieser Arbeit sind weitere Anpassungen vorgenommen worden, die im Folgenden vorgestellt werden.

Für die Operationalisierung des Konstrukts der *Qualität der Leistung* wurde die Reichweite von Elektrofahrzeugen in Item QL_05 angepasst, um den aktuellen Stand der zum Zeitpunkt der Datenerhebung auf dem Markt verfügbaren Fahrzeuge widerzuspiegeln.

**Tabelle 9:** Operationalisierung der Qualität der Leistung

| Konstrukt | Item | | Quellen |
|---|---|---|---|
| Qualität der Leistung (QL) | QL_01 | Ich gehe davon aus, dass die vom Elektrofahrzeug erbrachten Fahrleistungen für meinen Bedarf ausreichend sind. | Fazel (2013) |
| | QL_02 | Ich gehe davon aus, dass ich kein Problem mit den erbrachten Fahrleistungen eines Elektrofahrzeugs haben werde. | Venkatesh & Davis (2000) |
| | QL_03 | Ich gehe davon aus, dass ein Elektrofahrzeug für meinen Einsatz die gleichen Resultate erbringen wird wie ein herkömmliches Fahrzeug. | Roca et al. (2006) |
| | QL_04 | Ich gehe davon aus, dass ich beim Gebrauch eines Elektrofahrzeugs keine Leistungseinbußen hinnehmen muss. | Chang & Tung (2008) |
| | QL_05 | Die geringere Reichweite (ca. 200 - 350 km) von Elektrofahrzeugen im Vergleich zu herkömmlichen Fahrzeugen spielt für meinen Einsatzbereich keine Rolle. | Shin (2009) |
| | QL_06 | Die Reichweite eines Elektrofahrzeugs kommt für meinen Einsatzbereich nicht in Frage. | |

Im Zuge der Operationalisierung des *Wahrgenommenen technologischen Risikos* wurde eine Teilung der Meinung zur Ausgereiftheit der Technologie vorgenommen. So ist dieses Item nun für jede der beiden Arten der Elektromobilität separat vorhanden.

**Tabelle 10:** Operationalisierung des Wahrgenommenen technologischen Risikos

| Konstrukt | Item | | Quellen |
|---|---|---|---|
| Wahrgenommenes technologisches Risiko (WTR) | WTR_01 | Es gibt noch zu viele offene und ungeklärte Fragen rund um Elektrofahrzeuge. | Fazel (2013) |
| | WTR_02 | Das Risiko, ein Elektrofahrzeug zu fahren, erscheint mir aktuell aus technischer Sicht zu hoch. | Bauer (1960) |
| | WTR_03 | Ich kann mir nicht vorstellen, dass Elektrofahrzeuge dieselbe technische Zuverlässigkeit besitzen wie herkömmliche Fahrzeuge. | Cheng et al. (2006) |
| | WTR_04 | Ich befürchte, dass ein Elektrofahrzeug auf einmal keine Energie mehr zur Weiterfahrt besitzt und plötzlich stehenbleibt. | Lai et al. (2009) |
| | WTR_05 | Batterieelektrofahrzeuge scheinen mir momentan noch keine vollkommen ausgereifte Technologie zu sein. | Lu et al. (2005) |
| | WTR_06 | Brennstoffzellenfahrzeuge scheinen mir momentan noch keine vollkommen ausgereifte Technologie zu sein. | |

Die Operationalisierung der *Rahmenbedingung Tankprozess* wird in dieser Arbeit für beide Arten der Elektromobilität separat durchgeführt. Für Batterieelektrofahrzeuge findet keine Anpassung der Operationalisierung statt. Für

Brennstoffzellenfahrzeuge wurden Items formuliert, die inhaltlich denen der Batterieelektrofahrzeuge ähneln, jedoch mit Rücksicht auf die Unterschiede der Technologien.

**Tabelle 11:** Operationalisierung der Rahmenbedingung Tankprozess Batterieelektrofahrzeug

| Konstrukt | Item | | Quelle |
|---|---|---|---|
| Rahmenbedingung Tankprozess Batterieelektrofahrzeug (RBTP BEV) | RBTP BEV_01 | Da ich das Batterieelektrofahrzeug vorwiegend zu Hause (z. B. über Nacht) bzw. tagsüber am Arbeitsplatz aufladen würde, spielt die Ladedauer für mich keine Rolle. | Fazel (2013) |
| | RBTP BEV_02 | Die Ladedauer mittels einer herkömmlichen Ladesäule von ca. acht Stunden ist für mich akzeptabel. | |
| | RBTP BEV_03 | Die Verkürzung der Ladedauer mittels einer Schnellladestation auf ca. eine Stunde ist für mich akzeptabel. | |

**Tabelle 12:** Operationalisierung der Rahmenbedingung Tankprozess Brennstoffzellenfahrzeug

| Konstrukt | Item | | Quelle |
|---|---|---|---|
| Rahmenbedingung Tankprozess Brennstoffzellenfahrzeug (RBTP F-Cell) | RBTP F-Cell_01 | Die Tankdauer an einer Wasserstofftankstelle spielt für mich keine Rolle. | Fazel (2013) |
| | RBTP F-Cell_02 | Die Tankdauer an einer Wasserstofftankstelle von ca. 5-10 Minuten ist für mich akzeptabel. (Entspricht der Tankdauer eines Verbrennungsfahrzeugs) | |

Für die Operationalisierung der *Rahmenbedingung Infrastruktur* fand ebenfalls eine Teilung nach den Arten der Elektromobilität statt. Für das Konstrukt zur Erfassung von Brennstoffzellenfahrzeugen wurden inhaltlich vergleichbare Items zur Abbildung des Konstrukts formuliert.

**Tabelle 13:** Operationalisierung der Rahmenbedingung Infrastruktur Batterieelektrofahrzeug

| Konstrukt | Item | | Quellen |
|---|---|---|---|
| Rahmenbedingung Infrastruktur Batterieelektrofahrzeug (RBI BEV) | RBI BEV_01 | Aktuell wären meiner Ansicht nach nicht genügend öffentliche Ladesäulen für Nutzer von Batterieelektrofahrzeugen vorhanden. | Fazel (2013)<br>Venkatesh et al. (2003)<br>Peters & Hoffmann (2011)<br>Lee (2008)<br>Venkatesh & Bala (2008)<br>Ku (2009) |
| | RBI BEV_02 | Das aktuell begrenzte Netz an öffentlichen Ladesäulen stellt für mich ein Hindernis in meiner Entscheidung dar, ein Batterieelektrofahrzeug zu nutzen. | |
| | RBI BEV_03 | Das aktuelle Netz an öffentlichen Ladesäulen würde mich in der Nutzung eines Batterieelektrofahrzeugs einschränken. | |
| | RBI BEV_04 | Wenn ein entsprechend flächendeckendes Netz an öffentlichen Ladesäulen zur Verfügung stehen würde, wäre es für mich einfach, ein Batterieelektrofahrzeug zu nutzen. | |
| | RBI BEV_05 | Ich befürchte, dass ich nicht immer in der Lage sein werde, auf eine öffentliche Ladesäule zuzugreifen, wenn ich sie brauche. | |

**Tabelle 14:** Operationalisierung der Rahmenbedingung Infrastruktur Brennstoffzellenfahrzeug

| Konstrukt | Item | | Quellen |
|---|---|---|---|
| Rahmenbedingung Infrastruktur Brennstoffzellenfahrzeug (RBI F-Cell) | RBI F-Cell_01 | Aktuell wären meiner Ansicht nach nicht genügend öffentliche Wasserstofftankstellen für Nutzer von Brennstoffzellenfahrzeugen vorhanden. | Fazel (2013) Venkatesh et al. (2003) |
| | RBI F-Cell_02 | Das aktuell begrenzte Netz an öffentlichen Wasserstofftankstellen stellt für mich ein Hindernis in meiner Entscheidung dar, ein Brennstoffzellenfahrzeug zu nutzen. | Peters & Hoffmann (2011) Lee (2008) |
| | RBI F-Cell_03 | Das aktuelle Netz an öffentlichen Wasserstofftankstellen würde mich in der Nutzung eines Brennstoffzellenfahrzeugs einschränken. | Venkatesh & Bala (2008) |
| | RBI F-Cell_04 | Wenn ein entsprechend flächendeckendes Netz an öffentlichen Wasserstofftankstellen zur Verfügung stehen würde, wäre es für mich einfach, ein Brennstoffzellenfahrzeug zu nutzen. | Ku (2009) |
| | RBI F-Cell_05 | Ich befürchte, dass ich nicht immer in der Lage sein werde, auf eine öffentliche Wasserstofftankstellen zuzugreifen, wenn ich sie brauche. | |

Im Zuge der Operationalisierung des Konstrukts der *wahrgenommenen Kosten* wurde das Item WK_06 zur Erfassung der Privilegien von Elektrofahrzeugen hinzugefügt. Diese Privilegien umfassen unter anderem die Befreiung von Elektrofahrzeugen von der Kfz-Steuer.

**Tabelle 15:** Operationalisierung der Wahrgenommenen Kosten

| Konstrukt | Item | | Quellen |
|---|---|---|---|
| Wahrgenommene Kosten (WK) | WK_01 | Für mich sind die aktuellen Preise für Elektrofahrzeuge (aktuell: Aufpreis von ca. 8.000 bis 10.000 EUR im Vergleich zu herkömmlichen Fahrzeugen) zu hoch. | Fazel (2013) Kou & Yen (2009) |
| | WK_02 | Ich kann die aktuellen Preise für Elektrofahrzeuge nicht akzeptieren. | Hung et al. (2003) |
| | WK_03 | Ich bin der Ansicht, Automobilhersteller sollten die Preise für Elektrofahrzeuge reduzieren. | Luarn & Lin (2005) Wu & Wang (2000) |
| | WK_04 | Ich bin der Ansicht, die Regierung sollte die Anschaffungskosten für Elektrofahrzeuge durch staatliche Subventionierung reduzieren. | |
| | WK_05 | Ich halte die aktuellen Preise für Elektrofahrzeuge für angemessen. | |
| | WK_06 | Ich bin der Ansicht, dass die Privilegien für Elektrofahrzeuge einen zusätzlichen Nutzen bieten (dies umfasst z.B. die Nutzung von Sonderspuren und Befreiung von der KFZ-Steuer). | |

Für die Operationalisierung der *Verhaltensabsicht Batterieelektrofahrzeug* und *Verhaltensabsicht Brennstoffzellenfahrzeug* mit dem Ziel der Untersuchung der Verhaltensabsicht zum Kauf wurde ein Konstrukt je Art der Elektromobilität etabliert. Dazu wurden die Items für jede Art der Elektromobilität umformuliert.

**Tabelle 16:** Operationalisierung der Verhaltensabsicht Batterieelektrofahrzeug

| Konstrukt | Item | | Quellen |
|---|---|---|---|
| Verhaltensabsicht Batterieelektrofahrzeug (VAB) | VAB_01 | Ich kann mir vorstellen, ein Batterieelektrofahrzeug zu kaufen. | Fazel (2013); |
| | VAB_02 | Ich kann mir vorstellen, ein Batterieelektrofahrzeug über Leasing etc. zu finanzieren. | Davis et al. (1989); |
| | VAB_03 | Ich bin bereit, den Mehrpreis für ein Batterieelektrofahrzeug zu bezahlen. | Davis et al. (1992); Venkatesh (2000) |

**Tabelle 17:** Operationalisierung der Verhaltensabsicht Brennstoffzellenfahrzeug

| Konstrukt | Item | | Quellen |
|---|---|---|---|
| Verhaltensabsicht Brennstoffzellenfahrzeug (VAF) | VAF_01 | Ich kann mir vorstellen, ein Brennstoffzellenfahrzeug zu kaufen. | Fazel (2013); Davis et al. (1989); Davis et al. (1992); Venkatesh (2000) |
| | VAF_02 | Ich kann mir vorstellen, ein Brennstoffzellenfahrzeug über Leasing etc. zu finanzieren. | |
| | VAF_03 | Ich bin bereit, den Mehrpreis für ein Brennstoffzellenfahrzeug zu bezahlen. | |

## 5.2.5 Operationalisierung neu hinzugefügter Konstrukte

Die Operationalisierung der Konstrukte der *Wahrgenommenen Zukunftssicherheit* wurde als Teil des Forschungsvorhabens neu etabliert, da nach ausgiebiger Literaturrecherche dem Wissen des Autors nach keine angemessene Operationalisierung bereits validiert wurde. Ein Beitrag dieser Arbeit ist die Validierung der neu operationalisierten Konstrukte zur Erfassung der *Wahrgenommenen Zukunftssicherheit*.

Die *Wahrgenommene Zukunftssicherheit* wird für jede der beiden zu untersuchenden Arten der Elektromobilität, separat mit denselben Items für die jeweilige Art formuliert, operationalisiert.

**Tabelle 18:** Operationalisierung der Wahrgenommenen Zukunftssicherheit Batterieelektrofahrzeug

| Konstrukt | Item | | Quelle |
|---|---|---|---|
| Wahrgenommene Zukunftssicherheit Batterieelektrofahrzeug (WZSB) | WZSB_01 | Die aktuellen politischen Maßnahmen vermitteln eine langfristige Förderung von Batterieelektrofahrzeuge. | Recherche in Literatur, Presse und Nutzerforen |
| | WZSB_02 | Ich bin der Ansicht, in naher Zukunft wird bereits eine flächendeckende Infrastruktur für Batterieelektrofahrzeuge vorhanden sein. | |
| | WZSB_03 | Für mich zeigen die Automobilhersteller eine starke Zuversicht in Batterieelektrofahrzeuge. | |
| | WZSB_04 | Ich bin der Ansicht, dass Batterieelektrofahrzeuge eine ausgereifte Technologie sind. | |
| | WZSB_05 | Ich bin zuversichtlich, dass ein Batterieelektrofahrzeug meine Mobilitätsanforderungen langfristig erfüllen kann. | |
| | WZSB_06 | Ich halte Batterieelektrofahrzeuge für eine umweltfreundliche Form der Mobilität. | |
| | WZSB_07 | Ich bin der Ansicht, dass Batterieelektrofahrzeuge die Elektromobilität der Zukunft sind. | |

**Tabelle 19:** Operationalisierung der Wahrgenommenen Zukunftssicherheit Brennstoffzellenfahrzeug

| Konstrukt | Item | | Quelle |
|---|---|---|---|
| Wahrgenommene Zukunftssicherheit Brennstoffzellenfahrzeug (WZSF) | WZSF_01 | Die aktuellen politischen Maßnahmen vermitteln eine langfristige Förderung von Brennstoffzellenfahrzeugen. | Recherche in Literatur, Presse und Nutzerforen |
| | WZSF_02 | Ich bin der Ansicht, in naher Zukunft wird bereits eine flächendeckende Infrastruktur für Brennstoffzellenfahrzeuge vorhanden sein. | |
| | WZSF_03 | Für mich zeigen die Automobilhersteller eine starke Zuversicht in Brennstoffzellenfahrzeuge. | |
| | WZSF_04 | Ich bin der Ansicht, dass Brennstoffzellenfahrzeuge eine ausgereifte Technologie sind. | |
| | WZSF_05 | Ich bin zuversichtlich, dass ein Brennstoffzellenfahrzeug meine Mobilitätsanforderungen langfristig erfüllen kann. | |
| | WZSF_06 | Ich halte Brennstoffzellenfahrzeuge für eine umweltfreundliche Form der Mobilität. | |
| | WZSF_07 | Ich bin der Ansicht, dass Brennstoffzellenfahrzeuge die Elektromobilität der Zukunft sind. | |

## 5.3 Untersuchungsdesign

Ziel dieses Kapitels ist die Darstellung der Vorgehensweise der Planung und Durchführung der Datenerhebung für die spätere empirische Untersuchung, da die Anwendung der PLS-SEM quantitative Daten voraussetzt. Zunächst wird der Prozess der Ermittlung der Stichprobenzusammensetzung und Stichprobengröße vorgestellt. Anschließend folgt die Erläuterung der Durchführung der Umfrage.

### 5.3.1 Bestimmung der Zusammensetzung und Größe der Stichprobe

Da keine passenden Sekundärdaten für die Untersuchung dieser Arbeit gefunden wurden, ist die Erhebung von Primärdaten erforderlich. Aufgrund der Zielsetzung dieser Arbeit wird die Stichprobe so gewählt, dass sie als repräsentativ für die Bevölkerung Deutschlands angesehen werden kann. Die Repräsentativität wird für diese Arbeit anhand der Variablen *Alter, Einkommen* und *Geschlecht* überprüft. Dazu werden mithilfe der Statistiken des Statistischen Bundesamts die für eine repräsentative Stichprobe benötigten Quoten der einzelnen Variablen ermittelt und als Zielquote für die Stichprobe festgelegt.[347] Außerdem ist für die spätere Untersuchung der Teilgruppen mit Hinblick auf die *Erfahrung mit Elektromobilität* eine Mindestgröße von 30 Personen pro Teilgruppe erforderlich. So empfehlen Aaker et al. (2004) sowie Hair et al. (2017) eine Mindestgröße von 30 Personen pro Teilgruppe, um empirisch belastbare Ergebnisse zu ermöglichen.[348]

Darüber hinaus muss jeder Teilnehmer der Umfrage mindestens 18 Jahre alt sein und einen Pkw-Führerschein der Klasse B besitzen. Die Zielquoten der Stichprobe können Tabelle 20 entnommen werden.

---

347 Vgl. Statistisches (2020): Bevölkerungsstand, S. 10 f.

348 Vgl. Aaker, David A., et al. (2004): Marketing research, 242 ff; vgl. Hair, Joseph F., et al. (2014): Multivariate Data Analysis, S. 70.

**Tabelle 20:** Zielquoten der Stichprobe

| Variable | Kategorien | Zielquote |
|---|---|---|
| Alter | 18-25 Jahre | 10 % |
| | 26-35 Jahre | 15 % |
| | 36-49 Jahre | 21 % |
| | 50-65 Jahre | 29 % |
| | 66 Jahre und älter | 25 % |
| Einkommen | weniger als 2000 € | 24 % |
| | 2000 € bis 2999 € | 20 % |
| | 3000 € bis 3999 € | 19 % |
| | 4000 € bis 4999 € | 14 % |
| | mehr als 4999 € | 23 % |
| Geschlecht | Frauen | 51 % |
| | Männer | 49 % |
| Erfahrung mit Elektromobilität | Ja | n > 30 |
| | Nein | n > 30 |

Des Weiteren ist es notwendig, die Mindeststichprobengröße zu bestimmen, die garantiert, dass die Ergebnisse der Berechnungen robust sind und dem Modell eine Generalisierbarkeit bescheinigen.[349] Für die Bestimmung der Stichprobengröße wird oft auf die 10-fach-Regel von Barclay et al. (1995) verwiesen. Diese Regel besagt, dass für ein reflektiv gemessenes Modell die höchste Anzahl der Pfadverbindung auf ein bestimmtes Konstrukt mit zehn multipliziert werden soll, um so die Mindeststichprobengröße zu erhalten.[350] Nach dieser Regel liegt die Mindeststichprobengröße für das Modell dieser Arbeit bei 120, nach den zwölf Pfadverbindungen, die auf die *Wahrgenommene Nützlichkeit* einwirken. Von Hair et al. (2017) wird außerdem empfohlen, die Stichprobengröße mithilfe der von Cohen (1992) ermittelten Richtlinien zu bestimmen.[351] Die von Cohen (1992) vorgeschlagenen Richtlinien berücksichtigen neben der Komplexität des Forschungsmodells auch das anzuwendende Signifikanzniveau sowie die angepeilte Mindestgröße des Bestimmtheitsmaßes.[352] Nach

349 Vgl. Hair, Joseph F., et al. (2017): Partial Least Squares Strukturgleichungsmodellierung (PLS-SEM) – Eine anwendungsorientierte Einführung, S. 20.

350 Vgl. Barclay, Donald / Higgins, Christopher / Thompson, Ronald (1995): The Partial Least Squares (PLS) Approach to Causal Modeling: Personal Computer Use as an Illustration, S. 305 f.

351 Vgl. Hair, Joseph F., et al. (2017): Partial Least Squares Strukturgleichungsmodellierung (PLS-SEM) – Eine anwendungsorientierte Einführung, S. 20.

352 Aufgrund des Umfangs der Herleitung der Richtlinien wird an dieser Stelle auf eine nähere Erläuterung verzichtet. Für einen detaillierten Einblick empfiehlt sich die Arbeit von Cohen, Jacob (1992): A power prime.

diesen Richtlinien sollte die Mindeststichprobengröße für das vorliegende Forschungsmodell nicht unter 212 liegen.[353] Des Weiteren gilt es bei der Bestimmung der Stichprobe auch die Größe der zugrunde liegenden Population zu beachten.[354]

Um die Generalisierbarkeit der Ergebnisse dieser Arbeit zu gewährleisten, wird eine Stichprobengröße von mindestens 400 festgelegt. Mit dieser Stichprobengröße werden die Empfehlungen der 10-fach-Regel von Barclay et al. (1995) sowie die Mindestgröße von Cohen (1992) erfüllt. Darüber hinaus trägt eine Vergrößerung der Stichprobe zu einer höheren Aussagekraft der Forschungsergebnisse bei.

### 5.3.2 Durchführung der Onlineumfrage

Die Durchführung der Online-Umfrage fand mithilfe eines Marktforschungsunternehmens statt. Die Methode der Online-Umfrage wurde gewählt, da eine große Stichprobe in kurzer Zeit erhoben werden kann. Ferner ermöglicht eine Online-Umfrage ebenfalls eine zügigere Auswertung, da keine Digitalisierung der Ergebnisse notwendig ist.[355] Die Zusammenarbeit mit einem Marktforschungsunternehmen erleichtert es, die für die Erfüllung der Zielquoten notwendigen Personengruppen gezielt anzusprechen und garantiert so die Repräsentativität der Stichprobe.

Der Link zur Umfrage wurde vom Marktforschungsunternehmen per E-Mail an die Umfrageteilnehmer, die den Kriterien der Stichprobe entsprechen, versandt. Durch diese Vorgehensweise war es Personen nicht möglich, die Umfrage mehrmals zu beantworten. Sollten Umfrageteilnehmer die Umfrage nicht vollständig beantwortet haben, wurden die Antworten zwischengespeichert, so war die betroffene Person in der Lage, bei einem erneuten Aufruf der Umfrage an derselben Stelle fortzufahren. Für die Berechnung der Stichprobengröße sowie der angedachten Zielquoten wurden ausschließlich vollständig ausgefüllte Umfragen berücksichtigt. Nach Erreichen der Stichprobengröße als auch der Zusammensetzung der Stichprobe im Sinne der vorab definierten Quoten wurde die Online-Umfrage automatisch geschlossen und keine weiteren Beantwortungen mehr zugelassen.

---

353 Vgl. Cohen, Jacob (1992): A power primer, S. 157 f.

354 Vgl. Hair, Joseph F. / Ringle, Christian M. (2011): PLS-SEM: Indeed a Silver Bullet, S. 143 f; vgl. Marcoulides, George A. / Chin, Wynne W. (2013): You Write, but Others Read: Common Methodological Misunderstandings in PLS and Related Methods, S. 40 ff.

355 Vgl. McDaniel, Carl Jr. / Gates, Roger (2016): Marketing Research Essentials, S. 95 ff.

# 6 Durchführung und Ergebnisse der empirischen Untersuchung

In diesem Kapitel werden die Auswertung der gesammelten Daten und Evaluierung des Forschungsmodells beschrieben sowie die erarbeiteten Ergebnisse dargestellt. Zunächst werden die Repräsentativität der Stichprobe als auch die Normalverteilung der Daten überprüft. Im Anschluss wird zunächst auf die notwendigen Einstellungen der SmartPLS Software eingegangen. Daran schließt die Evaluation des Forschungsmodells an, zu Beginn mit einer Untersuchung des Messmodells, gefolgt von der Evaluation des Strukturmodells. Im Anschluss wird das Forschungsmodell auf mögliche Moderationseffekte durch die Moderatoren *Erfahrung mit Elektromobilität, Geschlecht* und *Wohnort* überprüft. Darauf folgt eine Überprüfung des Einflusses der Kontrollvariablen *Alter* und *Einkommen*. Mit der Überprüfung der bevorzugten Art der Elektromobilität zwischen Batterieelektrofahrzeugen und Brennstoffzellenfahrzeugen wird die Analyse abgeschlossen. Das Kapitel endet mit einer Zusammenfassung und ersten Erläuterung der gesammelten Ergebnisse sowie einer Übersicht zur Annahme oder Ablehnung der aufgestellten Hypothesen.

## 6.1 Darstellung der Stichprobe

Vor der Analyse der gesammelten Daten mittels PLS-SEM werden zunächst die Repräsentativität der Daten sowie die Normalverteilung überprüft.

### 6.1.1 Repräsentativität der Daten

Nach Schließung der Online-Umfrage wurden insgesamt 419 vollständige Beantwortungen des Fragebogens verzeichnet. Die durchschnittliche Dauer der Beantwortung des Fragebogens lag bei 17 Minuten. Zur Gewährleistung der Repräsentativität der Stichprobe ist eine Überprüfung der Erfüllung der Zielquoten notwendig. Die tatsächlichen Quoten der Stichprobe können Tabelle 21 entnommen werden.

Die Überprüfung der Quoten der Stichprobe zeigt, dass fast alle Zielquoten exakt erfüllt werden. Einzelne Kategorien zeigen Abweichungen von der Zielquote um ein Prozent, liegen damit jedoch in einem akzeptablen Rahmen, der die Repräsentativität der Stichprobe nicht negativ beeinflusst. Die Anforderung an die Teilgruppen der *Erfahrung mit Elektromobilität* von mindestens 30 Personen pro Teilgruppe wurde erfüllt und weit übertroffen. Von den 419

**Tabelle 21:** Ergebnisse der Überprüfung der Zielquoten

| Variable | Kategorien | Zielquote | Tatsächliche Quote |
|---|---|---|---|
| Alter | 18-25 Jahre | 10 % | 10 % |
| | 26-35 Jahre | 15 % | 16 % |
| | 36-49 Jahre | 21 % | 22 % |
| | 50-65 Jahre | 29 % | 28 % |
| | 66 Jahre und älter | 25 % | 24 % |
| Einkommen | weniger als 2000 € | 24 % | 25 % |
| | 2000 € bis 2999 € | 20 % | 19 % |
| | 3000 € bis 3999 € | 19 % | 19 % |
| | 4000 € bis 4999 € | 14 % | 14 % |
| | mehr als 4999 € | 23 % | 23 % |
| Geschlecht | Frauen | 51 % | 50 % |
| | Männer | 49 % | 50 % |
| Erfahrung mit Elektromobilität | Ja | n > 30 | n = 88 |
| | Nein | n > 30 | n = 331 |

Umfrageteilnehmern haben 88 bereits Erfahrung mit Elektromobilität gesammelt. Dies ermöglicht es, belastbare Ergebnisse zu den Teilgruppen der *Erfahrung mit Elektromobilität* zu erlangen.

Die Überprüfung der Repräsentativität zeigt, dass die Stichprobe ausreichend repräsentativ für die deutsche Bevölkerung ist und eine Generalisierbarkeit der Ergebnisse der späteren Auswertung erlaubt.

### 6.1.2 Überprüfung von fehlenden Werten und Antwortmustern

Die Überprüfung der gesammelten Umfragebeantwortungen stellt einen wichtigen Schritt der Bereinigung der gesammelten Daten dar. Fehlende Daten in Umfragen entstehen, wenn Umfrageteilnehmer Fragen unbeantwortet lassen oder die Umfrage vorzeitig abbrechen. Durch die Verwendung einer Online-Umfrage konnte das bewusste Auslassen von Fragen verhindert werden, da Umfrageteilnehmer nur mit dem nächsten Abschnitt fortfahren können, nachdem alle vorherigen Fragen beantwortet wurden. Durch die Zusammenarbeit mit einem Marktforschungsunternehmen konnte die Anzahl der nicht abgeschlossenen Umfragen auf einem geringen Niveau gehalten werden, so gab es nach Abschluss der Umfrage lediglich 138 nicht vollständige Umfragebeantwortungen. Nach Empfehlung von Hair et al. (2017) sollten unvollständige Beantwortungen, die mehr als 15 % fehlende Werte aufweisen, automatisch ausgeschlossen werden.[356] Im Falle der vorliegenden unvollständigen Beantwortungen liegt der Anteil der fehlenden Werte bei den nicht vollständig beantworteten Umfragen über 15 %, diese wurden dementsprechend gelöscht.

Außerdem wurden die vollständigen Beantwortungen auf auffällige Antwortmuster hin untersucht. Unter diese auffälligen Muster fallen Straight-Lining, Diagonal-Lining sowie abwechselnde Extremantworten. Ein Fall von Straight-Lining lässt sich daran erkennen, dass ein Umfrageteilnehmer einen Großteil der Fragen mit derselben Antwortmöglichkeit beantwortet. Für die Umfrage dieser Arbeit würde Straight-Lining vorliegen, wenn ein Umfrageteilnehmer auf der Likert-Skala fast ausschließlich dieselbe Antwortkategorie wählt.[357] Im Falle von Diagonal-Lining wählt der Umfrageteilnehmer die Antwortkategorien nach einem diagonalen Muster, während bei alternierenden Extremwerten immer zwischen den äußeren Antwortkategorien gewechselt wird.[358]

Die Beantwortungen der Umfrage wurden auf auffällige Antwortmuster überprüft, dabei wurden keine Auffälligkeiten festgestellt. Überdies wurde die Dauer der einzelnen Beantwortungen mit der durchschnittlichen Beantwortungsdauer verglichen. Im Zuge dessen zeigte sich, dass keine Beantwortungsdauer signifikant kürzer als der Durchschnitt war. Die Daten können somit als frei von möglichen Verzerrungen durch Antwortmuster betrachtet werden.

### 6.1.3 Überprüfung der Normalverteilung der Daten

Für die Durchführung einer PLS-SEM ist die Normalverteilung der Daten nicht zwangsweise erforderlich, da es sich um ein nicht-parametrisches statistisches Verfahren handelt. Jedoch können stark von der Normalverteilung abweichende Daten zu einer Verzerrung der Ergebnisse oder sogar der Nichterkennung von signifikanten Beziehungen führen.[359] Deswegen empfiehlt sich eine Überprüfung der Normalverteilung anhand der Schiefe und Kurtosis der einzelnen Indikatoren.[360]

---

356 Vgl. Hair, Joseph F., et al. (2014): Multivariate Data Analysis, S. 46; vgl. Hair, Joseph F., et al. (2017): Partial Least Squares Strukturgleichungsmodellierung (PLS-SEM) – Eine anwendungsorientierte Einführung, S. 48 f.

357 Vgl. Hair, Joseph F., et al. (2017): Partial Least Squares Strukturgleichungsmodellierung (PLS-SEM) – Eine anwendungsorientierte Einführung, S. 50 f.

358 Vgl. ebd., S. 50 f.

359 Vgl. Henseler, Jörg / Ringle, Christian M. / Sinkovics, Rudolf R. (2009): The use of partial least squares path modeling in international marketing, S. 288 f.

360 Vgl. Hair, Joseph F., et al. (2017): Partial Least Squares Strukturgleichungsmodellierung (PLS-SEM) – Eine anwendungsorientierte Einführung, S. 52.

Bei einer Überprüfung der Schiefe handelt es sich um die Überprüfung der symmetrischen Verteilung der Daten.[361] So werden Daten als schief bezeichnet, wenn sich eine hohe Menge an Antworten für denselben Indikator am äußeren Rand der Verteilung befinden. Durch die Überprüfung der Kurtosis wird die Wölbung der Datenverteilung mit der einer Normalverteilung verglichen.[362] Dabei deutet eine Kurve, die spitzer als eine Normalverteilung ist, darauf hin, dass eine große Menge der Antworten in der Mitte liegen. Eine flachere Kurve weist auf eine große Anzahl an Antworten an den äußeren Enden hin. Liegen die Werte für Schiefe und Kurtosis bei circa 0, sind die Daten perfekt normalverteilt. Daten gelten als ausreichend normalverteilt, solange die Werte für Schiefe und Kurtosis größer als -1 oder kleiner als 1 sind.[363]

Die Ergebnisse der Überprüfung der Schiefe und Kurtosis aller Indikatoren sind im Anhang dargestellt. Die Grenzwerte von -1 und 1 werden von allen Indikatoren erfüllt. Daher können die Daten als ausreichend normalverteilt angesehen und eine Verzerrung der Ergebnisse aufgrund mangelnder Normalverteilung ausgeschlossen werden.

## 6.2 Einstellung der SmartPLS Software

Die Auswertung der durch die Umfrage gesammelten Daten dieser Forschungsarbeit wurde anhand von Strukturgleichungsmodellen mit der SmartPLS Software durchgeführt.[364] So ermöglichen die umfangreichen Einstellungen von SmartPLS, alle Analysen auf Messmodellebene als auch auf Strukturmodellebene in der Software durchzuführen.[365]

Im Zuge der Analyse wurden drei unterschiedliche Berechnungsverfahren mithilfe von SmartPLS durchgeführt. So wurden zunächst die Parameter des Modells[366] anhand eines Schätzverfahrens durch den PLS-Algorithmus

361 Vgl. Hair, Joseph F., et al. (2014): Multivariate Data Analysis, S. 34.

362 Vgl. ebd., S. 33.

363 Vgl. Hair, Joseph F., et al. (2017): Partial Least Squares Strukturgleichungsmodellierung (PLS-SEM) – Eine anwendungsorientierte Einführung, S. 52.

364 Ringle, Christian M., Wende, Sven, & Becker, Jan-Michael. (2015). SmartPLS 3. Bönningstedt: SmartPLS. Retrieved from http://www.smartpls.com.

365 Vgl. Temme, Dirk / Kreis, Henning / Hildebrandt, Lutz (2006): PLS path modeling: a software review, S. 19; vgl. Hair, Joseph F., et al. (2017): Partial Least Squares Strukturgleichungsmodellierung (PLS-SEM) – Eine anwendungsorientierte Einführung, S. 1.

366 Diese umfassen Pfadkoeffizienten, Ladungen sowie Gewichtungen.

bestimmt.[367] Des Weiteren fand das Bootstrapping-Verfahren zur Überprüfung der Relevanz und Signifikanz der Pfadverbindungen des Forschungsmodells Anwendung. Abschließend wurde auch das Blindfolding-Verfahren verwendet, um die Vorhersagekraft des Forschungsmodells zu überprüfen.

**Tabelle 22:** Einstellungen der SmartPLS Software

| Verfahren | Kriterium | Einstellung |
|---|---|---|
| PLS-Algorithmus | Gewichtungsschema | Pfad-Gewichtungsschema |
| | Maximale Iterationen | 300 |
| | Stopp-Kriterium | $10^{-7}$ |
| | Startgewichte | 1 |
| Bootstrapping | Stichproben | 5.000 |
| Blindfolding | Auslassungsdistanz | 7 |

Die gewählten Einstellungen für die SmartPLS Software orientieren sich an den Empfehlungen von Hair et al. (2017)[368], sind in Tabelle 22 dargestellt und werden im Folgenden kurz erläutert.

Das Pfad-Gewichtungsschema ist bereits standardmäßig als Gewichtungsschema in SmartPLS für den PLS-Algorithmus voreingestellt.[369] Ebenso verwendet SmartPLS standardmäßig Startgewichte von 1 für die erste Schätzung der Beziehungen des Modells.[370] Die Berechnungen des PLS-Algorithmus werden ausgeführt, bis entweder die maximale Anzahl der Iterationen von 300 oder das Stopp-Kriterium von $10^{-7}$ erreicht wird. Das Stopp-Kriterium gilt als erfüllt, sobald die siebte Dezimalstelle der Ladungen keine Veränderung zur vorherigen Iteration zeigt. In dem Fall dieser Forschungsarbeit konvergierte der Algorithmus nach der elften Iteration. Dies bedeutet, dass die Ergebnisse für weitere Analysen verwendet werden können.

367 Auf eine ausführlichere Erläuterung des PLS-Algorithmus wird an dieser Stelle verzichtet, hierfür empfehlen sich jedoch die Arbeiten von Hair, Joseph F., et al. (2012), Tenenhaus, Michel, et al. (2005), Hair, Joseph F. / Sarstedt, Marko / Ringle, Christian M. (2019), Götz, Oliver / Liehr-Gobbers, Kerstin / Krafft, Manfred (2010) sowie Henseler, Jörg / Chin, Wynne W. (2010).

368 Vgl. Hair, Joseph F., et al. (2017): Partial Least Squares Strukturgleichungsmodellierung (PLS-SEM) – Eine anwendungsorientierte Einführung, S. 80 f.

369 Vgl. ebd., S. 80.

370 Vgl. ebd., S. 80 f.

Für das Bootstrapping-Verfahren wurde lediglich die Anzahl der Stichproben auf 5.000 eingestellt, welche die Anzahl der durchgeführten Bootstrappingvorgänge angibt. Eine hohe Anzahl von Vorgängen erlaubt für möglichst aussagekräftige Ergebnisse des Bootstrapping-Verfahrens.[371]

Die Einstellung der Auslassungsdistanz für das Blindfolding-Verfahren fordert, dass diese ein nicht ganzzahliger Teiler der gesamten Größe der Stichprobe ist und idealerweise zwischen fünf und zehn liegt.[372] Diese Anforderungen werden von der gewählten Auslassungsdistanz sieben erfüllt.

## 6.3 Evaluation des Messmodells

Die Auswertung der Daten und Überprüfung des Forschungsmodells beginnt mit der Evaluation des Messmodells. Als Teil dieses Schrittes werden die Konvergenzvalidität, Interne-Konsistenz-Reliabilität und Diskriminanzvalidität überprüft. Diese Überprüfungen sind notwendig, um eine Verzerrung der Ergebnisse der weiteren Analysen sowie der späteren Interpretationen auszuschließen.

### 6.3.1 Überprüfung der Konvergenzvalidität

Mit der Überprüfung der Konvergenzvalidität gilt es festzustellen, inwiefern unterschiedliche Messungen eines Konstrukts miteinander positiv korrelieren.[373] Hierfür werden für jedes Konstrukt separat die Ladung der zugehörigen Indikatoren sowie die durchschnittlich erfasste Varianz (DVE) geprüft.[374] Als Mindestanforderungen an die Ladung der Indikatoren gilt, dass diese statistisch signifikant sein und eine standardisierte Ladung von 0,708 oder mehr aufweisen sollten.[375] Dieser Grenzwert ergibt sich aus der Betrachtung der

---

371 Vgl. Temme, Dirk / Kreis, Henning / Hildebrandt, Lutz (2006): PLS path modeling: a software review, S. 14; vgl. Tenenhaus, Michel, et al. (2005): PLS path modeling, S. 183 f.

372 Vgl. Hair, Joseph F., et al. (2017): Partial Least Squares Strukturgleichungsmodellierung (PLS-SEM) – Eine anwendungsorientierte Einführung, S. 187; vgl. Chin, Wynne W. (1998): The Partial Least Squares Approach to Structural Equation Modeling, S. 318; vgl. Ringle, Christian M. / Spreen, Florentine (2007): Beurteilung der Ergebnisse von PLS-Pfadanalysen, S. 215.

373 Vgl. Hair, Joseph F., et al. (2017): Partial Least Squares Strukturgleichungsmodellierung (PLS-SEM) – Eine anwendungsorientierte Einführung, S. 97.

374 Vgl. ebd., S. 97 f.

375 Vgl. Bagozzi, Richard P. / Baumgartner, Hans (1994): The Evaluation of Structural Equation Models and Hypothesis Testing, S. 402; vgl. Hair, Joseph F., et al. (2017): Partial Least Squares Strukturgleichungsmodellierung (PLS-SEM) – Eine

quadrierten Ladung, auch als Kommunalität bekannt, und drückt den Anteil der Varianz eines Items aus, der durch das Konstrukt erklärt werden kann.[376] So wird vorausgesetzt, dass mindestens 50 % der Varianz des Indikators durch das Konstrukt erklärt werden sollte.[377] Die Quadrierung des Grenzwerts der Ladung von Indikatoren von 0,708 ergibt eine Kommunalität von 50 %[378] und erfüllt so die in der Literatur festgelegten Ansprüche.[379] Generell wird auch eine Ladung von 0,7 als ausreichend nah an 0,708 anerkannt, während in Fällen von neu entwickelten Konstrukten auch Ladungen von 0,6 noch als akzeptabel gelten.[380] Bei Ladungen unter 0,7 gilt es vor der Löschung der betroffenen Indikatoren den Einfluss auf die Inhaltsvalidität des Konstrukts sowie der Composite-Reliabilität[381] ausreichend zu überprüfen; sollte die Ladung jedoch unter 0,4 liegen, gilt es, die Indikatoren immer zu entfernen.[382]

Des Weiteren gilt die durchschnittlich erfasste Varianz als ein anerkanntes Kriterium zur Überprüfung der Konvergenzvalidität auf Konstruktebene.[383]

---

anwendungsorientierte Einführung, S. 98; vgl. Krafft, Manfred / Götz, Oliver / Liehr-Gobbers, Kerstin (2005): Die Validierung von Strukturgleichungsmodellen mit Hilfe des Partial-Least-Squares (PLS)- Ansatzes, S. 73.

376 Vgl. Baumgartner, Hans / Homburg, Christian (1996): Applications of structural equation modeling in marketing and consumer research: A review, S. 170; vgl. Hair, Joseph F., et al. (2017): Partial Least Squares Strukturgleichungsmodellierung (PLS-SEM) – Eine anwendungsorientierte Einführung, S. 98 f.

377 Vgl. Carmines, Edward G. / Zeller, Richard (1979): Reliability and validity assessment, S. 27; vgl. Hair, Joseph F., et al. (2017): Partial Least Squares Strukturgleichungsmodellierung (PLS-SEM) – Eine anwendungsorientierte Einführung, S. 98.

378 $0{,}708^2 = 0{,}5$, dies ergibt die geforderte Kommunalität von 50 %.

379 Vgl. Hair, Joseph F., et al. (2017): Partial Least Squares Strukturgleichungsmodellierung (PLS-SEM) – Eine anwendungsorientierte Einführung, S. 98 f; vgl. Huber, Frank, et al. (2007): Kausalmodellierung mit Partial Least Squares – Eine anwendungsorientierte Einführung, S. 86 f; vgl. Hulland, John (1999): Use of partial least squares (PLS) in strategic management research: a review of four recent studies, S. 198.

380 Vgl. Huber, Frank, et al. (2007): Kausalmodellierung mit Partial Least Squares – Eine anwendungsorientierte Einführung, S. 86 f.

381 Eine detaillierte Prüfung der Composite-Reliabilität folgt in Kapitel 6.3.2.

382 Vgl. Bagozzi, Richard P. / Baumgartner, Hans (1994): The Evaluation of Structural Equation Models and Hypothesis Testing, S. 80 f; vgl. Hair, Joseph F. / Ringle, Christian M. (2011): PLS-SEM: Indeed a Silver Bullet, S. 145 f; vgl. Hair, Joseph F., et al. (2017): Partial Least Squares Strukturgleichungsmodellierung (PLS-SEM) – Eine anwendungsorientierte Einführung, S. 99.

383 Vgl. Hair, Joseph F., et al. (2017): Partial Least Squares Strukturgleichungsmodellierung (PLS-SEM) – Eine anwendungsorientierte Einführung, S. 99; vgl. Ringle,

Die durchschnittlich erfasste Varianz spiegelt die Kommunalität eines Konstrukts wider, da sie den Mittelwert der quadrierten Indikatorladungen eines einzelnen Konstrukts darstellt.[384] Die Ergebnisse der DEV sind analog zu denen der Kommunalität zu interpretieren. Demnach weist eine DEV von 0,5 darauf hin, dass 50 % der Varianz der Indikatoren eines Konstrukts durch das Konstrukt erklärt werden können.[385]

Tabelle 23 zeigt die Ergebnisse der Überprüfung der Indikatorreliabilität. Die Analyse ergibt, dass 24 der insgesamt 118 Indikatoren den Grenzwert von 0,7 nicht erfüllen. Von diesen 24 Indikatoren weisen acht Indikatoren (AVF_05, WK_03, WK_04, RBI BEV_01, RBI BEV_05, PI_10, RBI BEV_02 und RBI BEV_03) eine Ladung von weniger als 0,4 auf und werden damit aus dem Modell entfernt. Die üblichen 16 Indikatoren weisen eine Ladung zwischen 0,4 und 0,7 auf, daher wird vor ihrer Löschung der Einfluss auf die Inhaltsvalidität sowie die Composite-Reliabilität überprüft. Nach dieser Überprüfung werden sechs weitere Indikatoren (AVF_01, AVF_06, RBI F-Cell_06, RBI F-Cell_10, WK_06 und QL_06) aus dem Modell entfernt, da die Inhaltsvalidität weiterhin gegeben ist und die Löschung nicht zu einer Verschlechterung der Composite-Reliabilität der Konstrukte führt. Die übrigen zehn Indikatoren (WEN_05, GVA_04, GVA_05, IMG_07, PI_09, RBI F-Cell_07, RBTP BEV_01, RBTP F-Cell_04, WTR_06 und WZSB_01) werden im Modell beibehalten. Von diesen Indikatoren weisen sechs (GVA_05, IMG_07, PI_09, RBI F-Cell_07, RBTP BEV_01 und RBTP F-Cell_04) eine Ladung von nur knapp unter 0,7 auf und ihre Löschung führt nicht zu einer Verbesserung der Composite-Reliabilität, daher werden sie beibehalten. Die restlichen vier Indikatoren (GVA_04, WTR_06, WZSB_01 und WEN_05) werden beibehalten, da ihre Löschung zu einer Verschlechterung der Composite-Reliabilität führt. Von den ursprünglich 118 Indikatoren verbleiben nach dieser Überprüfung noch 104. Alle der verbliebenen 104 Indikatoren weisen einen p-Wert von 0,0 auf und sind somit nach einem 0,1 % Signifikanzniveau signifikant.

---

Christian M., et al. (2006): Messung von Kausalmodellen mit dem Partial-Least-Squares-Verfahren, S. 19 f.

384 Vgl. Hair, Joseph F., et al. (2017): Partial Least Squares Strukturgleichungsmodellierung (PLS-SEM) – Eine anwendungsorientierte Einführung, S. 99.

385 Vgl. ebd., S. 99 f; vgl. Homburg, Christian / Giering, Annette (1998): Konzeptualisierung und Operationalisierung komplexer Konstrukte – Ein Leitfaden für die Marketingforschung S. 130.

**Tabelle 23:** Ergebnisse der Überprüfung der Indikatorreliabilität

| Konstrukt | Indikator | Indikatorladung ≥ 0,7 |
|---|---|---|
| Angst vor Fahrzeugnutzung | AVF_01 | 0,562 |
| | AVF_02 | 0,901 |
| | AVF_03 | 0,796 |
| | AVF_04 | 0,770 |
| | AVF_05 | 0,214 |
| | AVF_06 | 0,581 |
| | AVF_07 | 0,729 |
| Generelle Verhaltensabsicht | GVA_01 | 0,889 |
| | GVA_02 | 0,913 |
| | GVA_03 | 0,916 |
| | GVA_04 | 0,642 |
| | GVA_05 | 0,675 |
| | GVA_06 | 0,881 |
| | GVA_07 | 0,857 |
| Image | IMG_01 | 0,902 |
| | IMG_02 | 0,906 |
| | IMG_03 | 0,919 |
| | IMG_04 | 0,829 |
| | IMG_05 | 0,931 |
| | IMG_06 | 0,919 |
| | IMG_07 | 0,678 |
| Intrinsische Motivation | IMO_01 | 0,952 |
| | IMO_02 | 0,960 |
| | IMO_03 | 0,950 |
| | IMO_04 | 0,959 |
| Ökologische Einstellung | OE_01 | 0,846 |
| | OE_02 | 0,785 |
| | OE_03 | 0,801 |
| | OE_04 | 0,704 |
| | OE_05 | 0,854 |
| | OE_06 | 0,758 |
| | OE_07 | 0,910 |
| | OE_08 | 0,772 |
| | OE_09 | 0,796 |

*(wird auf nächster Seite fortgeführt)*

**Tabelle 23:** Fortsetzung

| Konstrukt | Indikator | Indikatorladung ≥ 0,7 |
|---|---|---|
| Persönlicher Innovationsgrad | PI_01 | 0,767 |
| | PI_02 | 0,878 |
| | PI_03 | 0,807 |
| | PI_04 | 0,853 |
| | PI_05 | 0,872 |
| | PI_06 | 0,859 |
| | PI_07 | 0,856 |
| | PI_08 | 0,763 |
| | PI_09 | 0,685 |
| | PI_10 | 0,077 |
| Qualität der Leistung | QL_01 | 0,919 |
| | QL_02 | 0,905 |
| | QL_03 | 0,872 |
| | QL_04 | 0,847 |
| | QL_05 | 0,855 |
| | QL_06 | 0,475 |
| Rahmenbedingung Infrastruktur Batterieelektrofahrzeug | RBI BEV_01 | 0,158 |
| | RBI BEV_02 | 0,409 |
| | RBI BEV_03 | 0,350 |
| | RBI BEV_04 | 0,990 |
| | RBI BEV_05 | 0,322 |
| Rahmenbedingung Infrastruktur Brennstoffzellenfahrzeug | RBI F-Cell_01 | 0,410 |
| | RBI F-Cell_02 | 0,651 |
| | RBI F-Cell_03 | 0,683 |
| | RBI F-Cell_04 | 0,962 |
| | RBI F-Cell_05 | 0,515 |
| Rahmenbedingung Tankprozess Batterieelektrofahrzeug | RBTP BEV_01 | 0,695 |
| | RBTP BEV_02 | 0,740 |
| | RBTP BEV_03 | 0,869 |
| Rahmenbedingung Tankprozess Brennstoffzellenfahrzeug | RBTP F-Cell_04 | 0,683 |
| | RBTP F-Cell_05 | 0,930 |
| Subjektive Norm | SN_01 | 0,879 |
| | SN_02 | 0,885 |
| | SN_03 | 0,890 |
| | SN_04 | 0,891 |

**Tabelle 23:** Fortsetzung

| Konstrukt | Indikator | Indikatorladung ≥ 0,7 |
|---|---|---|
| Verhaltensabsicht Batterieelektrofahrzeug | VAB_02 | 0,934 |
| | VAB_03 | 0,796 |
| | VAB_04 | 0,778 |
| Verhaltensabsicht Brennstoffzellenfahrzeug | VAF_02 | 0,928 |
| | VAF_03 | 0,758 |
| | VAF_04 | 0,738 |
| Wahrgenommene Einfachheit der Nutzung | WEN_01 | 0,861 |
| | WEN_02 | 0,855 |
| | WEN_03 | 0,920 |
| | WEN_04 | 0,899 |
| | WEN_05 | 0,599 |
| Wahrgenommene Kosten | WK_01 | 0,624 |
| | WK_02 | 0,626 |
| | WK_03 | 0,282 |
| | WK_04 | 0,313 |
| | WK_05 | 0,752 |
| | WK_06 | 0,619 |
| Wahrgenommene Nützlichkeit | WN_01 | 0,945 |
| | WN_02 | 0,972 |
| | WN_03 | 0,948 |
| Wahrgenommenes technologisches Risiko | WTR_01 | 0,821 |
| | WTR_02 | 0,764 |
| | WTR_03 | 0,770 |
| | WTR_04 | 0,728 |
| | WTR_05 | 0,784 |
| | WTR_06 | 0,462 |
| Wahrgenommenes technologisches Wissen | WTW_01 | 0,911 |
| | WTW_02 | 0,869 |
| | WTW_03 | 0,927 |
| | WTW_04 | 0,916 |

*(wird auf nächster Seite fortgeführt)*

**Tabelle 23:** Fortsetzung

| Konstrukt | Indikator | Indikatorladung ≥ 0,7 |
|---|---|---|
| Wahrgenommene Visibilität der Nutzung | WVN_01 | 0,868 |
| | WVN_02 | 0,845 |
| | WVN_03 | 0,848 |
| | WVN_04 | 0,876 |
| | WVN_05 | 0,810 |
| Wahrgenommene Zukunftssicherheit Batterieelektrofahrzeug | WZSB_01 | 0,600 |
| | WZSB_02 | 0,714 |
| | WZSB_03 | 0,801 |
| | WZSB_04 | 0,791 |
| | WZSB_05 | 0,881 |
| | WZSB_06 | 0,873 |
| | WZSB_07 | 0,860 |
| Wahrgenommene Zukunftssicherheit Brennstoffzellenfahrzeug | WZSF_01 | 0,736 |
| | WZSF_02 | 0,733 |
| | WZSF_03 | 0,725 |
| | WZSF_04 | 0,804 |
| | WZSF_05 | 0,830 |
| | WZSF_06 | 0,843 |
| | WZSF_07 | 0,865 |

**Tabelle 24:** Ergebnisse der Überprüfung der DVE

| Konstrukt | Durchschnittlich erfasste Varianz ≥ 0,5 |
|---|---|
| AVF | 0,718 |
| GVA | 0,692 |
| IMG | 0,763 |
| IMO | 0,913 |
| OE | 0,648 |
| PI | 0,670 |
| QL | 0,782 |
| RBI BEV | 1,000 |
| RBI F-Cell | 0,599 |
| RBTP BEV | 0,595 |
| RBTP F-Cell | 0,666 |
| SN | 0,785 |
| VAB | 0,711 |
| VAF | 0,681 |
| WEN | 0,697 |
| WK | 0,613 |
| WN | 0,913 |
| WTR | 0,535 |
| WTW | 0,821 |
| WVN | 0,722 |
| WZSB | 0,630 |
| WZSF | 0,631 |

Wie aus der Tabelle 24 ersichtlich ist, erfüllen alle Konstrukte die Mindestanforderung an die DVE von 0,5 oder übertreffen diese deutlich. Somit werden die Anforderungen erfüllt und die Konvergenzvalidität kann als bestätigt angesehen werden.

## 6.3.2 Überprüfung der Internen-Konsistenz-Reliabilität

Zur Überprüfung der Internen-Konsistenz-Reliabilität werden sowohl Cronbachs Alpha als auch die Composite-Reliabilität (auch als Faktorreliabilität bekannt) genutzt.[386] Cronbachs Alpha schätzt die Reliabilität mithilfe der

386 Vgl. Cronbach, Lee J. (1951): Coefficient Alpha and the Internal Structure of Tests, S. 299; vgl. Hair, Joseph F., et al. (2017): Partial Least Squares Strukturgleichungsmodellierung (PLS-SEM) – Eine anwendungsorientierte Einführung, S. 96 f; vgl. Hair, Joseph F. / Ringle, Christian M. (2011): PLS-SEM: Indeed a Silver Bullet, S. 145 f.

Interkorrelationen, die zwischen den einzelnen Indikatorvariablen eines Konstrukts herrschen.[387] Hierfür nimmt Cronbachs Alpha an, dass jede Indikatorvariable eines Konstrukts eine gleichwertige Reliabilität aufweist.[388] Jedoch wird der Wert des Cronbachs Alpha durch die Anzahl der Indikatorvariablen beeinflusst und hat eine Tendenz dazu, die tatsächliche Interne-Konsistenz-Reliabilität zu unterschätzen.[389]

Im Gegenteil zum Cronbachs Alpha nimmt die Composite-Reliabilität unterschiedliche Werte der Reliabilität für die einzelnen Indikatorvariablen eines Konstrukts an. Die Composite Reliabilität tendiert generell zu einer Überschätzung der Internen-Konsistenz-Reliabilität.[390]

Sowohl Cronbachs Alpha als auch die Composite-Reliabilität sind mit denselben Ergebniswerten definiert. So liegen die Ergebnisse dieser beiden Kennzahlen zwischen 0 und 1 und kennzeichnen mit höheren Werten eine höhere Reliabilität. Als ausreichend für die Reliabilität gelten bei Cronbachs Alpha als auch der Composite-Reliabilität Werte von 0,7 oder größer, für explorative Forschung werden jedoch auch Werte von 0,6 oder größer als akzeptabel angesehen.[391]

---

387 Vgl. Hair, Joseph F., et al. (2017): Partial Least Squares Strukturgleichungsmodellierung (PLS-SEM) – Eine anwendungsorientierte Einführung, S. 96 f; vgl. Homburg, Christian / Giering, Annette (1998): Konzeptualisierung und Operationalisierung komplexer Konstrukte – Ein Leitfaden für die Marketingforschung, S. 119.

388 Vgl. Hair, Joseph F., et al. (2017): Partial Least Squares Strukturgleichungsmodellierung (PLS-SEM) – Eine anwendungsorientierte Einführung, S. 96; vgl. Roldán, José L. / Sánchez-Franco, Manuel J. (2012): Variance-Based Structural Equation Modeling: Guidelines for Using Partial Least Squares in Information Systems Research, S. 17 f.

389 Vgl. Hair, Joseph F., et al. (2017): Partial Least Squares Strukturgleichungsmodellierung (PLS-SEM) – Eine anwendungsorientierte Einführung, S. 96; vgl. Homburg, Christian / Giering, Annette (1998): Konzeptualisierung und Operationalisierung komplexer Konstrukte – Ein Leitfaden für die Marketingforschung, S. 120; vgl. Ringle, Christian M., et al. (2006): Messung von Kausalmodellen mit dem Partial-Least-Squares-Verfahren, S. 120.

390 Vgl. Hair, Joseph F., et al. (2017): Partial Least Squares Strukturgleichungsmodellierung (PLS-SEM) – Eine anwendungsorientierte Einführung, S. 97; vgl. Sarstedt, Marko, et al. (2019): How to specify, estimate, and validate higher-order constructs in PLS-SEM, S. 202 f.

391 Vgl. Hair, Joseph F., et al. (2017): Partial Least Squares Strukturgleichungsmodellierung (PLS-SEM) – Eine anwendungsorientierte Einführung, S. 97; vgl. Homburg, Christian / Giering, Annette (1998): Konzeptualisierung und Operationalisierung komplexer Konstrukte – Ein Leitfaden für die Marketingforschung, S. 119.

Da Cronbachs Alpha dazu tendiert, die Reliabilität zu unterschätzen und die Composite-Reliabilität zu einer Überschätzung neigt, ist es sinnvoll, beide Werte als Randwerte zu nutzen, da die tatsächliche Interne-Konsistenz- Reliabilität zwischen diesen beiden Werten liegt.[392] Zusätzlich wird ebenfalls die bereits in Kapitel 6.3.1 vorgestellte DVE erneut für alle Konstrukte vorgestellt.

**Tabelle 25:** Ergebnisse der Überprüfung der Internen-Konsistenz-Reliabilität

| Konstrukt | Cronbachs Alpha ≥ 0,7 | Composite-Reliabilität ≥ 0,7 | Durchschnittlich erfasste Varianz ≥ 0,5 |
|---|---|---|---|
| AVF | 0,869 | 0,911 | 0,718 |
| GVA | 0,922 | 0,939 | 0,692 |
| IMG | 0,947 | 0,957 | 0,763 |
| IMO | 0,968 | 0,977 | 0,913 |
| OE | 0,934 | 0,943 | 0,648 |
| PI | 0,938 | 0,948 | 0,670 |
| QL | 0,930 | 0,947 | 0,782 |
| RBI BEV | 1,000 | 1,000 | 1,000 |
| RBI F-Cell | 0,803 | 0,812 | 0,599 |
| RBTP BEV | 0,688 | 0,814 | 0,595 |
| RBTP F-Cell | 0,537 | 0,795 | 0,666 |
| SN | 0,909 | 0,936 | 0,785 |
| VAB | 0,863 | 0,907 | 0,711 |
| VAF | 0,841 | 0,894 | 0,681 |
| WEN | 0,887 | 0,919 | 0,697 |
| WK | 0,719 | 0,826 | 0,613 |
| WN | 0,952 | 0,969 | 0,913 |
| WTR | 0,830 | 0,870 | 0,535 |
| WTW | 0,928 | 0,948 | 0,821 |
| WVN | 0,906 | 0,928 | 0,722 |
| WZSB | 0,900 | 0,922 | 0,630 |
| WZSF | 0,903 | 0,923 | 0,631 |

392 Vgl. Hair, Joseph F. (2006): Mutlivariate data analysis, S. 776; vgl. Hair, Joseph F., et al. (2017): Partial Least Squares Strukturgleichungsmodellierung (PLS-SEM) – Eine anwendungsorientierte Einführung, S. 97.

Tabelle 25 zeigt die Ergebnisse der Überprüfung der Internen-Konsistenz-Reliabilität. Die Analyse zeigt, dass bis auf zwei Konstrukte (*Rahmenbedingung Tankprozess Batterieelektrofahrzeug* und *Rahmenbedingung Tankprozess Brennstoffzellenfahrzeug*) alle Konstrukte die Anforderung eines Cronbachs Alpha Werts von 0,7 oder größer erfüllen oder sogar übertreffen. Ebenfalls werden die Anforderungen an die Composite-Reliabilität mit einem Wert von 0,7 oder größer von allen Konstrukten erfüllt. Die Anforderung an die durchschnittlich erfasste Varianz mit einem Wert von 0,5 oder größer wird von allen Konstrukten eingehalten. Für die beiden Konstrukte, die den Mindestwert des Cronbachs Alpha nicht erfüllt haben, wird die Interne-Konsistenz-Reliabilität dennoch als gegeben angesehen, da sie die Mindestwerte für die Composite-Reliabilität sowie die durchschnittlich erfasste Varianz signifikant übertreffen und der Wert des Cronbachs Alpha als eine konservative Einschätzung zu betrachten ist.[393] Somit kann die Interne-Konsistenz-Reliabilität für alle Konstrukte als bestätigt angesehen werden.

### 6.3.3 Überprüfung der Diskriminanzvalidität

Mit der Überprüfung der Diskriminanzvalidität wird festgestellt, ob ein Konstrukt sich empirisch von den anderen Konstrukten des Modells unterscheidet und ein eigenständiges Phänomen misst.[394] Ein übliches Kriterium zur Überprüfung der Diskriminanzvalidität ist das Fornell-Larcker-Kriterium. Um die Anforderungen des Fornell-Larcker-Kriteriums zu erfüllen, muss die Varianz, die ein Konstrukt mit seinen Indikatoren teilt, höher sein als die Varianz, die es mit allen anderen Konstrukten teilt.[395] Dafür wird die Quadratwurzel der durchschnittlich erfassten Varianz eines Konstrukts mit den Korrelationen mit den üblichen Konstrukten des Modells verglichen.[396] Das Fornell-Larcker Kriterium gilt als erfüllt, wenn die Korrelationen mit anderen Konstrukten

393 Vgl. Hair, Joseph F., et al. (2017): Partial Least Squares Strukturgleichungsmodellierung (PLS-SEM) – Eine anwendungsorientierte Einführung, S. 97.

394 Vgl. ebd., S. 100 f.

395 Vgl. Fornell, Claes / Larcker, David F. (1981): Evaluating Structural Equation Models with Unobservable Variables and Measurement Error, S. 46; vgl. Hair, Joseph F., et al. (2017): Partial Least Squares Strukturgleichungsmodellierung (PLS-SEM) – Eine anwendungsorientierte Einführung, S. 100.

396 Vgl. Fornell, Claes / Larcker, David F. (1981): Evaluating Structural Equation Models with Unobservable Variables and Measurement Error, S. 46 f; vgl. Hair, Joseph F., et al. (2017): Partial Least Squares Strukturgleichungsmodellierung (PLS-SEM) – Eine anwendungsorientierte Einführung, S. 100 f.

geringer sind als die Quadratwurzel der durchschnittlich erfassten Varianz des Konstrukts.[397] Jedoch hat sich nach Henseler et al. (2015) gezeigt, dass das Fornell-Larcker-Kriterium kein vollständig verlässliches Mittel zur Bestätigung der Diskriminanzvalidität darstellt.[398] Stattdessen schlagen Henseler et al. (2015) vor, die Prüfung des Heterotrait-Monotrait-Verhältnisses (HTMT) vorzunehmen.[399] Dabei setzt das HTMT-Kriterium den Mittelwert aller Korrelationen der Indikatoren des Modells in Relation mit dem geometrischen Mittel der Korrelationen der Indikatoren der einzelnen Konstrukte.[400] Für die Evaluierung der HTMT-Werte geben Henseler et al. (2015) einen Grenzwert von 0,9 für Modelle mit sich konzeptionell ähnelnden Konstrukten vor.[401] Sollte der HTMT-Wert über 0,9 liegen, so weist dies auf eine mangelnde Diskriminanzvalidität hin.[402] Im Falle von Modellen, die nicht über konzeptionell ähnliche Konstrukte verfügen gilt ein Grenzwert von 0,85.[403] Auf Basis der ermittelten

---

397 Vgl. Fornell, Claes / Larcker, David F. (1981): Evaluating Structural Equation Models with Unobservable Variables and Measurement Error, S. 46; vgl. Hair, Joseph F., et al. (2017): Partial Least Squares Strukturgleichungsmodellierung (PLS-SEM) – Eine anwendungsorientierte Einführung, S. 100.

398 Vgl. Hair, Joseph F., et al. (2017): Partial Least Squares Strukturgleichungsmodellierung (PLS-SEM) – Eine anwendungsorientierte Einführung, S. 102; vgl. Henseler, Jörg / Ringle, Christian M. / Sarstedt, Marko (2015): A new criterion for assessing discriminant validity in variance-based structural equation modeling, S. 115; vgl. Franke, George / Sarstedt, Marko (2019): Heuristics versus statistics in discriminant validity testing: a comparison of four procedures, S. 435 ff.

399 Vgl. Hair, Joseph F., et al. (2017): Partial Least Squares Strukturgleichungsmodellierung (PLS-SEM) – Eine anwendungsorientierte Einführung, S. 102 f; vgl. Henseler, Jörg / Ringle, Christian M. / Sarstedt, Marko (2015): A new criterion for assessing discriminant validity in variance-based structural equation modeling, S. 128 f.

400 Vgl. Hair, Joseph F., et al. (2017): Partial Least Squares Strukturgleichungsmodellierung (PLS-SEM) – Eine anwendungsorientierte Einführung, S. 102; vgl. Henseler, Jörg / Ringle, Christian M. / Sarstedt, Marko (2015): A new criterion for assessing discriminant validity in variance-based structural equation modeling, S. 120 f.

401 Vgl. Hair, Joseph F., et al. (2017): Partial Least Squares Strukturgleichungsmodellierung (PLS-SEM) – Eine anwendungsorientierte Einführung, S. 103; vgl. Henseler, Jörg / Ringle, Christian M. / Sarstedt, Marko (2015): A new criterion for assessing discriminant validity in variance-based structural equation modeling, S. 127.

402 Vgl. Hair, Joseph F., et al. (2017): Partial Least Squares Strukturgleichungsmodellierung (PLS-SEM) – Eine anwendungsorientierte Einführung, S. 103 f; vgl. Henseler, Jörg / Ringle, Christian M. / Sarstedt, Marko (2015): A new criterion for assessing discriminant validity in variance-based structural equation modeling, S. 127 f.

403 Vgl. Hair, Joseph F., et al. (2017): Partial Least Squares Strukturgleichungsmodellierung (PLS-SEM) – Eine anwendungsorientierte Einführung, S. 103 f; vgl. Henseler,

HTMT-Werte kann mittels des Bootstrapping-Verfahrens ein statistischer Test zur Überprüfung der Diskriminanzvalidität angewandt werden.[404] Die Überprüfung der Bootstrap-Konfidenzintervalle gibt Ausschluss über die Diskriminanzvalidität und gilt als bestätigt, wenn das Bootstrap-Konfidenzintervall den Wert 1 nicht enthält.[405]

Tabelle 26 zeigt die Ergebnisse der Überprüfung des Fornell-Larcker-Kriteriums, welches in dieser Arbeit trotz der Kritik von Henseler et al. (2015) wegen seiner weiten Verbreitung und Anwendung in der Untersuchung von Diskriminanzvalidität vorgestellt wird. Aus den Ergebnissen der Analyse ergibt sich, dass die Anforderung des Fornell-Larcker-Kriteriums von allen Konstrukten erfüllt werden.

---

Jörg / Ringle, Christian M. / Sarstedt, Marko (2015): A new criterion for assessing discriminant validity in variance-based structural equation modeling, S. 127.

404 Vgl. Hair, Joseph F., et al. (2017): Partial Least Squares Strukturgleichungsmodellierung (PLS-SEM) – Eine anwendungsorientierte Einführung, S. 103; vgl. Hair, Joseph F. / Sarstedt, Marko / Ringle, Christian M. (2019): Rethinking some of the rethinking of partial least squares, S. 2 f.

405 Vgl. Hair, Joseph F., et al. (2017): Partial Least Squares Strukturgleichungsmodellierung (PLS-SEM) – Eine anwendungsorientierte Einführung, S. 104; vgl. Hair, Joseph F. / Sarstedt, Marko / Ringle, Christian M. (2019): Rethinking some of the rethinking of partial least squares, S. 7 f.

**Tabelle 26:** Ergebnisse der Überprüfung des Fornell-Larcker Kriteriums

| Konstrukt | AVF | GVA | IMG | IMO | OE | PI | QL | RBI BEV | RBI F-Cell | RBTP BEV | RBTP F-Cell | SN | VAB | VAF | WEN | WK | WN | WTR | WTW | WVN | WZSB | WZSF |
|---|---|---|---|---|---|---|---|---|---|---|---|---|---|---|---|---|---|---|---|---|---|---|
| AVF | 0,847 | | | | | | | | | | | | | | | | | | | | | |
| GVA | -0,034 | 0,832 | | | | | | | | | | | | | | | | | | | | |
| IMG | 0,157 | 0,566 | 0,873 | | | | | | | | | | | | | | | | | | | |
| IMO | 0,168 | 0,693 | 0,738 | 0,955 | | | | | | | | | | | | | | | | | | |
| OE | 0,006 | 0,427 | 0,608 | 0,434 | 0,805 | | | | | | | | | | | | | | | | | |
| PI | 0,077 | 0,405 | 0,437 | 0,494 | 0,490 | 0,819 | | | | | | | | | | | | | | | | |
| QL | 0,211 | 0,587 | 0,692 | 0,643 | 0,519 | 0,349 | 0,885 | | | | | | | | | | | | | | | |
| RBI BEV | 0,060 | 0,614 | 0,431 | 0,503 | 0,276 | 0,349 | 0,440 | 1,000 | | | | | | | | | | | | | | |
| RBI F-Cell | -0,023 | 0,303 | 0,329 | 0,226 | 0,353 | 0,231 | 0,270 | 0,537 | 0,774 | | | | | | | | | | | | | |
| RBTP BEV | 0,309 | 0,488 | 0,439 | 0,403 | 0,208 | 0,211 | 0,565 | 0,460 | 0,153 | 0,771 | | | | | | | | | | | | |
| RBTP F-Cell | -0,031 | 0,515 | 0,518 | 0,545 | 0,464 | 0,225 | 0,545 | 0,273 | 0,302 | 0,361 | 0,816 | | | | | | | | | | | |
| SN | 0,098 | 0,625 | 0,849 | 0,779 | 0,537 | 0,472 | 0,668 | 0,472 | 0,248 | 0,396 | 0,524 | 0,886 | | | | | | | | | | |
| VAB | 0,202 | 0,739 | 0,623 | 0,771 | 0,318 | 0,419 | 0,582 | 0,569 | 0,171 | 0,501 | 0,375 | 0,680 | 0,843 | | | | | | | | | |
| VAF | 0,159 | 0,580 | 0,574 | 0,550 | 0,429 | 0,308 | 0,534 | 0,343 | 0,252 | 0,411 | 0,522 | 0,552 | 0,661 | 0,825 | | | | | | | | |
| WEN | -0,399 | 0,496 | 0,221 | 0,274 | 0,371 | 0,101 | 0,332 | 0,279 | 0,301 | 0,139 | 0,552 | 0,228 | 0,212 | 0,338 | 0,835 | | | | | | | |
| WK | -0,268 | -0,171 | -0,335 | -0,326 | -0,188 | -0,172 | -0,304 | -0,174 | 0,152 | -0,194 | -0,060 | -0,355 | -0,440 | -0,282 | 0,069 | 0,783 | | | | | | |
| WN | 0,117 | 0,797 | 0,646 | 0,732 | 0,399 | 0,467 | 0,608 | 0,681 | 0,365 | 0,525 | 0,434 | 0,726 | 0,773 | 0,567 | 0,281 | -0,279 | 0,955 | | | | | |
| WTR | 0,185 | -0,436 | -0,328 | -0,439 | -0,136 | -0,126 | -0,324 | -0,289 | 0,084 | -0,168 | -0,244 | -0,420 | -0,456 | -0,196 | -0,159 | 0,291 | -0,427 | 0,731 | | | | |
| WTW | 0,059 | 0,288 | 0,365 | 0,375 | 0,437 | 0,506 | 0,277 | 0,245 | 0,166 | 0,102 | 0,311 | 0,303 | 0,372 | 0,493 | 0,294 | -0,256 | 0,284 | -0,076 | 0,906 | | | |
| WVN | 0,232 | 0,443 | 0,618 | 0,576 | 0,309 | 0,509 | 0,485 | 0,430 | 0,121 | 0,292 | 0,234 | 0,586 | 0,653 | 0,480 | 0,030 | -0,328 | 0,514 | -0,209 | 0,377 | 0,850 | | |
| WZSB | 0,267 | 0,633 | 0,654 | 0,716 | 0,336 | 0,424 | 0,656 | 0,518 | 0,118 | 0,492 | 0,367 | 0,687 | 0,736 | 0,434 | 0,136 | -0,427 | 0,703 | -0,493 | 0,159 | 0,579 | 0,794 | |
| WZSF | 0,096 | 0,480 | 0,568 | 0,538 | 0,425 | 0,268 | 0,486 | 0,222 | 0,094 | 0,293 | 0,563 | 0,528 | 0,503 | 0,722 | 0,339 | -0,302 | 0,431 | -0,179 | 0,350 | 0,399 | 0,569 | 0,794 |

Die Ergebnisse der Überprüfung des HTMT-Kriteriums sind in Tabelle 27 dargestellt und zeigen, dass alle Korrelationen einen Wert von 0,85 oder weniger aufweisen, mit Ausnahme der Korrelation zwischen der *Subjektiven Norm* und dem *Image*. Da diese beiden Konstrukte sich jedoch ähneln, ist für diese Korrelation der erhöhte Grenzwert von 0,9 anwendbar und gilt damit als bestanden.[406] Die Überprüfung der auf Basis der HTMT-Werte bestimmten Bootstrap-Konfidenzintervalle sind ebenfalls in Tabelle 27 aufgeführt. Keines der Intervalle enthält den Wert 1. Somit gelten die Anforderungen des HTMT-Kriteriums als erfüllt.

**Tabelle 27:** Ergebnisse der Überprüfung des HTMT-Kriteriums

| Konstrukt | Korrelation mit anderen Konstrukten ≥ 0,85 | Konfidenzintervall enthält nicht den Wert 1 |
|---|---|---|
| AVF | Ja | Ja |
| GVA | Ja | Ja |
| IMG | Nein, erhöhter Grenzwert von 0,9 anwendbar | Ja |
| IMO | Ja | Ja |
| OE | Ja | Ja |
| PI | Ja | Ja |
| QL | Ja | Ja |
| RBI BEV | Ja | Ja |
| RBI F-Cell | Ja | Ja |
| RBTP BEV | Ja | Ja |
| RBTP F-Cell | Ja | Ja |
| SN | Nein, erhöhter Grenzwert von 0,9 anwendbar | Ja |
| VAB | Ja | Ja |
| VAF | Ja | Ja |
| WEN | Ja | Ja |
| WK | Ja | Ja |
| WN | Ja | Ja |
| WTR | Ja | Ja |
| WTW | Ja | Ja |
| WVN | Ja | Ja |
| WZSB | Ja | Ja |
| WZSF | Ja | Ja |

406 Vgl. Hair, Joseph F., et al. (2017): Partial Least Squares Strukturgleichungsmodellierung (PLS-SEM) – Eine anwendungsorientierte Einführung, S. 103; vgl. Henseler, Jörg / Ringle, Christian M. / Sarstedt, Marko (2015): A new criterion for assessing discriminant validity in variance-based structural equation modeling, S. 127.

Die Überprüfung des Fornell-Larcker-Kriteriums sowie des HTMT-Kriteriums zeigt, dass alle Anforderungen an die Diskriminanzvalidität erfüllt sind.

## 6.4 Evaluation des Strukturmodells

Die Untersuchung des Strukturmodells hat das Ziel, die aufgestellten Hypothesen zu überprüfen und erste Aussagen über deren Annahme oder Ablehnung zu ermöglichen. Dazu wird zunächst die Kollinearität der Konstrukte überprüft. Anschließend werden die Pfadkoeffizienten des Modells evaluiert und erste Aussagen zu den dazugehörigen Hypothesen ermöglicht. Darauffolgend wird die Erklärungskraft der Konstrukte anhand des Bestimmtheitsmaßes sowie der Effektstärken überprüft. Ebenso wird die Prognoserelevanz mittels des Stone-Geisser $Q^2$-Wertes sowie der dazugehörigen Effektstärken untersucht.

### 6.4.1 Überprüfung der Kollinearität

Vor der weiteren Evaluation des Strukturmodells ist eine Überprüfung der Kollinearität notwendig, da diese zu einer Verzerrung der Ergebnisse führen kann.[407]

Für die Überprüfung der Kollinearität ist eine Untersuchung der Treiberkonstrukte für die einzelnen Bereiche des Modells anhand des Varianzinflationsfaktors (VIF) durchzuführen.[408] Hierbei sind VIF-Werte höher als 5 ein Anzeichen für Kollinearität, in diesem Fall wird die Löschung oder Zusammenfassung von Konstrukten empfohlen.[409]

Die Ergebnisse der Überprüfung der Kollinearität sind in Tabelle 28 aufgeführt und zeigen, dass lediglich zwischen den Konstrukten *Image* und *Wahrgenommene Nützlichkeit* ein VIF-Wert von über 5 vorliegt. Aufgrund dieser Kollinearität wird das Konstrukt *Image* aus dem Modell entfernt. Darüber hinaus liegt keine Kollinearität vor.

---

407 Vgl. Hair, Joseph F., et al. (2017): Partial Least Squares Strukturgleichungsmodellierung (PLS-SEM) – Eine anwendungsorientierte Einführung, S. 164; vgl. Sarstedt, Marko, et al. (2019): How to specify, estimate, and validate higher-order constructs in PLS-SEM, S. 206 f.

408 Vgl. Hair, Joseph F., et al. (2017): Partial Least Squares Strukturgleichungsmodellierung (PLS-SEM) – Eine anwendungsorientierte Einführung, S. 167; vgl. Sarstedt, Marko, et al. (2019): How to specify, estimate, and validate higher-order constructs in PLS-SEM, S. 207.

409 Vgl. Hair, Joseph F., et al. (2017): Partial Least Squares Strukturgleichungsmodellierung (PLS-SEM) – Eine anwendungsorientierte Einführung, S. 167 f; vgl. Sarstedt, Marko, et al. (2019): How to specify, estimate, and validate higher-order constructs in PLS-SEM, S. 207 f.

**Tabelle 28:** Ergebnisse der Überprüfung auf Kollinearität

| Konstrukte | GVA | VAB | VAF | WEN | WN | WZSB | WZSF |
|---|---|---|---|---|---|---|---|
| AVF | | 1,200 | 1,200 | 1,199 | | | |
| GVA | | 2,329 | 2,329 | | | | |
| IMG | | | | | 5,581 | | |
| IMO | 2,178 | 2,672 | 2,672 | 2,288 | 3,559 | | |
| OE | | | | | 2,321 | | |
| PI | | | | | 2,030 | | |
| QL | | | | 2,293 | 2,789 | | |
| RBI BEV | | | | 2,176 | 2,650 | | |
| RBI F-Cell | | | | 1,570 | 2,043 | | |
| RBTP BEV | | | | 1,853 | 1,878 | | |
| RBTP F-Cell | | | | 1,831 | 2,299 | | |
| SN | | | | | 4,976 | | |
| WEN | 1,098 | | | | 1,747 | | |
| WK | | 1,299 | 1,299 | | | 1,000 | 1,000 |
| WN | 2,187 | | | | | | |
| WTR | | | | | 1,497 | | |
| WTW | | | | 1,214 | 1,639 | | |
| WVN | | | | | 2,291 | | |
| WZSB | | 2,796 | 2,796 | | | | |
| WZSF | | 1,593 | 1,593 | | | | |

### 6.4.2 Überprüfung von Stärke und Signifikanz der Pfadkoeffizienten

Die Überprüfung der Stärke sowie des Signifikanzniveaus von Pfadkoeffizienten ermöglicht die Bestätigung oder Ablehnungen der für einzelne Pfadverbindungen des Forschungsmodells aufgestellten Hypothesen. Die Pfadkoeffizienten liegen als standardisierte Werte zwischen -1 und +1, dabei sind die angenommenen Beziehungen umso schwächer, je näher der Wert des zugehörigen Pfadkoeffizienten an 0 liegt.[410] Der Wert der Pfadkoeffizienten sollte dabei mindestens bei 0,1 oder -0,1 liegen, um eine relevante Beziehung zwischen den

410 Vgl. Hair, Joseph F., et al. (2017): Partial Least Squares Strukturgleichungsmodellierung (PLS-SEM) – Eine anwendungsorientierte Einführung, S. 168.

Konstrukten nachzuweisen.[411] Das Signifikanzniveau der Pfadkoeffizienten wird mithilfe des Bootstrapping-Verfahrens ermittelt, so ermöglicht Bootstrapping die Berechnung eines p-Wertes für jeden Pfadkoeffizienten.[412] Für diese Arbeit wird das in der Marketingforschung üblicherweise verwendete Signifikanzniveau von 5 % angesetzt, dies wird erfüllt, solange der p-Wert des dazugehörigen Pfadkoeffizienten 0,05 oder weniger beträgt.[413]

Die Stärke und Signifikanzniveaus der einzelnen Pfadverbindungen sind in Tabelle 29 dargestellt.

**Tabelle 29:** Ergebnisse der Überprüfung der Pfadkoeffizienten

| **Pfadverbindung Ausgangskonstrukt** | **Zielkonstrukt** | **Pfadkoeffizient** | **p-Wert** | **Signifikanzniveau**[1)] | **Anforderungen erfüllt** |
|---|---|---|---|---|---|
| Angst vor Fahrzeugnutzung | Verhaltensabsicht Batterieelektrofahrzeug | 0,073 | 0,007 | 1 % | Ja |
| Angst vor Fahrzeugnutzung | Verhaltensabsicht Brennstoffzellenfahrzeug | 0,166 | 0,000 | 0,1 % | Ja |
| Angst vor Fahrzeugnutzung | Wahrgenommene Einfachheit der Nutzung | -0,414 | 0,000 | 0,1 % | Ja |
| Generelle Verhaltensabsicht | Verhaltensabsicht Batterieelektrofahrzeug | 0,388 | 0,000 | 0,1 % | Ja |
| Generelle Verhaltensabsicht | Verhaltensabsicht Brennstoffzellenfahrzeug | 0,402 | 0,000 | 0,1 % | Ja |
| Intrinsische Motivation | Generelle Verhaltensabsicht | 0,196 | 0,000 | 0,1 % | Ja |
| Intrinsische Motivation | Verhaltensabsicht Batterieelektrofahrzeug | 0,303 | 0,000 | 0,1 % | Ja |
| Intrinsische Motivation | Verhaltensabsicht Brennstoffzellenfahrzeug | 0,125 | 0,014 | 5 % | Ja |
| Intrinsische Motivation | Wahrgenommene Einfachheit der Nutzung | -0,106 | 0,049 | 5 % | Ja |

*(wird auf nächster Seite fortgeführt)*

411 Vgl. Chin, Wynne W. (1998): The Partial Least Squares Approach to Structural Equation Modeling, S. 324 f, vgl. Huber, Frank, et al. (2007): Kausalmodellierung mit Partial Least Squares – Eine anwendungsorientierte Einführung, S. 104 f; vgl. Lohmöller, Jan-Bernd (1989): Latent Variable Path Modeling with Partial Least Squares, S. 60.

412 Vgl. Hair, Joseph F., et al. (2017): Partial Least Squares Strukturgleichungsmodellierung (PLS-SEM) – Eine anwendungsorientierte Einführung, S. 168.

413 Vgl. ebd., S. 169.

**Tabelle 29:** Fortsetzung

| Pfadverbindung Ausgangs-konstrukt | Zielkonstrukt | Pfad-koeffizient | p-Wert | Signifikanz-niveau[1)] | Anforder-ungen erfüllt |
|---|---|---|---|---|---|
| Intrinsische Motivation | Wahrgenommene Nützlichkeit | 0,242 | 0,000 | 0,1 % | Ja |
| Ökologische Einstellung | Wahrgenommene Nützlichkeit | -0,039 | 0,352 | n.s. | Nein |
| Persönlicher Innovationsgrad | Wahrgenommene Nützlichkeit | 0,094 | 0,011 | 5 % | Ja |
| Qualität der Leistung | Wahrgenommene Einfachheit der Nutzung | 0,156 | 0,006 | 1 % | Ja |
| Qualität der Leistung | Wahrgenommene Nützlichkeit | 0,008 | 0,895 | n.s. | Nein |
| Rahmenbedingung Infrastruktur Batte-rieelektrofahrzeug | Wahrgenommene Einfachheit der Nutzung | 0,102 | 0,038 | 5 % | Ja |
| Rahmenbedingung Infrastruktur Batte-rieelektrofahrzeug | Wahrgenommene Nützlichkeit | 0,257 | 0,000 | 0,1 % | Ja |
| Rahmenbedingung Infrastruktur Brennstoffzellen-fahrzeug | Wahrgenommene Einfachheit der Nutzung | 0,069 | 0,097 | n.s. | Nein |
| Rahmenbedingung Infrastruktur Brennstoffzellen-fahrzeug | Wahrgenommene Nützlichkeit | 0,080 | 0,071 | n.s. | Nein |
| Rahmenbedingung Tankprozess Batte-rieelektrofahrzeug | Wahrgenommene Einfachheit der Nutzung | -0,002 | 0,974 | n.s. | Nein |
| Rahmenbedingung Tankprozess Batte-rieelektrofahrzeug | Wahrgenommene Nützlichkeit | 0,167 | 0,000 | 0,1 % | Ja |
| Rahmenbedingung Tankprozess Brennstoffzellen-fahrzeug | Wahrgenommene Einfachheit der Nutzung | 0,418 | 0,000 | 0,1 % | Ja |
| Rahmenbedingung Tankprozess Brennstoffzellen-fahrzeug | Wahrgenommene Nützlichkeit | -0,055 | 0,231 | n.s. | Nein |
| Subjektive Norm | Wahrgenommene Nützlichkeit | 0,282 | 0,000 | 0,1 % | Ja |

**Tabelle 29:** Fortsetzung

| Pfadverbindung Ausgangs-konstrukt | Zielkonstrukt | Pfad-koeffizient | p-Wert | Signifikanz-niveau[1)] | Anforder-ungen erfüllt |
|---|---|---|---|---|---|
| Wahrgenommene Einfachheit der Nutzung | Generelle Verhaltensabsicht | 0,281 | 0,000 | 0,1 % | Ja |
| Wahrgenommene Einfachheit der Nutzung | Wahrgenommene Nützlichkeit | 0,055 | 0,133 | n.s. | Nein |
| Wahrgenommene Kosten | Verhaltensabsicht Batterieelektrofahrzeug | -0,180 | 0,000 | 0,1 % | Ja |
| Wahrgenommene Kosten | Verhaltensabsicht Brennstoffzellenfahrzeug | -0,098 | 0,002 | 1 % | Ja |
| Wahrgenommene Nützlichkeit | Generelle Verhaltensabsicht | 0,575 | 0,000 | 0,1 % | Ja |
| Wahrgenommenes technologisches Risiko | Wahrgenommene Nützlichkeit | -0,105 | 0,003 | 1 % | Ja |
| Wahrgenommenes technologisches Wissen | Wahrgenommene Einfachheit der Nutzung | 0,149 | 0,000 | 0,1 % | Ja |
| Wahrgenommenes technologisches Wissen | Wahrgenommene Nützlichkeit | -0,025 | 0,386 | n.s. | Nein |
| Wahrgenommene Visibilität der Nutzung | Wahrgenommene Nützlichkeit | 0,000 | 1,000 | n.s. | Nein |
| Wahrgenommene Zukunftssicherheit Batterieelektrofahr-zeug | Verhaltensabsicht Batterieelektrofahrzeug | 0,185 | 0,001 | 0,1 % | Ja |
| Wahrgenommene Zukunftssicherheit Batterieelektrofahr-zeug | Verhaltensabsicht Brennstoffzellenfahrzeug | -0,345 | 0,000 | 0,1 % | Ja |
| Wahrgenommene Zukunftssicherheit Brennstoffzellen-fahrzeug | Verhaltensabsicht Batterieelektrofahrzeug | -0,007 | 0,807 | n.s. | Nein |
| Wahrgenommene Zukunftssicherheit Brennstoffzellen-fahrzeug | Verhaltensabsicht Brennstoffzellenfahrzeug | 0,619 | 0,000 | 0,1 % | Ja |

1) Signifikanzniveau (einseitig): n.s. = nicht signifikant

Die Ergebnisse zeigen, dass der Großteil der Pfadverbindungen einen Pfadkoeffizienten von 0,1 oder mehr aufweisen und ebenfalls das Signifikanzniveau von 5 % erfüllen, oftmals sogar das deutlich strengere 0,1 % Signifikanzniveau. Jedoch zeigt sich auch, dass mehrere Pfadverbindungen über einen geringen Pfadkoeffizienten verfügen oder das geforderte 5 % Signifikanzniveau nicht erreichen. So ist der Einfluss der *Rahmenbedingung Infrastruktur Brennstoffzellenfahrzeuge* und der *Rahmenbedingung Tankprozess Batterieelektrofahrzeuge* auf die *Wahrgenommene Einfachheit der Nutzung* nicht durch das geforderte Signifikanzniveau bestätigt worden. Der Einfluss der *Rahmenbedingung Infrastruktur Brennstoffzellenfahrzeuge* auf die *Wahrgenommene Einfachheit der Nutzung* hat sich auf dem schwächeren 10 % Signifikanzniveau bestätigt; so scheint diese Pfadverbindung einen Einfluss zu haben, jedoch in einem schwächer als vorab angenommenen Umfang. Außerdem ist der Einfluss der *Ökologischen Einstellung, Qualität der Leistung, Rahmenbedingung Tankprozess Brennstoffzellenfahrzeug, Wahrgenommenen Einfachheit der Nutzung, Wahrgenommenes technologisches Wissen* und *Wahrgenommene Visibilität der Nutzung* auf die *Wahrgenommene Nützlichkeit* nicht bestätigt. Der Einfluss der *Rahmenbedingung Infrastruktur Brennstoffzellenfahrzeuge* auf die *Wahrgenommene Nützlichkeit* zeigt sich auf dem schwächeren 10 % Signifikanzniveau als bestätigt. Besonders überraschend ist, dass sich der Einfluss der *Wahrgenommenen Einfachheit der Nutzung* auf die *Wahrgenommene Nützlichkeit* nicht bestätigt hat, da es sich hier um eine Beziehung des ursprünglichen TAM handelt. Dies zeigt, dass die *Wahrgenommene Einfachheit der Nutzung* keine oder nur eine geringe Rolle bei der Einschätzung der *Wahrgenommenen Nützlichkeit* von Elektrofahrzeugen zu spielen scheint. Des Weiteren kann festgehalten werden, dass der negative Einfluss der *Wahrgenommenen Zukunftssicherheit Brennstoffzellenfahrzeug* auf die *Verhaltensabsicht Batterieelektrofahrzeug* nicht das geforderte Signifikanzniveau erfüllt. Allerdings hat sich der negative Einfluss der *Wahrgenommenen Zukunftssicherheit Batterieelektrofahrzeug* auf die *Verhaltensabsicht Brennstoffzellenfahrzeug* bestätigt. So lässt sich erkennen, dass die Befragten dazu tendieren, sich für eine Form der reinelektrischen Mobilität zu entscheiden und an dieser festhalten.

Die Überprüfung der Vorzeichen der Pfadverbindungen ermöglicht ebenfalls einige interessante Einblicke in die Faktoren der Nutzerakzeptanz im Vergleich mit den vorab aufgestellten Hypothesen. So ist der Einfluss der *Angst vor Fahrzeugnutzung* auf die *Verhaltensabsicht Batterieelektrofahrzeug* sowie *Verhaltensabsicht Brennstoffzellenfahrzeug* als negativ angedacht worden. Die Ergebnisse der Analyse zeigen jedoch positive Pfadkoeffizienten, wenn auch aufgrund der Stärke der Pfadkoeffizienten nur mit schwachen Effekten.

Im Gegensatz dazu steht der Einfluss der *Angst vor Fahrzeugnutzung* auf die *Wahrgenommene Einfachheit der Nutzung*, welche wie erwartet einen negativen Pfadkoeffizienten aufweist. So könnte dies zeigen, dass die *Angst vor Fahrzeugnutzung* zwar einen negativen Einfluss auf die *Wahrgenommene Einfachheit der Nutzung* hat, jedoch die *Verhaltensabsicht Batterieelektrofahrzeug* oder *Brennstoffzellenfahrzeug* dennoch positiv beeinflusst. Der Einfluss der *Intrinsischen Motivation* auf die *Wahrgenommene Einfachheit der Nutzung* zeigt sich ebenfalls mit einem negativen Pfadkoeffizienten, obwohl ein positiver Einfluss erwartet wurde. Der negative Einfluss der *Intrinsischen Motivation* mag daher rühren, dass die Motivation darin besteht, mit einem Fahrzeug umgehen zu können, das schwieriger zu benutzen ist.

### 6.4.3 Überprüfung des Bestimmtheitsmaßes

Das Bestimmtheitsmaß ergibt sich aus den $R^2$-Werten eines Modells und zeigt die Varianz eines Konstrukts an, die durch alle ihm vorhergegangenen und mit ihm verbundenen Konstrukte erklärt wird.[414] Somit spiegelt das Bestimmtheitsmaß den Einfluss aller dem Konstrukt vorgegangen Konstrukte wider.[415] Die Berechnung der $R^2$-Werte erfolgt über die quadrierte Korrelation der im Modell vorhandenen sowie der prognostizierten Werte eines spezifischen Konstrukts.[416] Da der $R^2$-Werte für seine Berechnung alle im Modell verfügbaren Daten nutzt, ist das Bestimmtheitsmaß zur Evaluierung der In-Sample-Prognosefähigkeit geeignet.[417] Die Ergebnisse der Berechnung des $R^2$-Werts

---

414 Vgl. Hair, Joseph F., et al. (2017): Partial Least Squares Strukturgleichungsmodellierung (PLS-SEM) – Eine anwendungsorientierte Einführung, S. 170 f; vgl. Huber, Frank, et al. (2007): Kausalmodellierung mit Partial Least Squares – Eine anwendungsorientierte Einführung, S. 107.

415 Vgl. Hair, Joseph F., et al. (2017): Partial Least Squares Strukturgleichungsmodellierung (PLS-SEM) – Eine anwendungsorientierte Einführung, S. 170 f; vgl. Ringle, Christian M. / Spreen, Florentine (2007): Beurteilung der Ergebnisse von PLS-Pfadanalysen, S. 214.

416 Vgl. Hair, Joseph F., et al. (2017): Partial Least Squares Strukturgleichungsmodellierung (PLS-SEM) – Eine anwendungsorientierte Einführung, S. 170 f; vgl. Weiber, Rolf / Mühlhaus, Daniel (2014): Strukturgleichungsmodellierung – Eine anwendungsorientierte Einführung in die Kausalanalyse mit Hilfe von AMOS SmartPLS und SPSS, S. 327 f.

417 Vgl. Rigdon, Edward E. (2012): Rethinking Partial Least Squares Path Modeling: In Praise of Simple Methods, S. 353; vgl. Sarstedt, Marko, et al. (2014): On the Emancipation of PLS-SEM: A Commentary on Rigdon (2012), S. 157.

liegen zwischen 0 und 1, dabei gilt eine höhere Prognosefähigkeit, je näher der $R^2$-Wert an 1 liegt.[418] Über für den $R^2$-Wert gültige Grenz- oder Mindestwerte herrscht in der Literatur Uneinigkeit, da die Höhe des $R^2$-Werts stark vom Forschungsrahmen sowie Forschungsziel und der Komplexität der verwendeten Modelle abhängt.[419] So geben zum Beispiel Henseler et al. (2009) und Hair et al. (2011) für die Marketingforschung Grenzwert von 0,25 für schwache, 0,5 für moderate und 0,75 für starke $R^2$-Werte vor.[420] Damit stimmen sie ungefähr mit den von Chin (1998) vorgeschlagenen Werten von 0,19, 0,33 und 0,69 für schwache, moderate und starke $R^2$-Werte überein.[421] Des Weiteren setzen Hulland (1991), Henseler et al. (2009) sowie Huber et al. (2007) einen $R^2$-Wert Mindestwert von 0,3 voraus.[422]

Die vorgeschlagenen Grenzwerte von Henseler et al. (2009), Hair et al. (2011) sowie Chin (1998) werden für diese Arbeit als Richtlinie zur Evaluierung der $R^2$-Werte genutzt, außerdem wird ein Mindestwert von 0,3 vorausgesetzt.

**Tabelle 30:** Bestimmtheitsmaß $R^2$ der endogenen Variablen

| **Endogene Variable** | **Bestimmtheitsmaß $R^2 \geq 0{,}3$** |
|---|---|
| Generelle Verhaltensabsicht | 0,733 |
| Verhaltensabsicht Batterieelektrofahrzeug | 0,746 |
| Verhaltensabsicht Brennstoffzellenfahrzeug | 0,655 |
| Wahrgenommene Einfachheit der Nutzung | 0,511 |
| Wahrgenommene Nützlichkeit | 0,736 |

418 Vgl. Hair, Joseph F., et al. (2017): Partial Least Squares Strukturgleichungsmodellierung (PLS-SEM) – Eine anwendungsorientierte Einführung, S. 171.

419 Vgl. ebd., S. 171 f.

420 Vgl. Hair, Joseph F., et al. (2017): Partial Least Squares Strukturgleichungsmodellierung (PLS-SEM) – Eine anwendungsorientierte Einführung, S. 171; vgl. Henseler, Jörg / Ringle, Christian M. / Sinkovics, Rudolf R. (2009): The use of partial least squares path modeling in international marketing, S. 303; vgl. Hair, Joseph F. / Ringle, Christian M. (2011): PLS-SEM: Indeed a Silver Bullet, S. 145.

421 Vgl. Chin, Wynne W. (1998): The Partial Least Squares Approach to Structural Equation Modeling, S. 320 ff.

422 Vgl. Fazel, Ludwig (2013): Akzeptanz von Elektromobilität – Entwicklung und Validierung eines Modells unter Berücksichtigung der Nutzungsform des Carsharing, S. 270; vgl. Hulland, John (1999): Use of partial least squares (PLS) in strategic management research: a review of four recent studies, S. 202 f; vgl. Huber, Frank, et al. (2007): Kausalmodellierung mit Partial Least Squares – Eine anwendungsorientierte Einführung, S. 107 f; vgl. Henseler, Jörg / Ringle, Christian M. / Sinkovics, Rudolf R. (2009): The use of partial least squares path modeling in international marketing, S. 303.

Die Ergebnisse der Auswertung der $R^2$-Werte können Tabelle 30 entnommen werden. Es zeigt sich, dass alle $R^2$-Werte weit über dem strengeren Mindestwert von 0,3 liegen und alle Konstrukte mindestens einen moderaten Erklärungswert aufweisen. So liegt der Wert für die ursprünglichen TAM-Konstrukte *Generelle Verhaltensabsicht* und *Wahrgenommene Nützlichkeit* bei 0,733 sowie 0,736 und drückt damit einen hohen Erklärungswert dieser Konstrukte aus. Das Konstrukt der *Wahrgenommenen Einfachheit der Nutzung* entstammt ebenfalls dem ursprünglichen TAM-Modell und hat mit einem $R^2$-Wert von 0,511 einen moderaten bis starken Erklärungswert. Die für das Forschungsziel hinzugefügten Erweiterungen des Modells, die Konstrukte der *Verhaltensabsicht Batterieelektrofahrzeug* und *Verhaltensabsicht Brennstoffzellenfahrzeug*, verfügen mit $R^2$-Werten von 0,746 und 0,655 ebenfalls einen hohen und moderat bis hohen Erklärungswert. Im Vergleich zu Fazel (2013) zeigt sich, dass das für diese Forschungsarbeit weiter angepasste Modell den Erklärungswert der einzelnen Konstrukte verbessern konnte und insgesamt einen hohen Erklärungswert aufweist.

### 6.4.4 Überprüfung der $f^2$-Effektstärken

Die Überprüfung der $f^2$-Effektstärken findet auf Basis der $R^2$-Werte der einzelnen Konstrukte statt und ist in der Lage, eine Aussage über den substanziellen Einfluss einer exogenen Variable auf eine endogene Variable zu ermöglichen.[423] Hierzu wird das PLS-Modell zweimal berechnet, einmal mit der zu beobachtenden exogenen Variable im Modell eingebunden sowie einmal mit der Variable nicht im Modell eingebunden, und die Veränderung im $R^2$-Wert beobachtet.[424] Somit gibt der $f^2$-Wert Auskunft über die Veränderung des Erklärungsgehalts, die sich durch den Ausschluss eines Konstrukts ergibt.[425]

423 Vgl. Hair, Joseph F., et al. (2017): Partial Least Squares Strukturgleichungsmodellierung (PLS-SEM) – Eine anwendungsorientierte Einführung, S. 173 f; vgl. Weiber, Rolf / Mühlhaus, Daniel (2014): Strukturgleichungsmodellierung – Eine anwendungsorientierte Einführung in die Kausalanalyse mit Hilfe von AMOS SmartPLS und SPSS, S. 328.

424 Vgl. Hair, Joseph F., et al. (2017): Partial Least Squares Strukturgleichungsmodellierung (PLS-SEM) – Eine anwendungsorientierte Einführung, S. 173; vgl. Weiber, Rolf / Mühlhaus, Daniel (2014): Strukturgleichungsmodellierung – Eine anwendungsorientierte Einführung in die Kausalanalyse mit Hilfe von AMOS SmartPLS und SPSS, S. 328 f.

425 Vgl. Hair, Joseph F., et al. (2017): Partial Least Squares Strukturgleichungsmodellierung (PLS-SEM) – Eine anwendungsorientierte Einführung, S. 173; vgl. Nitzl, Christian / Schloderer, Matthias (2011): Die Prüfung von Interaktionseffekten in

Als Werte zur Evaluierung der $f^2$-Werte geben Cohen (1998) und Hair et al. (2017) 0,02 für geringe, 0,15 für mittlere und 0,35 für starke Effekte vor, sollten die Werte unter 0,02 liegen, deutet dies darauf hin, dass kein Effekt vorliegt.[426]

**Tabelle 31:** Ergebnisse der Überprüfung der f2-Effektstärke

| **Exogene Variable** | **Endogene Variable** | **$f^2$-Wert** | **Effekt-stärke** |
|---|---|---|---|
| Angst vor Fahrzeugnutzung | Verhaltensabsicht Batterieelektrofahrzeug | 0,018 | gering |
| Angst vor Fahrzeugnutzung | Verhaltensabsicht Brennstoffzellenfahrzeug | 0,067 | gering |
| Angst vor Fahrzeugnutzung | Wahrgenommene Einfachheit der Nutzung | 0,293 | mittel |
| Generelle Verhaltensabsicht | Verhaltensabsicht Batterieelektrofahrzeug | 0,252 | mittel |
| Generelle Verhaltensabsicht | Verhaltensabsicht Brennstoffzellenfahrzeug | 0,199 | mittel |
| Intrinsische Motivation | Generelle Verhaltensabsicht | 0,066 | gering |
| Intrinsische Motivation | Verhaltensabsicht Batterieelektrofahrzeug | 0,135 | gering |
| Intrinsische Motivation | Verhaltensabsicht Brennstoffzellenfahrzeug | 0,017 | gering |
| Intrinsische Motivation | Wahrgenommene Einfachheit der Nutzung | 0,010 | gering |
| Intrinsische Motivation | Wahrgenommene Nützlichkeit | 0,064 | gering |
| Ökologische Einstellung | Wahrgenommene Nützlichkeit | 0,003 | keine |
| Persönlicher Innovationsgrad | Wahrgenommene Nützlichkeit | 0,017 | gering |
| Qualität der Leistung | Wahrgenommene Einfachheit der Nutzung | 0,022 | gering |
| Qualität der Leistung | Wahrgenommene Nützlichkeit | 0,000 | keine |
| Rahmenbedingung Infrastruktur Batterieelektrofahrzeug | Wahrgenommene Einfachheit der Nutzung | 0,010 | gering |

Partial Least Squares(PLS)-Modellen, S. 48 f; vgl. Gefen, Davis / Straub, Detmar W. / Boudreau, Marie-Claude (2000): Structural Equation Modeling and Regression: Guidelines for Research Practice, S. 64.

426 Vgl. Cohen, Jacob (1988): Statistical power analysis for the behavioral sciences, S. 412 f; vgl. Hair, Joseph F., et al. (2017): Partial Least Squares Strukturgleichungsmodellierung (PLS-SEM) – Eine anwendungsorientierte Einführung, S. 173 f.

**Tabelle 31:** Fortsetzung

| **Exogene Variable** | **Endogene Variable** | **$f^2$-Wert** | **Effekt-stärke** |
|---|---|---|---|
| Rahmenbedingung Infrastruktur Batterieelektrofahrzeug | Wahrgenommene Nützlichkeit | 0,099 | gering |
| Rahmenbedingung Infrastruktur Brennstoffzellenfahrzeug | Wahrgenommene Einfachheit der Nutzung | 0,006 | keine |
| Rahmenbedingung Infrastruktur Brennstoffzellenfahrzeug | Wahrgenommene Nützlichkeit | 0,013 | gering |
| Rahmenbedingung Tankprozess Batterieelektrofahrzeug | Wahrgenommene Einfachheit der Nutzung | 0,000 | keine |
| Rahmenbedingung Tankprozess Batterieelektrofahrzeug | Wahrgenommene Nützlichkeit | 0,058 | gering |
| Rahmenbedingung Tankprozess Brennstoffzellenfahrzeug | Wahrgenommene Einfachheit der Nutzung | 0,195 | mittel |
| Rahmenbedingung Tankprozess Brennstoffzellenfahrzeug | Wahrgenommene Nützlichkeit | 0,005 | keine |
| Subjektive Norm | Wahrgenommene Nützlichkeit | 0,085 | gering |
| Wahrgenommene Einfachheit der Nutzung | Generelle Verhaltensabsicht | 0,270 | mittel |
| Wahrgenommene Einfachheit der Nutzung | Wahrgenommene Nützlichkeit | 0,007 | keine |
| Wahrgenommene Kosten | Verhaltensabsicht Batterieelektrofahrzeug | 0,102 | gering |
| Wahrgenommene Kosten | Verhaltensabsicht Brennstoffzellenfahrzeug | 0,022 | gering |
| Wahrgenommene Nützlichkeit | Generelle Verhaltensabsicht | 0,566 | stark |
| Wahrgenommenes technologisches Risiko | Wahrgenommene Nützlichkeit | 0,028 | gering |
| Wahrgenommenes technologisches Wissen | Wahrgenommene Einfachheit der Nutzung | 0,037 | gering |

*(wird auf nächster Seite fortgeführt)*

**Tabelle 31:** Fortsetzung

| **Exogene Variable** | **Endogene Variable** | **$f^2$-Wert** | **Effekt-stärke** |
|---|---|---|---|
| Wahrgenommenes technologisches Wissen | Wahrgenommene Nützlichkeit | 0,002 | keine |
| Wahrgenommene Visibilität der Nutzung | Wahrgenommene Nützlichkeit | 0,000 | keine |
| Wahrgenommene Zukunftssicherheit Batterieelektrofahrzeug | Verhaltensabsicht Batterieelektrofahrzeug | 0,049 | gering |
| Wahrgenommene Zukunftssicherheit Batterieelektrofahrzeug | Verhaltensabsicht Brennstoffzellenfahrzeug | 0,125 | gering |
| Wahrgenommene Zukunftssicherheit Brennstoffzellenfahrzeug | Verhaltensabsicht Batterieelektrofahrzeug | 0,000 | keine |
| Wahrgenommene Zukunftssicherheit Brennstoffzellenfahrzeug | Verhaltensabsicht Brennstoffzellenfahrzeug | 0,698 | stark |

Die Ergebnisse der Überprüfung der $f^2$-Effektstärken sind in Tabelle 31 dargestellt. Die $f^2$-Werte bestätigen die Ergebnisse der Auswertung der Pfadkoeffizienten, dass die als nicht signifikant identifizierten Konstrukte nur sehr schwache Effektstärken von weniger als 0,02 aufweisen. Überdies zeigen die $f^2$-Werte, dass die Einflüsse der *Angst vor Fahrzeugnutzung* auf die *Verhaltensabsicht Batterieelektrofahrzeug*, der *Intrinsischen Motivation* auf die *Verhaltensabsicht Brennstoffzellenfahrzeug*, des *Persönlichen Innovationsgrads* auf die *Wahrgenommene Nützlichkeit* sowie der *Rahmenbedingung Ladeinfrastruktur Batterieelektrofahrzeug* auf die *Wahrgenommene Einfachheit der Nutzung* eine Effektstärke von knapp unter 0,02 aufweisen. Der Großteil der exogenen Variablen wirkt jedoch mit Werten zwischen 0,02 und 0,293 einen schwachen bis mittleren Effekt auf die jeweilige endogene Variable. Besonders stark ist jedoch der Effekt der *Wahrgenommenen Nützlichkeit* auf die *Generelle Verhaltensabsicht* mit einer Effektstärke von 0,566 sowie der Effekt der *Wahrgenommenen Zukunftssicherheit Brennstoffzellenfahrzeug* auf die *Verhaltensabsicht Brennstoffzellenfahrzeug* mit einer Effektstärke von 0,698. Auffällig ist an dieser Stelle, dass der Effekt der *Wahrgenommenen Zukunftssicherheit Batterieelektrofahrzeug* auf die *Verhaltensabsicht Batterieelektrofahrzeug* mit einer Effektstärke von 0,049 signifikant geringer ausfällt. Die *Wahrgenommene*

*Zukunftssicherheit* nimmt damit bei Brennstoffzellenfahrzeugen einen zentralen Einfluss auf die Verhaltensabsicht, während dies bei Batterieelektrofahrzeugen nicht der Fall ist.

### 6.4.5 Überprüfung der Prognoserelevanz

Die Prognoserelevanz, auch als Out-of-Sample-Prognosefähigkeit bekannt, stellt die Fähigkeit eines Modells dar, Daten vorherzusagen, obwohl diese nicht Teil des ursprünglichen Schätzverfahrens des Modells sind.[427] Zu diesem Zweck wird die Prognoserelevanz über den Stone-Geisser $Q^2$-Wert evaluiert, hierbei zeigen Werte größer als 0 die Prognoserelevanz einzelner endogener Variablen an.[428] Die Ermittlung des $Q^2$-Wertes erfolgt mithilfe des Blindfolding-Verfahrens, welches in mehreren Etappen vorsätzlich einen Teil der vorhandenen Datenmatrix auslässt.[429] Im Anschluss behandelt der PLS-SEM-Algorithmus die ausgelassenen Werte als fehlend, schätzt sie und berechnet auf dieser Basis das Modell.[430] Anschließend werden die geschätzten mit den ausgelassenen Daten verglichen und zur Berechnung des $Q^2$-Wertes verwendet.[431] Das Blindfolding-Verfahren ist abgeschlossen, wenn jeder Datenpunkt

427 Vgl. Hair, Joseph F., et al. (2017): Partial Least Squares Strukturgleichungsmodellierung (PLS-SEM) – Eine anwendungsorientierte Einführung, S. 174.

428 Vgl. Hair, Joseph F., et al. (2017): Partial Least Squares Strukturgleichungsmodellierung (PLS-SEM) – Eine anwendungsorientierte Einführung, S. 174; vgl. Ringle, Christian M. / Spreen, Florentine (2007): Beurteilung der Ergebnisse von PLS-Pfadanalysen, S. 215; vgl. Stone, M. (1974): Cross-Validatory Choice and Assessment of Statistical Predictions, S. 138 f; vgl. Geisser, Seymour (1974): A predictive approach to the random effect model, S. 102 ff; vgl. Herrmann, Andreas / Huber, Frank / Kressmann, Frank (2006): Varianz- und kovarianz- basierte Strukturgleichungsmodelle – Ein Leitfaden zu deren Spezifikation, Schätzung und Beurteilung, S. 60 f.

429 Vgl. Hair, Joseph F., et al. (2017): Partial Least Squares Strukturgleichungsmodellierung (PLS-SEM) – Eine anwendungsorientierte Einführung, S. 174; vgl. Chin, Wynne W. (1998): The Partial Least Squares Approach to Structural Equation Modeling, S. 317; vgl. Tenenhaus, Michel, et al. (2005): PLS path modeling, S. 16; vgl. Henseler, Jörg / Ringle, Christian M. / Sinkovics, Rudolf R. (2009): The use of partial least squares path modeling in international marketing, S. 303 f.

430 Vgl. Hair, Joseph F., et al. (2017): Partial Least Squares Strukturgleichungsmodellierung (PLS-SEM) – Eine anwendungsorientierte Einführung, S. 174; vgl. Henseler, Jörg / Ringle, Christian M. / Sinkovics, Rudolf R. (2009): The use of partial least squares path modeling in international marketing, S. 304.

431 Vgl. Hair, Joseph F., et al. (2017): Partial Least Squares Strukturgleichungsmodellierung (PLS-SEM) – Eine anwendungsorientierte Einführung, S. 174 f; vgl. Tenenhaus, Michel, et al. (2005): PLS path modeling, S. 174.

einmal ausgelassen und an dessen Stelle ein Schätzwert zur Berechnung des Modells genutzt wurde.[432] Die ermittelten $Q^2$-Werte sind in Tabelle 32 aufgestellt. Die Ergebnisse des Blindfolding-Verfahrens zeigen hohe $Q^2$-Werte signifikant größer als 0 und bestätigen dem Modell somit eine Prognoserelevanz für die endogenen Variablen. Im Vergleich zu Fazel (2013) fällt die Prognoserelevanz aller Variablen höher aus und bestätigt dem Forschungsmodell eine gesteigerte Prognoserelevanz.

**Tabelle 32:** Ergebnisse der Überprüfung der Prognoserelevanz

| **Endogene Variable** | **Prognoserelevanz $Q^2 \geq 0$** |
|---|---|
| Generelle Verhaltensabsicht | 0,498 |
| Verhaltensabsicht Batterieelektrofahrzeug | 0,523 |
| Verhaltensabsicht Brennstoffzellenfahrzeug | 0,433 |
| Wahrgenommene Einfachheit der Nutzung | 0,353 |
| Wahrgenommene Nützlichkeit | 0,664 |

### 6.4.6 Überprüfung der $q^2$-Effektstärken

Die Überprüfung der $q^2$-Effektstärken findet mithilfe der $Q^2$-Werte statt und ermöglicht einen Einblick in den Einfluss von exogenen Variablen auf endogene Variablen.[433] So ist es möglich, eine Erkenntnis der relativen Prognoserelevanz einzelner Variablen zu erlangen.[434] Dies erfolgt nach derselben Prozedur wie die Ermittlung der $f^2$-Werte, hierbei werden ebenfalls die Richtwerte von 0,02, 0,15 und 0,35 für schwache, moderate und starke Effekte verwendet.[435] Die Ermittlung der $q^2$-Effektstärken erfolgt manuell, da die Berechnung zum Zeitpunkt der Erstellung dieser Arbeit nicht mit SmartPLS direkt möglich ist. Zur Berechnung der $q^2$-Werte wird das Modell einmal mit der zu untersuchenden

432 Vgl. Hair, Joseph F., et al. (2017): Partial Least Squares Strukturgleichungsmodellierung (PLS-SEM) – Eine anwendungsorientierte Einführung, S. 174; vgl. Tenenhaus, Michel, et al. (2005): PLS path modeling, S. 18.

433 Vgl. Hair, Joseph F., et al. (2017): Partial Least Squares Strukturgleichungsmodellierung (PLS-SEM) – Eine anwendungsorientierte Einführung, S. 177 f; vgl. Krafft, Manfred / Götz, Oliver / Liehr-Gobbers, Kerstin (2005): Die Validierung von Strukturgleichungsmodellen mit Hilfe des Partial-Least-Squares (PLS)- Ansatzes, S. 303 f.

434 Vgl. Hair, Joseph F., et al. (2017): Partial Least Squares Strukturgleichungsmodellierung (PLS-SEM) – Eine anwendungsorientierte Einführung, S. 177 f.

435 Vgl. ebd., S. 177 f.

exogenen Variable und einmal ohne die Variable berechnet.[436] Anschließend wird der $q^2$-Wert für diese exogene Variable mit folgender Formel berechnet:

$$q^2 = \frac{Q^2_{eingeschlossen} - Q^2_{ausgeschlossen}}{1 - Q^2_{eingeschlossen}}$$

Die Ergebnisse der Überprüfung der $q^2$-Effektstärken sind in Tabelle 33 dargestellt. Die Überprüfung zeigt, dass die $q^2$-Werte der *Wahrgenommenen Nützlichkeit* auf die *Generelle Verhaltensabsicht* sowie der *Wahrgenommenen Zukunftssicherheit Brennstoffzellenfahrzeug* auf die *Verhaltensabsicht Brennstoffzellenfahrzeug* und die *Angst vor Fahrzeugnutzung* auf die *Wahrgenommene Einfachheit der Nutzung* moderat starke Effekte nachweisen. Einige der Konstrukte weisen $q^2$-Werte im Bereich von schwachen bis schwach-moderaten Effekten auf, während eine große Anzahl der Konstrukte $q^2$-Werte von unter 0,02 aufweisen und damit nur sehr schwache oder keine Effektstärke besitzen. Die große Anzahl von Konstrukten ermöglicht jedoch auch bei geringen Effektstärken eine insgesamt gute Prognoserelevanz, wie die in Kapitel 6.4.5 ermittelten $Q^2$-Werte zeigen.

436 Vgl. ebd., S. 177 ff.

**Tabelle 33:** Ergebnisse der Überprüfung der q2-Effektstärken

| Exogene Variable | Endogene Variable | $q^2$-Wert | Effektstärke |
|---|---|---|---|
| Angst vor Fahrzeugnutzung | Verhaltensabsicht Batterieelektrofahrzeug | 0,000 | keine |
| Angst vor Fahrzeugnutzung | Verhaltensabsicht Brennstoffzellenfahrzeug | 0,026 | gering |
| Angst vor Fahrzeugnutzung | Wahrgenommene Einfachheit der Nutzung | 0,161 | mittel |
| Generelle Verhaltensabsicht | Verhaltensabsicht Batterieelektrofahrzeug | 0,094 | gering |
| Generelle Verhaltensabsicht | Verhaltensabsicht Brennstoffzellenfahrzeug | 0,079 | gering |
| Intrinsische Motivation | Generelle Verhaltensabsicht | 0,020 | gering |
| Intrinsische Motivation | Verhaltensabsicht Batterieelektrofahrzeug | 0,050 | gering |
| Intrinsische Motivation | Verhaltensabsicht Brennstoffzellenfahrzeug | 0,007 | keine |
| Intrinsische Motivation | Wahrgenommene Einfachheit der Nutzung | 0,005 | keine |
| Intrinsische Motivation | Wahrgenommene Nützlichkeit | 0,045 | gering |
| Ökologische Einstellung | Wahrgenommene Nützlichkeit | 0,000 | keine |
| Persönlicher Innovationsgrad | Wahrgenommene Nützlichkeit | 0,012 | keine |
| Qualität der Leistung | Wahrgenommene Einfachheit der Nutzung | 0,011 | keine |
| Qualität der Leistung | Wahrgenommene Nützlichkeit | 0,000 | keine |
| Rahmenbedingung Infrastruktur Batterieelektrofahrzeug | Wahrgenommene Einfachheit der Nutzung | 0,005 | keine |
| Rahmenbedingung Infrastruktur Batterieelektrofahrzeug | Wahrgenommene Nützlichkeit | 0,068 | gering |
| Rahmenbedingung Infrastruktur Brennstoffzellenfahrzeug | Wahrgenommene Einfachheit der Nutzung | 0,003 | keine |
| Rahmenbedingung Infrastruktur Brennstoffzellenfahrzeug | Wahrgenommene Nützlichkeit | 0,009 | keine |
| Rahmenbedingung Tankprozess Batterieelektrofahrzeug | Wahrgenommene Einfachheit der Nutzung | 0,000 | keine |

**Tabelle 33:** Fortsetzung

| Exogene Variable | Endogene Variable | $q^2$-Wert | Effektstärke |
|---|---|---|---|
| Rahmenbedingung Tankprozess Batterieelektrofahrzeug | Wahrgenommene Nützlichkeit | 0,039 | gering |
| Rahmenbedingung Tankprozess Brennstoffzellenfahrzeug | Wahrgenommene Einfachheit der Nutzung | 0,100 | gering |
| Rahmenbedingung Tankprozess Brennstoffzellenfahrzeug | Wahrgenommene Nützlichkeit | 0,000 | keine |
| Subjektive Norm | Wahrgenommene Nützlichkeit | 0,060 | gering |
| Wahrgenommene Einfachheit der Nutzung | Generelle Verhaltensabsicht | 0,104 | gering |
| Wahrgenommene Einfachheit der Nutzung | Wahrgenommene Nützlichkeit | 0,003 | keine |
| Wahrgenommene Kosten | Verhaltensabsicht Batterieelektrofahrzeug | 0,034 | gering |
| Wahrgenommene Kosten | Verhaltensabsicht Brennstoffzellenfahrzeug | 0,007 | keine |
| Wahrgenommene Nützlichkeit | Generelle Verhaltensabsicht | 0,207 | mittel |
| Wahrgenommenes technologisches Risiko | Wahrgenommene Nützlichkeit | 0,018 | gering |
| Wahrgenommenes technologisches Wissen | Wahrgenommene Einfachheit der Nutzung | 0,019 | gering |
| Wahrgenommenes technologisches Wissen | Wahrgenommene Nützlichkeit | 0,000 | keine |
| Wahrgenommene Visibilität der Nutzung | Wahrgenommene Nützlichkeit | 0,000 | keine |
| Wahrgenommene Zukunftssicherheit Batterieelektrofahrzeug | Verhaltensabsicht Batterieelektrofahrzeug | 0,017 | gering |
| Wahrgenommene Zukunftssicherheit Batterieelektrofahrzeug | Verhaltensabsicht Brennstoffzellenfahrzeug | 0,049 | gering |

*(wird auf nächster Seite fortgeführt)*

**Tabelle 33:** Fortsetzung

| Exogene Variable | Endogene Variable | $q^2$-Wert | Effektstärke |
|---|---|---|---|
| Wahrgenommene Zukunftssicherheit Brennstoffzellenfahrzeug | Verhaltensabsicht Batterieelektrofahrzeug | 0,000 | keine |
| Wahrgenommene Zukunftssicherheit Brennstoffzellenfahrzeug | Verhaltensabsicht Brennstoffzellenfahrzeug | 0,275 | moderat stark |

## 6.5 Überprüfung von Moderationseffekten

Die Überprüfung der möglichen Moderationseffekte der drei Variablen *Erfahrung mit Elektromobilität*, *Geschlecht* und *Wohnort* wird auf Teilstichprobenebene mithilfe der PLS-Multigruppenanalyse (PLS-MGA) durchgeführt. So ermöglicht die Anwendung der PLS-Multigruppenanalyse eine Untersuchung der Pfadverbindungen auf signifikante Unterschiede der Pfadkoeffizienten zwischen mehreren Teilgruppen des gesamten Datensatzes.[437] Ferner werden alle Pfadverbindungen auf Unterschiede der Pfadkoeffizienten durch die Moderatoren überprüft, um mögliche unerwartete Moderationseffekte aufzudecken.[438]

Für diese Analyse wird der Datensatz in unterschiedliche Teilgruppen nach Ausprägung der zu untersuchenden Moderatorvariable unterteilt.[439] So wird die *Erfahrung mit Elektromobilität* in die Teilgruppen „Teilnehmer mit Erfahrung" und „Teilnehmer ohne Erfahrung" unterteilt, für das *Geschlecht* wurde eine Unterteilung in „weiblich" und „männlich" vorgenommen. Die Unterteilung des *Wohnorts* wurde in die Teilgruppen „Innenstadt", „Vorort" und „Land" vorgenommen.

Die Ergebnisse der PLS-MGA für die betrachteten Pfadverbindungen sind in den Tabellen 34 bis 36 dargestellt.

437 Vgl. Hair, Joseph F., et al. (2017): Partial Least Squares Strukturgleichungsmodellierung (PLS-SEM) – Eine anwendungsorientierte Einführung, S. 247 f.

438 Vgl. ebd., S. 248.

439 Vgl. Hair, Joseph F., et al. (2017): Partial Least Squares Strukturgleichungsmodellierung (PLS-SEM) – Eine anwendungsorientierte Einführung, S. 247; vgl. Sosik, John J. / Kahai, Surinder S. / Piovoso, Michael J. (2009): Silver Bullet or Voodoo Statistics? A Primer for Using the Partial Least Squares Data Analytic Technique in Group and Organization Research, S. 25 f.

**Tabelle 34:** Ergebnisse der Moderationseffekte durch Erfahrung mit Elektromobilität

| Pfadverbindung | | Keine Erfahrung mit Elektromobilitat | | Erfahrung mit Elektromobilität | | |
|---|---|---|---|---|---|---|
| Ausgangskonstrukt | Zielkonstrukt | Pfad-koef. | p-Wert | Pfad-koef. | p-Wert | Sig.[1] & Hypot.[2] |
| Generelle Verhaltensabsicht | Verhaltensabsicht Batterieelektro-fahrzeug | 0,397 | 0,000 | 0,395 | 0,000 | 0,1 % H.z. |
| Generelle Verhaltensabsicht | Verhaltensabsicht Brennstoffzellen-fahrzeug | 0,412 | 0,000 | 0,305 | 0,020 | 5 % H.b. |
| Intrinsische Motivation | Wahrgenommene Einfachheit der Nutzung | -0,145 | 0,005 | 0,452 | 0,006 | 1 % n.H. |
| Rahmenbedingung Infrastruktur Batte-rieelektrofahrzeug | Wahrgenommene Einfachheit der Nutzung | 0,100 | 0,050 | 0,184 | 0,132 | n.s. H.z. |
| Rahmenbedingung Infrastruktur Brenn-stoffzellenfahrzeug | Wahrgenommene Einfachheit der Nutzung | 0,027 | 0,549 | -0,062 | 0,571 | n.s. H.z. |
| Rahmenbedingung Tankprozess Batte-rieelektrofahrzeug | Wahrgenommene Einfachheit der Nutzung | -0,012 | 0,826 | 0,207 | 0,223 | n.s. H.z. |
| Rahmenbedingung Tankprozess Brenn-stoffzellenfahrzeug | Wahrgenommene Einfachheit der Nutzung | 0,466 | 0,000 | 0,148 | 0,263 | n.s. H.z. |
| Subjektive Norm | Wahrgenommene Nützlichkeit | 0,393 | 0,000 | -0,264 | 0,050 | 5 % n.H. |
| Wahrgenommene Einfachheit der Nutzung | Generelle Verhaltensabsicht | 0,272 | 0,000 | 0,348 | 0,000 | 0,1 % H.b. |
| Wahrgenommene Nützlichkeit | Generelle Verhaltensabsicht | 0,574 | 0,000 | 0,454 | 0,001 | 0,1 % n.H. |
| Wahrgenommenes technologisches Risiko | Wahrgenommene Nützlichkeit | -0,096 | 0,015 | -0,357 | 0,013 | 5 % H.b. |
| Wahrgenommenes technologisches Wissen | Wahrgenommene Einfachheit der Nutzung | 0,106 | 0,003 | 0,226 | 0,045 | 5 % n.H. |
| Wahrgenommene Zukunftssicherheit Batterieelektrofahr-zeug | Verhaltensabsicht Batterieelektro-fahrzeug | 0,267 | 0,000 | -0,240 | 0,049 | 5 % n.H. |
| Wahrgenommene Zukunftssicherheit Brennstoffzellenfahr-zeug | Verhaltensabsicht Brennstoffzellen-fahrzeug | 0,596 | 0,000 | 0,720 | 0,000 | 0,1 % n.H. |

*1) Signifikanzniveau (einseitig): n.s. = nicht signifikant*
*2) Hypothesen: H.b. = Hypothese bestätigt; H.z. = Hypothese zurückgewiesen; n.H. = nicht durch Hypothese abgedeckte Moderation*

**Tabelle 35:** Ergebnisse der Moderationseffekte durch Wohnort

| **Pfadverbindung** | | **Innenstadt** | | **Vorort** | | **Land** | | |
|---|---|---|---|---|---|---|---|---|
| Ausgangskonstrukt | Zielkonstrukt | Pfad-koef. | p-Wert | Pfad-koef. | p-Wert | Pfad-koef. | p-Wert | Sig.[1] & Hypot.[2] |
| Generelle Verhaltensab. | Verhaltensab. Batterief. | 0,569 | 0,000 | 0,231 | 0,020 | 0,332 | 0,000 | 5 % H.b. |
| Generelle Verhaltensab. | Verhaltensab. Brennstoffz. | 0,374 | 0,000 | 0,187 | 0,049 | 0,455 | 0,000 | 5 % H.b. |
| Rahmenbedingung Infrastruktur Batterief. | Wahrg. Einfachheit der Nutzung | -0,043 | 0,633 | 0,022 | 0,882 | 0,163 | 0,049 | n.s. H.z. |
| Rahmenbedingung Infrastruktur Brennstoffz. | Wahrg. Einfachheit der Nutzung | 0,244 | 0,026 | 0,085 | 0,641 | 0,140 | 0,232 | n.s. H.z. |
| Rahmenbedingung Tankprozess Batterief. | Wahrg. Einfachheit der Nutzung | 0,039 | 0,833 | -0,160 | 0,344 | 0,009 | 0,885 | n.s. H.z. |
| Rahmenbedingung Tankprozess Brennstoffz. | Wahrg. Einfachheit der Nutzung | 0,141 | 0,048 | 0,542 | 0,000 | 0,486 | 0,000 | 5 % H.b. |
| Wahrg. Einfachheit der Nutzung | Generelle Verhaltensab. | 0,358 | 0,000 | 0,297 | 0,000 | 0,226 | 0,000 | 0,1 % n.H. |
| Wahrg. Kosten | Verhaltensab. Batterief. | -0,397 | 0,000 | -0,173 | 0,002 | -0,146 | 0,000 | 0,5 % n.H. |
| Wahrg. Kosten | Verhaltensab. Brennstoffz. | -0,200 | 0,043 | -0,216 | 0,000 | -0,069 | 0,015 | 5 % n.H. |
| Wahrg. Nützlichkeit | Generelle Verhaltensab. | 0,605 | 0,000 | 0,493 | 0,000 | 0,603 | 0,000 | 0,1 % n.H. |
| Wahrg. Zukunftssicherheit Batterief. | Verhaltensab. Batterief. | 0,013 | 0,893 | 0,307 | 0,000 | 0,208 | 0,017 | 5 %. H.t.b. |
| Wahrg. Zukunftssicherheit Batterief. | Verhaltensab. Brennstoffz. | -0,287 | 0,024 | -0,270 | 0,000 | -0,416 | 0,000 | 5 % H.b. |
| Wahrg. Zukunftssicherheit Brennstoffz. | Verhaltensab. Batterief. | 0,107 | 0,324 | 0,032 | 0,707 | -0,084 | 0,014 | n.s. H.z. |
| Wahrg. Zukunftssicherheit Brennstoffz. | Verhaltensab. Brennstoffz. | 0,587 | 0,000 | 0,748 | 0,000 | 0,615 | 0,000 | 0,1 % H.b. |

*1) Signifikanzniveau (einseitig): n.s. = nicht signifikant*
*2) Hypothesen: H.b. = Hypothese bestätigt; H.t.b. = Hypothese teilweise bestätigt; H.z. = Hypothese zurückgewiesen; n.H. = nicht durch Hypothese abgedeckte Moderation*

**Tabelle 36:** Ergebnisse der Moderationseffekte durch Geschlecht

| Pfadverbindung | | Männlich | | Weiblich | | |
|---|---|---|---|---|---|---|
| Ausgangskonstrukt | Zielkonstrukt | Pfad-koeffizient | p-Wert | Pfad-koeffizient | p-Wert | Sig.[1] & Hypot.[2] |
| Generelle Verhaltensabsicht | Verhaltensabsicht Batterieelektrofahrzeug | 0,436 | 0,000 | 0,333 | 0,000 | 0,1 % n.H. |
| Generelle Verhaltensabsicht | Verhaltensabsicht Brennstoffzellenfahrzeug | 0,392 | 0,000 | 0,460 | 0,000 | 0,1 % n.H. |
| Intrinsische Motivation | Generelle Verhaltensabsicht | 0,172 | 0,002 | 0,218 | 0,003 | 0,5 % H.b. |
| Intrinsische Motivation | Verhaltensabsicht Batterieelektrofahrzeug | 0,180 | 0,002 | 0,462 | 0,000 | 0,5 % H.b. |
| Intrinsische Motivation | Verhaltensabsicht Brennstoffzellenfahrzeug | 0,031 | 0,610 | 0,236 | 0,005 | 0,5 % H.b. |
| Wahrgenommene Einfachheit der Nutzung | Generelle Verhaltensabsicht | 0,358 | 0,000 | 0,229 | 0,000 | 0,1 % n.H. |

*1) Signifikanzniveau (einseitig): n.s. = nicht signifikant*
*2) Hypothesen: H.b. = Hypothese bestätigt; H.z. = Hypothese zurückgewiesen; n.H. = nicht durch Hypothese abgedeckte Moderation*

Die Ergebnisse der PLS-MGA zeigen, dass bei einer großen Anzahl der untersuchten Pfadverbindungen ein signifikanter Unterschied zwischen den Teilgruppen besteht. Zunächst wird auf die durch Hypothesen abgedeckten Pfadverbindungen eingegangen.

Die *Erfahrung mit Elektromobilität* moderiert die Pfadverbindung zwischen dem *Wahrgenommenen technologischen Risiko* und der *Wahrgenommenen Nützlichkeit* auf einem signifikanten Niveau und zeigt, dass für die Teilgruppe mit Erfahrung das wahrgenommene Risiko einen deutlich stärkeren Einfluss auf die *Wahrgenommene Nützlichkeit* hat. So ist es möglich, dass Menschen mit *Erfahrung mit Elektromobilität* eine detaillierte Kenntnis über die Funktionsweise der Technologien als auch ihrer Gefahren besitzen und somit das *Wahrgenommene technologische Risiko* für sie anders einschätzbar ist sowie auch eine größere Rolle spielt. Der Einfluss auf die Pfadverbindung zwischen der *Wahrgenommenen Einfachheit der Nutzung* und der *Generellen Verhaltensabsicht* weist einen nennenswerten Unterschied zwischen den beiden Teilgruppen auf. So zeigt sich, dass für die Teilgruppe mit Erfahrung mit Elektromobilität die Einfachheit der Nutzung eine größere Rolle spielt als für die Teilgruppe ohne Erfahrung. Dieser Unterschied könnte sich dadurch erklären, dass Menschen mit Erfahrung mit Elektromobilität die alltäglichen Schwierigkeiten[440] anders wahrnehmen und einschätzen als die Teilgruppe ohne Erfahrung. Die *Erfahrung mit Elektromobilität* hat außerdem einen Einfluss auf die Pfadverbindung zwischen der *Generellen Verhaltensabsicht* und der *Verhaltensabsicht Brennstoffzellenfahrzeug* und zeigt, dass die Teilgruppe mit *Erfahrung mit Elektromobilität* eine geringere Absicht zum Kauf von Brennstoffzellenfahrzeugen hat. Dies könnte dadurch erklärt werden, dass die Teilgruppe mit Erfahrung die Schwierigkeiten, die mit der Nutzung solch einer noch nicht vollständig etablierten Technologie einhergehen, anders einschätzt. Für die Pfadverbindung der *Generellen Verhaltensabsicht* zur *Verhaltensabsicht Batterieelektrofahrzeug* zeigt sich jedoch kein Unterschied zwischen den beiden Gruppen.

So können die Hypothesen der Moderation durch *Erfahrung mit Elektromobilität* für diese drei Pfadverbindungen als bestätigt angenommen werden, während die übrigen aufgestellten Hypothesen aufgrund von nicht vorhandenen Unterschieden zwischen den Gruppen oder nicht erfülltem Signifikanzniveau zurückgewiesen werden.

Der *Wohnort* als Moderator hat ebenfalls einen signifikanten Einfluss auf mehrere Pfadverbindungen des Modells. Die Pfadverbindung zwischen der *Wahrgenommenen Zukunftssicherheit Brennstoffzellenfahrzeuge* und der *Verhaltensabsicht Brennstoffzellenfahrzeuge* zeigt für die Teilgruppe „Vorort“ den höchsten Pfadkoeffizienten, gefolgt von der Teilgruppe „Land“ und „Innenstadt“, deren Pfadkoeffizienten sich geringer unterscheiden. Die Pfadverbindung zwischen der *Wahrgenommenen Zukunftssicherheit Batterieelektrofahrzeug* und der *Verhaltensabsicht Batterieelektrofahrzeug* zeigt einen Unterschied der Pfadkoeffizienten zwischen den Teilgruppen „Vorort“ und „Land“, so hat die *Wahrgenommene Zukunftssicherheit* einen höheren Einfluss auf die *Verhaltensabsicht* der Teilgruppe „Vorort“ als der Teilgruppe „Land“. Der Einfluss der *Wahrgenommenen Zukunftssicherheit Batterieelektrofahrzeug* auf die *Verhaltensabsicht Brennstoffzellenfahrzeug* ist für die Teilgruppe „Land“ stärker als für die Teilgruppen „Innenstadt“ und „Vorort“, jedoch über alle Teilgruppen mit dem in der Hypothese der ursprünglichen Pfadverbindung angedachten negativen Effekt. Der Einfluss der *Generellen Verhaltensabsicht* auf die *Verhaltensabsicht Batterieelektrofahrzeug* zeigt für die Teilgruppe „Innenstadt“ einen signifikant höheren Pfadkoeffizienten, gefolgt von der Teilgruppe „Land“

---

440 Dies kann beispielsweise das Finden von Ladestationen/Wasserstofftankstellen oder auch die Einschränkung in Reichweite eines Fahrzeugs sein.

und „Vorort“ mit jeweils geringeren Pfadkoeffizienten. Im Vergleich dazu ist der Pfadkoeffizient zwischen der *Generellen Verhaltensabsicht* und der *Verhaltensabsicht Brennstoffzellenfahrzeug* für die Teilgruppe „Land“ am stärksten, gefolgt von den Teilgruppen „Innenstadt“ und „Vorort“. So ist es möglich, dass die Teilgruppe „Innenstadt“ bedingt durch die in der Stadt kürzeren Entfernungen und zugänglichere Infrastruktur zu Batterieelektrofahrzeugen tendiert. Die Teilgruppe „Land“ bevorzugt eher Brennstoffzellenfahrzeuge, möglicherweise bedingt durch die oftmals längeren Strecken und den Wunsch, diese ohne längere Unterbrechungen für Ladepausen zurücklegen zu können. Die Pfadverbindung zwischen der *Rahmenbedingung Tankprozess Brennstoffzellenfahrzeug* und der *Wahrgenommenen Einfachheit der Nutzung* zeigt, dass der Pfadkoeffizient für die Teilgruppe „Vorort“ etwas stärker ist als für die Teilgruppe „Land“.

Für die Moderation durch den *Wohnort* können fünf der aufgestellten Hypothesen als vollständig bestätigt angenommen werden. Die Hypothese für die Moderation der Pfadverbindung zwischen der *Wahrgenommenen Zukunftssicherheit Batterieelektrofahrzeug* und der *Verhaltensabsicht Batterieelektrofahrzeug* hat sich lediglich für die Teilgruppen „Vorort“ und „Land“ bestätigt. Die übrigen Hypothesen sind aufgrund mangelnder Signifikanz der Pfadverbindungen zurückzuweisen.

Das Geschlecht weist einen signifikanten Moderationseffekt für die Pfadverbindungen der *Intrinsischen Motivation* zur *Generellen Verhaltensabsicht*, *Verhaltensabsicht Batterieelektrofahrzeug* und *Verhaltensabsicht Brennstoffzellenfahrzeug* auf. Der Einfluss auf die Pfadverbindungen zur *Verhaltensabsicht Batterieelektrofahrzeug* sowie *Verhaltensabsicht Brennstoffzellenfahrzeug* ist stark, während der Einfluss auf die *Generelle Verhaltensabsicht* geringer ausfällt. Demnach zeigt sich, dass die Verhaltensabsicht zur Nutzung von Elektrofahrzeugen sowie zur Nutzung der einzelnen Formen der reinelektrischen Mobilität bei Frauen teils deutlich stärker durch die Intrinsische Motivation beeinflusst wird, als es bei Männern der Fall ist.

Die Hypothesen für die Moderation durch das *Geschlecht* können aufgrund der Ergebnisse der Analyse alle als bestätigt angenommen werden.

## Nicht durch Hypothesen abgedeckte Moderationseffekte

Außerdem zeigt sich eine Reihe weiterer durch die drei Moderatorvariablen beeinflussten Pfadverbindungen, die nicht durch die Hypothesen abgedeckt wurden. Diese sind in Tabelle 37 bis 39 dargestellt und werden im Folgenden kurz erläutert.

**Tabelle 37:** Nicht durch Hypothesen abgedeckte Moderation der Erfahrung mit Elektromobilität

| **Pfadverbindung** | | **Keine Erfahrung mit Elektromobilitat** | | **Erfahrung mit Elektromobilität** | | |
|---|---|---|---|---|---|---|
| Ausgangskonstrukt | Zielkonstrukt | Pfad- koef. | p-Wert | Pfad-koef. | p-Wert | Sig.[1] & Hypot.[2] |
| Intrinsische Motivation | Wahrgenommene Einfachheit der Nutzung | -0,145 | 0,005 | 0,452 | 0,006 | 1 % n.H. |
| Subjektive Norm | Wahrgenommene Nützlichkeit | 0,393 | 0,000 | -0,264 | 0,050 | 5 % n.H. |
| Wahrgenommene Nützlichkeit | Generelle Verhaltensabsicht | 0,574 | 0,000 | 0,454 | 0,001 | 0,1 % n.H. |
| Wahrgenommenes technologisches Wissen | Wahrgenommene Einfachheit der Nutzung | 0,106 | 0,003 | 0,226 | 0,045 | 5 % n.H. |
| Wahrgenommene Zukunftssicherheit Batterieelektro-fahrzeug | Verhaltensabsicht Batterieelektro-fahrzeug | 0,267 | 0,000 | -0,240 | 0,049 | 5 % n.H. |
| Wahrgenommene Zukunftssicherheit Brennstoffzellen-fahrzeug | Verhaltensabsicht Brennstoffzellen-fahrzeug | 0,596 | 0,000 | 0,720 | 0,000 | 0,1 % n.H. |

*1) Signifikanzniveau (einseitig): n.s. = nicht signifikant*
*2) Hypothesen: n.H. = nicht durch Hypothese abgedeckte Moderation*

Die Überprüfung von möglichen weiteren Moderationseffekten der *Erfahrung mit Elektromobilität* zeigt einen Einfluss auf sechs weitere Pfadverbindungen. Die Pfadverbindung der *Intrinsischen Motivation* zur *Wahrgenommenen Einfachheit der Nutzung* weist einen signifikanten Unterschied zwischen den beiden Teilgruppen auf. So zeigt die Pfadverbindung einen schwachen negativen Pfadkoeffizienten für die Gruppe ohne Erfahrung mit Elektromobilität, während die Gruppe mit Erfahrung einen starken positiven Pfadkoeffizienten aufweist. Das bedeutet, dass die *Intrinsische Motivation* einen deutlich größeren und auch positiven Einfluss auf die *Wahrgenommene Einfachheit der Nutzung* hat, sofern Erfahrung mit Elektromobilität vorhanden ist. Dies könnte auf die Tatsache zurückzuführen sein, dass die Personen, die bereits Erfahrung sammeln konnten, einige ihrer Bedenken erproben und sich ein genaueres Bild machen konnten. Auffällig ist auch die Pfadverbindung von der *Wahrgenommenen Zukunftssicherheit Batterieelektrofahrzeug* zur *Verhaltensabsicht Batterieelektrofahrzeug*, da diese für die Teilgruppe mit Erfahrung einen negativen

Pfadkoeffizienten hat, während dieser für die Teilgruppe ohne Erfahrung positiv ist. Dies bedeutet, dass die Teilgruppe mit *Erfahrung mit Elektromobilität* einen negativen Eindruck der *Wahrgenommenen Zukunftssicherheit Batterieelektrofahrzeug* hat und Batterieelektrofahrzeuge demnach mit wachsender Erfahrung nicht als zukunftssicher betrachten. Im Gegensatz dazu nimmt die Teilgruppe ohne *Erfahrung mit Elektromobilität* Batterieelektrofahrzeuge als zukunftssicherer wahr. Die Pfadverbindung zwischen der *Wahrgenommenen Zukunftssicherheit Brennstoffzellenfahrzeug* und der *Verhaltensabsicht Brennstoffzellenfahrzeug* wird ebenfalls von der *Erfahrung mit Elektromobilität* moderiert. Für diese Pfadverbindung zeigt sich jedoch kein Vorzeichenunterschied zwischen den Teilgruppen, die Gruppe mit *Erfahrung mit Elektromobilität* weist jedoch einen höheren Einfluss der *Wahrgenommenen Zukunftssicherheit Brennstoffzellenfahrzeuge* auf die *Verhaltensabsicht Brennstoffzellenfahrzeug* auf. Auch die Pfadverbindung von der *Subjektiven Norm* auf die *Wahrgenommene Nützlichkeit* zeigt einen Unterschied zwischen den beiden Teilgruppen. So besitzt die Pfadverbindung für die Teilgruppe mit Erfahrung einen negativen Pfadkoeffizienten, während dieser für die Teilgruppe ohne Erfahrung stark positiv ist. Somit hat die *Subjektive Norm* für die Teilgruppe mit Erfahrung einen negativen Einfluss auf die *Wahrgenommene Nützlichkeit*. Dies bedeutet, dass die Teilgruppe mit Erfahrung aufgrund der von ihnen verfolgten Informationen eher dazu tendieren, die *Wahrgenommene Nützlichkeit* negativ einzuschätzen, während die Teilgruppe ohne Erfahrung eine entgegengesetzte Wahrnehmung vertritt. Die Pfadverbindung der *Wahrgenommenen Nützlichkeit* zur *Generellen Verhaltensabsicht* weist für die Teilgruppe mit Erfahrung einen geringen Pfadkoeffizienten auf. Dies zeigt für diese Teilgruppe die *Wahrgenommene Nützlichkeit* als einen geringeren Einfluss auf die *Generelle Verhaltensabsicht* auf, als es für die Teilgruppe ohne Erfahrung der Fall ist. Die letzte Moderation der Erfahrung liegt zwischen dem *Wahrgenommenen technologischen Wissen* und der *Wahrgenommenen Einfachheit der Nutzung* und zeigt, dass die *Wahrgenommene Einfachheit der Nutzung* für die Gruppe mit Erfahrung stärker durch das *Wahrgenommene technologische Wissen* beeinflusst wird, als es für die Teilgruppe ohne Erfahrung der Fall ist.

**Tabelle 38:** Nicht durch Hypothesen abgedeckte Moderation des Wohnorts

| **Pfadverbindung** | | **Innenstadt** | | **Vorort** | | **Land** | | |
|---|---|---|---|---|---|---|---|---|
| Ausgangskonstrukt | Zielkonstrukt | Pfad-koef. | p-Wert | Pfad-koef. | p-Wert | Pfad-koef. | p-Wert | Sig.[1] & Hypot.[2] |
| Wahrgenommene Einfachheit der Nutzung | Generelle Verhaltensab. | 0,358 | 0,000 | 0,297 | 0,000 | 0,226 | 0,000 | 0,1 % n.H. |
| Wahrgenommene Kosten | Verhaltensab. Batterief. | -0,397 | 0,000 | -0,173 | 0,002 | -0,146 | 0,000 | 0,5 % n.H. |
| Wahrgenommene Kosten | Verhaltensab. Brennstoffz. | -0,200 | 0,043 | -0,216 | 0,000 | -0,069 | 0,015 | 5 % n.H. |
| Wahrgenommene Nützlichkeit | Generelle Verhaltensab. | 0,605 | 0,000 | 0,493 | 0,000 | 0,603 | 0,000 | 0,1 % n.H. |

*1) Signifikanzniveau (einseitig): n.s. = nicht signifikant*
*2) Hypothesen: n.H. = nicht durch Hypothese abgedeckte Moderation*

Die nicht durch Hypothesen abgedeckten Moderationseffekte des *Wohnorts* erstrecken sich auf vier Pfadverbindungen. Die Pfadverbindung von der *Wahrgenommenen Einfachheit der Nutzung* zur *Generellen Verhaltensabsicht* zeigt den höchsten Pfadkoeffizienten für die Teilgruppe „Innenstadt“, gefolgt von den Teilgruppen „Vorort“ und „Land“. Dies bedeutet, je urbaner die Umgebung ist, desto höher wird die *Wahrgenommene Einfachheit der Nutzung* eingeschätzt. Grund dafür ist die in städtischer Umgebung dichter ausgebaute und verfügbare Infrastruktur für Elektrofahrzeuge. Die Pfadverbindung der *Wahrgenommenen Kosten* zur *Verhaltensabsicht Batterieelektrofahrzeug* zeigt für die Teilgruppe „Innenstadt“ einen signifikant stärker negativen Pfadkoeffizienten, als es für die anderen beiden Teilgruppen der Fall ist. Demnach werden die *Wahrgenommenen Kosten* in der Teilgruppe „Innenstadt“ deutlich stärker wahrgenommen und höher eingeschätzt, als es in der Vorstadt und auf dem Land der Fall ist. Ein Grund hierfür ist möglicherweise die höhere Abhängigkeit von öffentlichen Ladestationen für Batterieelektrofahrzeuge oder zusätzliche Kosten für Parkplatzmieten mit Lademöglichkeiten; Kosten, die bei Verbrennerfahrzeugen nicht anfallen. Die Verbindung von den *Wahrgenommenen Kosten* zur *Verhaltensabsicht Brennstoffzellenfahrzeug* zeigt ebenfalls negative Pfadkoeffizienten für alle drei Teilgruppen, die Gruppen „Vorort“ und „Innenstadt“ zeigen einen deutlich stärker negativen Pfadkoeffizienten als die Teilgruppe „Land“. Dies spiegelt in etwa das Bild der Beziehung der *Wahrgenommenen Kosten* zur *Verhaltensabsicht Batterieelektrofahrzeug* wider, fällt insgesamt jedoch weniger stark negativ aus. Der negative Pfadkoeffizient könnte auf die höheren Anschaffungskosten zurückzuführen sein. So zeigt sich, dass die *Wahrgenommenen Kosten* einen deutlich geringeren negativen Einfluss auf die *Verhaltensabsicht Brennstoffzellenfahrzeug* haben, als es für die *Verhaltensabsicht Batterieelektrofahrzeug* der Fall ist. Die letzte durch den Wohnort moderierte Pfadverbindung ist die der *Wahrgenommenen Nützlichkeit* auf die *Generelle Verhaltensabsicht* und zeigt für die Teilgruppen „Innenstadt" sowie „Land" einen fast identischen Pfadkoeffizienten, während die Teilgruppe „Vorort" einen niedrigeren Pfadkoeffizienten aufweist. Der geringere Einfluss der *Wahrgenommenen Nützlichkeit* in Vororten könnte auf die noch nicht flächendeckend verfügbare Infrastruktur zurückzuführen sein.

**Tabelle 39:** Nicht durch Hypothesen abgedeckte Moderation des Geschlechts

| **Pfadverbindung** | | **Männlich** | | **Weiblich** | | |
|---|---|---|---|---|---|---|
| Ausgangskonstrukt | Zielkonstrukt | Pfad-koeffizient | p-Wert | Pfad-koeffizient | p-Wert | Sig.[1] & Hypot.[2] |
| Generelle Verhaltensabsicht | Verhaltensabsicht Batterieelektro-fahrzeug | 0,436 | 0,000 | 0,333 | 0,000 | 0,1 % n.H. |
| Generelle Verhaltensabsicht | Verhaltensabsicht Brennstoffzellen-fahrzeug | 0,392 | 0,000 | 0,460 | 0,000 | 0,1 % n.H. |
| Wahrgenommene Einfachheit der Nutzung | Generelle Verhaltensabsicht | 0,358 | 0,000 | 0,229 | 0,000 | 0,1 % n.H. |

*1) Signifikanzniveau (einseitig): n.s. = nicht signifikant*
*2) Hypothesen: n.H. = nicht durch Hypothese abgedeckte Moderation*

Die Moderationseffekte des *Geschlechts* erstrecken sich auch auf drei nicht durch Hypothesen abgedeckte Pfadverbindungen. Die Pfadverbindung der *Wahrgenommenen Einfachheit der Nutzung* zur *Generellen Verhaltensabsicht* zeigt einen höheren Pfadkoeffizienten für die Teilgruppe „männlich" als für die Teilgruppe „weiblich". Damit hat die *Wahrgenommene Einfachheit der Nutzung* für männliche Teilnehmer einen stärkeren Einfluss auf die *Generelle Verhaltensabsicht*. Ebenso wird die Pfadverbindung der *Generellen Verhaltensabsicht* zur *Verhaltensabsicht Batterieelektrofahrzeug* durch das Geschlecht moderiert und zeigt einen höheren Pfadkoeffizienten für die Teilgruppe „männlich". Für die Pfadverbindung der *Generellen Verhaltensabsicht* zur *Verhaltensabsicht Brennstoffzellenfahrzeug* zeigt sich jedoch ein umgekehrtes Bild, hier ist der Pfadkoeffizient der Teilgruppe „weiblich" höher. Demnach wirkt sich die

*Generelle Verhaltensabsicht* für die Teilgruppe „männlich" stärker auf die *Verhaltensabsicht Batterieelektrofahrzeug* aus, während es sich für die Teilgruppe „weiblich" stärker auf die *Verhaltensabsicht Brennstoffzellenfahrzeug* auswirkt. Es zeigt sich, dass die Geschlechter eine Tendenz zu unterschiedlichen Technologien aufweisen; dies könnte durch die Unterschiede in der Form der Betankung sowie der Wahrnehmung von einzelnen Nutzungseinschränkungen[441] begründet liegen. Bei beiden Geschlechtern zeigt sich eine große Anzahl an Nutzern für jede der beiden Arten der Elektromobilität und lediglich eine leichte Tendenz zu einer der Arten.

## 6.6 Überprüfung der Kontrollvariablen

Die Kontrollvariablen, die zur Vermeidung von Verzerrungen eingeführt wurden, sind in diesem Modell das *Alter* sowie *Einkommen*. Durch die Nutzung von Kontrollvariablen können die Ergebnisse der Auswertung von den möglichen Einflüssen der Kontrollvariablen auf die im Forschungsmodell vorhandenen Konstrukte bereinigt werden.[442] Zur Überprüfung der zu den Kontrollvariablen aufgestellten Hypothesen bedarf es der Auswertung der Signifikanz sowie der Stärke der Pfadverbindungen nach der bereits in Kapitel 6.4.2 angewandten Vorgehensweise, die Ergebnisse der Überprüfung können Tabelle 40 entnommen werden.

---

441 Dies können zum Beispiel Reichweite, Lade- oder Tankdauer sowie Verfügbarkeit von Infrastruktur sein.

442 Vgl. Spector, Paul E. / Brannick, Michael T. (2011): Methodological Urban Legends: The Misuse of Statistical Control Variables, S. 287 f; vgl. Atinc, Guclu / Simmering, Marcia J. / Kroll, Mark J. (2011): Control Variable Use and Reporting in Macro and Micro Management Research, S. 14 f.

**Tabelle 40:** Pfadverbindungen der Kontrollvariablen

| **Pfadverbindung** | | | | |
|---|---|---|---|---|
| **Kontrollvariable** | **Zielkonstrukt** | **Pfad-koeffizient** | **p-Wert** | **Signifikanz-niveau[1) & Hypothese[2)** |
| Alter | Generelle Verhaltensabsicht | 0,043 | 0,049 | 5 % H.z. |
| Alter | Verhaltensabsicht Batterieelektrofahrzeug | 0,035 | 0,228 | n.s. H.z. |
| Alter | Verhaltensabsicht Brennstoffzellenfahrzeug | -0,007 | 0,830 | n.s. H.z. |
| Alter | Wahrgenommene Einfachheit der Nutzung | 0,091 | 0,018 | 5 % H.b. |
| Einkommen | Generelle Verhaltensabsicht | 0,001 | 0,977 | n.s. H.z. |
| Einkommen | Verhaltensabsicht Batterieelektrofahrzeug | -0,041 | 0,215 | n.s. H.z. |
| Einkommen | Verhaltensabsicht Brennstoffzellenfahrzeug | 0,066 | 0,037 | 5 % H.b. |

*1) Signifikanzniveau (einseitig): n.s. = nicht signifikant*
*2) Hypothesen: H.b. = Hypothese bestätigt; H.z. = Hypothese zurückgewiesen*

Für die Kontrollvariable des *Alters* sind zwei der Pfadverbindungen signifikant. Die Pfadverbindung des *Alters* zur *Generellen Verhaltensabsicht* weist eine schwach positive Wirkung auf die *Generelle Verhaltensabsicht* nach, jedoch wurde mit zunehmendem Alter ein negativer Einfluss auf die *Generelle Verhaltensabsicht* erwartet. Somit wird diese Hypothese als zurückgewiesen betrachtet. Der Einfluss des *Alters* auf die *Wahrgenommene Einfachheit der Nutzung* bestätigt die aufgestellte Hypothese mit einem geringen Pfadkoeffizienten. Die Hypothesen für den Einfluss des *Alters* auf die *Verhaltensabsicht Batterieelektrofahrzeug* sowie *Verhaltensabsicht Brennstoffzellenfahrzeug* müssen aufgrund des nicht erfüllten Signifikanzniveaus zurückgewiesen werden.

Im Fall der Kontrollvariable *Einkommen* ist lediglich der Einfluss auf die *Verhaltensabsicht Brennstoffzellenfahrzeuge* auf einem 5 %-Niveau signifikant und bestätigt die aufgestellte Hypothese mit einem geringen Pfadkoeffizienten. Die Hypothesen für den Einfluss des *Einkommens* auf die *Generelle Verhaltensabsicht* sowie der *Verhaltensabsicht Batterieelektrofahrzeug* müssen ebenfalls aufgrund des nicht erfüllten Signifikanzniveaus zurückgewiesen werden.

## 6.7 Überprüfung der bevorzugten Art der Elektromobilität

Abschließend gilt es, die bevorzugte Art der reinelektrischen Mobilität zu ermitteln. Zur Ermittlung dieser Präferenz enthält das Forschungsmodell die Konstrukte der *Verhaltensabsicht Batterieelektrofahrzeug* sowie *Verhaltensabsicht Brennstoffzellenfahrzeug* als Optionen der reinelektrischen Mobilität. Für eine Analyse der möglichen Präferenz zwischen den beiden Formen der reinelektrischen Mobilität wird der Wilcoxon-Vorzeichen-Rang-Test durchgeführt.[443] Der Wilcoxon-Vorzeichen-Rang-Test setzt eine Normalverteilung der Daten nicht voraus und überprüft anhand der Differenzen der Wertepaare aus der gepaarten Stichprobe die zentrale Tendenz der beiden Gruppen.[444] Da die Umfrageteilnehmer ihre Einschätzungen zu den beiden Konstrukten *Verhaltensabsicht Batterieelektrofahrzeug* und *Verhaltensabsicht Brennstoffzellenfahrzeug* in der Umfrage dieser Forschungsarbeit abgegeben haben, existiert für alle der 419 Umfrageteilnehmer eine verbundene Stichprobe und ermöglicht somit die Durchführung des Wilcoxon-Vorzeichen-Rang-Tests. Die Vorgehensweise des Wilcoxon-Vorzeichen-Rang-Tests sieht zunächst vor, für jedes Datenpaar die Differenz der Faktorwerte[445] zu bilden und diese anschließend, ohne Rücksicht auf ihr Vorzeichen, in eine Rangfolge zu sortieren; danach erhält jeder Rang das seiner Differenz zugehörige Vorzeichen.[446] Daraufhin werden alle Ränge eines Vorzeichens zusammengezählt und so die Rangsumme der positiven sowie negativen Paardifferenzen gebildet. Anhand der Rangsummen können nun Schlüsse zur Präferenz der beiden Arten der reinelektrischen Elektromobilität gezogen werden. Zeigt sich eine große Differenz zwischen den beiden Rangsummen, so deutet dies auf eine Bevorzugung einer der beiden Arten der reinelektrischen Mobilität hin, während eine geringe oder keine Differenz auf eine gleichwertige Beurteilung der beiden Arten schließen lässt.[447]

---

443 Vgl. Fazel, Ludwig (2013): Akzeptanz von Elektromobilität – Entwicklung und Validierung eines Modells unter Berücksichtigung der Nutzungsform des Carsharing, S. 279; vgl. Wilcoxon, Frank (1945): Individual Comparisons by Ranking Methods, S. 80 f; vgl. Wilcoxon, Frank (1946): Individual Comparisons of Grouped Data by ranking Methods, S. 269 f.

444 Vgl. Bortz, Jürgen / Lienert, Gustav A / Boehnke, Klaus (2008): Verteilungsfreie Methoden in der Biostatistik, S. 256 ff; vgl. Vogt, Paul W. / Johnson, R. Burke (2005): Dictionary of Statistics & Methodology: A Nontechnical Guide for the Social Sciences, S. 259.

445 Die verwendeten Faktorwerte sind im Anhang aufgeführt.

446 Vgl. Wilcoxon, Frank (1945): Individual Comparisons by Ranking Methods, S. 80.

447 Vgl. Bortz, Jürgen / Lienert, Gustav A / Boehnke, Klaus (2008): Verteilungsfreie Methoden in der Biostatistik, S. 256 ff; vgl. Fazel, Ludwig (2013): Akzeptanz von

**Tabelle 41:** Ergebnisse des Wilcoxon-Vorzeichen-Rang-Test

| **Konstrukte** | | **Differenz** | **Häufigkeit** | **Mittlerer Rang** | **Z-Wert** | **p-Wert** | **Sig.**[1] |
|---|---|---|---|---|---|---|---|
| Verhaltensabsicht Brennstoffzellenf. | Verhaltensabsicht Batterieelektrof. | Negativ | 109 | 153,02 | -5,241 | 0,001 | 0,1 % |
| | | Positiv | 208 | 163,13 | | | |
| | | nicht vorhanden | 102 | | | | |

1) Signifikanzniveau (zweiseitig)

Die Ergebnisse des Wilcoxon-Vorzeichen-Rang-Tests zeigen, dass die *Verhaltensabsicht Brennstoffzellenfahrzeug* (mittlerer Rang von 163,13) mit 208 positiven zu 109 negativen Rängen von den Umfrageteilnehmern höher eingeschätzt wird als die *Verhaltensabsicht Batterieelektrofahrzeug* (mittlerer Rang von 153,02). Für 102 der Umfrageteilnehmer wurden identische Faktorwerte für beide Konstrukte ermittelt, diese wurden daher nicht mit in die Bildung der Rangfolge einbezogen. Die Ergebnisse des Wilcoxon-Vorzeichen-Rang-Tests sind mit einem p-Wert von 0,001 auf dem 0,1 %-Niveau signifikant und bestätigen so den Unterschied in der Verhaltensabsicht zwischen den beiden Arten der reinelektrischen Mobilität. Die Hypothese, dass die *Verhaltensabsicht Brennstoffzellenfahrzeug* höher als die *Verhaltensabsicht Batterieelektrofahrzeug* ist, wurde durch diese Ergebnisse bestätigt. Der Moderationseffekt des Geschlechts weist auf einen Unterschied zwischen den Geschlechtern mit Blick auf die Verhaltensabsicht der beiden Arten der Elektromobilität hin. Für die gesamte Stichprobe lässt sich jedoch anhand des Wilcoxon-Vorzeichen-Rang-Tests zeigen, dass Brennstoffzellenfahrzeuge von einem Großteil der Umfrageteilnehmer, unabhängig vom Geschlecht, bevorzugt werden.

## 6.8 Zusammenfassung der Ergebnisse

Die empirische Untersuchung des vorgestellten Forschungsmodells mithilfe der Strukturgleichungsmodellierung hat erste Einblicke in die Faktoren der Akzeptanz von Elektromobilität unter Berücksichtigung von Batterieelektrofahrzeugen und Brennstoffzellenfahrzeugen als zwei Arten der reinelektrischen

Elektromobilität – Entwicklung und Validierung eines Modells unter Berücksichtigung der Nutzungsform des Carsharing, S. 279.

Mobilität ermöglicht. So konnte das Forschungsmodell nach Überprüfung auf Messmodellebene als auch auf Strukturmodellebene validiert und als signifikant bestätigt werden. Die Überprüfung auf Messmodellebene führte zu dem Ausschluss von 14 Indikatoren aus dem Forschungsmodell, da diese die Gütekriterien zur Überprüfung der Indikatorreliabilität nicht erfüllt haben. Nach dieser Reduktion sind 104 der ursprünglichen 118 Indikatoren im Forschungsmodell enthalten. Die weiterführende Überprüfung der Konvergenzvalidität sowie der Internen-Konsistenz-Reliabilität und der Diskriminanzvalidität validieren die Operationalisierung der einzelnen Konstrukte des Forschungsmodells sowie ihre inhaltliche Abgrenzung zueinander und ermöglichen die Evaluation des Strukturmodells und somit die Überprüfung der aufgestellten Hypothesen. Als Teil der Evaluation des Strukturmodells zeigte die Überprüfung der Kollinearität zwischen den Konstrukten, dass die Kollinearität zwischen *Image* und *Wahrgenommene Visibilität der Nutzung* das Gütemaß überschreitet, daher wurde das Konstrukt *Image* aus dem Modell entfernt. Die weitere Evaluation des Strukturmodells fand demnach ohne das Konstrukt *Image* statt. Teil der Evaluation des Strukturmodells ist die Überprüfung der Pfadverbindungen und des Bestimmtheitsmaßes sowie der Prognoserelevanz. Die Ergebnisse dieser Analysen sind mit den Signifikanzen der Pfadverbindungen sowie den $R^2$- und $Q^2$-Werten in Abbildung 19 zusammenfassend dargestellt.[448] Abschließend sind die Ergebnisse der Überprüfung aller Forschungshypothesen der Pfadverbindungen, Moderatorvariablen, Kontrollvariablen und der bevorzugten Art der Elektromobilität in den Tabellen 42 bis 48 zusammengefasst.

---

448 Die Ergebnisse der Überprüfung der $f^2$- und $q^2$-Effektstärken sowie der Analyse der Moderator- und Kontrollvariablen sind im Detail in den vorangegangenen Kapiteln aufgeführt und werden an dieser Stelle aufgrund der Übersichtlichkeit nicht mit in dieser Abbildung dargestellt.

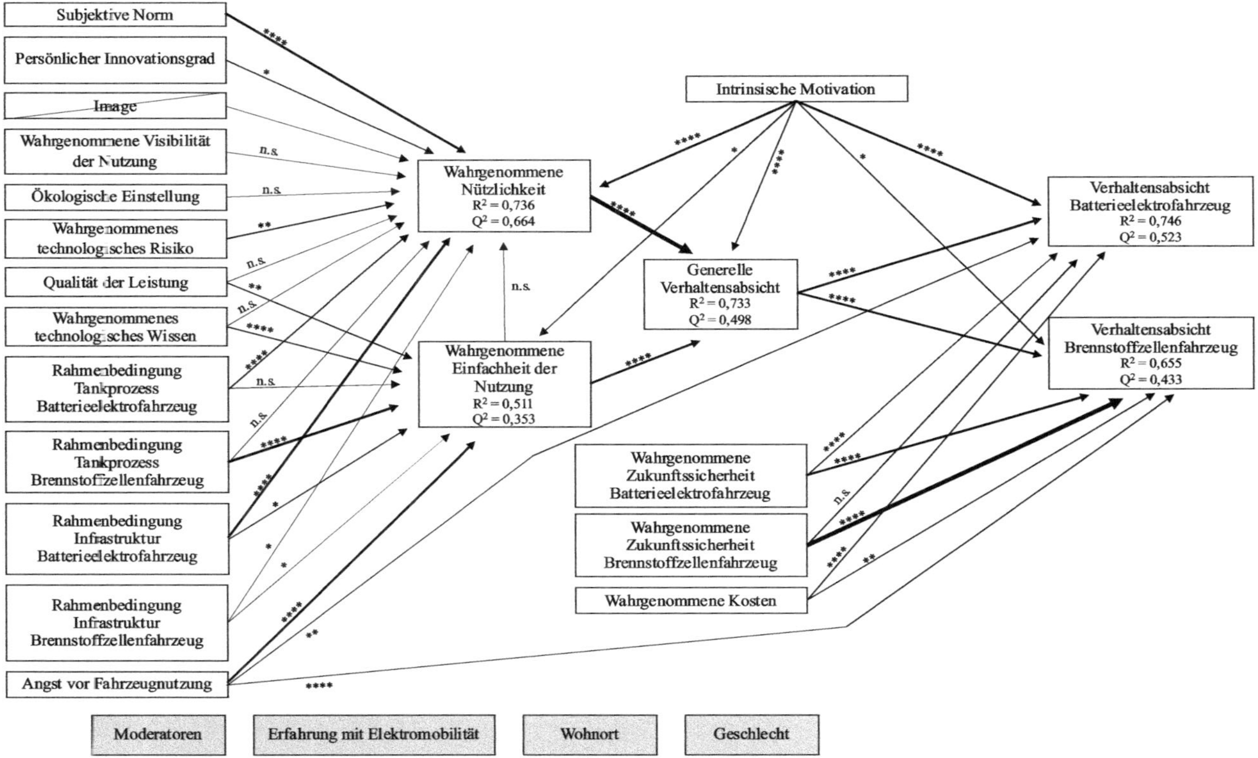


**Abbildung 19:** Ergebnisse der Überprüfung des Forschungsmodells

Signifikanzniveau: n.s. = nicht signifikant; * = 10 %; ** = 5 %; *** = 1 %; ****= 0,1 %

**Tabelle 42:** Überprüfung der Hypothesen der Pfadverbindungen

| Hypothese | Pfadverbindung Ausgangskonstrukt | Erwartete Einwirkung | Zielkonstrukt | Hypothese bestätigt |
|---|---|---|---|---|
| H1 | Wahrgenommene Einfachheit der Nutzung | positiv | Generelle Verhaltensabsicht | Ja |
| H2 | Wahrgenommene Nützlichkeit | positiv | Generelle Verhaltensabsicht | Ja |
| H3 | Wahrgenommene Einfachheit der Nutzung | positiv | Wahrgenommene Nützlichkeit | Nein |
| H4 | Subjektive Norm | positiv | Wahrgenommene Nützlichkeit | Ja |
| H5 | Image | positiv | Wahrgenommene Nützlichkeit | Nein |
| H6 | Wahrgenommene Visibilität der Nutzung | positiv | Wahrgenommene Nützlichkeit | Nein |
| H7 | Qualität der Leistung | positiv | Wahrgenommene Nützlichkeit | Nein |
| H8 | Qualität der Leistung | positiv | Wahrgenommene Einfachheit der Nutzung | Ja |
| H9 | Persönlicher Innovationsgrad | positiv | Wahrgenommene Nützlichkeit | Ja |
| H10 | Ökologische Einstellung | positiv | Wahrgenommene Nützlichkeit | Nein |
| H11 | Wahrgenommenes technologisches Risiko | negativ | Wahrgenommene Nützlichkeit | Ja |
| H12 | Wahrgenommenes technologisches Wissen | positiv | Wahrgenommene Nützlichkeit | Nein |
| H13 | Wahrgenommenes technologisches Wissen | positiv | Wahrgenommene Einfachheit der Nutzung | Ja |
| H14 | Rahmenbedingung Tankprozess Batterie-elektrofahrzeug | positiv | Wahrgenommene Einfachheit der Nutzung | Nein |
| H15 | Rahmenbedingung Tankprozess Brennstoff-zellenfahrzeug | positiv | Wahrgenommene Einfachheit der Nutzung | Ja |
| H16 | Rahmenbedingung Infrastruktur Batterie-elektrofahrzeug | positiv | Wahrgenommene Einfachheit der Nutzung | Ja |
| H17 | Rahmenbedingung Infrastruktur Brenn-stoffzellenfahrzeug | positiv | Wahrgenommene Einfachheit der Nutzung | Nein |
| H18 | Rahmenbedingung Tankprozess Batterie-elektrofahrzeug | positiv | Wahrgenommene Nützlichkeit | Ja |

**Tabelle 42:** Fortsetzung

| Hypothese | Pfadverbindung Ausgangskonstrukt | Erwartete Einwirkung | Zielkonstrukt | Hypothese bestätigt |
|---|---|---|---|---|
| H19 | Rahmenbedingung Tankprozess Brennstoff-zellenfahrzeug | positiv | Wahrgenommene Nützlichkeit | Nein |
| H20 | Rahmenbedingung Infrastruktur Batterie-elektrofahrzeug | positiv | Wahrgenommene Nützlichkeit | Ja |
| H21 | Rahmenbedingung Infrastruktur Brenn-stoffzellenfahrzeug | positiv | Wahrgenommene Nützlichkeit | Nein |
| H22 | Wahrgenommene Kosten | negativ | Verhaltensabsicht Batterieelektrofahrzeug | Ja |
| H23 | Wahrgenommene Kosten | negativ | Verhaltensabsicht Brennstoffzellenfahrzeug | Ja |
| H24 | Angst vor Fahrzeugnutzung | negativ | Wahrgenommene Einfachheit der Nutzung | Ja |
| H25 | Angst vor Fahrzeugnutzung | negativ | Verhaltensabsicht Batterieelektrofahrzeug | Nein |
| H26 | Angst vor Fahrzeugnutzung | negativ | Verhaltensabsicht Brennstoffzellenfahrzeug | Nein |
| H27 | Intrinsische Motivation | positiv | Wahrgenommene Nützlichkeit | Ja |
| H28 | Intrinsische Motivation | positiv | Wahrgenommene Einfachheit der Nutzung | Nein |
| H29 | Intrinsische Motivation | positiv | Generelle Verhaltensabsicht | Ja |
| H30 | Intrinsische Motivation | positiv | Verhaltensabsicht Batterieelektrofahrzeug | Ja |
| H31 | Intrinsische Motivation | positiv | Verhaltensabsicht Brennstoffzellenfahrzeug | Ja |
| H32 | Wahrgenommene Zukunftssicherheit Bat-terieelektrofahrzeug | positiv | Verhaltensabsicht Batterieelektrofahrzeug | Ja |
| H33 | Wahrgenommene Zukunftssicherheit Brennstoffzellenfahr-zeug | positiv | Verhaltensabsicht Brennstoffzellenfahrzeug | Ja |
| H34 | Wahrgenommene Zukunftssicherheit Bat-terieelektrofahrzeug | negativ | Verhaltensabsicht Brennstoffzellenfahrzeug | Ja |
| H35 | Wahrgenommene Zukunftssicherheit Brennstoffzellenfahr-zeug | negativ | Verhaltensabsicht Batterieelektrofahrzeug | Nein |

*(wird auf nächster Seite fortgeführt)*

**Tabelle 42:** Fortsetzung

| **Hypothese** | **Pfadverbindung Ausgangskonstrukt** | **Erwartete Einwirkung** | **Zielkonstrukt** | **Hypothese bestätigt** |
|---|---|---|---|---|
| H36 | Generelle Verhaltensabsicht | positiv | Verhaltensabsicht Batterieelektrofahrzeug | Ja |
| H37 | Generelle Verhaltensabsicht | positiv | Verhaltensabsicht Brennstoffzellenfahrzeug | Ja |

**Tabelle 43:** Überprüfung der Hypothese zur bevorzugten Art der Elektromobilität

| **Hypothese** | **Konstrukt E-Mobilität Art 1** | **Konstrukt E-Mobilität Art 2** | **Erwartetes Ergebnis** | **Hypothese bestätigt** |
|---|---|---|---|---|
| H38 | Verhaltensabsicht Brennstoffzellen-fahrzeug | Verhaltensabsicht Batterieelektro-fahrzeug | Brennstoff-zelle wird bevorzugt | Ja |

**Tabelle 44:** Überprüfung der Hypothesen der Moderation durch Erfahrung mit Elektromobilität

| **Moderation durch Erfahrung mit Elektromobilität** | | | | |
|---|---|---|---|---|
| **Hypothese** | **Ausgangskonstrukt** | **Zielkonstrukt** | **Erwarteter Moderations-effekt** | **Hypothese bestätigt** |
| H39 | Generelle Verhaltensabsicht | Verhaltensabsicht Batterieelektro-fahrzeug | Signifikanter Unterschied | Nein |
| H40 | Generelle Verhaltensabsicht | Verhaltensabsicht Brennstoffzellen-fahrzeug | Signifikanter Unterschied | Ja |
| H41 | Rahmenbedingung Infrastruktur Batterieelektrofahrzeug | Wahrgenommene Einfachheit der Nutzung | Signifikanter Unterschied | Nein |
| H42 | Rahmenbedingung Infrastruktur Brenn-stoffzellenfahrzeug | Wahrgenommene Einfachheit der Nutzung | Signifikanter Unterschied | Nein |
| H43 | Rahmenbedingung Tankprozess Batterieelektrofahrzeug | Wahrgenommene Einfachheit der Nutzung | Signifikanter Unterschied | Nein |
| H44 | Rahmenbedingung Tankprozess Brenn-stoffzellenfahrzeug | Wahrgenommene Einfachheit der Nutzung | Signifikanter Unterschied | Nein |
| H45 | Wahrgenommene Einfachheit der Nutzung | Generelle Verhaltensabsicht | Signifikanter Unterschied | Ja |
| H46 | Wahrgenommenes technologisches Risiko | Wahrgenommene Nützlichkeit | Signifikanter Unterschied | Ja |

**Tabelle 45:** Überprüfung der Hypothesen der Moderation durch den Wohnort

| Moderation durch Wohnort | | | | |
|---|---|---|---|---|
| **Hypothese** | **Ausgangskonstrukt** | **Zielkonstrukt** | **Erwarteter Moderationseffekt** | **Hypothese bestätigt** |
| H47 | Generelle Verhaltensabsicht | Verhaltensabsicht Batterieelektrofahrzeug | Signifikanter Unterschied | Ja |
| H48 | Generelle Verhaltensabsicht | Verhaltensabsicht Brennstoffzellenfahrzeug | Signifikanter Unterschied | Ja |
| H49 | Rahmenbedingung Infrastruktur Batterieelektrofahrzeug | Wahrgenommene Einfachheit der Nutzung | Signifikanter Unterschied | Nein |
| H50 | Rahmenbedingung Infrastruktur Brennstoffzellenfahrzeug | Wahrgenommene Einfachheit der Nutzung | Signifikanter Unterschied | Nein |
| H51 | Rahmenbedingung Tankprozess Batterieelektrofahrzeug | Wahrgenommene Einfachheit der Nutzung | Signifikanter Unterschied | Nein |
| H52 | Rahmenbedingung Tankprozess Brennstoffzellenfahrzeug | Wahrgenommene Einfachheit der Nutzung | Signifikanter Unterschied | Ja |
| H53 | Wahrgenommene Zukunftssicherheit Batterieelektrofahrzeug | Verhaltensabsicht Batterieelektrofahrzeug | Signifikanter Unterschied | Teilweise |
| H54 | Wahrgenommene Zukunftssicherheit Batterieelektrofahrzeug | Verhaltensabsicht Brennstoffzellenfahrzeug | Signifikanter Unterschied | Ja |
| H55 | Wahrgenommene Zukunftssicherheit Brennstoffzellenfahrzeug | Verhaltensabsicht Batterieelektrofahrzeug | Signifikanter Unterschied | Nein |
| H56 | Wahrgenommene Zukunftssicherheit Brennstoffzellenfahrzeug | Verhaltensabsicht Brennstoffzellenfahrzeug | Signifikanter Unterschied | Ja |

**Tabelle 46:** Überprüfung der Hypothesen der Moderation durch das Geschlecht

| Moderation durch Geschlecht | | | | |
|---|---|---|---|---|
| **Hypothese** | **Ausgangskonstrukt** | **Zielkonstrukt** | **Erwarteter Moderationseffekt** | **Hypothese bestätigt** |
| H57 | Intrinsische Motivation | Generelle Verhaltensabsicht | Signifikanter Unterschied | Ja |
| H58 | Intrinsische Motivation | Verhaltensabsicht Batterieelektrofahrzeug | Signifikanter Unterschied | Ja |
| H59 | Intrinsische Motivation | Verhaltensabsicht Brennstoffzellenfahrzeug | Signifikanter Unterschied | Ja |

**Tabelle 47:** Überprüfung der Hypothesen der Kontrollvariable Alter

| Hypothese | Kontroll-variable | Zielkonstrukt | Erwartete Einwirkung | Hypothese bestätigt |
|---|---|---|---|---|
| H60 | Alter | Generelle Verhaltensabsicht | negativ | Nein |
| H61 | Alter | Wahrgenommene Einfachheit der Nutzung | positiv | Ja |
| H62 | Alter | Verhaltensabsicht Batterieelektrofahrzeug | negativ | Nein |
| H63 | Alter | Verhaltensabsicht Brennstoffzellenfahrzeug | negativ | Nein |

**Tabelle 48:** Überprüfung der Hypothesen der Kontrollvariable Einkommen

| Hypothese | Kontroll-variable | Zielkonstrukt | Erwartete Einwirkung | Hypothese bestätigt |
|---|---|---|---|---|
| H64 | Einkommen | Generelle Verhaltensabsicht | positiv | Nein |
| H65 | Einkommen | Verhaltensabsicht Batterieelektrofahrzeug | positiv | Nein |
| H66 | Einkommen | Verhaltensabsicht Brennstoffzellenfahrzeug | positiv | Ja |

### 6.8.1 Konstruktbeziehungen

*Wirkung auf die Wahrgenommene Einfachheit der Nutzung*

Die Mehrheit der durch Hypothesen abgedeckten Pfadverbindungen konnte im Zuge der Analyse mit einem Signifikanzniveau von 5 %, oft sogar nach dem strengeren 1 % oder 0,1 % Signifikanzniveau, bestätigt werden. Einflüsse, die auf die *Wahrgenommene Einfachheit der Nutzung* einwirken, haben sich aus den Konstrukten der *Angst vor Fahrzeugnutzung, Intrinsischen Motivation, Qualität der Leistung, Rahmenbedingung Infrastruktur Batterieelektrofahrzeug, Rahmenbedingung Tankprozess Brennstoffzellenfahrzeug* und *Wahrgenommenes technologisches Wissen* bestätigt. Ein positiver Einfluss konnte für die *Qualität der Leistung, Rahmenbedingung Infrastruktur Batterieelektrofahrzeug, Rahmenbedingung Tankprozess Brennstoffzellenfahrzeug* und *Wahrgenommenes technologisches Wissen* auf die *Wahrgenommene Einfachheit der Nutzung* nachgewiesen werden. Die mit diesen Pfadverbindungen zusammenhängenden Hypothesen sind dadurch bestätigt worden. Demnach steigt die *Wahrgenommene Einfachheit der Nutzung* mit zunehmendem technologischem

Wissen sowie den Erwartungen entsprechenden oder diese übertreffenden Fahrleistungen eines Elektrofahrzeugs. Ferner hat sich die Verfügbarkeit einer ausreichenden Ladeinfrastruktur für Batterieelektrofahrzeuge als auch die Geschwindigkeit des Tankprozesses von Brennstoffzellenfahrzeugen als einer der positiv auf die *Wahrgenommene Einfachheit der Nutzung* einwirkenden Faktoren bestätigt. Die *Angst vor Fahrzeugnutzung* übt einen negativen Einfluss auf die *Wahrgenommene Einfachheit der Nutzung* aus und bestätigt somit die hierzu aufgestellte Hypothese.

Der Einfluss der *Intrinsischen Motivation* auf die *Wahrgenommene Einfachheit der Nutzung* zeigt sich jedoch entgegen den Erwartungen mit einem negativen Pfadkoeffizienten und führt somit zu einer Ablehnung der aufgestellten Hypothese. Der negative Einfluss der *Intrinsischen Motivation* rührt möglicherweise aus der zunehmenden Etablierung von Elektrofahrzeugen im Alltag und dem damit zusammenhängenden Übergang der Technologie in den Mainstream. Durch diese Entwicklung ist es möglich, dass sich der Reiz, den viele Nutzer, die zur Gruppe der Early-Adopter gehören, verspürten, etwas Neues und Unbekanntes zu nutzen, zunehmend geringer wird, je alltäglicher Elektrofahrzeuge werden.

Ein Einfluss der *Rahmenbedingung Infrastruktur Brennstoffzellenfahrzeug* sowie *der Rahmenbedingung Tankprozess Batterieelektrofahrzeug* auf die *Wahrgenommene Einfachheit der Nutzung* konnte aufgrund des nicht ausreichenden Signifikanzniveaus für beide Pfadverbindungen nicht nachgewiesen werden. Die *Rahmenbedingung Infrastruktur Brennstoffzellenfahrzeug* weist ein Signifikanzniveau von 10 % auf und kann daher noch als leicht signifikant angesehen werden, da beide Pfadverbindungen jedoch das 5 % Signifikanzniveau nicht erfüllen, wurden die dazugehörigen Hypothesen abgelehnt.

### *Wirkung auf die Wahrgenommene Nützlichkeit*

Die Einflüsse der *Intrinsischen Motivation*, des *Persönlichen Innovationsgrads*, der *Qualität der Leistung*, *Rahmenbedingung Infrastruktur Batterieelektrofahrzeug*, *Rahmenbedingung Tankprozess Batterieelektrofahrzeug* und der *Subjektiven Norm* auf die *Wahrgenommene Nützlichkeit* haben sich als positiv und signifikant bestätigt. Damit gelten die für diese Pfadverbindungen aufgestellten Hypothesen als bestätigt. Somit wird eine steigende *Wahrgenommene Nützlichkeit* von Elektrofahrzeugen mit zunehmender intrinsischer Motivation sowie durch den Innovationsgrad und die Innovationsbereitschaft einer Person als auch durch die extrinsische Motivation in Form der *Subjektiven Norm* wahrgenommen. Darüber hinaus ist die Rolle der Ansprüche an die Leistung von

Elektrofahrzeugen sowie die vorhandene Infrastruktur für Batterieelektrofahrzeuge und die damit verbundene Ladedauer ein wichtiger Bestandteil der *Wahrgenommenen Nützlichkeit*. Eine positive Entwicklung dieser Einflüsse kann somit zu einer steigenden *Wahrgenommenen Nützlichkeit* der Elektromobilität führen.

Einen negativen Einfluss auf die *Wahrgenommene Nützlichkeit* hat jedoch das Konstrukt des *Wahrgenommenen technologischen Risikos* mit einem signifikanten negativen Pfadkoeffizienten. Damit ist die Hypothese bestätigt, dass ein steigendes Risiko der Nutzung von Elektrofahrzeugen zu einer Reduktion der *Wahrgenommenen Nützlichkeit* führt.

Nicht bestätigt hat sich der Einfluss auf die *Wahrgenommene Nützlichkeit* der Konstrukte der *Ökologischen Einstellung*, der *Rahmenbedingung Infrastruktur Brennstoffzellenfahrzeuge*, der *Rahmenbedingung Tankprozess Brennstoffzellenfahrzeuge*, der *Wahrgenommenen Visibilität der Nutzung*, des *Wahrgenommenen technologischen Wissens* sowie der *Wahrgenommenen Einfachheit der Nutzung*. Die *Rahmenbedingung Infrastruktur Brennstoffzellenfahrzeug* zeigt sich noch auf einem 10 % Signifikanzniveau als signifikant und kann daher als leicht einflussnehmend angesehen werden, erfüllt jedoch wie alle genannten Konstrukte nicht das geforderte Signifikanzniveau von 5 %. Daher wurden die mit diesen Pfadverbindung zusammenhängenden Hypothesen abgelehnt. Besonders die Pfadverbindung zwischen der *Wahrgenommenen Einfachheit der Nutzung* zur *Wahrgenommenen Nützlichkeit* ist an dieser Stelle auffällig, da es sich um eine ursprüngliche Beziehung aus dem TAM handelt, die in dieser Forschungsarbeit jedoch nicht als signifikant für den Forschungsrahmen bestätigt werden konnte. Dies deutet auf eine Entkopplung der *Wahrgenommenen Nützlichkeit* von der *Wahrgenommenen Einfachheit der Nutzung* im Vergleich mit dem TAM hin und zeigt, dass im Rahmen der Elektromobilität die *Wahrgenommene Einfachheit der Nutzung* kein ausschlaggebendes Kriterium für die Einschätzung der *Wahrgenommenen Nützlichkeit* von Elektrofahrzeugen ist. Darüber hinaus haben spezielle Faktoren wie die *Ökologische Einstellung*, welche umweltbewusste Handlungen bevorzugt, sowie das technologische Wissen, die Darstellbarkeit von Elektrofahrzeugen als persönliches Unterscheidungsmerkmal und die Tankdauer von Brennstoffzellenfahrzeugen keinen Einfluss auf die *Wahrgenommene Nützlichkeit* von Elektrofahrzeugen.

### *Wirkungen auf die Generelle Verhaltensabsicht*

Auf die *Generelle Verhaltensabsicht* haben die *Intrinsische Motivation*, die *Wahrgenommene Einfachheit der Nutzung* und die *Wahrgenommene Nützlichkeit* einen positiven und signifikanten Einfluss. Die Pfadverbindungen erfüllen alle das geforderte Signifikanzniveau von 5 % und bestätigen ebenfalls den in den Hypothesen angedachten positiven Einfluss, somit können die Hypothesen angenommen werden. Aus der Auswertung zeigt sich, dass die *Wahrgenommene Nützlichkeit* einen weitaus stärkeren Einfluss auf die *Generelle Verhaltensabsicht* ausübt als die *Wahrgenommene Einfachheit der Nutzung*. Die *Intrinsische Motivation* übt dabei den geringsten Einfluss aus. Somit ist für die Verhaltensabsicht zur Nutzung von Elektrofahrzeugen zunächst die Nützlichkeit eines Elektrofahrzeugs das wichtigste Kriterium, während die Einfachheit der Nutzung als zweitrangig angesehen werden kann, aber aufgrund ihres doch signifikanten Einflusses nicht vernachlässigt werden sollte. So dürften Nutzer und Käufer dazu bereit sein, Abstriche bei der Einfachheit der Nutzung in Kauf zu nehmen, solange das Elektrofahrzeug die geforderte Nützlichkeit bietet. Teils ermöglicht der Einfluss der *Intrinsischen Motivation* einzelner Personen, diese trotz offensichtlicher Nachteile von Elektrofahrzeugen zu deren Nutzung bewegen zu können.

### *Wirkung auf die Verhaltensabsicht Batterieelektrofahrzeug und Brennstoffzellenfahrzeug*

Die *Verhaltensabsicht Batterieelektrofahrzeug* wird durch die Einflüsse der Konstrukte der *Generellen Verhaltensabsicht*, der *Intrinsischen Motivation* und der *Wahrgenommenen Zukunftssicherheit Batterieelektrofahrzeug* positiv beeinflusst. Für die genannten Konstrukte konnte ein positiver und signifikanter Pfadkoeffizient bestätigt und die Hypothesen für diese Pfadverbindungen angenommen werden. Die Ergebnisse zeigen, dass die generelle Absicht zur Nutzung von Elektrofahrzeugen einen großen Einfluss auf die Bereitschaft zum Kauf von Batterieelektrofahrzeugen hat, jedoch ist der Einfluss der *Intrinsischen Motivation* nur leicht geringer und damit ein gleichermaßen wichtiger Faktor. Eine tragende Rolle spielt ebenfalls die Zukunftssicherheit, auch wenn ihr Einfluss deutlich geringer ist als der der beiden bereits genannten Konstrukte. Die *Angst vor Fahrzeugnutzung* hat entgegen den Erwartungen keinen negativen, sondern einen positiven Einfluss auf die *Verhaltensabsicht Batterieelektrofahrzeug*. Damit wurde diese Hypothese widerlegt.

Einen negativen Einfluss auf die *Verhaltensabsicht Batterieelektrofahrzeug* haben die *Wahrgenommenen Kosten*. Diese Pfadverbindung hat sich ebenfalls als signifikant mit der in der Hypothese angenommenen negativen Einwirkung bestätigt. So hat sich gezeigt, dass die höheren Anschaffungskosten von Batterieelektrofahrzeugen einen negativen Einfluss auf die Bereitschaft zum Kauf eines Batterieelektrofahrzeugs haben.

Nicht bestätigt hat sich der negative Einfluss der *Wahrgenommenen Zukunftssicherheit Brennstoffzellenfahrzeug* auf die *Verhaltensabsicht Batterieelektrofahrzeug*. Somit ist die Hypothese abgelehnt, dass eine niedrigere Bereitschaft zum Kauf von Batterieelektrofahrzeugen vorliegt, wenn Brennstoffzellenfahrzeuge als zukunftssicher wahrgenommen werden.

Auf die *Verhaltensabsicht Brennstoffzellenfahrzeug* wirken die *Generelle Verhaltensabsicht*, die *Intrinsische Motivation* sowie die *Wahrgenommene Zukunftssicherheit Brennstoffzellenfahrzeug* positiv ein. Für diese Pfadverbindungen konnten positive Pfadkoeffizient als signifikant bestätigt und damit die aufgestellten Hypothesen angenommen werden. Die Verhaltensabsicht zur Nutzung von Elektrofahrzeugen zeigt sich auch für Brennstoffzellenfahrzeuge als einer der ausschlaggebenden Einflüsse. Während die *Intrinsische Motivation* bei Batterieelektrofahrzeugen einen fast gleichstarken Einfluss ausübt, ist er für Brennstoffzellenfahrzeuge deutlich geringer, aber dennoch signifikant. Der positive Einfluss der *Wahrgenommenen Zukunftssicherheit Brennstoffzellenfahrzeuge* auf die Absicht zum Kauf von Brennstoffzellenfahrzeugen ist jedoch mit Abstand am stärksten und übertrifft selbst den Einfluss der *Generellen Verhaltensabsicht*. Besonders im Vergleich mit Batterieelektrofahrzeugen fällt auf, dass die Zukunftssicherheit bei Brennstoffzellenfahrzeugen eine deutlich zentralere Rolle spielt und ihr dementsprechend ein höherer Einfluss zugutekommt.

Auch für Brennstoffzellenfahrzeuge hat die *Angst vor Fahrzeugnutzung* einen positiven und nicht negativen Einfluss auf die Verhaltensabsicht zum Kauf. Damit ist auch für die Brennstoffzellenfahrzeuge diese Hypothese widerlegt. Dieser positive Einfluss könnte dadurch begründet sein, dass die beiden Arten der Elektromobilität möglicherweise ein höheres Wohlbefinden und somit geringere Angst vor der Nutzung eines Fahrzeugs vermitteln.

Negativ wirken sich die *Wahrgenommenen Kosten* sowie die *Wahrgenommene Zukunftssicherheit Batterieelektrofahrzeug* auf die *Verhaltensabsicht Brennstoffzellenfahrzeug* aus. Durch die Bestätigung eines signifikanten negativen Pfadkoeffizienten für diese Pfadverbindungen konnten die dazugehörigen Hypothesen angenommen werden. Steigende Kosten haben auch bei Brennstoffzellenfahrzeugen einen negativen Einfluss auf die Verhaltensabsicht, jedoch in einem geringeren Ausmaß, als es bei Batterieelektrofahrzeugen der Fall ist. Wenn Batterieelektrofahrzeuge als zukunftssicher wahrgenommen werden, hat dies einen deutlich negativen Einfluss auf die Verhaltensabsicht zum Kauf von Brennstoffzellenfahrzeugen, während sich die entsprechende Beziehung für Batterieelektrofahrzeuge nicht als signifikant bestätigt hat. Dies könnte auf eine möglicherweise technologieoffenere Haltung der Nutzer von Brennstoffzellenfahrzeugen zurückzuführen sein.

### *Weitere Konstruktbeziehungen*

Die Ergebnisse zeigen, dass keine der Pfadverbindungen der *Rahmenbedingung Infrastruktur Brennstoffzellenfahrzeuge* das Signifikanzniveau von 5 % erfüllt haben. Dennoch ist das Konstrukt nicht als gänzlich nicht signifikant einzustufen, da die Pfadverbindungen auf einem 10 % Signifikanzniveau leichte Einflüsse aufweisen. Möglicherweise ist dies durch die sich noch geringe Verbreitung dieser Fahrzeuge und der damit geringeren Wahrnehmung in der Öffentlichkeit verbunden. Die Konstrukte der *Wahrgenommenen Visibilität der Nutzung* und der *Ökologischen Einstellung* haben sich als nicht signifikant gezeigt, da keine der Pfadverbindungen das Signifikanzniveau erfüllt hat. Dies bestätigt die Ergebnisse von Fazel (2013) zu diesen beiden Konstrukten.[449] Unterschiede zu Fazel (2013) finden sich bei den Pfadverbindungen der *Qualität der Leistung* zur *Wahrgenommenen Nützlichkeit* sowie des *Wahrgenommenen technologischen Wissens* zur *Wahrgenommenen Nützlichkeit.* Diese Pfadverbindungen zeigten sich in der Arbeit von Fazel (2013) als signifikant, dies konnte allerdings in dieser Forschungsarbeit nicht bestätigt werden. Das Konstrukt des *Images* musste aufgrund von Kollinearität aus dem Forschungsmodell ausgeschlossen werden und kann daher nicht mit den Ergebnissen von Fazel (2013) verglichen werden. Für dieses Konstrukt bietet sich eine Überarbeitung und Verwendung in zukünftigen Forschungsarbeiten zur Etablierung der Signifikanz der angedachten Beziehung an.

Die neu etablierten Konstrukte der *Wahrgenommenen Zukunftssicherheit* für die beiden Arten der Elektromobilität haben sich als signifikant gezeigt und können somit als erfolgreiche Erweiterung des Modells für den Forschungsrahmen der Akzeptanz der Elektromobilität angenommen werden. Ebenso zeigte sich die Anpassung der Konstrukte der Verhaltensabsicht zum Kauf für beide Arten der Elektromobilität als signifikant und ermöglicht einen Einblick in die für die Umfrageteilnehmer signifikanten Einflussfaktoren. Des Weiteren hat das Konstrukt der *Wahrgenommenen Kosten* mit der Erweiterung zur Inkludierung der Privilegien von Elektrofahrzeugen signifikante Ergebnisse geliefert und kann ebenfalls als bestätigt angesehen werden.

Die Anpassung und Erweiterung der Konstrukte der Rahmenbedingungen zu Infrastruktur und Tankprozess zeigen, dass nicht alle Pfadverbindungen als signifikant eingestuft wurden. So ist es beim Konstrukt *Rahmenbedingung*

---

449 Vgl. Fazel, Ludwig (2013): Akzeptanz von Elektromobilität – Entwicklung und Validierung eines Modells unter Berücksichtigung der Nutzungsform des Carsharing, S. 264 ff.

*Tankprozess* der Fall, dass eine Pfadverbindung für eine Art der Elektromobilität signifikant ist, während dies für die andere Art nicht der Fall ist. Das Konstrukt der *Rahmenbedingung Infrastruktur* hat sich für Batterieelektrofahrzeuge als signifikant bestätigt, während es für Brennstoffzellenfahrzeuge nur auf dem 10 % Signifikanzniveau signifikant ist und damit das geforderte Signifikanzniveau nicht erfüllt, aber dennoch einen relevanten Einflussfaktor darstellt. Wünschenswert ist die Verwendung dieser Konstrukte in einer zukünftigen Forschungsarbeit, um weitere Ergebnisse zur Überprüfung der Signifikanz dieser Beziehung beizutragen.

### 6.8.2 Moderationseffekte

Der Einfluss von drei Moderatorvariablen (*Erfahrung mit Elektromobilität, Geschlecht* und *Wohnort*) auf mehrere der Pfadverbindungen des Forschungsmodells wurden ebenfalls überprüft.

*Moderation durch Erfahrung mit Elektromobilität*

Für die Moderation durch die *Erfahrung mit Elektromobilität* wurden acht Pfadverbindungen auf einen signifikanten Unterschied in den Pfadkoeffizienten bedingt durch einen Moderationseinfluss untersucht und für drei davon bestätigt. So hat die *Erfahrung mit Elektromobilität* einen signifikanten Einfluss auf die Pfadverbindung der *Generellen Verhaltensabsicht* zur *Verhaltensabsicht Brennstoffzellenfahrzeug* und zeigt, dass die Absicht zum Kauf von Brennstoffzellenfahrzeugen bei Personen ohne Erfahrung höher ist als bei Personen mit Erfahrung. Vergleichsweise besteht im Falle der Pfadverbindung der *Generellen Verhaltensabsicht* zur *Verhaltensabsicht Batterieelektrofahrzeug* kein Einfluss durch die Erfahrung. Außerdem zeigt sich ein signifikanter Einfluss auf die Pfadverbindung der *Wahrgenommenen Einfachheit der Nutzung* zur *Generellen Verhaltensabsicht* und des *Wahrgenommenen technologischen Risikos* zur *Wahrgenommenen Nützlichkeit.* Der Einfluss der Einfachheit der Nutzung hat für Personen mit Erfahrung einen stärkeren Einfluss auf die Verhaltensabsicht der Nutzung von Elektrofahrzeugen, als es bei Personen ohne Erfahrung der Fall ist. So hat das technologische Risiko von Elektrofahrzeugen bei Personen mit Erfahrung einen stärkeren negativen Einfluss auf die *Wahrgenommene Nützlichkeit.* Dies zeigt, dass Personen mit Erfahrung mit Elektromobilität die Faktoren der Einfachheit der Nutzung sowie das technologische Risiko stärker bemessen. Möglicherweise ist dies durch erste negative Erfahrungen oder Bedenken mit der Technologie verbunden. Die übrigen Moderationseffekte auf die Pfadverbindungen der *Rahmenbedingung Infrastruktur*

*Batterieelektrofahrzeug* und der *Rahmenbedingung Infrastruktur Brennstoffzellenfahrzeug* zur *Wahrgenommenen Einfachheit der Nutzung* als auch der *Rahmenbedingung Tankprozess Batterieelektrofahrzeug* und der *Rahmenbedingung Tankprozess Brennstoffzellenfahrzeug* zur *Wahrgenommenen Einfachheit der Nutzung* weisen keine signifikanten Unterschiede durch eine Moderation der *Erfahrung mit Elektromobilität* auf. Dadurch zeigt sich, dass kein Moderationseffekt durch die Erfahrung auf die Stärke des Einflusses der Rahmenbedingung für beide Arten der Elektromobilität besteht. Für die Moderation durch Erfahrung haben sich drei der acht aufgestellten Hypothesen bestätigt.

Neben den durch Hypothesen abgedeckten Moderationseffekten haben sich sechs weitere Pfadverbindungen gefunden, die durch die Erfahrung moderiert werden. So zeigt sich ein starker Unterschied für den Einfluss der *Intrinsischen Motivation* auf die *Wahrgenommene Einfachheit der Nutzung* zwischen den beiden Gruppen. Damit demonstriert die Moderation durch Erfahrung, dass der Einfluss durch die Motivation von einem ursprünglich negativen Einfluss mit zunehmender Erfahrung mit Elektromobilität in einen positiven Einfluss gewandelt wird. Für den Einfluss der *Subjektiven Norm* auf die *Wahrgenommene Nützlichkeit* zeigt sich ein umgekehrter Effekt. Während der Einfluss der *Subjektiven Norm* für Personen ohne Erfahrung positiv ist, wandelt er sich mit zunehmender Erfahrung in einen negativen Einfluss auf die *Wahrgenommene Nützlichkeit*. Die *Wahrgenommene Nützlichkeit* wirkt auf die *Generelle Verhaltensabsicht* mit zunehmender Erfahrung weniger positiv ein. Dies kann darauf zurückzuführen sein, dass Personen im Laufe der Nutzung von Elektrofahrzeugen negative Erfahrungen sammeln, die die Fahrzeuge als weniger nützlich erscheinen lassen. Der Einfluss des *Wahrgenommenen technologischen Wissens* auf die *Wahrgenommene Einfachheit der Nutzung* steigt mit zunehmender Erfahrung und dürfte auf das während der Nutzung von Elektrofahrzeugen gesammelte Wissen zurückzuführen sein. Die Wirkung der *Wahrgenommenen Zukunftssicherheit Batterieelektrofahrzeug* auf die *Verhaltensabsicht Batterieelektrofahrzeug* ist für Personen ohne Erfahrung positiv, wandelt sich mit zunehmender Erfahrung jedoch in einen negativen Einfluss um. So nehmen Personen mit zunehmender Erfahrung mit Elektrofahrzeugen Batterieelektrofahrzeuge als nicht zukunftssicher wahr. Für den Einfluss der *Wahrgenommenen Zukunftssicherheit Brennstoffzellenfahrzeug* auf die *Verhaltensabsicht Brennstoffzellenfahrzeug* zeigt sich die entgegengesetzte Entwicklung. Während Personen ohne Erfahrung diese als zukunftssicher wahrnehmen, steigt diese Wahrnehmung mit zunehmender Erfahrung weiter an. Daraus zeigt sich, dass Personen mit Erfahrung mit Elektromobilität Brennstoffzellenfahrzeuge als zukunftssicherer wahrnehmen als Personen ohne Erfahrung.

### *Moderation durch Wohnort*

Für die Moderation durch den *Wohnort* wurden sechs Pfadverbindungen mit einem signifikanten Unterschied bestätigt. Für den Einfluss der *Generellen Verhaltensabsicht* auf die *Verhaltensabsicht Batterieelektrofahrzeug* zeigt sich ein Unterschied zwischen allen drei Gruppen. So ist der Einfluss der *Generellen Verhaltensabsicht* für die Gruppe „Innenstadt" am größten, gefolgt von „Land" und „Vorort". Personen, die in der Innenstadt wohnen, sind demnach am stärksten an der Nutzung von Batterieelektrofahrzeugen interessiert, gefolgt von Personen mit Wohnsitz auf dem Land und in Vororten. Für den Einfluss der *Generellen Verhaltensabsicht* auf die *Verhaltensabsicht Brennstoffzellenfahrzeug* zeigen sich ebenfalls starke Unterschiede zwischen den Gruppen. So sind Personen mit einem Wohnsitz auf dem Land am stärksten am Kauf von Brennstoffzellenfahrzeugen interessiert, gefolgt von Innenstädtern und Personen, die in Vororten wohnen. Einen weiteren Moderationseffekt durch den Wohnort erfolgt für den Einfluss der *Rahmenbedingung Tankprozess Brennstoffzellenfahrzeug* auf die *Wahrgenommene Einfachheit der Nutzung* und zeigt, dass diese Pfadverbindung für Vorstädter eine sehr starke Rolle spielt, sogar stärker als von Personen, die auf dem Land wohnen. Bei Personen mit einem Wohnsitz in der Stadt ist diese Pfadverbindung hingegen deutlich schwächer ausgeprägt. Für den Einfluss der *Rahmenbedingung Tankprozess Batterieelektrofahrzeug* auf die *Wahrgenommene Einfachheit der Nutzung* zeigt sich hingegen kein signifikanter Unterschied zwischen den Gruppen. Der Einfluss der *Wahrgenommenen Zukunftssicherheit Batterieelektrofahrzeug* auf die *Verhaltensabsicht Batterieelektrofahrzeug* zeigt nur für die beiden Gruppen „Vorort" und „Land" einen signifikanten Unterschied. So ist der Einfluss für Personen mit Wohnsitz in einem Vorort stärker als es für Personen auf dem Land der Fall ist. Die Pfadverbindung der *Wahrgenommenen Zukunftssicherheit Batterieelektrofahrzeug* zur *Verhaltensabsicht Brennstoffzellenfahrzeug* zeigt für alle drei Gruppen einen negativen Pfadkoeffizienten, für Personen auf dem Land jedoch stärker als für Städter und Vorstädter. So ist die Ablehnung von Brennstoffzellenfahrzeugen von Personen, die Batterieelektrofahrzeuge als zukunftssicher wahrnehmen, auf dem Land am höchsten und in Vororten und der Innenstadt geringer. Gleichzeitig ist die Absicht zum Kauf von Batterieelektrofahrzeugen auf dem Land geringer als in Vororten. Dies könnte durch einschränkende Faktoren wie Ladeinfrastruktur oder Fahrzeugreichweite, die Personen auf dem Land als negativ wahrnehmen, zurückzuführen sein. Der Einfluss der *Wahrgenommenen Zukunftssicherheit Brennstoffzellenfahrzeug* auf die *Verhaltensabsicht Brennstoffzellenfahrzeuge* zeigt ebenfalls Moderationseffekte zwischen den Gruppen. So ergibt sich für die

Gruppe „Vorort" der stärkste Einfluss der Zukunftssicherheit auf die Verhaltensabsicht, gefolgt von der Gruppe „Land" und „Innenstadt". Einen signifikanten Unterschied für den Einfluss der *Wahrgenommenen Zukunftssicherheit Brennstoffzellenfahrzeuge* auf die *Verhaltensabsicht Batterieelektrofahrzeuge* konnte nicht nachgewiesen werden. Ebenfalls besteht kein Unterschied zwischen den Gruppen für den Einfluss der *Rahmenbedingungen Infrastruktur Batterieelektrofahrzeug* und der *Rahmenbedingung Infrastruktur Brennstoffzellenfahrzeug* auf die *Wahrgenommene Einfachheit der Nutzung*. Nach Überprüfung der Moderationseffekte konnten sechs Hypothesen angenommen werden.

Diese Ergebnisse der Moderation durch den Wohnort zeigen soweit, dass Batterieelektrofahrzeuge in der Innenstadt bevorzugt werden, wo eine Infrastruktur vorhanden ist und die zu fahrenden Strecken kürzer sind. Brennstoffzellenfahrzeuge hingegen werden auf dem Land und daher meist für längere Fahrten bevorzugt.

Neben den durch Hypothesen abgedeckten Pfadverbindungen haben sich ebenfalls Moderationseffekte für vier weitere Pfadverbindungen gefunden. So ist der Einfluss der *Wahrgenommenen Einfachheit der Nutzung* und der *Wahrgenommenen Nützlichkeit* auf die *Generelle Verhaltensabsicht* in der Innenstadt am stärksten und geringer für den Vorort ausgeprägt. Die Nützlichkeit wird auf dem Land mit derselben Stärke wie in der Innenstadt wertgeschätzt, während die Einfachheit der Nutzung auf dem Land am geringsten bewertet wird. Ein ähnliches Bild zeigt sich auch beim Einfluss der *Wahrgenommenen Kosten* auf die *Verhaltensabsicht Batterieelektrofahrzeug* und *Verhaltensabsicht Brennstoffzellenfahrzeug*, diese hat für den Wohnort „Land" den geringsten negativen Einfluss und nimmt für die Gruppen „Vorort" und „Innenstadt" zu. Dies könnte sich durch die für Städter zusätzlichen Kosten für beispielsweise einen Parkplatz erklären, die für Personen auf dem Land eine geringe Rolle spielen.

### *Moderation durch Geschlecht*

Für die Moderation durch das *Geschlecht* haben sich alle drei der aufgestellten Hypothesen bestätigt. Der Einfluss der *Intrinsischen Motivation* auf die *Generelle Verhaltensabsicht, Verhaltensabsicht Batterieelektrofahrzeug* und *Verhaltensabsicht Brennstoffzellenfahrzeug* ist bei Frauen für alle drei Pfadverbindungen stärker. Somit zeigt sich bei Frauen ein stärkerer Einfluss der *Intrinsischen Motivation* auf die Nutzung von Elektrofahrzeugen.

Neben den durch Hypothesen abgedeckten Einflüssen gibt es drei weitere Moderationseffekte. Der Einfluss der *Generellen Verhaltensabsicht* auf die *Verhaltensabsicht Batterieelektrofahrzeug* sowie die *Verhaltensabsicht*

*Brennstoffzellenfahrzeug* fällt für die Geschlechter unterschiedlich aus. Während Männer eine stärkere Verhaltensabsicht zu Batterieelektrofahrzeugen zeigen, ist die Verhaltensabsicht zu Brennstoffzellenfahrzeugen bei Frauen stärker. Der Einfluss der *Wahrgenommenen Einfachheit der Nutzung* auf die *Generelle Verhaltensabsicht* ist bei Männern stärker ausgeprägt. Damit hat die Einfachheit der Nutzung für Frauen einen weniger starken Einfluss auf die Absicht zum Kauf.

*Kontrollvariablen Alter und Einkommen*

Die Überprüfung der Kontrollvariablen *Alter* und *Einkommen* bestätigt einige der Hypothesen. So hat sich der positive Einfluss des *Alters* auf die *Wahrgenommene Einfachheit der Nutzung* bestätigt, somit nimmt dies mit zunehmendem Alter zu. Dies gilt auch für den positiven Einfluss des *Alters* auf die *Generelle Verhaltensabsicht*, welche demnach ebenfalls mit zunehmendem Alter steigt. Dies widerspricht der aufgestellten Hypothese mit der Erwartung einer negativen Beziehung. Der Einfluss des *Alters* auf die *Verhaltensabsicht Batterieelektrofahrzeug* und *Verhaltensabsicht Brennstoffzellenfahrzeug* hat sich nicht bestätigt. Demnach spielt das Alter keine Rolle bei der Entscheidung für eine der beiden Arten der Elektromobilität. Für die Kontrollvariable *Einkommen* bestätigt sich der positive Einfluss auf die *Verhaltensabsicht Brennstoffzellenfahrzeug*. Dies bedeutet, dass mit steigendem Einkommen die Verhaltensabsicht zum Kauf von Brennstoffzellenfahrzeugen steigt. Der positive Einfluss des *Einkommens* auf die *Verhaltensabsicht Batterieelektrofahrzeug* sowie die *Generelle Verhaltensabsicht* hat sich jedoch nicht bestätigt.

### 6.8.3 Erklärungskraft des Modells und bevorzugte Art der Elektromobilität

Ein weiterer Bestandteil der Analyse war die Überprüfung der Erklärungskraft des Forschungsmodells, welche den endogenen Variablen einen starken Erklärungsgehalt bestätigt. Das ermittelte Bestimmtheitsmaß aller Variablen bewegt sich in einem starken oder moderat-starken Bereich. Besonders für die Kernkonstrukte des TAM konnte ein hoher Erklärungsgehalt bestätigt werden. Dies bedeutet, dass ein Großteil der Varianz dieser Konstrukte durch die ihnen vorhergegangenen Konstrukte erklärt wird.[450] So weisen die *Wahrgenommene*

---

450 Vgl. Hair, Joseph F., et al. (2017): Partial Least Squares Strukturgleichungsmodellierung (PLS-SEM) – Eine anwendungsorientierte Einführung, S. 170 f; vgl. Huber, Frank, et al. (2007): Kausalmodellierung mit Partial Least Squares – Eine anwendungsorientierte Einführung, S. 107.

*Nützlichkeit* und die *Wahrgenommene Einfachheit der Nutzung* ein Bestimmtheitsmaß in Höhe von 0,736 und 0,511 auf und zeigen damit, dass die auf sie einwirkenden Konstrukte einen Großteil der für die Akzeptanz der Elektromobilität relevanten Elemente erfolgreich abbilden. Das Konstrukt der *Generellen Verhaltensabsicht* weist als eines der Kernkonstrukte des TAM ebenfalls einen hohen Erklärungsgehalt mit einem Bestimmtheitsmaß von 0,733 auf. Darüber hinaus zeigen die Konstrukte *Verhaltensabsicht Batterieelektrofahrzeug* und *Verhaltensabsicht Brennstoffzellenfahrzeug* einen ebenfalls hohen Erklärungsgehalt mit Bestimmtheitsmaßen von 0,746 und 0,655. Die Erweiterungen des Modells um neue Konstrukte sowie die Anpassung der vorhandenen Konstrukte an den Forschungsrahmen der Arbeit zur Untersuchung der Akzeptanz der beiden Arten der Elektromobilität können somit als bestätigt betrachtet werden. Überdies ist es gelungen, die Erklärungskraft der endogenen Variablen *Wahrgenommene Nützlichkeit, Wahrgenommene Einfachheit der Nutzung* und *Generelle Verhaltensabsicht* im Vergleich zu Fazel (2013) weiter zu steigern.[451]

Neben der Erklärungskraft wurde außerdem die Vorhersagekraft des Forschungsmodells mithilfe des Blindfolding-Prozesses überprüft. So zeigen die endogenen Variablen des Forschungsmodells moderate bis starke $Q^2$-Werte und bestätigen dem Modell somit die Fähigkeit, das Verhalten zur Akzeptanz der Elektromobilität vorherzusagen.

Die Ergebnisse sind abschließend in den nachfolgenden Abbildung zusammengefasst.

451 Vgl. Fazel, Ludwig (2013): Akzeptanz von Elektromobilität – Entwicklung und Validierung eines Modells unter Berücksichtigung der Nutzungsform des Carsharing, S. 270.

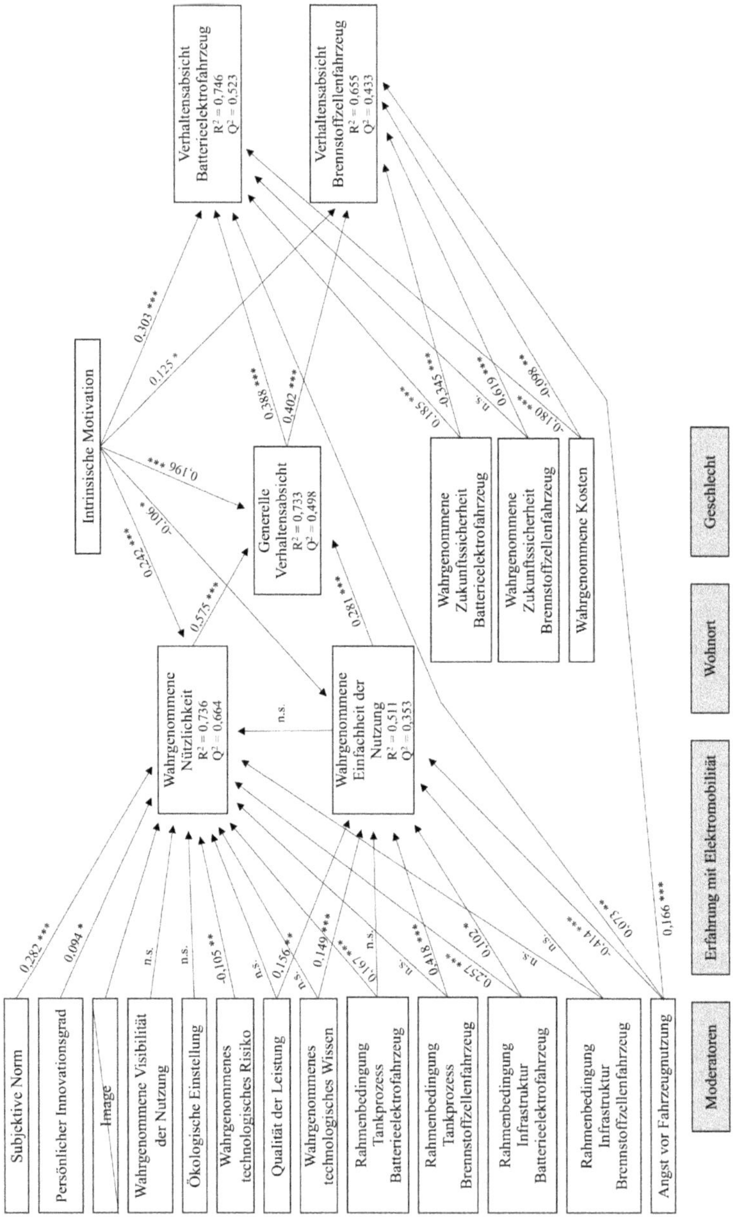


**Abbildung 20:** Zusammenfassung der Überprüfung des Forschungsmodells
Signifikanzniveau: n.s. = nicht signifikant; * = 5 %; ** = 1 %; *** = 0,1 %

Das abschließende Ziel der Analyse ist die Untersuchung der bevorzugten Art der Elektromobilität mithilfe der Konstrukte *Verhaltensabsicht Batterieelektrofahrzeug* und *Verhaltensabsicht Brennstoffzellenfahrzeug*. Hierzu wurden die Faktorwerte der beiden Konstrukte aus der SmartPLS-Software genutzt und mithilfe des Wilcoxon-Vorzeichen-Rang-Tests auf signifikante Unterschiede zwischen ihnen untersucht. Die Ergebnisse zeigen, dass die *Verhaltensabsicht Brennstoffzellenfahrzeug* bei den Umfrageteilnehmern signifikant größer ist als die *Verhaltensabsicht Batterieelektrofahrzeug*. Dies bedeutet, dass die Umfrageteilnehmer Brennstoffzellenfahrzeuge Batterieelektrofahrzeugen vorziehen. Die Hypothese zur bevorzugten Art der Elektromobilität gilt somit als bestätigt. Dies zeigt, dass die Umfrageteilnehmer die Art der Elektromobilität bevorzugen, die sich in ihrer Art der Nutzung der von Verbrennungsfahrzeugen ähneln, während Batterieelektrofahrzeuge eine Umstellung der Gewohnheiten der Fahrzeugnutzung erfordern.

# 7 Implikationen und Schlussbetrachtung

In diesem Kapitel werden zunächst die für die Akzeptanz von Elektrofahrzeugen relevanten Einflussfaktoren und deren Bedeutung für Automobilhersteller vorgestellt sowie Handlungsempfehlungen für die Steigerung der Akzeptanz gegeben. Im Anschluss werden diese Handlungsempfehlungen nach einer Kategorisierung der Einflussfaktoren in eine Strategie zur Steigerung der Akzeptanz zusammengefasst. Danach folgt ein Überblick zu Ansatzpunkten für zukünftige Forschung im Bereich der Akzeptanz der Elektromobilität sowie der Technologieakzeptanz generell. Das Kapitel endet mit einem Überblick über die zu Beginn aufgestellten Erkenntnisziele.

## 7.1 Implikationen für die Praxis

Dieses Kapitel dient der Darstellung der wesentlichen Einblicke in das Akzeptanzverhalten sowie der dazugehörigen Einflussfaktoren, die potentielle Nutzer als signifikant erachten und welche dazu genutzt werden können, die Akzeptanz der Elektromobilität zu beeinflussen. Teil des Kapitels ist auch ein Erkenntnisgewinn aus dem Vergleich der beiden Arten der Elektromobilität sowie die Vorstellung von geeigneten Handlungsempfehlungen zur Förderung der Akzeptanz von Elektromobilität.

### 7.1.1 Einflussfaktoren auf die Akzeptanz der Elektromobilität

Die Einflussfaktoren auf die Akzeptanz der Elektromobilität sind in drei Kategorien aufgeteilt. Diese umfassen technologie- und fahrzeugbedingte Einflussfaktoren, nutzerbedingte Einflussfaktoren und kombinierte Einflussfaktoren, welche jeweils im Folgenden betrachtet werden.

*Technologie- und fahrzeugbedingte Einflussfaktoren*

Für den Wechsel zur Elektromobilität spielt für potentielle Nutzer die *Rahmenbedingung Tankprozess* eine Rolle. Diese umfasst die Dauer des Tankprozesses und wurde für Batterieelektro- und Brennstoffzellenfahrzeuge separat erfasst. Die Ergebnisse dieser Arbeit zeigen, dass der Tankprozess für Batterieelektrofahrzeuge über die *Wahrgenommene Nützlichkeit* von Elektrofahrzeugen einen Einfluss auf die Akzeptanz der Elektromobilität nimmt. Somit werden Batterieelektrofahrzeuge als nützlicher wahrgenommenen, je kürzer die Ladedauer ist. Die Einfachheit der Nutzung wird jedoch nicht durch die Ladedauer beeinflusst, sie hat also keinen Einfluss darauf, wie bedienfreundlich Elektrofahrzeuge wahrgenommen werden. Im Falle der Brennstoffzellenfahrzeuge übt der Tankprozess keinen Einfluss auf die *Wahrgenommene Nützlichkeit* aus, sondern beeinflusst die Akzeptanz von Elektrofahrzeugen lediglich über die Einfachheit der Nutzung. Dies bedeutet, je kürzer die Tankdauer eines Brennstoffzellenfahrzeugs ist, desto höher schätzen potentielle Nutzer die Bedienfreundlichkeit ein. Des Weiteren wird dieser Einfluss durch den *Wohnort* moderiert und zeigt, dass Personen in der Innenstadt der Dauer des Tankprozesses einen geringeren Einfluss zuweisen, als es bei Personen in Vororten und auf dem Land der Fall ist. Dieser Unterschied bedingt durch den Wohnort könnte auf die unterschiedlichen täglichen Entfernungen, die mit einem Fahrzeug zurückgelegt werden, zurückzuführen sein. So haben Personen mit Wohnsitz in der Stadt geringere Entfernungen zurückzulegen und müssen somit weniger oft tanken als Personen mit Wohnsitz auf dem Land, welche täglich größere Entfernungen zurücklegen müssen. Die Ergebnisse zeigen außerdem, dass potentielle Nutzer bei Batterieelektrofahrzeugen einen Fokus auf die Nützlichkeit der Fahrzeuge legen. Dies ist möglicherweise bedingt durch die signifikanten Unterschiede und teils auch Einschränkungen, wie die längere Tankdauer und geringere Reichweite, mit denen sich Nutzer zunächst vertraut machen und die sie in ihren Mobilitätsalltag integrieren müssen. Die Bedienfreundlichkeit rückt daher bei den Nutzern von Batterieelektrofahrzeugen in den Hintergrund und nimmt einen geringeren Einfluss auf die Akzeptanz der Elektromobilität. Im Vergleich dazu liegt der Fokus bei Brennstoffzellenfahrzeugen auf deren Bedienfreundlichkeit. Dies liegt darin begründet, dass diese Fahrzeuge bei ausreichend vorhandener Infrastruktur ohne große Umgewöhnung oder Einschränkungen ähnlich wie Verbrennungsfahrzeuge genutzt werden können. Zur Steigerung der Akzeptanz von Elektrofahrzeugen kann es zielführend sein, in einer Kampagne die Unterschiede im Mobilitätsalltag, die sich durch die Nutzung von Batterieelektro- und Brennstoffzellenfahrzeugen ergeben, aufzuarbeiten. Damit wird potentiellen Nutzern ermöglicht, eine informierte Entscheidung für eine der Arten der Elektromobilität zu treffen, die sich am besten in die eigene Lebenssituation integrieren lässt. Überdies sollte weiterhin eine Reduktion der Ladedauer von Batterieelektrofahrzeugen angestrebt werden. Hersteller haben auch die Möglichkeit, Nachteile der Technologie durch Anreize wie Vergünstigungen für Lade- und Tankstationen auszugleichen.

Auch die Verfügbarkeit der Infrastruktur und ihr Einfluss auf die Akzeptanz der Elektromobilität wurde mittels der *Rahmenbedingung Infrastruktur* für beide Arten der Elektromobilität separat überprüft. Die Ergebnisse dieser

Arbeit zeigen, dass die Verfügbarkeit von ausreichender Infrastruktur für Batterieelektrofahrzeuge einen Einfluss auf die *Wahrgenommene Nützlichkeit* als auch die Einfachheit der Nutzung hat und so die Akzeptanz von Elektromobilität beeinflusst. Damit werden Batterieelektrofahrzeuge als nützlicher und einfacher zu nutzen wahrgenommen, je mehr Ladestationen zur Verfügung stehen. Im Vergleich dazu zeigt sich bei Brennstoffzellenfahrzeugen weder auf die *Wahrgenommene Nützlichkeit* noch die Einfachheit der Nutzung ein Einfluss durch die Verfügbarkeit der Infrastruktur. Dies deutet darauf hin, dass die Verfügbarkeit der Infrastruktur für Brennstoffzellenfahrzeuge keinen Einfluss auf die Akzeptanz ausübt. Die Ergebnisse für Batterieelektrofahrzeuge, die einen starken Einfluss der verfügbaren Infrastruktur zeigen, lassen sich möglicherweise auf die langen Ladezeiten und damit einhergehenden Einschränkungen im Vergleich zu Fahrzeugen mit Verbrennungsmotoren zurückführen. Hierbei dürfte auch die oftmals genannte „Range Anxiety", welcher sich lediglich mit einem dichten Netz von Ladestationen entgegenwirken lässt, eine wichtige Rolle für viele Nutzer spielen. Bei Brennstoffzellenfahrzeugen zeigen sich Nutzer hingegen von einer anderen Seite, da die Infrastruktur nach den Ergebnissen dieser Arbeiten keinen Einfluss auf die Akzeptanz ausübt. Dies vermittelt eine hohe Zuversicht in die vorhandene Infrastruktur für Brennstoffzellenfahrzeuge, obwohl diese sich noch in einer früheren Ausbauphase befindet.

Eine Möglichkeit, zur Steigerung der Akzeptanz der Elektromobilität beizutragen, ergibt sich im Falle der Batterieelektrofahrzeuge daraus, die bestehende Infrastruktur weiter auszubauen und so der Range Anxiety entgegenzutreten. Der Ausbau könnte darüber hinaus auch in Kommunikationskampagnen der Hersteller aktiv beworben werden, um die zunehmende Einfachheit der Nutzung von Batterieelektrofahrzeugen darzustellen. Im Falle der Brennstoffzellenfahrzeuge ist ein Ausbau der Infrastruktur ebenfalls eine Empfehlung zur Steigerung der Akzeptanz. Auch wenn die Ergebnisse zeigen, dass bereits ein Vertrauen in die Infrastruktur gesetzt ist, befindet sich diese erst in einer frühen Ausbauphase und ist nicht flächendeckend verfügbar. So ermöglicht ein Ausbau der Infrastruktur es, das bereits vorhandene Vertrauen der Nutzer zu halten oder gar zu stärken.

### *Nutzerbedingte Einflussfaktoren*

Über die *Subjektive Norm* ist der mögliche Einfluss des sozialen Umfeldes auf die Akzeptanz der Elektromobilität erfasst worden. Die Ergebnisse zeigen, dass dieser Einfluss eine signifikante Auswirkung auf die *Wahrgenommene Nützlichkeit* von Elektrofahrzeugen hat und damit einen bedeutenden Einflussfaktor darstellt. So zeigt sich, dass die *Wahrgenommene Nützlichkeit* durch der

Elektromobilität positiv gestimmte Medienberichte sowie Expertenmeinungen gesteigert werden kann. Die dadurch entstehende positive Wahrnehmung von Elektrofahrzeugen im sozialen Umfeld von potentiellen Nutzern würde diesen Trend verstärken und ebenfalls zu einer Steigerung der *Wahrgenommenen Nützlichkeit* und damit der Bereitschaft zur Nutzung von Elektrofahrzeugen beitragen. Der Einfluss der *Subjektiven Norm* auf die *Wahrgenommene Nützlichkeit* wird außerdem durch die *Erfahrung mit Elektromobilität* moderiert. Die Ergebnisse zeigen, dass die *Subjektive Norm* für Personen ohne Erfahrung einen positiven Einfluss auf die Nützlichkeit ausübt, während dieser Einfluss für Personen mit Erfahrung negativ ausfällt. Dies bedeutet, dass Personen ohne *Erfahrung mit Elektromobilität* Medienberichte und Expertenmeinungen als einen zentralen Teil der Einschätzung der Nützlichkeit von Elektromobilität wahrnehmen, während Personen mit Erfahrung diese nicht für ihre Einschätzung berücksichtigen. Für Hersteller empfiehlt es sich daher, zur Steigerung der Akzeptanz von Elektrofahrzeugen die öffentliche Wahrnehmung durch Kommunikationskampagnen zu beeinflussen, idealerweise in Kooperation mit Experten und Meinungsführern. Die Kampagnen sollten größtenteils auf Personen ohne *Erfahrung mit Elektromobilität* fokussiert sein, da bei dieser Gruppe der stärkste Einfluss auf die Akzeptanz der Elektromobilität durch solche Maßnahmen genommen werden kann.

Die *Intrinsische Motivation* zeigt sich nach den Ergebnissen als ein signifikanter Einflussfaktor auf die Akzeptanz der Elektromobilität. So nimmt sie Einfluss auf die Einfachheit der Nutzung, Nützlichkeit sowie die Absicht zur Nutzung von Elektrofahrzeugen. Überdies zeigt sich auch ein Einfluss auf die Verhaltensabsicht zum Kauf von Batterieelektrofahrzeugen und die Verhaltensabsicht zum Kauf von Brennstoffzellenfahrzeugen, mit einem stärkeren Einfluss im Falle der Batterieelektrofahrzeuge. Der Einfluss der *Intrinsischen Motivation* auf die Verhaltensabsicht zum Kauf von Batterieelektrofahrzeugen oder Brennstoffzellenfahrzeugen wird außerdem durch das *Geschlecht* moderiert. Es zeigt sich bei beiden Beziehungen, dass Frauen eher zum Kauf von Batterieelektrofahrzeugen sowie Brennstoffzellenfahrzeugen bereit sind als Männer. So scheinen Männer trotz einer Bereitschaft zur Nutzung von Elektrofahrzeugen bei der Entscheidung zum Kauf eines Elektrofahrzeugs zögerlicher zu sein als Frauen. Die Ergebnisse zeigen auch, dass Personen mit einem Interesse an der Nutzung von Elektromobilität eine höhere Bereitschaft zur Akzeptanz der Elektromobilität aufweisen, als es bei Personen ohne eine solche Motivation der Fall ist. Grundlage der *Intrinsischen Motivation* sind die Erwartungen an das neue und ungewohnte Fahrgefühl und den Fahrspaß von

Elektrofahrzeugen. Während diese Motivation bei Brennstoffzellenfahrzeugen bereits stark ausgeprägt ist, zeigt sie sich bei Batterieelektrofahrzeugen auf einem nochmals stärkeren Niveau. Dies bedeutet, dass Nutzer das Fahrerlebnis von Elektrofahrzeugen als einen zentralen und signifikanten Einflussfaktor zur Akzeptanz der Elektromobilität einstufen. Der Einfluss der *Intrinsischen Motivation* auf die Einfachheit der Nutzung wird außerdem durch die *Erfahrung mit Elektromobilität* beeinflusst. So zeigt sich bei Personen mit *Erfahrung mit Elektromobilität* ein signifikanter positiver Einfluss der *Intrinsischen Motivation* auf die *Einfachheit der Nutzung*, während der Einfluss bei Personen ohne Erfahrung negativ ausfällt. Dies bedeutet, dass bei Personen ohne *Erfahrung mit Elektromobilität* die *Intrinsische Motivation* keinen positiven Einfluss auf die *Einfachheit der Nutzung* von Elektrofahrzeugen und damit die Akzeptanz nimmt. Des Weiteren zeigt sich ein moderierender Einfluss des *Geschlechts* auf die Beziehung zwischen der *Intrinsischen Motivation* und der *Generellen Verhaltensabsicht zur Nutzung* von Elektrofahrzeugen. Die Ergebnisse zeigen, dass die *Intrinsische Motivation* bei Frauen einen stärkeren Einfluss auf die Absicht zur Nutzung von Elektrofahrzeugen nimmt, als dies bei Männern der Fall ist. Für Hersteller lässt sich diese Erkenntnis dahingehend nutzen, indem sie die Besonderheiten des Fahrerlebnisses von Elektrofahrzeugen (z. B. bessere Beschleunigung, geringere Geräuschkulisse) aktiv in ihre Kommunikationskampagnen aufnehmen. Dies gilt auch für die Unterscheidung zwischen den beiden Arten der Elektromobilität, da die *Intrinsische Motivation* auch bei der Entscheidung zwischen Batterieelektro- und Brennstoffzellenfahrzeugen einen signifikanten Einfluss darstellt. Das Fahrerlebnis können Hersteller potentiellen Nutzern bei Testfahrten und Fahrzeugvorführungen am besten vermitteln, weshalb diese auch weiterhin eine zentrale Rolle im Verkauf von Elektrofahrzeugen spielen. Hierfür können Hersteller unter anderem auch auf die Verwendung von Augmented Reality und Virtual Reality zurückgreifen, um Nutzern einen ersten Eindruck vom Fahrerlebnis zu vermitteln und dies so in ihre Kommunikationsstrategie integrieren.

Des Weiteren geben die Einflüsse der Moderation durch die Erfahrung sowie das Geschlecht weitere Einblicke in die Möglichkeiten zur präziseren Gestaltung von Kommunikationskampagnen für spezifische Kundensegmente.

Der *Persönliche Innovationsgrad* beschreibt das Interesse an der Nutzung von Innovationen und neuen Technologien. Die Ergebnisse dieser Arbeit zeigen, dass der Innovationsgrad einen signifikanten Einfluss auf die *Wahrgenommene Nützlichkeit* von Elektrofahrzeugen ausübt. So nehmen Personen mit einer höheren Bereitschaft zum Benutzen von neuen Technologien Elektrofahrzeuge als nützlicher war. Somit fallen etwa die von Rogers (2003) als Innovatoren[452] bezeichnete Gruppe von Nutzern in die Kategorie der Personen, die am ehesten zu der Nutzung von Elektrofahrzeugen neigen. Diese Erkenntnis ermöglicht es Herstellern, die mögliche Kundschaft von Elektrofahrzeugen anzusprechen und die Kommunikation sowie Marketingstrategien auf die Präferenzen der unterschiedlichen Gruppen anzupassen und so eine größere Akzeptanz der Elektromobilität zu erreichen.

Der Einfluss des bewussten ökologischen Handelns von Nutzern wurde mit der *Ökologischen Einstellung* erfasst, hat jedoch nach den Ergebnissen dieser Arbeit keinen Einfluss auf die *Wahrgenommene Nützlichkeit* von Elektrofahrzeugen. Somit zeigen Personen, die bei ihrer Entscheidung bewusst die ökologischen Konsequenzen in Betracht ziehen, keine höhere Bereitschaft zur Nutzung von Elektrofahrzeugen. Es ist möglich, dass Personen mit solch ökologisch bewusstem Handeln die gesamte Wertschöpfungskette eines Produktes betrachten und im Falle von Elektrofahrzeugen diese aufgrund des höheren Energieaufwandes für Produktion und Entsorgung nicht als ökologisch sinnvolle Alternative betrachten. Außerdem ist es auch möglich, dass diese Personen generell kein Elektrofahrzeug oder auch Fahrzeug mit Verbrennungsmotor in Betracht ziehen, da sie die Nutzung von öffentlichen Verkehrsmitteln oder dem Fahrrad besser mit ihrer ökologischen Denk- und Handlungsweise vereinbaren können. Ein Einfluss der *Ökologischen Einstellung* auf die Akzeptanz der Elektromobilität findet demnach nicht statt.

Das *Wahrgenommene technologische Wissen* der Umfrageteilnehmer zum Thema Elektromobilität zeigt sich als ein signifikanter Einflussfaktor der Akzeptanz der Elektromobilität. Personen, die bereits über umfassendes Wissen zum Thema Elektromobilität und dem Umgang mit Elektrofahrzeugen verfügen, nehmen die Nutzung von Elektrofahrzeugen unkomplizierter wahr, als Personen, die über kein oder wenig Wissen verfügen. Im Gegensatz dazu steht, dass sich kein signifikanter Einfluss des technologischen Wissens auf die Nützlichkeit von Elektrofahrzeugen feststellen lassen konnte. So ist nicht nachgewiesen, dass Personen mit einem umfassenden Wissen zu Elektrofahrzeugen diese als nützlicher wahrnehmen. Damit nimmt das technologische Wissen lediglich über die Einfachheit der Nutzung einen Einfluss auf die Akzeptanz von Elektrofahrzeugen. Des Weiteren wird dieser Einfluss auf die Einfachheit der Nutzung durch die *Erfahrung mit Elektromobilität* moderiert. So zeigt

452 Für eine detaillierte Übersicht über die unterschiedlichen Gruppen von Adoptern siehe Kapitel 3.1.3.

sich für Personen mit *Erfahrung mit Elektromobilität* ein stärkerer Einfluss des technologischen Wissens auf die Einfachheit der Nutzung. Dies bedeutet, dass der Einfluss des technologischen Wissens auf die Einfachheit der Nutzung mit zunehmender *Erfahrung mit Elektromobilität* steigt. Ein zunehmendes Maß an technologischem Wissen führt zu einer Sensibilisierung der potentiellen Nutzer mit Hinblick auf die existierenden Hürden der Elektromobilität (z. B. Infrastruktur, Reichweite) und dazu, dass Nutzer ihre Erwartungen an Elektrofahrzeuge entsprechend anpassen. Für eine Steigerung der Akzeptanz der Elektromobilität würde sich demnach empfehlen, das technologische Wissen von potentiellen Nutzern mittels einer Kampagne zu verbessern, um diese so für die Besonderheiten der Elektromobilität zu sensibilisieren. Gleichzeitig empfiehlt es sich, weiter am Abbau der Hürden der Elektromobilität (z. B. Ausbau der Infrastruktur) zu arbeiten, um auch Personen ohne umfängliches Wissen zur Elektromobilität leichter zu erreichen.

Die *Angst vor Fahrzeugnutzung* umfasst die generelle Angst von potentiellen Nutzern vor der Nutzung von Fahrzeugen und übt einen negativen Einfluss auf die Einfachheit zur Nutzung und damit der Generellen Verhaltensabsicht von Elektrofahrzeugen aus. Eine Bearbeitung dieses Einflussfaktors gestaltet sich für Hersteller sowie Politik als schwierig, da solch eine Angst nicht zwangsläufig in den technischen Aspekten des Fahrzeugs, der Elektromobilität selbst oder der Rahmenbedingung der Nutzung begründet liegt und ebenfalls die Nutzung von Verbrennungsfahrzeugen beeinflusst.

### *Kombinierte Einflussfaktoren*

Als einer der zentralen Einflussfaktoren hat die *Qualität der Leistung*, also die Verlässlichkeit, dass ein Elektrofahrzeug die vom Nutzer erwartete Funktion erfüllen kann, einen signifikanten Einfluss auf die Nützlichkeit und infolgedessen die generelle Absicht zur Nutzung von Elektrofahrzeugen. Die Ergebnisse dieser Arbeit zeigen, dass die empfundene Nützlichkeit von Elektrofahrzeugen steigt, je zuversichtlicher potentielle Nutzer sind, dass Elektrofahrzeuge dazu in der Lage sind, ihre Bedürfnisse zur selben Zufriedenheit zu erfüllen wie es Verbrennungsfahrzeuge bereits können. Somit ist es möglich, durch die Vermittlung von Vertrauen in die Leistungsfähigkeit von Elektrofahrzeugen deren wahrgenommene Nützlichkeit zu steigern. So kann dies durch eine gezielte Integrierung in die Kommunikationsstrategie von Herstellern sowie durch die Ermöglichung von Erfahrung mit Elektrofahrzeugen für potentielle Nutzer im Rahmen von Vorführungen oder Testfahrten genutzt werden, um die Akzeptanz von Elektrofahrzeugen zu steigern.

Das *Wahrgenommene technologische Risiko* im Umgang mit Elektrofahrzeugen zeigt einen schwachen negativen Einfluss auf die Nützlichkeit von Elektrofahrzeugen und damit auch auf die Akzeptanz. Dies zeigt, dass noch Unsicherheiten und ungeklärte Fragen mit Hinblick auf die technischen Aspekte von Elektrofahrzeugen bei den Umfrageteilnehmern bestehen. Die Unsicherheiten können sich dabei auf die Funktionsweise der Elektrofahrzeuge beziehen und dazu führen, dass diese als Nachteile im Vergleich zu Verbrennungsfahrzeugen wahrgenommen werden. Des Weiteren wird der Einfluss des *Wahrgenommenen technologischen Risikos* auf die *Wahrgenommene Nützlichkeit* durch die *Erfahrung mit Elektromobilität* moderiert. Dies zeigt, dass Personen mit zunehmender *Erfahrung mit Elektromobilität* das technologische Risiko im Umgang mit Elektrofahrzeugen stärker als einen negativen Einfluss auf die Nützlichkeit von Elektrofahrzeugen wahrnehmen. Um diesen Einflussfaktor für eine positive Entwicklung der Akzeptanz von Elektrofahrzeugen zu nutzen, können Personen mit *Erfahrung mit Elektromobilität* genauer über die technischen Besonderheiten von Elektrofahrzeugen aufgeklärt werden. Dabei sollten häufig gestellte Fragen zum Thema Elektromobilität proaktiv erläutert werden, um den negativen Einfluss, der mit zunehmender Erfahrung entsteht, zu verringern oder im Idealfall zu einem positiven Einfluss zu wandeln. Ebenso können potentielle Nutzer ebenfalls in diesem Zuge angesprochen und zum Thema Elektromobilität informiert werden, bevor diese negative Erfahrungen mit Elektromobilität machen, welche einem unzureichenden Wissen oder falschen Erwartungen geschuldet sind. Für solche Kampagnen bietet sich eine Kooperation von Herstellern mit politischer Unterstützung an, um das gemeinsame Ziel der Verbreitung der Elektromobilität zu erreichen.

Die *Visibilität der Nutzung*, welche die Erkennbarkeit von Elektrofahrzeugen anhand eines besonderen Designs oder anderen Merkmalen umfasst, hat nach den Ergebnissen dieser Arbeit keinen Einfluss auf die *Wahrgenommene Nützlichkeit* von Elektrofahrzeugen. Damit kann nicht bestätigt werden, dass Elektrofahrzeuge, die sich optisch von Verbrennerfahrzeugen deutlich unterscheiden, von potentiellen Nutzern als nützlicher wahrgenommen werden. Dies zeigt auch, dass eine optische Abgrenzung von Elektrofahrzeugen in diesem Kontext keinen Einfluss auf ihre Akzeptanz hat. Ein Großteil der auf dem Markt verfügbaren Elektrofahrzeuge unterscheidet sich teils drastisch von vergleichbaren Fahrzeugen mit Verbrennungsmotor, was nach dem Aspekt der *Visibilität der Nutzung* nicht zu einer Steigerung der Akzeptanz der Elektromobilität beiträgt. Der Grund für die deutliche optische Unterscheidung von Elektrofahrzeugen dürfte jedoch in deren Einfluss auf das Ansehen und den sozialen Status des Nutzers liegen, welcher nicht mit diesem Konstrukt abgedeckt wurde. Demnach übt der Aspekt der *Visibilität der Nutzung* keinen Einfluss auf die Akzeptanz der Elektromobilität aus.

Der vermutete Einfluss der *Wahrgenommenen Einfachheit der Nutzung*, welche die Benutzerfreundlichkeit erfasst, auf die *Wahrgenommene Nützlichkeit* hat sich nach den Ergebnissen dieser Arbeit nicht bestätigt. Dies bedeutet, dass die Bedienfreundlichkeit von Elektrofahrzeugen keinen Einfluss auf deren wahrgenommene Nützlichkeit hat. Jedoch nimmt die Bedienfreundlichkeit einen direkten und signifikanten Einfluss auf die *Generelle Verhaltensabsicht zur Nutzung* von Elektrofahrzeugen. Dieser Einfluss auf die Verhaltensabsicht zur Nutzung wird dabei durch die *Erfahrung mit Elektromobilität*, den *Wohnort* sowie das *Geschlecht* durch Moderation beeinflusst. Es zeigt sich, dass Personen mit *Erfahrung mit Elektromobilität* einen größeren Wert auf die Einfachheit der Nutzung legen als Personen ohne Erfahrung. So scheinen Personen ohne Erfahrung von der geringeren Bedienfreundlichkeit zu Beginn weniger beeinflusst, schreiben ihr jedoch mit zunehmender Erfahrung mit Elektromobilität einen höheren Einfluss zu. Die Moderation des *Wohnorts* auf diese Beziehung zeigt, dass der Einfluss für Personen, die in der Innenstadt wohnen, am höchsten ist und für die Wohnorte Vorort und Land jeweils geringer ausfällt. Dies bedeutet, dass die Einfachheit der Nutzung von Elektrofahrzeugen einen höheren Einfluss nimmt, je urbaner das Wohnumfeld ist. Außerdem zeigt sich für die Beziehung der *Wahrgenommenen Einfachheit der Nutzung* und der *Verhaltensabsicht zur Nutzung* von Elektrofahrzeugen ein Unterschied zwischen den Geschlechtern. So bestätigt sich für Männer ein stärkerer Einfluss der Bedienfreundlichkeit, als es für Frauen der Fall ist. Damit hat die Einfachheit der Nutzung für Frauen einen geringeren Einfluss auf die Absicht zur Nutzung von Elektrofahrzeugen.

Die *Wahrgenommene Nützlichkeit* von Elektrofahrzeugen übt einen direkten und signifikanten Einfluss auf die *Generelle Verhaltensabsicht zur Nutzung* von Elektrofahrzeugen aus. Des Weiteren wird der Einfluss durch die *Erfahrung mit Elektromobilität* sowie den *Wohnort* moderiert. So zeigt sich bei Personen ohne *Erfahrung mit Elektromobilität* ein stärkerer Einfluss der Nützlichkeit von Elektrofahrzeugen auf die Verhaltensabsicht, als es bei Personen mit Erfahrung der Fall ist. Dies bedeutet, dass Personen mit zunehmender Erfahrung im Umgang mit Elektrofahrzeugen sich an die Einschränkungen (z. B. Infrastruktur, Ladezeiten) gewöhnen und diese in ihren Mobilitätsalltag integrieren können. Somit werden Personen mit zunehmender Erfahrung zuversichtlicher, auch Elektrofahrzeuge mit einer geringeren *Wahrgenommenen Nützlichkeit* erfolgreich für ihre Mobilitätsanforderungen nutzen zu können. Der Einfluss des *Wohnorts* auf die Beziehung der *Wahrgenommenen Nützlichkeit* und der

*Generellen Verhaltensabsicht zur Nutzung* zeigt, dass Personen in Innenstädten und auf dem Land der Nützlichkeit dieselbe Einflussstärke zuweisen, während es für Personen in Vororten einen geringen Einfluss aufweist.

### 7.1.2 Einflussfaktoren auf die Präferenz zwischen den Arten der Elektromobilität

Ein Ziel dieser Arbeit ist ebenfalls der Vergleich der Absicht zum Kauf zwischen Batterieelektro- und Brennstoffzellenfahrzeugen sowie des Einflusses einzelner Faktoren auf die Kaufabsicht. Im Folgenden werden die dazugehörigen Ergebnisse mit möglichen Handlungsoptionen verknüpft.

Für den Vergleich der Verhaltensabsicht zum Kauf zwischen den beiden Arten der Elektromobilität wurden die im Forschungsmodell etablierten Einflüsse der *Intrinsischen Motivation*, *Angst vor Fahrzeugnutzung*, *Wahrgenommenen Kosten* sowie der *Wahrgenommenen Zukunftssicherheit von Batterieelektrofahrzeugen* und *Wahrgenommenen Zukunftssicherheit von Brennstoffzellenfahrzeugen* ausgewertet.

Der Einfluss der *Intrinsischen Motivation* zeigt sich als signifikant für beide Arten der Elektromobilität, fällt jedoch für die Absicht zum Kauf eines Batterieelektrofahrzeugs höher aus als für die eines Brennstoffzellenfahrzeugs. Die *Intrinsische Motivation* unterstützt somit die Absicht zum Kauf von Batterieelektrofahrzeugen stärker als die von Brennstoffzellenfahrzeugen. Der Einfluss der *Intrinsischen Motivation* auf die Verhaltensabsicht zum Kauf von Batterieelektrofahrzeugen oder Brennstoffzellenfahrzeugen wird außerdem durch das *Geschlecht* moderiert. So zeigt sich bei beiden Beziehungen, dass Frauen eher zum Kauf von Batterieelektrofahrzeugen sowie Brennstoffzellenfahrzeugen bereit sind als Männer. Die Erkenntnis über den unterschiedlichen Einfluss der *Intrinsischen Motivation* auf die Absicht zum Kauf der beiden Arten der Elektromobilität lässt sich von Herstellern dazu nutzen, den Kreis möglicher Kunden für jede Art der Elektromobilität genauer zu definieren und die Kommunikationsmaßnahmen, sowie die im Falle der *Intrinsischen Motivation* besonders relevanten Testfahrtangebote, genauer auf die potentiellen Kunden abzustimmen.

Die *Angst vor Fahrzeugnutzung* übt einen geringeren Einfluss auf die Verhaltensabsicht zum Kauf von Batterieelektro- sowie Brennstoffzellenfahrzeugen aus. Während der Einfluss der *Angst vor Fahrzeugnutzung* auf die Einfachheit der Nutzung negativ ausfällt, zeigt sich für die Bereitschaft zum Kauf ein positiver Einfluss. Somit zeigt sich die *Angst vor Fahrzeugnutzung* als ein den Kauf von Batterieelektro- und Brennstoffzellenfahrzeugen unterstützender

Einflussfaktor. Dieser positive Einfluss fällt für die Absicht zum Kauf von Brennstoffzellenfahrzeugen stärker aus als für Batterieelektrofahrzeuge. Während dieser Einflussfaktor einen positiven Einfluss auf die Kaufabsicht zeigt, könnte er für Hersteller schwierig zu beeinflussen sein.

Der vermutete negative Einfluss der *Wahrgenommenen Kosten*, welcher die Anschaffungskosten eines Elektrofahrzeugs darstellt, auf den Kauf eines Elektrofahrzeugs beider Arten hat sich ebenfalls bestätigt. So fällt der negative Einfluss des Anschaffungspreises auf die Verhaltensabsicht zum Kauf eines Brennstoffzellenfahrzeugs signifikant geringer aus als für Batterieelektrofahrzeuge. Der Einfluss der *Wahrgenommenen Kosten* auf die *Verhaltensabsicht zum Kauf* beider Arten der Elektromobilität wird außerdem durch den *Wohnort* moderiert. So zeigt sich der Einfluss der Kosten auf die Absicht zum Kauf eines Batterieelektrofahrzeugs in Innenstädten auf einem stärkeren negativen Niveau, als es bei Personen in Vororten und auf dem Land der Fall ist. Im Vergleich dazu zeigt sich der Einfluss der Kosten auf die Absicht zum Kauf eines Brennstoffzellenfahrzeugs für Personen in Innenstädten und Vororten auf einem vergleichbaren Niveau, für Personen auf dem Land jedoch mit einem geringeren negativen Einfluss. Damit stellt der Kaufpreis bei der Anschaffung eines Brennstoffzellenfahrzeugs zwar eine Hürde dar, jedoch zu einem geringeren Ausmaß als bei Batterieelektrofahrzeugen. So ist es möglich, dass Personen, die sich für den Kauf eines Brennstoffzellenfahrzeugs interessieren, zu der von Rogers (2003) als „Innovatoren“ bezeichneten Gruppe von Innovationsadoptern gehören und daher bereit sind, für neue Technologien höhere Kaufpreise zu bezahlen, während Batterieelektrofahrzeuge sich bereits in einem Übergang zur „Early Majority“ als Kundengruppe befinden. Dennoch stellen die Anschaffungskosten einen zentralen Einflussfaktor für die Bereitschaft zum Kauf von Batterieelektro- als auch Brennstoffzellenfahrzeugen dar. Diese Erkenntnis wird ebenfalls durch den Einfluss des *Einkommens* auf die Absicht zum Kauf eines Brennstoffzellenfahrzeugs unterstützt. Die Ergebnisse zeigen, dass die Bereitschaft zum Kauf eines Brennstoffzellenfahrzeugs mit zunehmendem Einkommen steigt.

Die *Wahrgenommene Zukunftssicherheit* beschreibt die Zuversichtlichkeit der Umfrageteilnehmer in die langfristige Unterstützung der Elektromobilität durch die Politik sowie die verschiedenen Hersteller. Im Rahmen dieser Arbeit wurde die *Wahrgenommene Zukunftssicherheit* dem Forschungsmodell neu hinzugefügt und für Batterieelektrofahrzeuge sowie Brennstoffzellenfahrzeuge getrennt erfasst und ihr jeweiliger Einfluss auf die Verhaltensabsicht zum Kauf von Batterieelektrofahrzeugen sowie Brennstoffzellenfahrzeugen überprüft. Die *Wahrgenommene Zukunftssicherheit von Batterieelektrofahrzeugen* übt einen positiven Einfluss auf die *Verhaltensabsicht zum Kauf eines Batterieelektrofahrzeugs* sowie einen negativen Einfluss auf die *Verhaltensabsicht zum Kauf eines Brennstoffzellenfahrzeugs* aus. Dies zeigt, dass Personen, die ein Batterieelektrofahrzeug als zukunftssicher wahrnehmen, Brennstoffzellenfahrzeuge als nicht zukunftssicher sehen. Im Vergleich dazu hat die *Wahrgenommene Zukunftssicherheit von Brennstoffzellenfahrzeugen* keinen Einfluss auf die *Verhaltensabsicht zum Kauf eines Batterieelektrofahrzeugs* und einen positiven Einfluss auf die *Verhaltensabsicht zum Kauf eines Brennstoffzellenfahrzeugs.* Personen, die Brennstoffzellenfahrzeuge als zukunftssicher wahrnehmen, bevorzugen somit klar Brennstoffzellenfahrzeuge, nehmen Batterieelektrofahrzeuge jedoch nicht als nicht zukunftssicher wahr. Aus diesen Ergebnissen zeigt sich, dass Personen, die Batterieelektrofahrzeuge als zukunftssicher empfinden, gegenüber Brennstoffzellenfahrzeugen verschlossen sind, während Personen, die Brennstoffzellenfahrzeuge als zukunftssicher wahrnehmen, für alternative Konzepte empfänglicher scheinen. Die Ergebnisse der Befürworter von Batterieelektrofahrzeugen und ihre Verschlossenheit gegenüber Brennstoffzellenfahrzeugen deuten möglicherweise darauf hin, dass für diese Personen die Koexistenz von unterschiedlichen Arten der Elektromobilität für verschiedene Nutzungsszenarien keine Rolle spielt. Überdies fällt der positive Einfluss der Zukunftssicherheit von Brennstoffzellenfahrzeugen auf die Absicht zum Kauf eines Brennstoffzellenfahrzeugs mit einem dreimal so starken Pfadkoeffizienten, wie es bei der vergleichbaren Beziehung von Batterieelektrofahrzeugen der Fall ist, deutlich stärker aus. Die durch die Erfahrung moderierten Beziehungen werden ebenfalls durch den *Wohnort* moderiert. Die Beziehung der Zukunftssicherheit von Batterieelektrofahrzeugen auf die Absicht zum Kauf von Batterieelektrofahrzeugen wird außerdem durch die Moderatoren *Erfahrung mit Elektromobilität* und *Wohnort* beeinflusst. So zeigt sich für die Beziehung der *Wahrgenommenen Zukunftssicherheit von Batterieelektrofahrzeugen* auf die *Verhaltensabsicht zum Kauf eines Batterieelektrofahrzeugs* ein signifikanter Unterschied zwischen Personen mit beziehungsweise ohne *Erfahrung mit Elektromobilität.* Während der Einfluss der Zukunftssicherheit bei Personen ohne Erfahrung positiv ausfällt, ist er bei Personen mit Erfahrung mit einer vergleichbaren Stärke negativ. Dies bedeutet, dass Personen mit zunehmender *Erfahrung mit Elektromobilität* Batterieelektrofahrzeuge als weniger zukunftssicher bis nicht zukunftssicher wahrnehmen. Für Brennstoffzellenfahrzeuge zeigt sich, dass diese von Personen ohne Erfahrung ebenfalls als zukunftssicher wahrgenommen werden. Im Vergleich zu Batterieelektrofahrzeugen werden Brennstoffzellenfahrzeuge jedoch mit steigender Erfahrung als zunehmend zukunftssicher wahrgenommen.

Dies bedeutet, dass Personen mit zunehmender *Erfahrung mit Elektromobilität* Brennstoffzellenfahrzeugen eine höhere Zukunftssicherheit zuschreiben. Bei der Absicht zum Kauf eines Batterieelektrofahrzeugs zeigt sich, dass der Einfluss in Vororten höher ist als auf dem Land. Somit werden Batterieelektrofahrzeuge in urbaneren Wohnorten als zukunftssicherer wahrgenommenen, als es in ländlicheren Wohnorten der Fall ist. Für die Beziehung der Zukunftssicherheit von Brennstoffzellenfahrzeugen und der Absicht zum Kauf eines Brennstoffzellenfahrzeugs liegt ebenfalls eine Moderation durch den Wohnort vor. Die Ergebnisse zeigen, dass der Einfluss bei Personen, die in Vororten wohnen, am stärksten ist, gefolgt von ländlichen und städtischen Wohnorten. Somit werden Brennstoffzellenfahrzeuge in suburbanen und ländlichen Gegenden zunehmend als zukunftssicher wahrgenommen. Diese Entwicklung ist möglicherweise durch die höheren Reichweiten sowie die kürzere Tankdauer von Brennstoffzellenfahrzeugen bedingt. So liefert der Einfluss der *Wahrgenommenen Zukunftssicherheit* sowie die Moderation durch die *Erfahrung mit Elektromobilität* und den *Wohnort* neue Erkenntnisse, die zur Steigerung der Akzeptanz von Elektromobilität genutzt werden können. Im Fall von Brennstoffzellenfahrzeugen kann durch die Schaffung von *Erfahrung mit Elektromobilität* durch Probefahrten und Informationskampagnen die Absicht zum Kauf eines Brennstoffzellenfahrzeugs positiv beeinflusst und gesteigert werden. So sollten auch besonders Personen mit Wohnsitzen in Vororten oder auf dem Land angesprochen werden, da diese eine größere Bereitschaft zum Kauf eines Brennstoffzellenfahrzeugs aufweisen. Im Fall von Batterieelektrofahrzeugen ist die Absicht zum Kauf bei Personen mit Wohnsitz auf dem Land am geringsten und steigt in urbaneren Gegenden stark an. Die *Wahrgenommene Zukunftssicherheit* zeigt sich ebenfalls als ein signifikanter Einfluss auf die Absicht zum Kauf eines Batterieelektro- oder Brennstoffzellenfahrzeugs. Somit kann eine Informationskampagne, die gezielt auf Einschränkungen sowie Fragen zur Elektromobilität eingeht, in Kombination mit Probefahrten und Fahrzeugdemonstrationen die Bedenken von Käufern ansprechen, die *Wahrgenommene Zukunftssicherheit* und damit auch die Absicht zum Kauf positiv beeinflussen.

Der Vergleich zwischen den beiden Arten der Elektromobilität zeigt, dass die Mehrheit der Umfrageteilnehmer sich für den Kauf eines Brennstoffzellenfahrzeugs entscheiden würde. Die höhere *Wahrgenommene Zukunftssicherheit* sowie die geringeren *Wahrgenommenen Kosten* von Brennstoffzellenfahrzeugen zeigen sich als signifikante Einflussfaktoren im Falle der Entscheidung zwischen den Arten der Elektromobilität. Dabei entscheidet sich die Mehrheit der Umfrageteilnehmer trotz einer nicht flächendeckend verfügbaren Infrastruktur für Brennstoffzellenfahrzeuge für diese. Die Ergebnisse zeigen, dass eine Bereitschaft zum Wechsel zur Elektromobilität mittels Brennstoffzellenfahrzeugen vorhanden ist und eine Steigerung der Akzeptanz von Elektrofahrzeugen ermöglicht. Für Hersteller besteht die Möglichkeit, neue Modelle auf den Markt zu bringen, so das bisher geringe Angebot an Brennstoffzellenfahrzeugen zu erweitern und sich in einem noch ungesättigten Markt zu etablieren.

### 7.1.3 Zusammenfassende Darstellung der Handlungsempfehlungen und den dazugehörenden Einflussfaktoren

Die Handlungsempfehlungen und die durch diese beeinflussbaren Einflussfaktoren sind in der folgenden Abbildung dargestellt. So zeigt sich, dass ein Großteil der als relevant für die Akzeptanz von Elektrofahrzeugen identifizierten Faktoren durch Kommunikationskampagnen sowie technischen Fortschritt in der Entwicklung von Elektrofahrzeugen bearbeitet werden können. Für einige der Einflussfaktoren, wie die *Intrinsische Motivation,* empfiehlt sich eine Kombination von verschiedenen Handlungsempfehlungen, um einen möglichst positiven Einfluss auf die Entwicklung der Akzeptanz von Elektrofahrzeugen nehmen zu können.

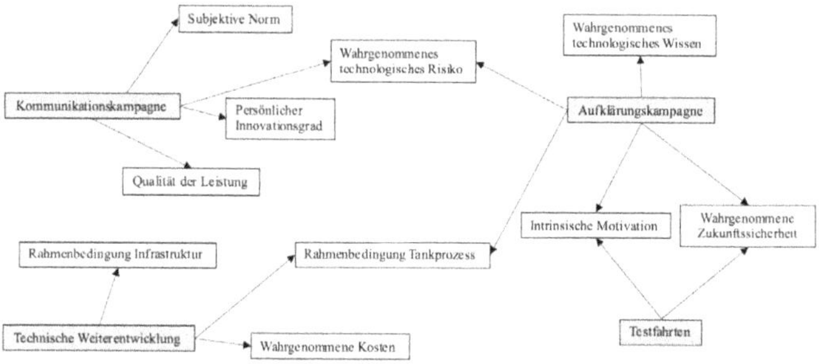


**Abbildung 21:** Darstellung der Handlungsempfehlungen

### 7.1.4 Handlungsempfehlungen für Automobilhersteller zur Förderung der Akzeptanz von Elektromobilität

Die einzelnen in dieser Arbeit bestätigten Einflussfaktoren auf die Akzeptanz der Elektromobilität sind in Abbildung 22 nach Umsetzbarkeit der mit ihnen verbundenen Handlungsempfehlungen kategorisiert. Diese Einstufung orientiert sich an dem Grad der notwendigen Zusammenarbeit zwischen Herstellern und dem Staat sowie dem vermuteten Zeithorizont der Umsetzung der

Handlungsempfehlung. Dies soll dazu dienen, den für die Umsetzung der Handlungsempfehlungen notwendigen Aufwand jedes Einflussfaktors darzustellen und so die Integrierung in eine umfassende Strategie zur Steigerung der Akzeptanz der Elektromobilität zu ermöglichen. Im Folgenden werden die einzelnen Handlungsempfehlungen zusammengefasst und zu einer ersten grundlegenden Strategie zur Steigerung der Akzeptanz der Elektromobilität aus Herstellersicht kombiniert.

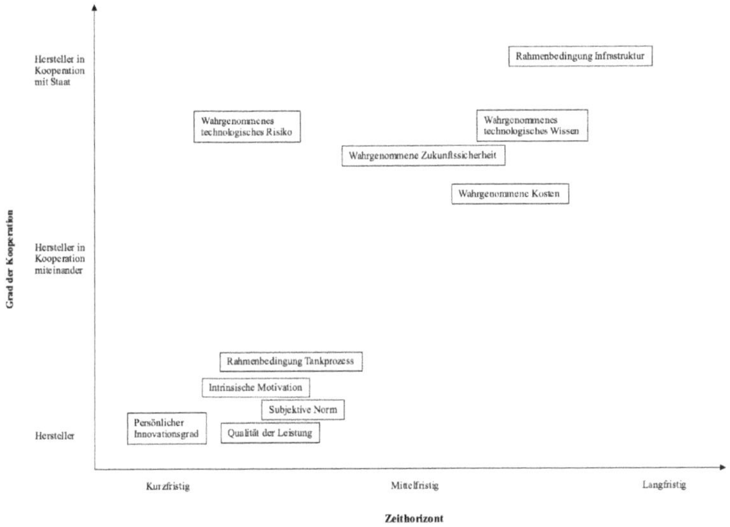


**Abbildung 22:** Einordnung der Einflussfaktoren

## *Kurz- bis mittelfristige Handlungsempfehlungen*

So lassen sich in einem kurz- bis mittelfristigen Zeitrahmen die Einflussfaktoren des *Persönlichen Innovationsgrades* sowie des *Wahrgenommenen technologischen Risikos* ansprechen. Die Ergebnisse des *Persönlichen Innovationsgrades* geben Aufschluss über eine mögliche Unterteilung von potentiellen Käufern, da Personen mit zunehmendem Innovationsgrad eine stärkere Absicht zur Nutzung von Elektrofahrzeugen zeigen. So ist es möglich, Kommunikationsstrategien anhand dieses Kriteriums gezielt auf einzelne Gruppen von Personen abzustimmen und so anhand ihres Innovationsgrades anzusprechen. Diese Maßnahmen im Zusammenhang mit dem Innovationsgrad lassen sich von Herstellern im Alleingang umsetzen, da sie sich mit der Kundenanalyse und den herstellereigenen Marketingmaßnahmen erreichen lassen.

Im Falle des *Wahrgenommenen technologischen Risikos* handelt es sich um einen negativen Einflussfaktor auf die Nützlichkeit von Elektrofahrzeugen. Eine Reduktion dieses negativen Einflussfaktors ist in der Lage, einen positiven Einfluss auf die Akzeptanz der Elektromobilität auszuüben. Für die Reduktion des wahrgenommenen Risikos kann eine Aufklärungskampagne über die technischen Besonderheiten von Elektrofahrzeugen genutzt werden, welche auch auf von Nutzern häufig geäußerte Bedenken und Fragen eingeht. Für diese Kampagne empfiehlt sich außerdem eine Kooperation von verschiedenen Herstellern sowie dem Staat und anerkannten Experten, um eine große Menge an potentiellen Nutzern von Elektrofahrzeugen anzusprechen. Einzelne Aspekte der Kampagnen können darüber hinaus auch in das Marketing übertragen werden, um so eine direkte Verbindung zwischen dem gewonnenen Vertrauen in die Sicherheit von Elektrofahrzeugen und den Fahrzeugen der Hersteller zu schaffen. Durch die Reduktion des *Wahrgenommenen technologischen Risikos* kann der negative Einfluss auf die *Wahrgenommene Nützlichkeit* reduziert und möglicherweise sogar in einen positiven Einfluss, der die Akzeptanz der Elektromobilität fördert, umgekehrt werden.

### *Mittelfristige Handlungsempfehlungen*

Die Einflussfaktoren *Rahmenbedingung Tankprozess*, *Intrinsische Motivation*, *Subjektive Norm*, *Qualität der Leistung* und *Wahrgenommene Zukunftssicherheit* lassen sich nach den in dieser Arbeit vorgestellten Handlungsempfehlungen in einem mittelfristigen Zeitrahmen ansprechen.

Im Falle der *Intrinsischen Motivation* zeigt sich ein negativer Einfluss auf die Einfachheit der Nutzung, jedoch ein positiver Einfluss auf die Nützlichkeit sowie die Absicht zur Nutzung von Elektrofahrzeugen. Ferner zeigen die Ergebnisse auch einen positiven Einfluss auf die Absicht zum Kauf von Batterieelektrofahrzeugen sowie Brennstoffzellenfahrzeugen. Somit bedeutet dies, dass der Einflussfaktor der *Intrinsischen Motivation* zur Steigerung der Akzeptanz der Elektromobilität beitragen kann. Dies können Hersteller erreichen, indem sie die Besonderheiten des Fahrerlebnisses von Elektrofahrzeugen im Vergleich zu Verbrennungsfahrzeugen als Bestandteil der Kommunikationsaktivitäten aufnehmen und mit Fahrzeugvorstellungen sowie Testfahrten[453] verbinden,

---

453 Möglich ist auch die Verwendung von Augmented oder Virtual Reality als erster Schritt, um einem möglichst großen Kreis von Personen das Fahrerlebnis von Elektrofahrzeugen zu vermitteln.

da die *Intrinsische Motivation* das Erlebnis der Elektromobilität abbildet. Diese Erkenntnisse finden auch bei der Vermarktung der beiden Arten der Elektromobilität Anwendung, da Batterieelektrofahrzeuge und Brennstoffzellenfahrzeuge unterschiedliche Fahrerlebnisse bieten und Hersteller diese verschiedenen Gruppen von potentiellen Käufern anbieten. Dieser Einflussfaktor kann von Herstellern selbst ohne zwangsläufige Kooperationen zur Steigerung der Akzeptanz der Elektromobilität genutzt werden.

Diese Handlungsempfehlungen lassen sich auch für die *Qualität der Leistung*, welche die verlässliche Erfüllung der erwarteten Leistung abbildet, anwenden. Der Einfluss der *Qualität der Leistung* auf die Akzeptanz der Nutzung führt über die *Wahrgenommene Nützlichkeit* von Elektrofahrzeugen und stellt einen der zentralen Einflussfaktoren dar. So kann die Erwartung von potentiellen Käufern an die Leistungsfähigkeit von Elektrofahrzeugen durch praktische Erfahrung mit diesen im Rahmen von Vorführungen und Testfahrten erprobt werden. Zusätzlich ist auch eine Kommunikationsstrategie, die Aspekte der Leistungsfähigkeit betrachtet sowie Vorteile gegenüber Fahrzeugen mit Verbrennungsmotoren darstellt, eine Möglichkeit zur Anpassung der Erwartungen von potentiellen Kunden an die tatsächliche Leistungsfähigkeit der verfügbaren Elektrofahrzeuge. Die stetige Weiterentwicklung der Leistungsfähigkeit von Elektrofahrzeugen zeigte in den vergangenen Jahren bereits große Fortschritte und nimmt auch für die Zukunft eine zentrale Rolle bei der Steigerung der Akzeptanz von Elektromobilität ein.

Für den Einflussfaktor des *Wahrgenommenen technologischen Wissens* finden ebenfalls die Empfehlungen einer Kommunikationskampagne zu den Besonderheiten und Eigenschaften von Elektrofahrzeugen im Vergleich zu Fahrzeugen mit Verbrennungsmotoren Anwendung. Hersteller sind so in der Lage, durch eine Sensibilisierung der Nutzer für die technischen Einschränkungen ihre Erwartungen und Anforderungen an Elektrofahrzeuge realistisch zu gestalten. Dies kann in Kooperation mit weiteren Herstellern stattfinden, um eine große Menge an Personen zu erreichen. Überdies sollte weiter an einer Reduktion der Hürden der Elektromobilität gearbeitet werden, um die Relevanz des technologischen Wissens zu reduzieren und den Kreis potentieller Kunden zu vergrößern.

Der Einflussfaktor der *Subjektiven Norm* nimmt über die Nützlichkeit von Elektrofahrzeugen einen Einfluss auf die Akzeptanz und stellt den Einflussfaktor des sozialen Umfelds auf das Akzeptanzverhalten dar. Da bei diesem Einflussfaktor die öffentliche Wahrnehmung von Elektromobilität eine hauptsächliche Rolle spielt, ist eine mögliche Kooperation zwischen verschiedenen Herstellern sowie Experten und Meinungsführern eine Option.

Eine Überzeugung der öffentlichen Wahrnehmung über die Zukunftsträchtigkeit der Elektromobilität kann so durch eine Kommunikationskampagne mithilfe der Experten und Meinungsführer eine breite Menge an Personen erreichen. Durch eine Einbindung in die Marketingaktivitäten von Herstellern werden potentielle Käufer bei der Kaufabwägung durch die stetig positivere Wahrnehmung von Elektromobilität in der öffentlichen Wahrnehmung unterstützt.

Die *Rahmenbedingung Tankprozess* bildet den Einfluss der Tankdauer auf die Akzeptanz der Elektromobilität ab. Es zeigt sich, dass im Falle von Batterieelektrofahrzeugen eine kürzere Tankdauer die Nützlichkeit positiv beeinflusst. Bei Brennstoffzellenfahrzeugen hingegen führt eine kürzere Tankdauer zur Steigerung der Einfachheit der Nutzung. Somit ist die Reduktion der Tankdauer, besonders von Batterieelektrofahrzeugen, eine Möglichkeit, die Akzeptanz von Elektromobilität zu steigern und stellt eine von Herstellern allein durchführbare Maßnahme dar. Des Weiteren ist es möglich, zur Steigerung der Akzeptanz genauer über die Unterschiede der beiden Arten der Elektromobilität und ihre jeweiligen Einschränkungen zu informieren. Dies ermöglicht es potentiellen Käufern zu überprüfen, welche Art der Elektromobilität sich am besten mit ihrem Mobilitätsalltag vereinbaren lässt. Dies können Hersteller im Alleingang oder auch in Kooperation miteinander erreichen.

Die *Wahrgenommene Zukunftssicherheit* zeigt sich bei der Entscheidung potentieller Käufer zwischen den Arten der Elektromobilität als signifikanter Einfluss. Die Ergebnisse dieser Arbeit zeigen, dass die Absicht zum Kauf eines Batterieelektro- oder Brennstoffzellenfahrzeuges steigt, sofern die jeweilige Art der Elektromobilität als zukunftssicher wahrgenommen wird. Zudem wird der Einfluss der *Wahrgenommenen Zukunftssicherheit* auf die Kaufabsicht beider Arten der Elektromobilität durch die *Erfahrung mit Elektromobilität* sowie den *Wohnort* beeinflusst. Zur Steigerung der Akzeptanz der Elektromobilität kann die *Wahrgenommene Zukunftssicherheit* durch Informationskampagnen, die gezielt auf die Unterschiede und Besonderheiten von Batterieelektro- und Brennstoffzellenfahrzeugen eingehen sowie die langfristige Bindung des Staats sowie der Hersteller an die Elektromobilität vermitteln, beeinflusst werden. Eine Umsetzung bietet sich aufgrund der langfristigen Perspektive in Kooperation mit dem Staat sowie weiteren Herstellern an. Der Einfluss des *Wohnorts* sowie der *Erfahrung* auf die Präferenz für eine der beiden Arten der Elektromobilität kann von Herstellern für eine präzisere Ausrichtung der Kommunikationsmaßnahmen sowie die Ermöglichung von Testfahrten und Veranstaltung von Fahrzeugvorführungen genutzt werden, um so die Akzeptanz der Elektromobilität zu steigern.

### *Langfristige Handlungsempfehlungen*

In einem langfristigen Zeithorizont lassen sich die Einflussfaktoren der *Wahrgenommenen Kosten* und *Rahmenbedingung Infrastruktur* ansprechen. Die *Wahrgenommenen Kosten* zeigen sich als einer der zentralen Einflussfaktoren für die Akzeptanz der Elektromobilität sowie der Entscheidung zwischen Batterieelektro- und Brennstoffzellenfahrzeugen. Eine langfristige Reduktion der Anschaffungskosten von Elektrofahrzeugen ist eine Möglichkeit zur Steigerung ihrer Akzeptanz. Jedoch kann auch bereits die Reduktion von wiederkehrenden Kosten[454] einen positiven Einfluss haben. In Kooperation mit dem Staat haben Hersteller eine Kostenreduktion mittels staatlicher Zuschüsse ermöglicht und Elektrofahrzeuge damit für einen größeren Personenkreis erschwinglich gemacht. So zeigen sich auch die Privilegien für Elektrofahrzeuge (kostenlose Ladestationen, keine Kfz-Steuer, Nutzung von Sonderspuren) als eine Möglichkeit, die höheren Anschaffungskosten an anderer Stelle auszugleichen. Eine weitere Möglichkeit zur Reduktion der Anschaffungskosten von Elektrofahrzeugen ist der Umbau von bestehenden Fahrzeugen mit Verbrennungsmotoren zu Elektrofahrzeugen. Solch eine Maßnahme kann in Abstimmung mit dem Staat umgesetzt werden, um diese Umbauten ebenfalls mit finanziellen Mitteln zu fördern und den Umstieg auf Elektromobilität vom Kauf eines Neuwagens zu entkoppeln.

Der Einflussfaktor der *Rahmenbedingung Infrastruktur* stellt ebenfalls einen zentralen Punkt der Akzeptanz der Elektromobilität dar. Zur Steigerung der Akzeptanz ist der Ausbau der Infrastruktur für Batterieelektro- sowie Brennstoffzellenfahrzeuge notwendig. Im Falle der Brennstoffzellenfahrzeuge kann ein zügiger Ausbau der Infrastruktur das zunehmende Interesse an dieser Art der Elektromobilität unterstützen und so einen signifikanten Beitrag zur Steigerung der Akzeptanz von Elektrofahrzeugen liefern. Dies sollte in einer Kooperation aus Herstellern und dem Staat erfolgen, um nicht nur eine große Anzahl an Ladestationen und Wasserstofftankstellen zu errichten, sondern auch um eine bestmögliche Kompatibilität zwischen Fahrzeugen und Infrastruktur zu gewährleisten[455].

454 Dies umfasst z. B. geringere Wartungskosten und kostenlose Parkplätze (z. B. in Städten).

455 Dies spielt bei Batterieelektrofahrzeugen eine zentrale Rolle, da die existierende Infrastruktur oftmals nicht in der Lage ist, die Ladegeschwindigkeit von neueren Fahrzeugen auszuschöpfen und es so zu längeren Ladezeiten kommt.

## 7.2 Implikationen für zukünftige Forschung

Während diese Arbeit einen Einblick in die Einflussfaktoren der Akzeptanz der Elektromobilität ermöglicht, ergeben sich auch weitere Ansatzpunkte für zukünftige Forschungsvorhaben. Diese werden im Folgenden vorgestellt:

Eine erneute empirische Untersuchung und Validierung des Forschungsmodells ist aufgrund der noch kurzen Anwendungsgeschichte des TAM zur Untersuchung der Elektromobilität eine Möglichkeit, seine Etablierung in diesem Forschungsbereich weiter voranzutreiben. Dabei ermöglicht eine erneute Validierung des Forschungsmodells die Bestätigung der Relevanz der im Rahmen dieser Arbeit neu hinzugefügten Konstrukte und Moderatorvariablen für den Forschungsbereich der Elektromobilität.

Ferner kann eine erneute Validierung zu einem zukünftigen Zeitpunkt einen Einblick in die Veränderung der Stärke der Pfadverbindung einzelner Einflussfaktoren bei fortschreitender Verbreitung von Elektrofahrzeugen ermöglichen. Das Fahrzeugangebot von Elektrofahrzeugen steigt zunehmend und die für Batterieelektro- und Brennstoffzellenfahrzeuge benötigte Infrastruktur wird kontinuierlich ausgebaut. Dank dieser Entwicklung und einer zunehmenden Ausgereiftheit der Technologie nimmt der Anteil an Elektrofahrzeugen in Deutschland seit 2020 stetig zu. Aufgrund dieser zunehmenden Verbreitung von Elektrofahrzeugen ist es möglich, dass sich die Prioritäten der Nutzer und Käufer hinsichtlich der Einflussfaktoren verändern. Diese Entwicklungen können durch eine zukünftige Überprüfung des Forschungsmodells aufgedeckt werden und weitere Einblicke in das Akzeptanzverhalten ermöglichen. Eine solche Untersuchung ist speziell für den Vergleich der Präferenz zwischen Batterieelektro- und Brennstoffzellenfahrzeugen interessant, sobald für beide Arten ein vergleichbares Fahrzeugangebot sowie eine Infrastruktur vorhanden ist. Der Einfluss des neu hinzugefügten Konstrukts der *Wahrgenommenen Zukunftssicherheit* könnte sich durch die zukünftigen Veränderungen in der Verbreitung sowie Wahrnehmung der Elektromobilität verändern und würde von einer erneuten Überprüfung, eventuell auch in anderen Forschungsrahmen oder Forschungsbereichen, profitieren.

Überdies könnte der Einfluss des Wohnorts auf die Akzeptanz der Elektromobilität weiter untersucht werden. Die Ergebnisse dieser Arbeit zeigten bereits signifikante Unterschiede in Stärken der Pfadverbindungen für verschiedene Wohnorte. So ist es möglich, einzelne Einflussfaktoren detaillierter auf den Einfluss des Wohnorts zu untersuchen. Eine weitere Möglichkeit stellt eine feinere Kategorisierung der unterschiedlichen Wohnorte dar, um so detaillierte Einblicke in den Einfluss dieses Konstrukts zu erhalten.

Eine erneute empirische Validierung könnte auch den Einfluss der *Wahrgenommenen Einfachheit der Nutzung* auf die *Wahrgenommene Nützlichkeit* untersuchen. Diese Kernbeziehung des TAM hat sich in dieser Arbeit für den Rahmen der Elektromobilität nicht bestätigt. Eine Bestätigung dieser nicht vorhandenen Wirkbeziehung für den Forschungsbereich der Elektromobilität würde einen bedeutenden Einfluss auf die weitere Forschung im Bereich der Technologieakzeptanz nehmen.

Des Weiteren wäre es denkbar, für eine erneute Validierung des Forschungsmodells Daten in mehreren Ländern zu erheben und so neben der erneuten Überprüfung auch einen Ländervergleich zur Akzeptanz der Elektromobilität zu erstellen. Dies würde es ermöglichen, Unterschiede im Akzeptanzverhalten einzelner Länder und den dortigen Kulturen aufzudecken. Darüber hinaus könnte es auch einen Vergleich der Wirksamkeit unterschiedlicher Maßnahmen und Anreize von Herstellern und Staat zur Steigerung der Akzeptanz von Elektromobilität vereinfachen.

## 7.3 Schlussbetrachtung der Erkenntnisziele

Das **übergeordnete Erkenntnisziel** der vorliegenden Arbeit stellt die theoretische Abbildung und nachfolgende empirische Überprüfung von Einflussfaktoren auf die Akzeptanz der beiden Formen der reinelektrischen Mobilität sowie die Erarbeitung von Handlungsempfehlungen für Automobilhersteller und Implikationen für weitere Forschung zur Steigerung der Akzeptanz der Elektromobilität in Deutschland dar. Das übergeordnete Erkenntnisziel wurde durch die Erfüllung der einzelnen Teilziele mit folgendem Ergebnis bearbeitet:

Das **deskriptiv-abgrenzende Partialziel** stellte die Abgrenzung der beiden zu untersuchenden Arten der reinelektrischen Elektromobilität – Batterieelektrofahrzeuge und Brennstoffzellenfahrzeuge – voneinander und zu weiteren Formen der Elektromobilität dar. In diesem Zuge sind die Besonderheiten der beiden Arten sowie ihre Gemeinsamkeiten und Unterschiede vorgestellt und die sich aus diesen Eigenschaften ergebenden Hürden für die Akzeptanz der Elektromobilität erarbeitet worden. Die erarbeiteten und aus der Literatur zusammengetragenen Hürden sind anhand einer Matrix kategorisiert und so als Grundlage für die weitere Untersuchung etabliert. Die Beantwortung der Forschungsfragen dieses Unterziels lautet wie folgt:

- *Was sind die Besonderheiten und Unterschiede von Batterieelektro- und Brennstoffzellenfahrzeugen?*

Die Besonderheiten und Unterschiede zwischen Batterieelektro- und Brennstoffzellenfahrzeugen konzentrieren sich hauptsächlich auf technische Aspekte, wie Reichweite und Dauer des Tankprozesses, allerdings auch auf den Preis sowie die Verfügbarkeit einer passenden Infrastruktur.

- *Welche Hürden für die Akzeptanz ergeben sich aus den Besonderheiten für Nutzer solcher Fahrzeuge?*
  Aus den Besonderheiten beider Arten von Elektrofahrzeugen ergeben sich Hürden für Nutzer. Die eingeschränkte Reichweite sowie nicht flächendeckend vorhandene Infrastruktur und die damit verbundene Range Anxiety sind die am meisten genannten Hürden. Auch die höheren Anschaffungskosten sowie die wahrgenommene Zukunftssicherheit von Elektrofahrzeugen stellen signifikante Hürden für ihre Akzeptanz dar. Die unterschiedlichen Charakteristika nehmen ebenfalls einen Einfluss auf das ideale Nutzungsszenario für beide Arten der Elektromobilität.
- *Welche weiteren möglichen Einflussfaktoren auf die Akzeptanz der Elektromobilität gibt es?*
  Neben den technischen Einflussfaktoren nehmen Aspekte wie das wahrgenommene technologische Risiko und die Qualität der Leistung von Elektrofahrzeugen sowie das wahrgenommene technologische Wissen, die intrinsische Motivation, die subjektive Norm und der persönliche Innovationsgrad der Nutzer einen Einfluss auf die Akzeptanz von Elektrofahrzeugen. Ferner spielen auch Faktoren wie das Alter und der Wohnort eine Rolle.
- *Beruhen diese Faktoren auf technischen oder nutzerbedingten Gründen?*
  Ein Teil der Faktoren beruht auf technischen Gründen, wie die Qualität der Leistung. Jedoch basiert der Großteil auf der Wahrnehmung von Elektromobilität durch Nutzer sowie ihrer Erfahrung, die sie mit Elektromobilität gesammelt haben oder auch ihrem persönlichen Drang dazu, Innovationen auszuprobieren und sich dadurch in ihrem sozialen Umfeld abzusetzen.

Zur Erfüllung des **explikativen Partialziels** ist ein auf den Ergebnissen aufbauendes Forschungsmodell konzipiert und empirisch überprüft worden. So konnten aus den gesammelten Einflussfaktoren, die für die Akzeptanz der Elektromobilität relevanten Faktoren identifiziert und statistisch bestätigt werden. In diesem Schritt zeigten sich besonders die neu konzipierten Konstrukte als einen signifikanten Einfluss auf die Akzeptanz der Elektromobilität und ebenso auf die Wahl der Präferenz zwischen den beiden untersuchten Arten der Elektromobilität. Abschließend wurde die Präferenz zwischen den beiden Arten untersucht. Die mit diesem Partialziel zusammenhängenden Forschungsfragen werden im Folgenden beantwortet:

- *Welche der erarbeiteten Faktoren nehmen einen Einfluss auf die Akzeptanz von Elektrofahrzeugen?*
  Die Ergebnisse der Analyse zeigen, dass nicht alle vorab erarbeiteten Faktoren einen Einfluss auf die Verhaltensabsicht zur Nutzung von Elektrofahrzeugen nehmen. So konnte kein Einfluss auf die Akzeptanz für das Image, die wahrgenommene Visibilität der Nutzung und die ökologische Einstellung festgestellt werden. Jedoch hat sich eine große Anzahl der erarbeiteten Faktoren als relevant für die Akzeptanz der Elektromobilität gezeigt. So üben die folgenden Variablen einen Einfluss aus: Subjektive Norm, persönlicher Innovationsgrad, intrinsische Motivation, Angst vor Fahrzeugnutzung, wahrgenommenes technologisches Risiko, wahrgenommenes technologisches Wissen, Qualität der Leistung, wahrgenommene Kosten, wahrgenommene Zukunftssicherheit, Rahmenbedingung Tankprozess und Rahmenbedingung Infrastruktur.
- *Welche Art der Elektromobilität wird von den Umfrageteilnehmern bevorzugt?*
  Die Untersuchung der bevorzugten Art der Elektromobilität zeigt, dass die Mehrheit der Umfrageteilnehmer Brennstoffzellenfahrzeuge bevorzugt. Diese Entscheidung dürfte auf die Ähnlichkeiten in der Nutzung von Brennstoffzellenfahrzeugen und Fahrzeugen mit Verbrennungsmotor zurückzuführen sein.

Abschließend wurden zur Erfüllung des **praktisch-normativen Partialziels** aus den Ergebnissen der Untersuchung Handlungsempfehlungen für Automobilhersteller zur Steigerung der Akzeptanz der Elektromobilität abgeleitet. Dazu wurden zunächst die einzelnen relevanten Einflussfaktoren analysiert und Handlungsempfehlungen zur Beeinflussung jedes Faktors gegeben. Anschließend wurden die Einflussfaktoren anhand des zu einer erfolgreichen Bearbeitung notwendigen Grades der Kooperation von Herstellern und Staat sowie dem notwendigen Zeithorizont kategorisiert und damit Ansätze zur Erstellung einer ganzheitlichen Strategie zur Steigerung der Akzeptanz der Elektromobilität gegeben. Abschließend wurden Implikationen für die weitere Forschung im Bereich der Akzeptanz der Elektromobilität aufgezeigt. Die Forschungsfragen für dieses Partialziel werden im Folgenden beantwortet:

- *Welche Handlungsempfehlungen lassen sich für Automobilhersteller ableiten?*
  Die aus den Ergebnissen dieser Arbeit identifizierten Handlungsempfehlungen zielen darauf ab, die als relevant bestätigten Einflussfaktoren zu nutzen, um eine Steigerung der Akzeptanz von Elektrofahrzeugen zu erreichen. Nicht alle der Handlungsempfehlungen können von Automobilherstellern

im Alleingang durchgeführt werden, für einige ist eine Kooperation mit dem Staat oder anderen Herstellern möglich. Die Handlungsempfehlungen umfassen die aktive Aufklärung von Nutzern und Kunden über die Besonderheiten der Elektromobilität mittels Aufklärungskampagnen. Damit werden speziell die Einflussfaktoren des technologischen Wissens sowie des technologischen Risikos angesprochen als auch die wahrgenommene Zukunftssicherheit und die zu erwartenden Besonderheiten beim Tank- und Ladeprozess. Die weitere Anwendung und Ausdehnung von Kommunikationskampagnen helfen die subjektive Norm, den persönlichen Innovationsgrad als auch die zu erwartende Leistung eines Elektrofahrzeugs zu vermitteln. Damit führt dies zu einer positiven Beeinflussung der Akzeptanz. Des Weiteren sind eine technische Weiterentwicklung der Fahrzeuge zur Kostensenkung als auch der Ausbau der Infrastruktur ein Schlüssel zur Steigerung der Akzeptanz. Abschließend erlauben Testfahrten es, die intrinsische Motivation als auch die wahrgenommene Zukunftssicherheit positiv zu beeinflussen und die Akzeptanz zu steigern.

- *Welche Möglichkeiten für zukünftige Forschung ergeben sich?*
  Einige der Möglichkeiten für zukünftige Forschung konzentrieren sich auf die Anwendung der in dieser Arbeit bestätigten Konstrukte als auch der erneuten Validierung der für diesen Forschungsrahmen als nicht signifikant befundenen Konstruktbeziehung des TAM.

Nach der Beantwortung der Forschungsfragen der einzelnen Partialziele ist es nun möglich, die übergeordnete Forschungsfrage zu beantworten.

- *Welche Einflussfaktoren müssen aufgearbeitet werden, um eine Steigerung der Akzeptanz von Elektrofahrzeugen in Deutschland zu erreichen?*
  Die Mehrheit der identifizierten Einflussfaktoren haben sich als relevant bestätigt. Somit gibt es eine Reihe von Aspekten, die die Akzeptanz der Elektromobilität in Deutschland beeinflussen. Die langfristig zu bearbeitenden Einflussfaktoren umf0assen den Ausbau der Infrastruktur sowie die technische Weiterentwicklung mit dem Ziel, die Nutzung von Elektrofahrzeugen zu vereinfachen und die Anschaffungskosten zu senken. Diese Maßnahmen würden einen positiven Einfluss auf eine Vielzahl von bestätigten Einflussfaktoren nehmen und somit bereits die Akzeptanz positiv beeinflussen. Darüber hinaus ist es auch essentiell, die wahrgenommene Zukunftssicherheit als auch die Qualität der Leistung anzusprechen, um Nutzern die Zuversicht zu geben, in eine neue Technologie zu investieren, die eine langfristige und umweltverträgliche Mobilität ermöglicht.

Die Ergebnisse dieser Arbeit tragen somit zu einem tieferen und detaillierten Verständnis der für die Akzeptanz der Elektromobilität relevanten Einflussfaktoren bei. Darüber hinaus geben die Ergebnisse ebenfalls Aufschluss über die Wirkung der einzelnen Faktoren auf die Absicht zur Nutzung von Elektrofahrzeugen sowie die Absicht zum Kauf von Batterieelektrofahrzeugen und Brennstoffzellenfahrzeugen. Diese Erkenntnisse sowie die daraus abgeleiteten Handlungsmöglichkeiten räumen Automobilherstellern sowie dem Staat eine Möglichkeit ein, durch eine Beeinflussung dieser Einflussfaktoren die Akzeptanz der Elektromobilität in Deutschland langfristig zu steigern. Darüber hinaus bietet das in dieser Arbeit aufgestellte und bestätigte Forschungsmodell eine Grundlage für weiterführende Forschung im Bereich der Technologieakzeptanz und speziell auch der Akzeptanz der Elektromobilität.

# Anhang

| Item | Schiefe | Kurtosis |
|---|---|---|
| SN_01 | 0,071 | -0,960 |
| SN_02 | 0,064 | -0,931 |
| SN_03 | -0,605 | -0,123 |
| SN_04 | -0,508 | -0,265 |
| IMG_01 | -0,143 | -0,845 |
| IMG_02 | -0,037 | -0,965 |
| IMG_03 | -0,350 | -0,807 |
| IMG_04 | -0,675 | -0,262 |
| IMG_05 | -0,612 | -0,577 |
| IMG_06 | -0,614 | -0,579 |
| IMG_07 | -0,162 | -0,985 |
| WVN_01 | 0,167 | -0,977 |
| WVN_02 | 0,185 | -0,982 |
| WVN_03 | 0,174 | -0,990 |
| WVN_04 | 0,192 | -0,941 |
| WVN_05 | -0,178 | -0,965 |
| OE_01 | -0,547 | -0,607 |
| OE_02 | -0,863 | 0,446 |
| OE_03 | -0,913 | 0,795 |
| OE_04 | -0,678 | 0,282 |
| OE_05 | -0,834 | 0,721 |
| OE_06 | -0,903 | 0,848 |
| OE_07 | -0,574 | -0,362 |
| OE_08 | -0,017 | -0,956 |
| OE_09 | -0,239 | -0,813 |
| PI_01 | -0,532 | -0,467 |
| PI_02 | -0,600 | -0,102 |
| PI_03 | -0,323 | -0,970 |
| PI_04 | -0,225 | -0,737 |
| PI_05 | -0,367 | -0,111 |
| PI_06 | 0,087 | -0,956 |
| PI_07 | 0,082 | -0,929 |
| PI_08 | -0,735 | 0,222 |
| PI_09 | -0,909 | 0,588 |
| PI_10 | 0,722 | -0,543 |
| IMO_01 | -0,165 | -0,959 |
| IMO_02 | -0,403 | -0,776 |
| IMO_03 | -0,230 | -0,953 |
| IMO_04 | -0,277 | -0,920 |
| WTW_01 | -0,190 | -0,859 |
| WTW_02 | 0,534 | -0,910 |
| WTW_03 | -0,065 | -0,947 |
| WTW_04 | 0,099 | -0,999 |
| AVF_01 | 0,847 | -0,468 |
| AVF_02 | 0,982 | -0,150 |
| AVF_03 | 0,998 | 0,361 |
| AVF_04 | 0,982 | 0,423 |
| AVF_05 | 0,276 | -0,206 |
| AVF_06 | 0,965 | 0,784 |
| AVF_07 | 0,949 | 0,174 |
| QL_01 | -0,369 | -0,736 |
| QL_02 | -0,367 | -0,732 |
| QL_03 | -0,359 | -0,913 |
| QL_04 | -0,451 | -0,798 |
| QL_05 | -0,018 | -0,898 |
| QL_06 | 0,111 | -0,900 |
| WTR_01 | -0,756 | 0,235 |
| WTR_02 | 0,097 | -0,829 |
| WTR_03 | -0,048 | -0,934 |

| Item | Schiefe | Kurtosis |
|---|---|---|
| WTR_04 | -0,235 | -0,973 |
| WTR_05 | -0,529 | -0,555 |
| WTR_06 | -0,537 | -0,101 |
| WK_01 | -0,951 | 0,685 |
| WK_02 | -0,865 | 0,183 |
| WK_03 | -0,775 | -0,128 |
| WK_04 | 0,367 | -0,584 |
| WK_05 | -0,465 | -0,898 |
| WK_06 | 0,505 | -0,271 |
| RBTP BEV_01 | 0,005 | -0,952 |
| RBTP BEV_02 | 0,127 | -0,987 |
| RBTP BEV_03 | -0,695 | -0,383 |
| RBTP F-Cell_01 | -0,119 | -0,812 |
| RBTP F-Cell_02 | -0,863 | 0,490 |
| RBI BEV_01 | -0,876 | 0,186 |
| RBI BEV_02 | -0,999 | 0,425 |
| RBI BEV_03 | -0,619 | -0,182 |
| RBI BEV_04 | -0,593 | -0,212 |
| RBI BEV_05 | -0,951 | 0,206 |
| RBI F-Cell_01 | -0,793 | -0,200 |
| RBI F-Cell_02 | -0,700 | -0,258 |
| RBI F-Cell_03 | -0,874 | 0,100 |
| RBI F-Cell_04 | -0,775 | 0,028 |
| RBI F-Cell_05 | -0,950 | 0,083 |
| WN_01 | -0,605 | -0,545 |
| WN_02 | -0,780 | -0,221 |
| WN_03 | -0,679 | -0,455 |
| WEN_01 | -0,855 | 0,666 |
| WEN_02 | -0,965 | 0,677 |
| WEN_03 | -0,973 | 0,601 |
| WEN_04 | -0,988 | 0,481 |
| WEN_05 | -0,914 | -0,465 |
| GVA_01 | -0,992 | -0,044 |
| GVA_02 | -0,950 | -0,014 |
| GVA_03 | -0,853 | -0,470 |
| GVA_04 | -0,150 | -0,956 |
| GVA_05 | -0,417 | -0,973 |
| GVA_06 | -0,858 | -0,190 |
| GVA_07 | -0,952 | 0,329 |
| WZSB_01 | -0,311 | -0,199 |
| WZSB_02 | -0,211 | -0,664 |
| WZSB_03 | -0,276 | -0,470 |
| WZSB_04 | -0,186 | -0,978 |
| WZSB_05 | -0,258 | -0,614 |
| WZSB_06 | -0,546 | -0,772 |
| WZSB_07 | -0,439 | -0,792 |
| WZSF_01 | -0,207 | -0,711 |
| WZSF_02 | -0,222 | -0,723 |
| WZSF_03 | -0,238 | -0,563 |
| WZSF_04 | -0,134 | -0,830 |
| WZSF_05 | -0,402 | -0,659 |
| WZSF_06 | -0,720 | -0,210 |
| WZSF_07 | -0,470 | -0,414 |
| VAB_01 | -0,232 | -0,952 |
| VAB_02 | 0,093 | -0,988 |
| VAB_03 | 0,383 | -0,955 |
| VAF_01 | -0,369 | -0,967 |
| VAF_02 | -0,097 | -0,981 |
| VAF_03 | 0,233 | -0,941 |

**Anhang 1:** Ergebnisse der Überprüfung der Schiefe und Kurtosis

| VAB | VAF | VAB | VAF | VAB | VAF | VAB | VAF | VAB | VAF |
|---|---|---|---|---|---|---|---|---|---|
| 1,25 | 4 | 5,75 | 6 | 4,5 | 4 | 5 | 4,5 | 5,75 | 6,5 |
| 1,25 | 4,25 | 2,75 | 5,5 | 4,75 | 5,75 | 4,75 | 5,5 | 5,75 | 6,5 |
| 1,25 | 4,25 | 2,75 | 5,5 | 3,25 | 4,75 | 4,75 | 5,5 | 5,75 | 6,5 |
| 1 | 1,25 | 2,75 | 5,5 | 3,25 | 4,75 | 4,75 | 5,5 | 5,75 | 6,5 |
| 1 | 1,25 | 2,75 | 5,5 | 3,25 | 4,75 | 4,75 | 5,5 | 5,75 | 6,5 |
| 1 | 1,25 | 2,75 | 5,5 | 3,25 | 4,75 | 4,75 | 5,5 | 6,5 | 6,5 |
| 2,25 | 1,5 | 2,75 | 5,5 | 3,25 | 4,75 | 4,75 | 5,5 | 6,5 | 7 |
| 4,25 | 2,25 | 2,75 | 5,5 | 3,25 | 4,75 | 4,75 | 5,5 | 6,25 | 7 |
| 2,75 | 2,75 | 3,5 | 4,75 | 3,25 | 4,75 | 5,25 | 5,25 | 6,25 | 7 |
| 1 | 2 | 3,5 | 4,75 | 4,75 | 5 | 5 | 5 | 6,25 | 7 |
| 3,25 | 2,5 | 3,5 | 4,75 | 5 | 5,75 | 4 | 4 | 6,25 | 7 |
| 3 | 3,25 | 3,5 | 4,75 | 4,75 | 5,25 | 6,75 | 4 | 5,5 | 5,5 |
| 1 | 1,75 | 3,5 | 4,75 | 4,75 | 5,25 | 1,75 | 2 | 5,5 | 5,5 |
| 1,75 | 1,5 | 3,5 | 4,75 | 4,75 | 5,25 | 1,75 | 2 | 5,5 | 5,5 |
| 2,25 | 2,25 | 3,5 | 4,75 | 4,75 | 5,25 | 2 | 2,25 | 5,5 | 5,5 |
| 4,25 | 4 | 3,75 | 3,25 | 4,75 | 5,25 | 2 | 2,25 | 5,5 | 5,5 |
| 4,25 | 5 | 3,5 | 2 | 4,75 | 5,25 | 2 | 2,25 | 5,5 | 5,5 |
| 3,25 | 6 | 2,75 | 2 | 4,75 | 5,25 | 2 | 2,25 | 5,5 | 5,5 |
| 1 | 4 | 2 | 1,25 | 5,5 | 5 | 2 | 2,25 | 7 | 7 |
| 1 | 4 | 2 | 2,5 | 5,5 | 5 | 2 | 2,25 | 7 | 7 |
| 1 | 4 | 3,75 | 4,5 | 3,75 | 4 | 2 | 2,25 | 7 | 7 |
| 1,25 | 4 | 2,5 | 2,75 | 5,25 | 2,5 | 4 | 3 | 7 | 7 |
| 1,25 | 4 | 3 | 3 | 6,75 | 2,5 | 5,5 | 5 | 6,25 | 7 |
| 1,25 | 4 | 2,75 | 2,75 | 5 | 4 | 5,5 | 5 | 4 | 4 |
| 1,25 | 4 | 2,75 | 3 | 4,5 | 4,5 | 5,5 | 5 | 4 | 4 |
| 4,25 | 4,25 | 4,5 | 3 | 2 | 2,75 | 5,5 | 5 | 4 | 4 |
| 2,5 | 5,75 | 4,25 | 3,75 | 4 | 3,75 | 5,5 | 5 | 4 | 4 |
| 1 | 6,25 | 2 | 3,5 | 4,25 | 4,25 | 5,5 | 5 | 4 | 4 |
| 1 | 6 | 3,5 | 3,5 | 5 | 3,75 | 3,5 | 4,25 | 4,5 | 4 |
| 1 | 6 | 3,25 | 3 | 5 | 3,25 | 4,75 | 5 | 4,75 | 3,5 |
| 1 | 6 | 3,75 | 3,75 | 5 | 3,25 | 4 | 4 | 7 | 7 |
| 1 | 6 | 5,5 | 3,5 | 5 | 3,25 | 3,75 | 3,25 | 7 | 7 |
| 1 | 6 | 3,75 | 4 | 5 | 3,25 | 3,5 | 4,5 | 7 | 7 |
| 1 | 6 | 4,25 | 4 | 5 | 3,25 | 6 | 5 | 7 | 7 |
| 1 | 6 | 4 | 4 | 5 | 3,25 | 6 | 5 | 6,25 | 7 |
| 2 | 6,5 | 3,5 | 3,75 | 5 | 3,25 | 6 | 5 | 3,5 | 3,25 |
| 1,25 | 4,25 | 4,5 | 4 | 3,75 | 3,75 | 6 | 5 | 2,25 | 4,5 |
| 1,25 | 4,25 | 4,5 | 4 | 3,75 | 3,75 | 6 | 5 | 4 | 4 |
| 1,25 | 4,25 | 3,5 | 4 | 3,75 | 3,75 | 6 | 5 | 4 | 4 |
| 1,25 | 4,25 | 4,75 | 4,75 | 3,75 | 3,75 | 6 | 5 | 2,75 | 4,75 |
| 1 | 3 | 3,5 | 4,5 | 3,75 | 3,75 | 5,25 | 5,75 | 4,25 | 4,5 |
| 1 | 1,75 | 3,5 | 4,5 | 3,75 | 3,75 | 6 | 5,75 | 4,75 | 4,75 |
| 1 | 1,25 | 3,5 | 4,5 | 3,75 | 3,75 | 5 | 5,25 | 4,5 | 3,75 |
| 1,25 | 1,5 | 3,5 | 4,5 | 2,25 | 2,5 | 5 | 5,25 | 4,5 | 4 |
| 1 | 1,25 | 3,5 | 4,5 | 3,25 | 3,25 | 5 | 5,25 | 3,75 | 3,5 |
| 1 | 1,25 | 3,5 | 4,5 | 3,25 | 3,25 | 5 | 5,25 | 4,5 | 4,25 |
| 1 | 1,25 | 3,5 | 4,5 | 3,25 | 3,25 | 5 | 5,25 | 6,25 | 7 |
| 1 | 1,25 | 5 | 4,75 | 3,25 | 3,25 | 5 | 5,25 | 5,75 | 5,5 |
| 1 | 1,25 | 4 | 5,5 | 3,25 | 3,25 | 5 | 5,25 | 5,75 | 5,5 |
| 1 | 1,25 | 3,75 | 5,5 | 3,25 | 3,25 | 5,5 | 5,5 | 5,75 | 5,5 |
| 1 | 1,25 | 3,75 | 5,5 | 3,25 | 3,25 | 5,5 | 5,5 | 6 | 5,5 |
| 1 | 1,25 | 3,75 | 5,5 | 5,5 | 2,75 | 5,5 | 5,5 | 6 | 5,5 |
| 1 | 1,25 | 3,75 | 5,5 | 3,25 | 4 | 5,5 | 5,5 | 5,75 | 6,5 |
| 1 | 1,25 | 3,75 | 5,5 | 3,75 | 2,5 | 5,5 | 5,5 | 5,75 | 6,5 |
| 1 | 1,25 | 3,75 | 5,5 | 3,5 | 3,25 | 5,5 | 5,5 | 6 | 5,25 |
| 1 | 1,25 | 3,75 | 5,5 | 4,5 | 4 | 5,5 | 5,5 | 5 | 5 |
| 1 | 2 | 5 | 6 | 4,5 | 2,75 | 5,75 | 6 | 6,25 | 5,25 |
| 1 | 1,25 | 1,75 | 1,25 | 4,5 | 4 | 6 | 6 | 5 | 5,5 |
| 1 | 1 | 2,5 | 2,5 | 4,5 | 4,5 | 6 | 6 | 5,25 | 6,25 |
| 1 | 1 | 4 | 4 | 2,5 | 3,5 | 6 | 6,5 | 5,25 | 6 |
| 1 | 1 | 4 | 4 | 2,75 | 3,75 | 6 | 6,5 | 5,5 | 5,5 |
| 1 | 1,25 | 4 | 4 | 4,25 | 3,5 | 6 | 6,5 | 2,75 | 4,25 |
| 1 | 1,25 | 4 | 4 | 4,5 | 4,75 | 6 | 6,5 | 2,25 | 3,75 |
| 1 | 1,25 | 4 | 4 | 4,5 | 4,75 | 6 | 6,5 | 3,25 | 3,5 |
| 1 | 1,25 | 4 | 4 | 4,25 | 4,75 | 6 | 6,5 | 4,25 | 3,75 |
| 1 | 3,5 | 4 | 4 | 4,25 | 4,75 | 6 | 6,5 | 4,25 | 3,75 |
| 3,25 | 1,75 | 3,5 | 3,25 | 4,25 | 4,75 | 3,75 | 4 | 4 | 4 |
| 1,25 | 1,5 | 3 | 2,25 | 4,25 | 4,75 | 3 | 3 | 4 | 4 |
| 1,25 | 1,5 | 3 | 2,25 | 4,25 | 4,75 | 4,75 | 2 | 4,5 | 4,5 |
| 1,25 | 1,5 | 3 | 2,25 | 3 | 4 | 7 | 1,5 | 4,5 | 4,5 |
| 1,25 | 1,5 | 3 | 2,5 | 4,75 | 4 | 4 | 4 | 4,5 | 4,5 |
| 1,25 | 1,5 | 3 | 2,5 | 5,75 | 4 | 4,75 | 3,75 | 4,5 | 4,25 |
| 1,25 | 1,5 | 3 | 2,5 | 4,5 | 4 | 4 | 4 | 3,5 | 4 |
| 1,25 | 1,5 | 3 | 2,5 | 4,5 | 5 | 6,25 | 6,25 | 7 | 2,25 |
| 1,25 | 1,25 | 2,25 | 3,5 | 5 | 5 | 5,25 | 5 | 3,75 | 4 |
| 3 | 2,5 | 4,25 | 4,5 | 5 | 4,75 | 5,25 | 5 | 5,75 | 5,5 |
| 2,25 | 1,25 | 3,75 | 3,75 | 4,75 | 4,75 | 5,25 | 5 | 5,75 | 5,5 |
| 3 | 1,25 | 3,75 | 3,75 | 4,75 | 4,25 | 5,25 | 5 | 4,5 | 5,25 |
| 1,75 | 1,75 | 3,75 | 3,75 | 4,5 | 4,5 | 5,25 | 5 | 4,5 | 5,25 |
| 3,25 | 3,25 | 3,75 | 3,75 | 4,5 | 5,25 | 5,25 | 5 | 4,75 | 4 |
| 3,75 | 3,5 | 3,75 | 3,75 | 4,5 | 5,25 | 5,25 | 5 | 3,5 | 3,5 |
| 2 | 3,5 | 3,75 | 3,75 | 4,5 | 5,25 | 3 | 5 | 4,5 | 4,5 |
| 4,25 | 4,5 | 3,75 | 3,75 | 4,5 | 5,25 | 5,5 | 4,75 | 4,5 | 4,5 |
| 4,5 | 4,5 | 3,5 | 2,75 | 4,5 | 5,25 | 5 | 5,75 | | |

**Anhang 2:** Faktorwerte zur Bestimmung der bevorzugten Art der Elektromobilität

# Literaturverzeichnis


Aaker, David A. / Kumar, V. / Leone, Robert / Day, George S. (2004): Marketing research, John Wiley & Sons, Princeton.

Achterberg, Peter / Houtman, Dick / van Bohemen, Samira / Manevska, Katerina (2010): Unknowing but supportive? Predispositions, knowledge, and support for hydrogen technology in the Netherlands, in: International Journal of Hydrogen Energy, 35 Jg., S. 6075–6083.

ADAC (2019): Privilegien für Elektrofahrzeuge in Städten, elektronisch veröffentlicht unter https://www.adac.de/rund-ums-fahrzeug/elektromobilitaet/info/vorteile-elektroauto-stadt abgerufen am 10.09.2020.

ADAC (2019): Test Hyundai Nexo: Elektro-SUV mit Brennstoffzelle, elektronisch veröffentlicht unter https://www.adac.de/rund-ums-fahrzeug/auto katalog/marken-modelle/hyundai/hyundai-nexo/ abgerufen am 08.12.2020.

ADAC (2020): Elektroautos auf der Langstrecke: Wie kann das funktionieren?, elektronisch veröffentlicht unter https://www.adac.de/rund-ums-fahrzeug/tests/elektromobilitaet/schnellladen-langstrecke-ladekurven/ abgerufen am 21.10.2020.

ADAC (2020): Es gurgelt und summt: Testfahrt im neuen Toyota Mirai, elektronisch veröffentlicht unter https://www.adac.de/rund-ums-fahrzeug/auto katalog/marken-modelle/toyota/toyota-mirai/ abgerufen am 08.12.2020.

ADAC (2020): Ladestationen für Elektroautos: Das kostet der Strom, elektronisch veröffentlicht unter https://www.adac.de/rund-ums-fahrzeug/elektr omobilitaet/laden/elektroauto-ladesaeulen-strompreise/ abgerufen am 07.12.2020.

Ajzen, Icek (1991): The Theory of Planned Behavior, in: Organizational Behavior and Human Decision Processes, 50 Jg., S. 179–211.

Ajzen, Icek (2014): The Theory of Planned Behaviour is Alive and Well, and not Ready to Retire: A Commentary on Sniehotta, Presseau, and Araújo-Soares, in: Health Psychology Review, S. 1–7.

Ajzen, Icek / Fishbein, Martin (1975): Belief, Attitude, Intention and Behavior: An Introduction to Theory and Research, Addison-Wesley, Reading (Massachusetts).

Ajzen, Icek / Fishbein, Martin (1980): Understanding Attitudes and Predicting Social Behavior, Englewood Cliffs, Prentice-Hall.

Alomary, A. / Woollard, J. (2015): How is Technology Accepted by Users? A Review of Technology Acceptance Models and Theories, in: Proceedings of The IRES 17th International Conference, S. 1–4.

Aral Aktiengesellschaft (2019): Trends beim Autokauf 2019, Bochum.

Arnold, Hansjörg / Kuhnert, Felix / Kurtz, Ralf / Bauer, Wilhelm (2010): Elektromobilität – Herausforderungen für Industrie und öffentliche Hand, in: Fraunhofer IAO, PWC, S. 1–90.

Atinc, Guclu / Simmering, Marcia J. / Kroll, Mark J. (2011): Control Variable Use and Reporting in Macro and Micro Management Research, in: Organizational Research Methods, 15 Jg., Nr. 1, S. 57–74.

Augenstein, Karoline (2015): Analysing the potential for sustainable e-mobility – The case of Germany, in: Environmental Innovation and Societal Transitions, 14 Jg., S. 101–115.

Bagozzi, Richard P. / Baumgartner, Hans (1994): The Evaluation of Structural Equation Models and Hypothesis Testing, in: Bagozzi, Richard P. (Hrsg.): Principles of Marketing Research, Blackwell Business, Campridge (Massachusetts), S. 74–94.

Bandyopadhyay, Kakoli / Fraccastoro, Katherine A. (2007): The Effect of Culture on User Acceptance of Information Technology, in: Communications of the Association for Information Systems, 19 Jg., S. 522–543.

Barclay, Donald / Higgins, Christopher / Thompson, Ronald (1995): The Partial Least Squares (PLS) Approach to Causal Modeling: Personal Computer Use as an Illustration, in: Technology Studies, 2 Jg., Nr. 2, S. 285–309.

Barth, Markus / Jugert, Philipp / Fritsche, Immo (2016): Still underdetected – Social norms and collective efficacy predict the acceptance of electric vehicles in Germany, in: Transportation Research Part F: Traffic Psychology and Behaviour, 37 Jg., S. 64–77.

Bauer, R. A. (1960): Consumer behavior as risk taking, in: Hancock, Robert Spencer (Hrsg.): Dynamic marketing for a changing world. Proceedings of the 43rd National Conference of the American Marketing Associations, Chicago, S. 389–398.

Baum, Herbert / Dobberstein, Jan / Schuler, Bastian (2011): Nutzen-Kosten-Analyse der Elektromobilität, Institut für Verkehrswissenschaften an der Universität zu Köln, Köln.

Baumgartner, Hans / Homburg, Christian (1996): Applications of structural equation modeling in marketing and consumer research: A review, in: International Journal of Research in Marketing, 13 (2) Jg., S. 139–161.

Bertram, Mathias / Bongard, Stefan (2014): Elektromobilität im motorisierten Individualverkehr – Grundlagen, Einflussfaktoren und Wirtschaftlichkeitsvergleich, Springer, Wiesbaden.

Biere, David / Dallinger, David / Wietschel, Martin (2009): Ökonomische Analyse der Erstnutzer von Elektrofahrzeugen, in: Zeitschrift für Energiewirtschaft, 2 Jg., S. 173–181.

Biresselioglu, Mehmet Efe / Demirbag Kaplan, Melike / Yilmaz, Barbara Katharina (2018): Electric mobility in Europe: A comprehensive review of motivators and barriers in decision making processes, in: Transportation Research Part A: Policy and Practice, 109 Jg., S. 1–13.

Bobeth, Sebastian / Kastner, Ingo (2020): Buying an electric car: A rational choice or a norm-directed behavior?, in: Transportation Research Part F, 73 Jg., S. 236–258.

Bobeth, Sebastian / Matthies, Ellen (2016): Elektroautos: Top in Norwegen, Flop in Deutschland? Empfehlungen aus Sicht der Umweltpsychologie, in: GAIA – Ecological Perspectives for Science and Society, 25 Jg., Nr. 1, S. 38–48.

Bongard, Stefan (2015): ECAR2-Studie zur Akzeptanz der Elektromobilität, Technische Akademie Ostfildern (TAE) und Mobility 2.0 (Tagungsband zum 4. Symposium Elektromobilität), Speyer.

Bortz, Jürgen / Lienert, Gustav A / Boehnke, Klaus (2008): Verteilungsfreie Methoden in der Biostatistik, 3 Aufl., Springer Verlag, Heidelberg.

Bradley, J. (2009): The Technology Acceptance Model and Other User Acceptance Theories, in: Dwivedi, Yogesh K., et al. (Hrsg.): Handbook of Research on Contemporary Theoretical Models in Information Systems, Information Science Reference, Hershey, S. 277–294.

Bühler, Franziska / Cocron, Peter / Neumann, Isabel / Franke, Thomas / Krems, J. F. (2014): Is EV experience related to EV acceptance? Results from a German field study, in: Transportation Research Part F, 25 Jg., S. 34–49.

Bundesamt für Wirtschaft und Ausfuhrkontrolle (2020): Elektromobilität, elektronisch veröffentlicht unter https://www.bafa.de/DE/Energie/Energieeffizienz/Elektromobilitaet/Neuen_Antrag_stellen/neuen_antrag_stellen.html abgerufen am 21.10.2020.

Bundesamt für Wirtschaft und Ausfuhrkontrolle (2021): Elektromobilität (Umweltbonus), Bundesamt für Wirtschaft und Ausfuhrkontrolle, Eschborn.

Bundesministerium für Bildung und Forschung (2020): Nationale Wasserstoffstrategie, elektronisch veröffentlicht unter https://www.bmbf.de/de/nationale-wasserstoffstrategie-9916.html abgerufen am 08.10.2020.

Bundesministerium für Umwelt, Naturschutz und nukleare Sicherheit (2019): Umweltbewusstsein in Deutschland 2018, Dessau-Roßlau.

Bundesministerium für Umwelt, Naturschutz und nukleare Sicherheit (2020): Elektroautos sind so sauber wie der Strom mit dem sie fahren, elektronisch veröffentlicht unter https://www.bmu.de/themen/luft-laerm-verkehr/verkehr/elektromobilitaet/klima-und-energie/ abgerufen am 03.04.2021.

Bundesministerium für Umwelt, Naturschutz und nukleare Sicherheit (2020): Förderung der Elektromobilität, elektronisch veröffentlicht unter https://www.bmu.de/themen/luft-laerm-verkehr/verkehr/elektromobilitaet/bmu-foerderprogramm/massnahmenpaket-der-bundesregierung/ abgerufen am 05.01.2021.

Bundesministerium für Umwelt, Naturschutz und nukleare Sicherheit (2020): Förderung der Elektromobilität durch die Bundesregierung, elektronisch veröffentlicht unter https://www.bmu.de/themen/luft-laerm-verkehr/verkehr/elektromobilitaet/bmu-foerderprogramm/massnahmenpaket-der-bundesregierung abgerufen am 13.10.2020.

Bundesministerium für Verkehr und digitale Infrastruktur (2020): Förderungen von Wasserstofftankstellen, elektronisch veröffentlicht unter https://www.bmvi.de/SharedDocs/DE/Artikel/G/foerderung-wasserstoff-tankstellen.html abgerufen am 10.10.2020.

Bundesministerium für Wirtschaft und Energie (2020): Die nationale Wasserstoffstrategie, Berlin.

Carmines, Edward G. / Zeller, Richard (1979): Reliability and validity assessment, Sage Publications, Beverly Hills.

Chang, Su-Chao / Tung, Feng-Cheng (2008): An empirical investigation of students' behavioural intentions to use the online learning course websites, in: British Journal of Educational Technology, 39 Jg., S. 71–83.

Chargemap (2021): Statistiken – Deutschland, elektronisch veröffentlicht unter https://de.chargemap.com/about/stats/deutschland abgerufen am 08.04.2021.

Cheng, Julian Ming-Sung / Sheen, Gwo-Ji / Lou, Guan-Cheng (2006): Consumer acceptance of the internet as a channel of distribution in Taiwan—a channel function perspective, in: Technovation, 26 Jg., Nr. 7, S. 856–864.

Chin, Wynne W. (1998): The Partial Least Squares Approach to Structural Equation Modeling, in: Marcoulides, George A. (Hrsg.): Modern Methods for Business Research, Lawrence Erlbaum Associates, London, S. 295–336.

Chin, Wynne W. (2010): How to write up and report PLS analyses, Springer, Heidelberg.

Cohen, Jacob (1988): Statistical power analysis for the behavioral sciences, 2 Aufl., Erlbaum, Hillsdale.

COHEN, JACOB (1992): A power primer, in: Psychological Bulletin, 112 Jg., S. 155–159.

COMPEAU, D. R. / HIGGINS, C. A. (1995): Application of social cognitive theory to training for computer skills, in: Information Systems Research, 6 Jg., S. 118–143.

CRONBACH, LEE J. (1951): Coefficient Alpha and the Internal Structure of Tests, in: Psychometrika, 16 (3) Jg., S. 197–334.

CUNNINGHAM, S. M. (1967): The major dimensions of perceived risk, in: COX, DONALD F. (Hrsg.): Risk Taking and Information Handling in Consumer Behavior, Harvard University Press, Boston, S. 82–108.

Daimler (2019): 25 Jahre NECAR 1, elektronisch veröffentlicht unter https://media.daimler.com/marsMediaSite/de/instance/ko/25-Jahre-NECAR-1-Der-Brennstoffzellen-Elektroantrieb-feiert-Geburtstag.xhtml?oid=43097958 abgerufen am 17.09.2020.

DATTÉE, BRICE / WEIL, HENRY BIRDSEYE (2007): Dynamics of social factors in technological substitutions, in: Technological Forecasting and Social Change, 74 Jg., S. 579–607.

DAVIS, F. D. (1986): A Technology Acceptance Model for Empirically Testing New End-User Information Systems: Theory and Result, Sloan School of Management, M.I.T., Cambridge.

DAVIS, F. D. (1989): Perceived Usefulness, Perceived Ease of Use, and User Acceptance of Information Technology, in: MIS Quarterly, 13 Jg., S. 319 – 340.

DAVIS, FRED D. / BAGOZZI, RICHARD P. / WARSHAW, PAUL R. (1989): User Acceptance of Computer Technology: A Comparison of Two Theoretical Models, in: Management Science, 35 Jg., Nr. 8, S. 982–1003.

DAVIS, FRED. D. / BAGOZZI, RICHARD P. / WARSHAW, PAUL R. (1992): Extrinsic and Intrinsic Motivation to Use Computers in the Workplace, in: Journal of Applied Social Psychology, 22 Jg., Nr. 14, S. 1111–1132.

DEGIRMENCI, KENAN / BREITNER, MICHAEL H. (2017): Consumer purchase intentions for electric vehicles: Is green more important than price and range?, in: Transportation Research Part D, 51 Jg., S. 250–260.

DIAMANTOPOULOS, ADAMANTIOS / SARSTEDT, MARKO / FUCHS, CHRISTOPH / WILCZYNSKI, PETRA / KAISER, SEBASTIAN (2012): Guidelines for choosing between multi-item and single-item scales for construct measurement: a predictive validity perspective, in: Journal of the Academy of Marketing Science, 40 Jg., S. 434–449.

DIAMANTOPOULOS, ADAMANTIOS / SIGUAW, JUDY A. (2006): Formative Versus Reflective Indicators in Organizational Measure Development: A Comparison and Empirical Illustration, in: British Journal of Management, 17 Jg., Nr. 17, S. 263–282.

Die Bundesregierung (2019): Wasserstoff und Energiewende, in: Kurzpapier der Bundesregierung, S. 1–4.

Die Bundesregierung (2020): Klimaschutz – Verkehr, elektronisch veröffentlicht unter https://www.bundesregierung.de/breg-de/themen/klimaschutz/verkehr-1672896 abgerufen am 10.10.2020.

Diekmann, Andreas / Preisendörfer, Peter (2001): Umweltsoziologie, Rowohlt, Reinbek.

Dijk, Marc / Orsato, Renato J. / Kemp, René (2013): The emergence of an electric mobility trajectory, in: Energy Policy, 52 Jg., S. 135–145.

Dillon, Andrew / Morris, Michael G. (1996): User Acceptance of Information Technology: Theories and Models, in: Annual Review of Information Science and Technology, 31 Jg., S. 3–32.

Döring, Thomas / Aigner-Walder, Birgit (2017): Verkehrs-, umwelt- und raumbezogene Aspekte der Elektromobilität aus der Sicht des Nutzerverhaltens, in: Raumforschung und Raumordnung, 75 Jg., Nr. 4, S. 339–353.

Duddenhöffer, Kathrin (2013): Akzeptanz von Elektroautos in Deutschland und China, Mercator School of Management, Duisburg.

Dulloo, Rinku / Mokashi, Jyotti / Puri, M. M. (2015): Exploring Technology Acceptance and Models – A Comparative Analysis, in: MIT-SOM PGRC KJIMRP First International Conference (Special Issue), S. 308–317.

engadget (2008): Two years of battle between HD DVD and Blu-ray: a retrospective, elektronisch veröffentlicht unter https://www.engadget.com/2008-02-20-two-years-of-battle-between-hd-dvd-and-blu-ray-a-retrospective.html?guccounter=1 abgerufen am 15.10.2020.

Ernst, Christian-Simon / Hackbarth, André / Madlener, Reinhard / Lunz, Benedikt / Uwe Sauer, Dirk / Eckstein, Lutz (2011): Battery sizing for serial plug-in hybrid electric vehicles: A model-based economic analysis for Germany, in: Energy Policy, 39 Jg., Nr. 10, S. 5871–5882.

Fazel, Ludwig (2013): Akzeptanz von Elektromobilität – Entwicklung und Validierung eines Modells unter Berücksichtigung der Nutzungsform des Carsharing, Springer Gabler, Wiesbaden.

Fett, Daniel / Ensslen, Axel / Jochem, Patrick / Fichtner, Wolf (2018): A Survey on User Acceptance of Wireless Electric Vehicle Charging, in: World Electric Vehicle Journal, 9 Jg., Nr. 3, S. 1–12.

Fisher, Robert J. / Price, Linda L. (1992): An Investigation into the Social Context of Early Adoption Behavior, in: Journal of Consumer Research, 19 Jg., Nr. 3, S. 477–486.

Förderberatung des Bundes (2020): Elektromobilität, elektronisch veröffentlicht unter https://www.foerderinfo.bund.de/de/elektromobilitaet-190.php abgerufen am 28.09.2020.

FORNELL, CLAES / LARCKER, DAVID F. (1981): Evaluating Structural Equation Models with Unobservable Variables and Measurement Error, in: Journal of Marketing Research, 18 (1) Jg., S. 39–50.

FRANKE, GEORGE / SARSTEDT, MARKO (2019): Heuristics versus statistics in discriminant validity testing: a comparison of four procedures, in: Internet Research, 29 (3) Jg., S. 430–447.

FRANKE, THOMAS / BÜHLER, FRANZISKA / COCRON, PETER / NEUMANN, ISABEL / KREMS, JOSEF F. (2012): Enhancing sustainability of electric vehicles: A field study approach to understanding user acceptance and behavior, in: SULLMAN, MARK / DORN, LISA (Hrsg.): Advances in traffic psychology, Ashgate, Farnham, S. 1–19.

FRANKE, THOMAS / KREMS, JOSEF F. (2013): What drives range preferences in electric vehicle users?, in: Transport Policy, 30 Jg., S. 56–62.

FRANKE, THOMAS / NEUMANN, ISABEL / BÜHLER, FRANZISKA / COCRON, PETER / KREMS, J. F. (2012): Experiencing Range in an Electric Vehicle: Understanding Psychological Barriers, in: Applied Psychology: An International Review, 31 Jg., Nr. 3, S. 368–391.

FRENZEL, INA / JARASS, JULIA / TROMMER, STEFAN / BARBARA, LENZ (2015): Erstnutzer von Elektrofahrzeugen in Deutschland. Nutzerprofile, Anschaffung, Fahrzeugnutzung, Deutsches Zentrum für Luft- und Raumfahrt e.V. (DLR), Berlin.

FUCHS, CHRISTOPH / DIAMANTOPOULOS, ADAMANTIOS (2009): Using single-item measures for construct measurement in management research: Conceptual issues and application guidelines, in: Die Betriebswirtschaft, 69 Jg., S. 197–212.

GEBAUER, FABIAN / VILIMEK, ROMAN / KEINATH, ANDREAS / CARBON, CLAUS-CHRISTIAN (2016): Changing attitudes towards e-mobility by actively elaborating fast-charging technology, in: Technological Forecasting and Social Change, 106 Jg., S. 31–36.

GEFEN, DAVIS / STRAUB, DETMAR W. / BOUDREAU, MARIE-CLAUDE (2000): Structural Equation Modeling and Regression: Guidelines for Research Practice, in: Communications of the Association for Information Systems, 4 (1) Jg., S. 1–77.

GEISSER, SEYMOUR (1974): A predictive approach to the random effect model, in: Biometrika, 61 Jg., S. 101–107.

GLOBISCH, JOACHIM / DÜTSCHKE, ELISABETH / SCHLEICH, JOACHIM (2018): Acceptance of electric passenger cars in commercial fleets, in: Transportation Research Part A: Policy and Practice, 116 Jg., S. 122–129.

GOLDENBERG, JACOB / LIBAI, BARAK / MULLER, EITAN (2010): The chilling effects of network externalities, in: International Journal of Research in Marketing, 27 Jg., S. 4–15.

GÖTZ, OLIVER / LIEHR-GOBBERS, KERSTIN / KRAFFT, MANFRED (2010): Evaluation of Structural Equation Models Using the Partial Least Squares (PLS) Approach, in: VINZI, VINCENZO ESPOSITO (Hrsg.): Handbook of Partial Least Squares, Springer, Berlin, S. 691–711.

GRAHAM-ROWE, ELLA / GARDNER, BENJAMIN / ABRAHAM, CHARLES / SKIPPON, STEPHEN / DITTMAR, HELGA / HUTCHINS, REBECCA / STANNARD, JENNY (2012): Mainstream consumers driving plug-in battery-electric and plug-in hybrid electric cars: A qualitative analysis of responses and evaluations, in: Transportation Research Part A, 46 Jg., S. 140–153.

GULDE, DIRK 2019: Wasserstoff-X5 kommt in drei Jahren, in: Auto, Motor und Sport – online unter https://www.auto-motor-und-sport.de/tech-zukunft/alternative-antriebe/bmw-x5-i-hydrogen-next-wasserstoff/ abgerufen am 15.11.2020.

HAIR, JOSEPH F. (2006): Mutlivariate data analysis, 6 Aufl., Prentice Hall, Upper Saddle Hall.

HAIR, JOSEPH F. / BLACK, WILLIAM C. / BABIN, BARRY J. / ANDERSON, ROLPH E. (2014): Multivariate Data Analysis, Pearson Education Limited, Essex.

HAIR, JOSEPH F. / HULT, THOMAS M. / RINGLE, CHRISTIAN M. / SARSTEDT, MARKO / RICHTER, NICOLE F. / HAUFF, SVEN (2017): Partial Least Squares Strukturgleichungsmodellierung (PLS-SEM) – Eine anwendungsorientierte Einführung, Verlag Franz Vahlen, München.

HAIR, JOSEPH F. / RINGLE, CHRISTIAN M. (2011): PLS-SEM: Indeed a Silver Bullet, in: Journal of Marketing Theory and Practice, 19 (2) Jg., S. 139–151.

HAIR, JOSEPH F. / SARSTEDT, MARKO / RINGLE, CHRISTIAN M. (2019): Rethinking some of the rethinking of partial least squares, in: European Journal of Marketing, 53 Jg., Nr. 4, S. 566–584.

HAIR, JOSEPH F. / SARSTEDT, MARKO / RINGLE, CHRISTIAN M. / MENA, JEANETTE A. (2012): An assessment of the use of partial least squares structural equation modeling in marketing research, in: Journal of the Academy of Marketing Science, 40 Jg., S. 414–433.

HENSELER, JÖRG (2005): Einführung in die PLS-Pfadmodellierung, in: Wirtschaftswis- senschaftliches Studium (WiSt), Nr. 34 (2), S. 70–75.

Henseler, Jörg / Chin, Wynne W. (2010): A Comparison of Approaches for the Analysis of Interaction Effects Between Latent Variables Using Partial Least Squares Path Modeling, in: Structural Equation Modeling A Multidisciplinary Journal, S. 82–109.

Henseler, Jörg / Ringle, Christian M. / Sarstedt, Marko (2015): A new criterion for assessing discriminant validity in variance-based structural equation modeling, in: Journal of the Academy of Marketing Science, 43 Jg., S. 115–135.

Henseler, Jörg / Ringle, Christian M. / Sinkovics, Rudolf R. (2009): The use of partial least squares path modeling in international marketing, in: Advances in Internaltional Marketing, 20 Jg., S. 277–319.

Herrenkind, Bernd / Brendel, Alfred Benedikt / Nastjuk, Ilja / Greve, Maike / Kolbe, Lutz M. (2019): Investigating end-user acceptance of autonomous electric buses to accelerate diffusion, in: Transportation Research Part D: Transport and Environment, 74 Jg., S. 255–276.

Herrmann, Andreas / Huber, Frank / Kressmann, Frank (2006): Varianz- und kovarianz- basierte Strukturgleichungsmodelle – Ein Leitfaden zu deren Spezifikation, Schätzung und Beurteilung, in: Zeitschrift für betriebwirtschaftliche Forschung, 58 Jg., S. 34–66.

Heymann, Eric / Koppel, Oliver / Puls, Thomas (2011): Elektromobilität – Sinkende Kosten sind condition sine qua non, Frankfurt am Main.

Hidrue, Michael K. / Parsons, George R. / Kempton, Willett / Gardner, Meryl P. (2011): Willingness to pay for electric vehicles and their attributes, in: Resource and Energy Economics, 33 Jg., S. 686–704.

Hilkenmeister, Frederic / van Treeck, Joost (2007): Determinanten des Verhaltens – Verhaltensprädikation durch eine Weiterentwicklung der Theory of Planned Behavior, in: Hamburger Forschungsberichte zur Sozialpsychologie, 74 Jg., S. 1–30.

Homburg, Christian (2017): Marketingmanagement: Strategie – Instrumente – Umsetzung – Unternehmensführung, 6 Aufl., Gabler, Wiesbaden.

Homburg, Christian / Giering, Annette (1996): Konzeptualisierung und Operationalisierung komplexer Konstrukte: Ein Leitfaden für die Marketingforschung, in: Marketing ZFP, 18 Jg., S. 5–24.

Homburg, Christian / Giering, Annette (1998): Konzeptualisierung und Operationalisierung komplexer Konstrukte – Ein Leitfaden für die Marketingforschung, in: Hildebrandt, Lutz (Hrsg.): Die Kausalanalyse – Ein Instrument der empirischen betriebswirtschaftlichen Forschung, Schäffer-Poeschel, Stuttgart, S. 111–146.

Hopwood, Christopher J. (2007): Moderation and Mediation in Structural Equation Modeling: Applications for Early Intervention Research, in: Journal of Early Intervention, 29 Jg., Nr. 3, S. 262–272.

Hornbæk, Kasper / Hertzum, Morten (2017): Technology Acceptance and User Experience: A Review of the Experiential Component in HCI, in: ACM Transactions on Computer-Human Interaction, 24 Jg., S. 33:1–33:30.

Hose, Christian / Lübke, Karsten / Nolte, Thomas / Obermeier, Thomas (2015): Einführung von Elektromobilität in Deutschland – Eine Bestandsaufnahme von Barrieren und Lösungsansätzen, in: Arbeitspapiere der FOM, 53 Jg., S. 1–46.

Huang, Xiangqian / Ge, Jianping (2019): Electric vehicle development in Beijing: An analysis of consumer purchase intention, in: Journal of Cleaner Production, 216 Jg., S. 361–372.

Huang, Xiangqian / Lin, Yun / Lim, Ming K. / Tseng, Ming-Lang / Zhou, Fuli (2021): The influence of knowledge management on adoption intention of electric vehicles: perspective on technological knowledge, in: Industrial Management & Data Systems, 121 Jg., S. 1481–1495.

Huber, Frank / Herrmann, Andreas / Meyer, Frederik / Vogel, Johannes / Vollhardt, Kai (2007): Kausalmodellierung mit Partial Least Squares – Eine anwendungsorientierte Einführung, Gabler, Wiesbaden.

Huijts, Nicole M. A. / Molin, Eric J. E. / Steg, Linda (2012): Psychological factors influencing sustainable energy technology acceptance: A review-based comprehensive framework, in: Renewable and Sustainabe Energy Reviews, 16 Jg., Nr. 1, S. 525–531.

Hulland, John (1999): Use of partial least squares (PLS) in strategic management research: a review of four recent studies, in: Strategic Management Journal, 20 (2) Jg., S. 195–204.

Hung, Shin-Yuan / Ku, Cheng-Yuan / Chang, Chia-Ming (2003): Critical factors of WAP services adoption: An empirical study, in: Electronic Commerce Research and Applications, 2 Jg., S. 42–60.

(2014): Hyundai ix35 Fuel Cell, elektronisch veröffentlicht unter https://www.hyundainews.com/en-us/releases/1624 abgerufen am 18.09.2020.

Jansson, Johan (2011): Consumer Eco-Innovation Adoption: Assessing Attitudinal Factors and Perceived Product Characteristics, in: Business Strategy and the Environment, 20 Jg., S. 192–210.

Jarass, Julia / Frenzel, Ina / Trommer, Stefan (2014): Die Early Adopter der Elektromobilität in Deutschland – wer sie sind und wie sie fahren, in: Internationales Verkehrswesen, 2 Jg., S. 70–72.

Jensen, Anders Fjendbo / Cherchi, Elisabetta / Mabit, Stefan Lindhard (2013): On the stability of preferences and attitudes before and after experiencing an electric vehicle, in: Transportation Research Part D, 25 Jg., S. 24–32.

KAHN, MATTHEW E. (2006): Do greens drive Hummers or hybrids? Environmental ideology as a determinant of consumer choice, in: Journal of Environmental Economics and Management, 54 Jg., Nr. 2, S. 129–145.

KAMAKURA, WAGNER A. (2015): Measure twice and cut once: the carpenter's rule still applies, in: Marketing Letters, 26 Jg., S. 237–243.

KARAHANNA, ELENA / STRAUB, DETMAR W. / CHERVANY, NORMAN L. (1999): Information Technology Adoption Across Time: A Cross- Sectional Comparison of Pre-Adoption and Post-Adoption Beliefs, in: Management Information Systems Quarterly, 23 Jg., Nr. 2, S. 183–213.

KARLE, ANTON (2017): Elektromobilität – Grundlagen und Praxis, Carl Hanser Verlag, München.

KHAZAEI, HAMED / KHAZAEI, ALI (2016): Electric Vehicles and Factors That Influencing Their Adoption Moderating Effects of Driving Experience and Voluntariness of Use (Conceptual Framework), in: IOSR Journal of Business and Management, 18 Jg., Nr. 12, S. 60–65.

KING, WILLIAM R. / HE, JUN (2006): A meta-analysis of the technology acceptance model, in: Information & Management, 43 Jg., S. 740–755.

KÖNIGSTORFER, JÖRG (2008): Akzeptanz von technologischen Innovationen, Gabler Edition Wissenschaft, Wiesbaden.

KRAFFT, MANFRED / GÖTZ, OLIVER / LIEHR-GOBBERS, KERSTIN (2005): Die Validierung von Strukturgleichungsmodellen mit Hilfe des Partial-Least-Squares (PLS)- Ansatzes, in: BLIEMEL, FRIEDHELM, et al. (Hrsg.): Handbuch PLS-Pfadmodellierung: Methoden, Anwendung, Praxisbeispiele., Schäffer-Poeschel, Stuttgart, S. 71–86.

Kraftfahrtbundesamt (2021): Bestandsbarometer, elektronisch veröffentlicht unter https://www.kba.de/DE/Statistik/Fahrzeuge/Bestand/Jahresbilanz/fz_b_jahresbilanz_archiv/2021/2021_b_barometer.html abgerufen am 05.02.2021.

Kraftfahrtbundesamt (2021): Jahresbilanz, elektronisch veröffentlicht unter https://www.kba.de/DE/Statistik/Fahrzeuge/Bestand/Jahresbilanz/b_jahresbilanz_inhalt.html;jsessionid=4672826FA58CB471A269A117056FDA45.live21321?nn=2598042 abgerufen am 21.02.2021.

Kraftfahrtbundesamt (2021): Neuzulassungsbarometer, elektronisch veröffentlicht unter https://www.kba.de/DE/Statistik/Fahrzeuge/Neuzulassungen/MonatlicheNeuzulassungen/fz_n_MonatlicheNeuzulassungen_archiv/2021/202105_GImonatlich/202105%20nzbarometer/202105_n_barometer.html?nn=2601598 abgerufen am 05.05.2021.

Krapf, Hanna / Wehlau, Diana (2009): Klimawandel, Preisentwicklung und Konsum – Konsumenten zwischen steigendem Umweltbewusstsein und sinkenden ökonomischen Handlungsspielräumen, in: Forschungszentrum Nachhaltigkeit Universität Bremen, S. 1–29.

Ku, Cheng-Hsin 2009: Extending The Technology Acceptance Model Using Perceived User Resources In Higher Education Web-based Online Learning Courses, Educational Research, Technology, and Leadership, University of Central Florida.

Kuo, Ying-Feng / Yen, Shieh-Neng (2009): Towards an understanding of the behavioral intention to use 3G mobile value-added services, in: Computers in Human Behavior, 25 Jg., S. 103–110.

Kwon, O. / Choi, K. / Kim, M. (2007): User acceptance of context-aware services: self-efficacy, user innovativeness and perceived sensitivity on contextual pressure, in: Behaviour & Information Technology, 26 Jg., Nr. 6, S. 483–498.

Lai, Chung-Min / Huang, Hsiu-Mei / Liaw, Shu-Sheng / Huang, Wen-Wen (2009): A Study of user's acceptance in three-dimensional virtual reality applied in medical education, in: Bulletin of Educational Psychology, 40 Jg., Nr. 3, S. 341–362.

Lai, P. C. (2017): The Literature Review of Technology Adoption Models and Theories for the Novelty Technology, in: Journal of Information Systems and Technology Management, 14 Jg., Nr. 1, S. 21–38.

Lai, P. C. / Zainal, A. A. (2015): Perceived Risk As An Extension To TAM Model: Consumers' Intention To Use A Single Platform E-Payment, in: Australian Journal of Basic and Applied Sciences, 9 Jg., S. 323–331.

Landau, Ralph / Rosenberg, Nathan (1986): The Positive Sum Strategy: Harnessing Technology for Economic Growth, National Academy Press, Washington D.C..

Lee, Ya-Ching (2008): The role of perceived resources in online learning adoption, in: Computers & Education, 50 Jg., Nr. 4, S. 423–438.

LichtBlick (2020): Ladesäulencheck 2020, elektronisch veröffentlicht unter https://www.lichtblick.de/presse/ladesaeulencheck-2020-strom-tanken-bleibt-ein-abenteuer/ abgerufen am 09.03.2021.

Lohmöller, Jan-Bernd (1989): Latent Variable Path Modeling with Partial Least Squares, Physica, Heidelberg.

Lu, Hsi-Peng / Hsu, Chin-Lung / Hsu, Hsiu-Ying (2005): An empirical study of the effect of perceived risk upon intention to use online applications, in: Information Management & Computer Security, 13 Jg., Nr. 2, S. 106–120.

LU, JUNE / YU, CHUN-SHENG / LIU, CHANG (2006): Gender and Age Differences in Individual Decisions about Wireless Mobile Data Services: A Report from China, in: Sprouts: Working Papers on Informations Systems, 34 Jg., Nr. 6, S. 117–126.

LUARN, PIN / LIN, HSIN-HUI (2005): Toward an understanding of the behavioral intention to use mobile banking, in: Computers in Human Behavior, 21 Jg., Nr. 6, S. 873–891.

MAHAJAN, VIJAY / MULLER, EITAN / BASS, FRANK M. (1990): New Product Diffusion Models in Marketing: A Review and Directions for Research, in: Journal of Marketing 54 Jg., S. 1–26.

MARCOULIDES, GEORGE A. / CHIN, WYNNE W. (2013): You Write, but Others Read: Common Methodological Misunderstandings in PLS and Related Methods, in: ABDI, HERVE, et al. (Hrsg.): New Perspectives in Partial Least Squares and Related Methods, Springer, New York, S. 31–64.

MATHIESON, KIERAN (1991): Predicting User Intentions: Comparing the Technology Acceptance Model with the Theory of Planned Behavior, in: Informations Systems Research, 2 Jg., Nr. 3, S. 173–191.

MCDANIEL, CARL JR. / GATES, ROGER (2016): Marketing Research Essentials, 9 Aufl., Wiley, Hoboken.

MCFARLAND, DANIEL J. / HAMILTON, DIANE (2006): Adding contextual specificity to the technology acceptance model, in: Computers in Human Behavior, 22 Jg., S. 427–447.

MOORE, GARY C. / BENBASAT, IZAK (1991): Development of an Instrument to Measure the Perceptions of Adopting an Information Technology Innovations, in: Informations Systems Research, Nr. 2 (3), S. 192–222.

MÜLLER, JULIAN M. (2019): Comparing Technology Acceptance for Autonomous Vehicles, Battery Electric Vehicles, and Car Sharing—A Study across Europe, China, and North America, in: Sustainability, 11 Jg., Nr. 16, S. 1–17.

NITZL, CHRISTIAN / SCHLODERER, MATTHIAS (2011): Die Prüfung von Interaktionseffekten in Partial Least Squares(PLS)-Modellen, in: Wirtschaftswissenschaftliches Studium (WiSt), 8 Jg., S. 432–437.

NYSVEEN, HERBJØRN / PEDERSEN, PER E. / THORBJØRNSEN, HELGE (2005): Explaining intention to use mobile chat services: moderating effects of gender, in: Journal of Consumer Marketing, 22 Jg., S. 247–256.

OTURAKCI, MURAT / YUREGIR, OYA H. (2018): New approach to Rogers' innovation characteristics and comparative implementation study, in: Journal of Engineering and Technology Management, 47 Jg., S. 53–57.

OZAKI, RITSUKO / DODGSON, MARK (2010): Adopting and consuming innovations, in: Prometheus, 28 Jg., Nr. 4, S. 311–326.

Parasuraman, A. (2000): Technology Readiness Index (Tri) – A Multiple-Item Scale to Measure Readiness to Embrace New Technologies, in: Journal of Service Reasearch, 2 Jg., Nr. 4, S. 307–320.

Paternoga, Stefan / Pieper, Nadine / Woisetschläger, David M. / Beuscher, Gerald / Wachalski, Thiemo (2013): Akzeptanz von Elektrofahrzeugen – Aussichtsloses Unterfangen oder große Chance?, P3 Group, Wolfsburg.

Peters, Anja / Dütschke, Elisabeth (2010): Zur Nutzerakzeptanz von Elektromobilität: Analyse aus Expertensicht, Frauenhofer ISI, Karlsruhe.

Peters, Anja / Hoffmann, Jana (2011): Nutzerakzeptanz von Elektromobilität – Eine empirische Studie zu attraktiven Nutzungsvarianten, Fahrzeugkonzepten und Geschäftsmodellen aus Sicht potenzieller Nutzer, Frauenhofer ISI, Karlsruhe.

Peters, Anja / Popp, Mareike / Agosti, Raphael / Ryf, Bettina (2011): Electric mobility – a survey of different consumer groups in Germany with regard to adoption, in: ECEEE 2011 Summer Study, S. 983–994.

Plötz, Patrick / Gnann, Till / Kühn, André / Wietschel, Martin (2013): Markthochlaufszenarien für Elektrofahrzeuge, Karlsruhe.

Prasad, J. / Agarwal, R. (1998): A Conceptual and Operational Definition of Personal Innovativeness in the Domain of Information Technology, in: Information Systems Research, 9 Jg., Nr. 2, S. 204–215.

Rauh, Nadine / Franke, Thomas / Krems, J. F. (2015): Understanding the Impact of Electric Vehicle Driving Experience on Range Anxiety, in: Human Factors, 57 Jg., Nr. 1, S. 177–187.

Reif, Konrad / Noreikat, Karl E. / Borgeest, Kai (2012): Kraftfahrzeug-Hybridantriebe, Springer Vieweg, Wiesbaden.

Rigdon, Edward E. (2012): Rethinking Partial Least Squares Path Modeling: In Praise of Simple Methods, in: Long Range Planning, Nr. 45, S. 341–358.

Ringle, Christian M. / Boysen, Nils / Wende, Sven / Will, Alexander (2006): Messung von Kausalmodellen mit dem Partial-Least-Squares-Verfahren, in: Das Wirtschaftsstudium (WISU), 35 (1) Jg., S. 81–88.

Ringle, Christian M. / Spreen, Florentine (2007): Beurteilung der Ergebnisse von PLS-Pfadanalysen, in: Das Wirtschaftsstudium: wisu; Zeitschrift für Ausbildung, Prüfung, Berufseinstieg und Fortbildung, 36 Jg., S. 211–216.

Roberts, James A. (1995): Profiling Levels of Socially Responsible Consumer Behavior: A Cluster Analytic Approach and Its Implications for Marketing, in: The Journal of Marketing Theory and Practice, 3 Jg., Nr. 4, S. 97–117.

Roca, Juan Carlos / Chiu, Chao-Min / Martïnez, Francisco José (2006): Understanding e-learning continuance intention: An extension of the Technology Acceptance Model, in: International Journal of Human-Computer Studies, 64 Jg., S. 683–696.

ROGERS, EVERETT M. (2003): Diffusion of Innovations, 3 Aufl., Free Press, New York.

ROLDÁN, JOSÉ L. / SÁNCHEZ-FRANCO, MANUEL J. (2012): Variance-Based Structural Equation Modeling: Guidelines for Using Partial Least Squares in Information Systems Research, in: Research, Methodologies, Innovations, and Philosophies in Software Systems Engineering and Information Systems, S. 193–221.

SAHIN, ISMAIL (2006): Detailed review of Rogers' diffusion of innovations theory and educational technology-related studies based on Rogers' theory, in: The Turkish Online Journal of Educational Technology – TOJET, 5 Jg., S. 14–23.

SARSTEDT, MARKO / HAIR, JOSEPH F. / CHEAH, JUN-HWA / BECKER, JAN-MICHAEL / RINGLE, CHRISTIAN M. (2019): How to specify, estimate, and validate higher-order constructs in PLS-SEM, in: Australasian Marketing Journal (AMJ), 27 Jg., Nr. 3, S. 197–211.

SARSTEDT, MARKO / RINGLE, CHRISTIAN M. / HENSELER, JÖRG / HAIR, JOSEPH F. (2014): On the Emancipation of PLS-SEM: A Commentary on Rigdon (2012), in: Long Range Planning, Nr. 47, S. 154–160.

SARSTEDT, MARKO / WILCZYNSKI, PETRA (2009): More for Less? A Comparison of Single-item and Multi-item Measures, in: Die Betriebswirtschaft, 69 Jg., S. 211–227.

SCHAEFER, PETRA K. / SCHMIDT, KATHRIN / KNESE, DENNIS (2014): Acceptance of Electric Vehicles and New Mobility Behavior: The Example of Rhine-Main Region, in: (Hrsg.): Evolutionary Paths Towards the Mobility Patterns of the Future, S. 319–334.

SCHEPERS, JEROEN / WETZELS, MARTIN (2007): A meta-analysis of the technology acceptance model: Investigating subjective norm and moderation effects, in: Information & Management, 44 Jg., S. 90–103.

SCHLÜTER, JAN / WEYER, JOHANNES (2019): Car sharing as a means to raise acceptance of electric vehicles: An empirical study on regime change in automobility, in: Transportation Research Part F, 60 Jg., S. 185–201.

SCHMALFUSS, FRANZISKA / MÜHL, KRISTIN / KREMS, JOSEF F. (2017): Direct experience with battery electric vehicles (BEVs) matters when evaluating vehicle attributes, attitude and purchase intention, in: Transportation Research Part F: Traffic Psychology and Behaviour, 46 Jg., S. 47–69.

SCHNEIDER, UTA / DÜTSCHKE, ELISABETH / PETERS, ANJA (2014): How Does the Actual Usage of Electric Vehicles Influence Consumer Acceptance?, in: Hülsmann, M. / Fornahl, D. (Hrsg.): Evolutionary Paths Towards the Mobility Patterns of the Future. Lecture Notes in Mobility, Springer, Berlin, Heidelberg, S. 49–66.

Seibt, Thorsten 2020: Zoe schlägt sie alle – die Ruhe vor dem Sturm?, in: Auto Motor und Sport – online unter https://www.auto-motor-und-sport.de/verkehr/elektroauto-neuzulassungen-deutschland-dezember-gesamtjahr-2019/ abgerufen am 10.09.2020.

Sheppard, Blair H. / Hartwick, Jon / Warshaw, Paul R. (1988): The Theory of Reasoned Action: A Meta-Analysis of Past Research with Recommendations for Modifications and Future Research, in: Journal of Consumer Research, 15 Jg., S. 325–343.

Shih, Ya-Yueh / Fang, Kwoting (2004): The use of a Decomposed Theory of Planned Behavior to study Internet banking in Taiwan, in: Internet Research, 14 Jg., S. 213–223.

Shin, Dong Hee (2009): An empirical investigation of a modified technology acceptance model of IPTV, in: Behaviour & Information Technology, 28 Jg., Nr. 4, S. 361–372.

Sniehotta, Falko F. / Presseau, Justin / Araújo-Soares, Vera (2014): Time to retire the theory of planned behaviour, in: Health Psychology Review, 8 Jg., S. 1–7.

Sosik, John J. / Kahai, Surinder S. / Piovoso, Michael J. (2009): Silver Bullet or Voodoo Statistics? A Primer for Using the Partial Least Squares Data Analytic Technique in Group and Organization Research, in: Group & Organization Management, 34 (1) Jg., S. 5–36.

Spector, Paul E. / Brannick, Michael T. (2011): Methodological Urban Legends: The Misuse of Statistical Control Variables, in: Organizational Research Methods, 14 Jg., S. 287–305.

Srinivasan, Narasimhan / Ratchford, Brian T. (1991): An Empirical Test of a Model of External Search for Automobiles, in: Journal of Consumer Research, 18 Jg., Nr. 2, S. 233–242.

Statista (2020): Antriebstechnologien für Pkw, www.Statista.com.

Statista (2021): Elektromobilität, www.Statista.com.

Statistisches Bundesamt (2020): Bevölkerungsstand, elektronisch veröffentlicht unter www.destatis.de/DE/Themen/Gesellschaft-Umwelt/Bevoelkerung/Bevoelkerungsstand/_inhalt.html#sprg236384 abgerufen am 18.08.2020.

Stone, M. (1974): Cross-Validatory Choice and Assessment of Statistical Predictions, in: Journal of the Royal Statistical Society. Series B (Methodological), 36 (2) Jg., S. 111–147.

TAHERDOOST, HAMED (2018): A review of technology acceptance and adoption models and theories, in: Procedia Manufacturing, 22 Jg., S. 961–967.

TAYLOR, SHIRLEY / TODD, PETER (1995): Assessing IT Usage: The Role of Prior Experience, in: Management Information Systems Quarterly, 19 Jg., Nr. 4, S. 561–570.

TEMME, DIRK / KREIS, HENNING / HILDEBRANDT, LUTZ (2006): PLS path modeling: a software review, in: Collaborative Research Center 649 - Economic Risk, S. 1–21.

TENENHAUS, MICHEL / VINZI, VINCENZO ESPOSITO / CHATELIN, YVES-MARIE / LAURO, CARLO (2005): PLS path modeling, in: Computational Statistics & Data Analysis, 48 Jg., S. 159–205.

THILINA, DK. / GUNAWARDANE, NISAL (2019): The effect of perceived risk on the purchase intention of electric vehicles: an extension to the technology acceptance model, in: Int. J. Electric and Hybrid Vehicles, 11 Jg., S. 73–83.

THOMPSON, RONALD / HIGGINS, CHRISTOPHER / HOWELL, J. M. (1991): Personal Computing - Toward a Conceptual-Model of Utilization, in: Management Information Systems Quarterly, 15 Jg., Nr. 1, S. 125–143.

TORNATZKY, LOUIS G. / KLEIN, KATHERINE J. (1982): Innovation Characteristics and Innovation Adoption-Implementation: A Meta-Analysis of Findings, in: IEEE Transactions on Engineering Management, 29 Jg., S. 28–43.

Umweltbundesamt (2020): Emissionsstandards, elektronisch veröffentlicht unter https://www.umweltbundesamt.de/themen/verkehr-laerm/emissionsstandards/pkw-leichte-nutzfahrzeuge#europaische-co2-gesetzgebung abgerufen am 28.10.2020.

VAGNANI, GIANLUCA / VOLPE, LOREDANA (2017): Innovation attributes and managers' decisions about the adoption of innovations in organizations: A meta-analytical review, in: International Journal of Innovation Studies, 1 Jg., S. 107–133.

VAN RAAIJ, ERIK M. / SCHEPERS, JEROEN (2008): The acceptance and use of a virtual learning environment in China, in: Computers & Education, 50 Jg., S. 838–852.

VENKATESH, V. / BALA, H (2008): Technology Acceptance Model 3 and a Research Agenda on Interventions, in: Decision Sciences, 39 Jg., Nr. 2, S. 273–315.

VENKATESH, V. / DAVIS, F. D. (2000): A Theoretical Extension of the Technology Acceptance Model: Four Longitudinal Field Studies, in: Management Science, 46 Jg., Nr. 2, S. 186–204.

VENKATESH, V. / DAVIS, F. D. / MORRIS, M. G. (2007): Dead or Alive? The Development, Trajectory And Future of Technology Adoption Research, in: Journal of the Association for Information Systems, 8 Jg., Nr. 4, S. 267–286.

VENKATESH, V. / MORRIS, M. G. (2000): Why Don't Men Ever Stop to Ask for Directions? Gender, Social Influence, and Their Role in Technology Acceptance and Usage Behavior, in: Management Information Systems Quarterly, 24 Jg., Nr. 1, S. 115–139.

VENKATESH, V. / MORRIS, M. G. / DAVIS, G. B. / DAVIS, F. D. (2003): User Acceptance of Information Technology: Toward a Unified View, in: MIS Quarterly, 27 Jg., Nr. 3, S. 425–478.

VENKATESH, V. / THONG, J. Y. L. / XU, X. (2012): Consumer Acceptance and Use of Information Technology: Extending the Unified Theory of Acceptance and Use of Technology, in: MIS Quarterly, 36 Jg., Nr. 1, S. 157–178.

VENKATESH, VISWANATH (2000): Determinants of Perceived Ease of Use: Integrating Control, Intrinsic Motivation, and Emotion into the Technology Acceptance Model, in: Information Systems Research, 11 Jg., Nr. 4, S. 342–365.

Verband der Automobilindustrie (2020): $CO_2$-Regulierung bei Pkw und leichten Nutzfahrzeugen, elektronisch veröffentlicht unter https://www.vda.de/de/themen/umwelt-und-klima/co2-regulierung-bei-pkw-und-leichten-nfz/co2-regulierung-bei-pkw-und-leichten-nutzfahrzeugen.html abgerufen am 23.10.2020.

Verband der Automobilindustrie (2021): Förderungen für E-Fahrzeuge in Deutschland, elektronisch veröffentlicht unter https://www.vda.de/de/themen/innovation-und-technik/elektromobilitaet/Foerderungen-fuer-E-Fahrzeuge-in-Deutschland.html abgerufen am 10.01.2021.

VERBAND DER TÜV E.V. (2020): Mobility Studie 2020, Verband der TÜV e.V., Berlin.

VOGT, MATTHIAS / BONGARD, STEFAN (2015): Treiber und Hemmnisse bei der Anschaffung von Elektroautos, in: Schaufenster Elektromobilität, S. 1–50.

VOGT, PAUL W. / JOHNSON, R. BURKE (2005): Dictionary of Statistics & Methodology: A Nontechnical Guide for the Social Sciences, 4 Aufl., Sage, Thousand Oaks.

WANG, SHANYONG / WANG, JING / LI, JUN / JWANG, JINPENG / LIANG, LIANG (2018): Policy implications for promoting the adoption of electric vehicles: Do consumer's knowledge, perceived risk and financial incentive policy matter?, in: Transportation Research Part A, 117 Jg., S. 58–69.

WEIBER, ROLF / MÜHLHAUS, DANIEL (2014): Strukturgleichungsmodellierung – Eine anwendungsorientierte Einführung in die Kausalanalyse mit Hilfe von AMOS SmartPLS und SPSS, Springer Gabler, Wiesbaden.

WILCOXON, FRANK (1945): Individual Comparisons by Ranking Methods, in: Biometrics Bulletin, 1 (6) Jg., S. 80–83.

WILCOXON, FRANK (1946): Individual Comparisons of Grouped Data by ranking Methods, in: Journal of Economic Entomology, 39 (2) Jg., S. 269–270.

WOLFF, STEFANIE / MADLENER, REINHARD (2019): Driven by change: Commercial drivers' acceptance and efficiency perceptions of light-duty electric vehicle usage in Germany, in: Transportation Research Part C: Emerging Technologies, 105 Jg., S. 262–282.

WU, JEN-HER / WANG, SHU-CHING (2005): What drives mobile commerce? An empirical evaluation of the revised technology acceptance model, in: Information & Management, 42 Jg., S. 719–729.

XU, YUELING / ZHANG, WENYU / BAO, HAIJUN / ZHANG, SHUAI / XIANG, YING (2019): A SEM–Neural Network Approach to Predict Customers' Intention to Purchase Battery Electric Vehicles in China's Zhejiang Province, in: Sustainability, 11 Jg., Nr. 11, S. 1–19.

YOUSAFZAI, SHUMAILA Y. / FOXALL, GORDON R. / PALLISTER, JOHN G. (2007): Technology acceptance: a meta-analysis of the TAM: Part 1, in: Journal of Modelling in Management, 2 Jg., Nr. 3, S. 251–280.

YUEN, KUM FAI / CAI, LANHUI / QI, GUANQIU / WANG, XUEQIN (2020): Factors influencing autonomous vehicle adoption: an application of the technology acceptance model and innovation diffusion theory, in: Technology Analysis & Strategic Management, 33 Jg., Nr. 5, S. 505–519.

ZIEFLE, MARTINA / BEUL-LEUSMANN, SHIRLEY / KASUGAI, KAI / SCHWALM, MAXIMILIAN (2014): Public Perception and Acceptance of Electric Vehicles: Exploring Users' Perceived Benefits and Drawbacks, in: Design, User Experience, and Usability. User Experience Design for Everyday Life Applications and Services, S. 628–639.

CHANG, SU-CHAO / TUNG, FENG-CHENG (2008): An empirical investigation of students' behavioural intentions to use the online learning course websites, in: British Journal of Educational Technology, 39 Jg., S. 71–83.

CHENG, JULIAN MING-SUNG / SHEEN, GWO-JI / LOU, GUAN-CHENG (2006): Consumer acceptance of the internet as a channel of distribution in Taiwan—a channel function perspective, in: Technovation, 26 Jg., Nr. 7, S. 856–864.

FISHER, ROBERT J. / PRICE, LINDA L. (1992): An Investigation into the Social Context of Early Adoption Behavior, in: Journal of Consumer Research, 19 Jg., Nr. 3, S. 477–486.

HUNG, SHIN-YUAN / KU, CHENG-YUAN / CHANG, CHIA-MING (2003): Critical factors of WAP services adoption: An empirical study, in: Electronic Commerce Research and Applications, 2 Jg., S. 42–60.

KAHN, MATTHEW E. (2006): Do greens drive Hummers or hybrids? Environmental ideology as a determinant of consumer choice, in: Journal of Environmental Economics and Management, 54 Jg., Nr. 2, S. 129–145.

KU, CHENG-HSIN 2009: Extending The Technology Acceptance Model Using Perceived User Resources In Higher Education Web-based Online Learning Courses, Educational Research, Technology, and Leadership, University of Central Florida.

KWON, O. / CHOI, K. / KIM, M. (2007): User acceptance of context-aware services: self-efficacy, user innovativeness and perceived sensitivity on contextual pressure, in: Behaviour & Information Technology, 26 Jg., Nr. 6, S. 483–498.

LAI, CHUNG-MIN / HUANG, HSIU-MEI / LIAW, SHU-SHENG / HUANG, WEN-WEN (2009): A Study of user's acceptance in three-dimensional virtual reality applied in medical education, in: Bulletin of Educational Psychology, 40 Jg., Nr. 3, S. 341–362.

LEE, YA-CHING (2008): The role of perceived resources in online learning adoption, in: Computers & Education, 50 Jg., Nr. 4, S. 423–438.

MATHIESON, KIERAN (1991): Predicting User Intentions: Comparing the Technology Acceptance Model with the Theory of Planned Behavior, in: Informations Systems Research, 2 Jg., Nr. 3, S. 173–191.

PARASURAMAN, A. (2000): Technology Readiness Index (Tri) – A Multiple-Item Scale to Measure Readiness to Embrace New Technologies, in: Journal of Service Reasearch, 2 Jg., Nr. 4, S. 307–320.

PRASAD, J. / AGARWAL, R. (1998): A Conceptual and Operational Definition of Personal Innovativeness in the Domain of Information Technology, in: Information Systems Research, 9 Jg., Nr. 2, S. 204–215.

ROCA, JUAN CARLOS / CHIU, CHAO-MIN / MARTÏNEZ, FRANCISCO JOSÉ (2006): Understanding e-learning continuance intention: An extension of the Technology Acceptance Model, in: International Journal of Human-Computer Studies, 64 Jg., S. 683–696.

SHIN, DONG HEE (2009): An empirical investigation of a modified technology acceptance model of IPTV, in: Behaviour & Information Technology, 28 Jg., Nr. 4, S. 361–372.

SRINIVASAN, NARASIMHAN / RATCHFORD, BRIAN T. (1991): An Empirical Test of a Model of External Search for Automobiles, in: Journal of Consumer Research, 18 Jg., Nr. 2, S. 233–242.

**Strategisches Marketingmanagement**

Herausgegeben von Roland Mattmüller

Band 1 Sven Franzen: Die Bedeutung von Spielauffassungen in vertikalen marktstrategischen Kooperationen. Eine verhaltensorientiert spieltheoretische Untersuchung der Kooperationshemmnisse zwischen Hersteller und Handel. 2005.

Band 2 Maximilian Seidel: Political Marketing. Explananda, konstitutive Merkmale und Implikationen für die Gestaltung der Politiker-Wähler-Beziehung. 2005.

Band 3 Tim Bendig: Image-Malus des Handels. Eine empirische Analyse. 2005.

Band 4 Kai-Michael Schaper: Der Integrierte Handel. Eine konzeptionelle Beziehungsgestaltung zwischen Hersteller, Handel und Letztnachfrager. 2006.

Band 5 Marc K. Mikulcik: Absatztreiber bei Filialisierung und Franchising im ordinalen Vergleich. Konzeptionelle Analyse auf Basis der Neuen Institutionen-Ökonomie und empirische Überprüfung am Beispiel des Mobilfunkmarkts. 2007.

Band 6 Thomas P. J. Feinen: Factory Outlet Stores. Status Quo, Perspektiven und Implikationen für die Hersteller-Handel-Beziehung. 2007.

Band 7 Benjamin Trespe: Geomarketing. Eine Analyse der Erfolgspotenziale aus Sicht der deutschen Automobilhersteller. 2007.

Band 8 Tobias Irion: Vertrauen in Transaktionsbeziehungen. Marketingwissenschaftliche Grundlegungen und praktische Ansatzpunkte für ein strategisches Vertrauens- management. 2007.

Band 9 Nadja Maisenbacher: Die Verantwortung des Marketing für Bezugsgruppen. Zum Stand der Integrationsorientierung in Unternehmen. 2008.

Band 10 Jochen Basting: Vertrauensgestaltung im Political Marketing. Eine marketingwissenschaftliche Analyse anbieterseitiger Ansatzpunkte der vertrauensorientierten Beziehungsgestaltung zwischen Politiker und Wähler. 2008.

Band 11 Nora Oettgen: Integriertes Marketing für professionelle Fußballvereine. Eine Analyse der Anspruchsgruppenorientierung in der deutschen Fußballbundesliga. 2008.

Band 12 Philipp Götting: Anbieterloyalität. Strategie und Instrument zur Gewinnung von Kunden und Kundenloyalität – theoretische Diskussion und empirische Befunde im B2C Marketing. 2008.

Band 13 Jörg Richartz: Anreizsysteme zur Steuerung der Hersteller-Händler-Beziehung in der Automobilindustrie. 2009.

Band 14 Sebastian Siebert: Bewertung von Markenlizenzierungspotenzialen. Ein Modellentwurf als Entscheidungsgrundlage für die Vergabe von Markenlizenzen. 2009.

Band 15 Saskia Reitzle: Markenleasing. Theoretische Fundierung und praxisorientierte Evaluation der Möglichkeiten und Grenzen. 2010.

Band 16 Nina Jochheim: Erfolgsfaktoren von medizinischen Versorgungszentren. Theoretische Diskussion und empirische Befunde: Handlungsempfehlungen für das Management. 2010.

Band 17 Markus Joseph Gräßler: Marktorientierte Unternehmensgestaltung. Ein Organisationsmodell auf Basis des Integrativ-Prozessualen Marketingansatzes. 2010.

Band 18 Sebastian Sigle: Corporate Social Responsibility. Eine Analyse der Wahrnehmung sozialer Werbekampagnen und deren Wirkung auf das Kaufverhalten. Theoretische Diskussion und empirische Befunde. 2010.

Band 19 Tobias Bischkopf: Vom Käufer zum Mitgestalter. Konsumentenmarketing in der Postmoderne. 2010.

Band 20 Tobias Schäfers: Konsumentenverhalten in Marktnischen. Theoretische Diskussion und empirische Befunde zu den Determinanten der Nischenorientierung von Konsumenten. 2011.

Band 21 Thomas Müller-Rehkopf: Marktorientierung und organisationales Lernen. Ansatzpunkte zur Gestaltung eines marktorientierten Unternehmenswandels auf der Basis des Integrativ-Prozessualen Marketingansatzes und einer radikal-sozialkon-struktivistischen Modellierung organisationalen Lernens. 2011.

Band 22 Frederik Böttcher: Handelsmarken und Retail Brands. Einfluss ausgewählter Handelsmarkenstrategien auf die Markenstärke des Händlers im deutschen Lebensmitteleinzelhandel. 2012.

Band 23 Ronja Gresel: Vertrauensgestaltung in der Beziehung zwischen Nonprofit-Organisation und Spender. Ableitung anbieterseitiger Kommunikationsmaßnahmen zur vertrauensorientierten Gestaltung der Transaktionsbeziehung. 2013.

Band 24 Sebastian Behre: Der Einfluss von Neuen Medien auf die Brand Equity. Mobile Applikationen und ihre Wirkung auf ausgewählte Dimensionen der Markenstärke. 2013.

Band 25 Johannes Zuberer: Strategisches Ingredient Branding. Entwicklung und Positi- onierung von Zulieferermarken durch Markenkooperationen. Eine empirische Analyse anhand ausgewählter Branchen. 2013.

Band 26 Christoph Look: Kunden-werben-Kunden-Programme - Facetten der Anreizsystemgestaltung. 2014.

Band 27 Linn Thomas: Die Bedeutung von Value Co-Creation für die Marke. Eine empirische Analyse aus Konsumentensicht am Beispiel von internetbasierten Anwendungen zur Produktindividualisierung im Konsumgütermarkt. 2014.

Band 28 Katharina Kurz: Der Kunsthändler als Intermediär. Eine institutionenökonomische Analyse von Markt und Marktteilnehmern. 2014.

Band 29 Felix Zöllner: Premium Price-Promotion. Spannungsfeld zwischen Absatzzielen und Markenwahrnehmung. 2015.

Band 30 Katharina Lange: Mobile Marketing. Eine experimentelle Studie über den Einfluss von mobilen Verkaufsfördermaßnahmen auf die Einstellungsbildung und die Verhaltensabsichten. 2017.

Band 31 Marcella von Hirschhausen: Performance Management im Luxusgütereinzelhandel. Entwicklung eines Kennzahlensystems für das Management von Luxusgeschäften. 2018.

Band 32 Jessica Gebauer: Strategische Positionierung und Markenführung von Flughäfen. Eine Analyse der strategischen Ausrichtung von Flughäfen und Entwicklung eines neuen Positionierungsmodells unter Berücksichtigung geeigneter Markenbildungsansätze. 2019.

Band 33 Anna-Katharina Koenen: Strategische Marketingoptionen in regulierten Märkten. Das Management von Patentausläufen in pharmazeutischen Unternehmen. 2019.

Band 34 Andrea Buschmann: Geschäftsmodellkonvergenz im Handel. Alternative, innovationsfördernde Ansätze zur Systematisierung und Erklärung der Entstehung und Entwicklung von Erscheinungsformen des Handels am Beispiel des Omnichannel-Handels. 2021.

Band 35 Philipp Hoog: Dynamische Marketingfähigkeit. Eine deduktiv-nomologische Modellierung der dynamischen Marktbearbeitung am Beispiel des Electronic Commerce der deutschen Bau- und Heimwerkermarktbranche. 2021.

Band 36 Kerstin Blachnik: Strategische Allianzen zur Digitalisierung der Patient Journey im deutschen OTC-Pharmamarkt. Ein Kategorisierungsmodell zur Evaluierung von Ausprägungen Strategischer Allianzen. 2022.

Band 37 Fabian Schmitz: Akzeptanz von Elektromobilität in Deutschland. Eine Untersuchung der Einflussfaktoren auf die Akzeptanz der Elektromobilität und Entwicklung von marketingorientierten Lösungsansätzen. 2023.

www.peterlang.com

www.ingramcontent.com/pod-product-compliance
Ingram Content Group UK Ltd.
Pitfield, Milton Keynes, MK11 3LW, UK
UKHW021845290926
8980IPUK00005B/652

9 783631 880289